THE BARBOUR COLLECTION OF CONNECTICUT TOWN VITAL RECORDS

THE BARBOUR COLLECTION OF CONNECTICUT TOWN VITAL RECORDS

NORWALK 1651–1850

NORWICH 1847–1851

Compiled by
Debra F. Wilmes

General Editor
Lorraine Cook White

Copyright © 2000
Genealogical Publishing Co., Inc.
Baltimore, Maryland
All Rights Reserved
Library of Congress Catalogue Card Number 94-76197
International Standard Book Number 0-8063-1645-4
Made in the United States of America

INTRODUCTION

As early as 1640 the Connecticut Court of Election ordered all magistrates to keep a record of the marriages they performed. In 1644 the registration of births and marriages became the official responsibility of town clerks and registrars, with deaths added to their duties in 1650. From 1660 until the close of the Revolutionary War these vital records of birth, marriage, and death were generally well kept, but then for a period of about two generations until the mid-nineteenth century, the faithful recording of vital records declined in some towns.

General Lucius Barnes Barbour was the Connecticut Examiner of Public Records from 1911 to 1934 and in that capacity directed a project in which the vital records kept by the towns up to about 1850 were copied and abstracted. Barbour previously had directed the publication of the Bolton and Vernon vital records for the Connecticut Historical Society. For this new project he hired several individuals who were experienced in copying old records and familiar with the old script.

Barbour presented the completed transcriptions of town vital records to the Connecticut State Library where the information was typed onto printed forms. The form sheets were then cut, producing twelve small slips from each sheet. The slips for most towns were then alphabetized and the information was then typed a second time on large sheets of rag paper, which were subsequently bound into separate volumes for each town. The slips for all towns were then interfiled, forming a statewide alphabetized slip index for most surviving town vital records.

The dates of coverage vary from town to town, and of course the records of some towns are more complete than others. There are many cases in which an entry may appear two or three times, apparently because that entry was entered by one or more persons. Altogether the entire Barbour Collection--one of the great genealogical manuscript collections and one of the last to be published--covers 137 towns and comprises 14,333 typed pages.

TABLE OF CONTENTS

Norwalk.....................pg   1

Norwich.....................pg   157

ABBREVIATIONS

ae.-------------age
b.-------------born, both
bd.------------buried
bp.------------baptized
B.G.----------Burying Ground
d.-------------died, day, or daughter
decd.---------deceased
f.--------------father
h.-------------hour
J.P.-----------Justice of Peace
m.------------married or month
res.-----------resident
s.--------------son
st.-------------stillborn
TM-----------Town Meeting
V.D.M.------Voluns Dias (minister, one who serves god)
w.------------wife
wid.----------widow
wk.-----------week
y.-------------year

THE BARBOUR COLLECTION OF CONNECTICUT TOWN VITAL RECORDS

NORWALK VITAL RECORDS
1651 - 1850

	Vol.	Page
ABBOTT, ABBOT, ABIT, ABOT, Aaron, m. Betty **ABBOTT**, Sept. 18, 1788	LR19	5
Abigail, d. Eben[eze]r & Ann, b. Sept. 13, 1731	LR4	0
Abijah, s. Eben[ene]r & Ann, b. Sept. 3, 1735	LR4	0
Albin, m. Sarah **BOUTON**, Nov. 9, 1823, by Rev. Eli Deniston	1	5
Andrew, s. Enoch & Molly, b. May 30, 1795	LR18	47
Betsey, m. Matthew **MIDDLEBROOK**, Oct. 13, 1805	LR19	11
Betty, d. Stephen & Ruth, b. Feb. 14, 1781; d. Apr. 10, 1781	LR18	33
Betty, 2nd, d. Stephen & Ruth, b. July 3, 1785	LR18	33
Betty, m. Aaron **ABBOTT**, Sept. 18, 1788	LR19	5
Charles, s. Stephen & Ruth, b. Mar. 19, 1797	LR18	33
Cloe, d. Jona[tha]n & Jemima, b. Feb. 15, 1775	LR17	218
Cynthia, d. Stephen & Ruth, b. July 2, 1788	LR18	33
Deborah, d. Jonathan, b. Dec. 3, 1707	LR4	1
Ebenezer, m. Ann **LION**, Nov. 3, 1730	LR4	0
Ebenezer, s. Eben[eze]r & Ann, b. Nov. 28, 1741	LR4	0
Ebenezer, m. Esther **MIDDLEBROOK**, Feb. 11, 1768	LR18	34
Ebenezer, s. Ebenezer & Esther, b. Oct. 13, 1772	LR18	34
Elizabeth, d. Eben[eze]r & Esther, b. Feb. 26, 1787	LR18	34
Enoch, m. Molly **BETTS**, Mar. 19, 1778	LR18	47
Esther, d. Ebenezer & Esther, b. Nov. 8, 1770	LR18	34
Esther, m. Matthias [**ST. JOHN**], Nov. 2, 1792	LR18	34
Eunis, d. Jonathan, b. Jan. 23, 1702	LR4	1
Eunice, d. Enoch & Molly, b. Oct. 16, 1780	LR18	47
Harry, s. Judd & Sarah, b. June 13, 1791	LR19	7
Ira, s. Judd & Sarah, b. Oct. [ ], 1796	LR19	7
Isaac, s. Ebenezer & Esther, b. Oct. 2, 1778; d. Feb. 5, 1779	LR18	34
James Rosco, d. [sic] Jona[tha]n & Jemima, b. Mar. 21, 1777	LR17	218
Jane, d. Jonathan, b. Oct. 5, 1716	LR4	1
Jemima, d. Jonathan & Jemima, b. June 14, 1766	LR17	218
Jerusha, d. John [& Eunice], b. Mar. 25, 1725	LR4	13
Jerusha, d. Jona[tha]n & Jemima, b. Feb. 21, 1768	LR17	218
Jerusha, d. Judd & Sarah, b. Feb. 18, 1783	LR19	7
Jesse, s. John [& Eunice], b. June 11, 1731	LR4	13
Jesse, s. Enoch & Molly, b. Dec. 1, 1791	LR18	47
Johanna, m. Seth **BETTS**, Dec. 30, 1779	LR18	27
John, m. Eunice **JUDD**, d. John, of Farmington, decd., May 11, 1724	LR4	13
John, s. John [& Eunice], b. Mar. 1, 1726/7	LR4	13
John, Jr., m. Leah **WHITING**, Nov. 27, 1792	LR18	31
Jonas, s. Judd & Sarah, b. June 9, 1793	LR19	7
Jonathan, m. Sarah **OLMSTED**, d. Lieut. John, June 5, 1696	LR4	1
Jonathan, s. Jonathan, b. Apr. 6, 1697	LR1	114
Jonathan, s. Jonathan, b. Apr. 6, 1697	LR4	1
Jonathan, m. Jemima **ROSCO**, Apr. 18, 1765	LR17	218

	Vol.	Page
ABBOTT, ABBOT, ABIT, ABOT, (cont.),		
Jonathan, s. Jona[tha]n & Jemima, b. Apr. 14, 1770	LR17	218
Judd, m. Sarah **WEED**, Dec. 28, 1779	LR19	7
Judd, s. Judd & Sarah, b. Mar. 22, 1785	LR19	7
Keziah, d. Jonathan, b. Apr. 17, 1711	LR4	1
Lemuell, s. Jonathan, b. Mar. 21, 1713/14	LR4	1
Lois, d. Eben[eze]r & Ann, b. Sept. 11, 1737	LR4	0
Lydia, d. Jona[tha]n & Jemima, b. Nov. 26, 1781	LR17	218
Mary, d. Jonathan, b. July 8, 1704	LR4	1
Mary, d. Enoch & Molly, b. Jan. 9, 1779	LR18	47
Matthias, s. Judd & Sarah, b. Apr. 3, 1787	LR19	7
Michael, s. Ebenezer & Esther, b. Jan. 28, 1775	LR18	34
Mindwell, d. Jonathan, b. Dec. 21, 1718	LR4	1
Nathan, s. Ebenezer & Esther, b. Oct. 22, 1777	LR18	34
Nathan, s. Ebenezer & Esther, b. Jan. 23, 1782	LR18	34
Olive, d. Enoch & Molly, b. Feb. 22, 1788	LR18	47
Phebe, d. John [& Eunice], b. Feb. 25, 1732/3	LR4	13
Roxa, d. Judd & Sarah, b. Apr. 28, 1789	LR19	7
Ruth, d. Eben[eze]r & Ann, b. June 2, 1733	LR4	0
Sally, d. Judd & Sarah, b. June 13, 1780	LR19	7
Sally, d. Enoch & Molly, b. Aug. 24, 1782	LR18	47
Samuel, s. Ebenezer & Esther, b. Oct. 3, 1784	LR18	34
Sarah, d. Jonathan, b. June 16, 1699	LR4	1
Sarah, d. Ebenezer & Esther, b. Jan. 12, 1780	LR18	34
Seth, s. Eben[eze]r & Ann, b. Dec. 23, 1739	LR4	0
Seth, s. Enoch & Molly, b. July 18, 1784	LR18	47
Silas, s. Enoch & Molly, b. Dec. 6, 1798	LR18	47
Stephen, m. Ruth **JAMES**, Mar. 7, 1780	LR18	33
Stephen James, s. Stephen & Ruth, b. Nov. 19, 1792	LR18	33
Thaddeus, s. John [& Eunice], b. Mar. 17, 1728/9	LR4	13
ADAMS, ADDAMS, Aaron, m. Rhoda **HANFORD**, Mar. 4, 1784	LR18	31
Aaron, s. Aaron & Rhoda, b. Apr. 9, 1789	LR18	31
Aaron, s. Isaac, b. Dec. 9, 1796	LR18	48
Anna, m. John **HURLBUTT**, Nov. 29, 1791	LR18	30
Betsey, d. Aaron & Rhoda, b. Mar. 7, 1796	LR18	31
Betty, m. Phinehas **HANFORD**, Sept. [ ], 1775	LR18	21
Charles F., s. Charles, farmer, ae 33 & Sarah, ae 29, b. Jan. 26, 1848	1	39
Ellen, m. Josiah **GREGORY**, Jan. 23, 1783	LR19	5
Isaac, s. Aaron & Rhoda, b. June 11, 1792	LR18	31
Isaac, s. Isaac, b. Aug. 9, 1795	LR18	48
Jabez, s. Aaron & Rhoda, b. Jan. 28, 1785	LR18	31
Julia Ann, m. Stephen **GIBBS**, b. of Norwalk, Jan. 16, 1821, by Sylvester Eaton	1	1
Julian, d. Peter & Millison, b. Jan. 19, 1796	LR18	40
Molly, m. Barnabus **MERVINE**, Mar. 21, 1764	LR18	23
Nancy, d. Peter & Millison, b. Oct. 15, 1794	LR18	40
Nancy, m. Henry **BEERS**, Nov. 29, 1832, by Edwin Hall	1	16
Nelson, m. Eliza **MALLORY**, May 24, [1829], by Henry Benedict	1	12
Peter, m. Millison **HURLBUTT**, Mar. 17, 1784	LR18	40
Polly, d. Aaron & Rhoda, b. Apr. 17, 1794	LR18	31
Sally, d. Aaron & Rhoda, b. Sept. 28, 1787	LR18	31
Silliman, m. Polly **JELLIFF**, Nov. 9, [1828], by Henry Benedict	1	12
William C., of Danbury, m. Maria L. **WHITNEY**, this day [dated May		

	Vol.	Page

ADAMS, ADDAMS, (cont.),

31, 1846], by Edwin Hall	1	32
Zalmon, of Norwalk, m. Sally **HARRIS**, of Momoroneck, Mar. 6, 1822, at the house of Aaron Adams, by Rev. R. Sherwood	1	3
ADDIS, Seth D., m. Hannah **HOYT**, Apr. 26, 1835, by Rev. Luther Mead	1	19
AKIN, Abba, m. Theodore **LYNESBURY**, b. of Norwalk, May 3, 1846, by W. C. Hoyt	1	32
Andrew Alexander, s. Andrew & Mary, b. Nov. 4, 1811	LR19	10
Charles Horace, s. Andrew & Mary, b. Feb. 17, 1814	LR19	10
Charlotte A., m. Edwin E. **KNAPP**, [Nov.] 3, [1844], by John Ellis	1	29
George W., m. Mary Esther **NEWCOMB**, this day [Jan. 19, 1848], by Edwin Hall	1	35
George W., shoemaker, ae 24, res. Norwalk, m. Mary E. **NEWCOMB**, ae 19, res. Norwalk, Jan. 19, 1848, by Rev. Edwin Hall	1	46
John, m. Henrietta **BISHOP**, Sept. 30, 1821, in St. Pauls Church, by Rev. R. Sherwood	1	2
Nancy, m. William **REED**, b. of Norwalk, Apr. 14, 1833, by Edwin Hall	1	17
ALBURN, Henry A., s. David, farmer, ae 28 & Sarah A., ae 22, b. Nov. 29, 1847	1	39
ALDRICH, Alexander, m. Mary F. **SKINNER**, b. of Norwalk, Dec. 28, 1845, by W. C. Hoyt	1	31
Esther M., of Norwalk, m. Nathan S. **MOORE**, of New York, Feb. 8, 1846, by W. C. Hoyt	1	31
ALLABIN, Hannah, m. John **WEED**, b. of Norwalk, Feb. 8, 1846, by Z. K. Hawley	1	31
ALLEN, Abba S., of Fairfield, m. Melissa **PLUMB**, of Milford, Aug. 2, 1829, by Rev. E. Washburn	1	12
Angeline, m. Jesse **NEWCOMB**, b. of Norwalk, Jan. 7, 1827, by Sylvester Eaton	1	9
Edward, s. Edward, laborer, ae 26 & Helen, ae 29, b. Aug. 6, 1848	1	42
Eliza H., m. George R. **MEEKER**, Sept. 17, 1845, by James J. Woolsey	1	30
Gilbert, m. Ann **RAYMOND**, b. of New York City, Sept. 12, 1824, by Sylvester Eaton	1	6
Henry, carpenter, ae 26, b. Danbury, res. Norwalk, m. Ann Eliza **BENEDICT**, ae 27, b. Ridgefield, res. Norwalk, Jan. 5, 1848, by Rev. Thomas T. Green	1	46
John*, s. Sally **BOUTON**, b. Aug. 15, 1795 *(Perhaps "John Allen BOUTON")	LR19	8
Mary, d. Thomas, decd., of Burlington, N.J., m. James **HAYES**, Apr. 1, 1703	LR4	4
Mary, of Norwalk, m. Azer **SHERMAN**, of Ridgebury, Mar. 26, 1823, by Sylvester Eaton	1	4
Ollive, m. Charles **WILSON**, May 15, 1788	LR19	8
----, of Bridgeport, m. Julia **HALL**, of Norwalk, Nov. 16, 1828, by Rev. R. Sherwood	1	11
ANDREWS, ANDROWES, Rebeckah, d. Tho[ma]s, formerly of Fairfield, m. Samuell **BENYDICKE**, July 4, 1678	LR1	137
Sarah, m. Lewis **BETTS**, July 11, 1790	LR18	25
Sarah, d. Abraham, decd., of Waterbury, m. Thomas **RAYMOND**, Nov. 15, 17[ ]	LR4	8a
ARCHER, ARCHAR, Anna, m. Stephen **CRAFT**, [ ]	LR19	1
Eliza, m. William **MILLS**, Oct. 13, 1833, by Edwin Hall	1	18

Esther, m. James **BEERS***, b. of Norwalk, Nov. 9, 1823, by Seth Taylor,

	Vol.	Page
ARCHER, ARCHAR, (cont.),		
J.P. *("**BARNES**" in copy)	1	6
ARNOLD, Albert A., of New Canaan, m. Caroline D. **FILHAM,** Oct. 17,		
1836, by Edwin Hall	1	21
Alonzo C., m. Elizabeth **KNAPP,** Nov. 23, 1834, by Edwin Hall	1	18
Benedict, s. Jacob & Hannah, b. Jan. 20, 1784	LR19	1
Benedict, s. Benedict & Priscilla, b. Aug. 25, 1812	LR19	12
Betsey, d. Isaac & Phebe, b. July 9, 1791	LR18	28
Charlotte M., of Norwalk, m. Andrew **BRYSON,** of U.S.N., Feb. 11,		
1845, by James J. Woolsey	1	30
George, s. Isaac & Phebe, b. Sept. 9, 1795	LR18	28
Isaac, 2nd, m. Phebe **HAYDEN,** Nov. 9, 1786	LR18	28
Isaac, s. Isaac & Phebe, b. Jan. 16, 1788	LR18	28
Jacob, m. Hannah **PICKET,** July 20, 1782	LR19	1
James, s. Jacob & Hannah, b. Jan. 31, 1786	LR19	1
James, m. Betsey **BROWN,** Jan. 24, 1797	LR18	44
Joseph, s. Lewis B., pedlar, ae 37 & Hannah, ae 32, b. Feb. 10, 1848	1	43
Lewis, s. Jacob & Hannah, b. Apr. 17, 1793	LR19	1
Lewis, s. Isaac & Phebe, b. Sept. 24, 1793	LR18	28
Lucretia, d. Isaac & Phebe, b. Nov. 3, 1787	LR18	28
Mary, m. Abraham **CHICHESTER,** May 30, 1782	LR18	22
Phebe, m. Jehiel **GREGORY,** Mar. 13, 1775	LR18	38
Sally, m. Stephen **SAUNDERS,** b. of Norwalk, Dec. 24, 1827, by Rev.		
E. W. Hooker, of Greens Farms	1	10
Sally Amelia, d. Benedict & Priscilla, b. May 22, 1807	LR19	12
Susan, d. Benedict & Priscilla, b. July 20, 1809	LR19	12
ATHERTON, William S., m. Angeline **HODGES,** b. of Norwalk, Sept. 27,		
1846, by W. C. Hoyt	1	33
ATTWATER, Mary Jane, m. William **POLLY,** b. of Norwalk, Nov. 13,		
1836, by Rev. Davis Stocking	1	21
AUSTIN, Abigail, d. Thomas, of Stamford, m. Samuel **CAMFIELD,** Aug. 1,		
1709	LR4	4
AYMOR, Samuel, of New York, m. Mary **SEYMORE,** Oct. 31, 1836, by		
Edwin Hall	1	21
AYRES, AYES, Alvan, s. Ebenezer & Thankful, b. May 8, 1795	LR18	41
Benjamin, m. Sarah **KEELER,** Apr. 15, 1776	LR18	47
Benjamin, d. Feb. 6, 1792	LR18	47
Ebenezer, m. Thankfull **LOCKWOOD,** Nov. 6, 1794	LR18	41
Ebenezer, Jr., of New Canaan, m. Emily Elizabeth **STEVENS,** of		
Norwalk, Oct. 15, 1845, in St. Pauls Church, by Rev. W[illia]m		
Cooper Mead	1	31
Ebenezer, shoemaker, b. New Canaan, res. New Canaan, d. Oct. 22,		
1847, ae 78	1	49
Harriet, d. Jared & Polly, b. Jan. 2, 1801	LR19	9
Hezson Lockwood, s. Eben[eze]r & Thankful, b. May 10, 1801	LR18	41
Jared, m. Polly **LOCKWOOD,** Feb. 20, 1800	LR19	9
Matilda, d. Ebenezer & Thankful, b. Jan. 4, 1799	LR18	41
Moses, s. Benjamin & Sarah, b. June 7, 1782; d. May 26, 1792	LR18	47
Stephen, s. Benjamin & Sarah, b. Jan. 24, 1777	LR18	47
William, s. Ebenezer & Thankful, b. Mar. 31, 1797	LR18	41
BAKER, Hannah, m. Jesse **WARING,** Jan. 15, 1784	LR18	21
John, m. Elizabeth **WISEMAN,** b. of Norwalk, Apr. 14, 1833, by Rev.		
John Lovejoy	1	17

	Vol.	Page

BAKER, (cont.),
    Mabel, m. Samuel **PATRICK**, Feb. 5, 1795 — LR18 — 29
    Rachel, m. John **CAMERON**, b. of Norwalk, Apr. 10, 1830, by Rev.
        Samuel Mervine — 1 — 13
BALDWIN, Eben[eze]r G., b. June 18, 1781 — LR4 — 4
BALL, George W., s. Harrison, farmer, ae 28, Darien & Amanda, ae 25,
    Darien, b. Aug. 2, 1848 — 1 — 45
    George, W., b. Darien, res. Norwalk, d. Aug. 2, 1848, ae 36 das. — 1 — 51
BANKS, Charles, shoemaker, ae 21, b. Troy, N.Y., res. Norwalk, m. Cornelia
    SUMMERS, ae 20, b. of Newtown, Conn., res. Norwalk, July 23,
    1848, by Rev. Mr. Mallory — 1 — 46
    Joanna, m. John **MORGAN**, about Dec. 20, 1757 — LR19 — 8
BARBER, Rachel, of Danbury, m. John **HICKOX**, Feb. 2, 1831, by Henry
    Benedict — 1 — 15
BARLEY, [see also **BARLOW**], Mary, d. Thomas, of Fairfield, m. John
    NASH, May 1, 1684 — LR4 — 2
BARLOW, [see also **BARLEY**], Phebe, d. Thomas, of Fairfield, m. James
    OLMSTEAD, s. Capt. Richard, May 1, 1673 — LR1 — 155
BARNES, Amos, m. Ann **SELLECT**, Aug. 16, [1829], by Henry Benedict — 1 — 12
    Amos, merchant, ae 38 & w. Anna, ae 36, had child b. [   ] — 1 — 38
    Betsey, m. [   ] **PATRICK**, Sept. 10, 1832, by Edwin Hall — 1 — 16
    Clarissa, m. Bezaleel **BROWN**, b. of Norwalk, Nov. 18, 1844, by James
        J. Woolsey — 1 — 30
    Hamilton, s. Lewis, shoe-maker, ae 33 & Mahala, ae 19, b. Jan. 24, 1848 — 1 — 41
    James, m. Louisa **RIDER**, Oct. 13, 1833, by Edwin Hall — 1 — 18
    James, see James **BEERS** — 1 — 6
    Jane, m. Sylvester **BROTHERTON**, b. of Norwalk, Sept. 26, 1847, by
        Jacob Shaw — 1 — 34
    Jane, b. England, res. Norwalk, m. Sylvester **BROTHERTON**, shoe-
        maker, b. Westport, res. Norwalk, Sept. 26, 1847, by Rev. Jacob
        Shaw — 1 — 47
    Jeannette, d. Charles, shoe-maker, ae 24 & Louisa, ae 20, b. Feb. 3, 1848 — 1 — 40
    Lewis, of Wilton, m. Mahala **BATTERSON**, of Norwalk, Oct. 26, 1847,
        by Jacob Shaw — 1 — 34
    Lewis, shoe-maker, ae [ ], res Norwalk, m. 2nd w. Mahala
        BATTERSON, b. Westport, res. Norwalk, Oct. [ ], 1847, by Rev.
        Ja[me]s J. Woolsey — 1 — 46
BARNUM, David H., of Danbury, m. Henrietta E. **COLLINS**, of Norwalk,
    this day [Sept. 21, 1830], in St. Pauls Church, by Rev. Henry S.
    Attwater — 1 — 13
    Ebenezer, s. Tho[ma]s, b. May 29, 1682 — LR1 — 137
    George H., hatter, ae 28 & w. Susan, ae 21, had child b. Apr. 12, 1848 — 1 — 39
    Hannah, d. Tho[mas], b. Oct. 4, 1680 — LR1 — 137
    John, s. Tho[mas], b. Feb. 24, 1677 — LR1 — 137
    Thomas, s. Tho[mas], b. July 9, 1663 — LR1 — 137
BARR, Almira, of Norwalk, m. Ephraim C. **WARREN**, of Bridgeport, May 8,
    1831, by Henry Benedict — 1 — 15
BARRY, Margaret, m. Charles **McANIFFE**, b. of Ireland, Apr. 29, 1790, by
    Rev. Sam[ue]ll Spraggs, of Elizabeth Town, N.J. — LR16 — 1
BARTLETT, Elizabeth, d. John [& Elizabeth], b. Dec. 4, 1707 — LR4 — 3
    Elizabeth, w. John, d. Feb. 6, 1723/4 — LR4 — 3
    Elizabeth, d. John, m. Ebenezer **SMITH**, b. of Norwalk, June 2, 1729 — LR4 — 8
    Hannah, d. John [& Elizabeth], b. Oct. 13, 1709 — LR4 — 3

	Vol.	Page
BARTLETT, (cont.),		
Hannah, Mrs., d. John Bartlett, m. Elnathan HANFORD, Sept. 1, 1752	LR9	3
Isabel, d. John [& Elizabeth], b. Aug. 18, 1714	LR4	3
John, m. Elizabeth HAYNES, d. William, Feb. 20, 1706	LR4	3
John, s. John, b. Apr. 5, 1719	LR4	3
John, d. Aug. 5, 1761, in the 85th y. of his age	LR4	3
Mary, d. John [& Elizabeth], b. Apr. 17, 1716	LR4	3
Samuel, [s. John & Elizabeth], b. Nov. 16, 1762	LR4	3
Sarah, d. John, b. Sept. 20, 1718	LR4	3
William, s. John [& Elizabeth], b. Dec. 10, 1711	LR4	3
BARTO, Betty, d. Reuben & Judah, b. Jan. 16, 1718	LR19	0
John, s. Rueben & Judah, b. Aug. 31, 1791	LR19	0
Jonah, s. Reuben & Judah, b. May 9, 1786	LR19	0
Lewis, s. Reuben & Judah, b. July 4, 1789	LR19	0
Morris, s. Reuben & Judah, b. Jan. 29, 1783	LR19	0
Olive, d. Reuben & Judah, b. May 11, 1796	LR19	0
Reuben, m. Judah SMITH, Apr. 10, 1780	LR19	0
Sarah A., m. A. F. TAYLOR, b. of Norwalk, July 24, 1847, by Jacob Shaw	1	34
Stephen, s. Reuben & Judah, b. Apr. 1, 1793	LR19	0
BARTRAM, Abigail, [w. Job], d. Jan. 14, 1776	LR18	1
Betsey, d. Job & Elizabeth, b. July 10, 1785	LR18	1
Daniel Starr, s. Job & Abigail, b. Jan. 2, 1776	LR18	1
Eulalia, d. Job & Elizabeth, b. Dec. 22, 1782	LR18	1
Isaac, s. Job & Elizabeth, b. Mar. 27, 1777; d. Mar. 28, 1777	LR18	1
Isaac Scudder, s. Job & Elizabeth, b. July 2, 1780; d. Feb. 27, 1783	LR18	1
Jerusha, [w. Job], d. Nov. 23, 1773	LR18	1
Job, m. Jerusha THOMPSON, Nov. 18, 1762	LR18	1
Job, m. Abigail STARR, Nov. 7, 1774	LR18	1
Job, m. Elizabeth SCUDDER, Aug. 27, 1776	LR18	1
John, s. Job & Elizabeth, b. Dec. 27, 1778; d. Feb. 12, 1779	LR18	1
BARWELL*, [see also BURWELL], Mary, m. Jonathan CAMP, [ ], 1759 *(BURWELL?)	LR18	1
BASS, Hannah, b. Apr. 22, 1762; m. Reuben OLMSTED, Nov. 18, 1784	LR18	33
BASSETT, Emily, d. Sept. 8, 1847, ae 29 y.	1	50
Laura, m. Alfred WILLIAMS, Sept. 24, 1829, by Henry Benedict	1	12
BATES, Anna, m. Joseph WARING, Jr., Oct. 17, 1776	LR18	17
Elbert H., s. John, farmer, ae 41, Darien & Sally, ae 38, Darien, b. Feb. 5, 1848	1	45
Hannah, m. John CARTER, May 27, 1780	LR18	37
Rachel, m. David NASH, July 19, 1772	LR18	32
BATTERSON, Abigail, d. Stephen & Sarah, b. July 31, 1785	LR18	35
Betsey, d. Powel & Betsey, b. Sept. 14, 1796	LR18	36
Cherry, d. Powel & Betsey, b. Oct. 23, 1788	LR18	36
Isaac, s. Stephen & Sarah, b. June 10, 1791	LR18	35
Lewis Manchester, s. Powel & Betsey, b. Mar. 8, 1790	LR18	36
Mahala, of Norwalk, m. Lewis BARNES, of Wilton, Oct. 26, 1847, by Jacob Shaw	1	34
Mahala, b. Westport, res. Norwalk, m. Lewis BARNES, shoemaker, ae [ ], res. Norwalk, Oct. [ ], 1847, by Rev. Ja[me]s J. Woolsey	1	46
Powel, m. Betsey WILSON, Jan. 30, 1788	LR18	36
Powel, s. Powel & Betsey, b. Aug. 28, 1792	LR18	36
Stephen, m. Sarah WARDWELL, Oct. 20, 1784	LR18	35

	Vol.	Page
BATTERSON, (cont.),		
Stephen, s. Stephen & Sarah, b. July 12, 1796	LR18	35
William, s. Stephen & Sarah, b. July 10, 1787	LR18	35
BAXTER, Abigail, m. Isaac KEELER, 3rd, Dec. 17, 1789	LR18	46
BEAL, Susanna, m. Summers MIDDLEBROOK, Jan. 23, 1781	LR19	2
BEARD, Algernon E., m. Mary E. MALLORY, b. of Norwalk, [May] 3, [1828], by E. Platt, Darien, at the house of Lewis Mallory	1	11
William O., hatter, ae 35, b. Trumbull, res. Norwalk, m. 2nd w. Julia E. WILCOX, ae 20, b. Buffalo, N.Y., res. Buffalo, N.Y., May 11, 1848, by Rev. John C. Lloyd	1	47
BEARDSLEY, BEARDSLEE, Clarinda, of Norwalk, m. Rufus CLARK, of Woodbury, Oct. 11, 1827, by Rev. E. W. Hoorker, of Greens Farms	1	10
William E., m. Lucretia MINOR, Aug. 28, 1836, by Rev. Luther Mead	1	21
BEATY, James, m. Peggy WHITNEY, Jan. 25, 1775	LR19	5
BEDIENT, An[n]ah, d. Gilead & Abigail, b. July 1, 1773	LR19	8
Betsey, d. Gilead & Abigail, b. June 23, 1771	LR19	8
Burr, s. Gillead & Abigail, b. July 10, 1797	LR19	8
David, s. Gilead & Abigail, b. Dec. 2, 1783	LR19	8
Doctor, s. Gillead & Abigail, b. Sept. 27, 1792	LR19	8
Gillead, m. Abigail [ ], June 21, 1770	LR19	8
Gillead, s. Gillead & Abigail, b. Aug. 27, 1785	LR19	8
Griswold, s. Gilead & Abigail, b. July 16, 1778	LR19	8
Jesse, m. Sarah WHITNEY, Nov. 25, 1772	LR19	5
John, m. Eliza SELLECT, Apr. 13, 1835, by Rev. Luther Mead	1	19
Levania, d. Gillead & Abigail, b. Dec. 4, 1787	LR19	8
Mary, d. Gillead & Abigail, b. Oct. 31, 1790	LR19	8
Nabbe, d. Gillead & Abigail, b. May 22, 1780	LR19	8
Nathan, s. Gillead & Abigail, b. Feb. 26, 1782	LR19	8
Sally, d. Gillead & Abigail, b. Feb. 27, 1775	LR19	8
Seth, s. Gillead & Abigail, b. Dec. 26, 1776	LR19	8
BEEBE, James, m. Sarah BENYDICKE, d. Tho[mas], Sr., Dec. 19, 1679,	LR1	138
Sarah, d. James, b. Nov. 13, 1680	LR1	138
BEENY, Henry, s. Henry, shoe-maker, ae 33 & Eliza, ae 36, b. Mar. 26, 1848	1	45
BEERS, BEARS, Abigail, d. Nathan, b. Mar. 6, 1762	LR4	3
Abijah, s. Nathan, b. Apr. 7, 1756; d. June 26, 1784	LR4	3
Anna, d. Nathan, b. Feb. 19, 1767; d. May 2, 1786	LR4	3
Arty, m. David F. BENNETT, Dec. 4, [1828], by Henry Benedict	1	12
Ebenezer, s. Nathan, b. Sept. 28, 1747	LR4	3
Eliza, m. Leonard R. JOHNSON, of Danbury, Dec. 1, 1844, by Harvey Husted	1	29
Elizabeth, m. Abijah NASH, Aug. 22, 1791	LR19	4
Esther, d. Nathan, b. Feb. 6, 1770; d. Mar. 15, 1780	LR4	3
Ezekiel, s. Nathan, b. Mar. 9, 1758; d. Apr. 9, 1795	LR4	3
Hannah, d. Nathan, b. July 17, 1754	LR4	3
Hannah, m. John HAYS, Apr. 2, 1766	LR18	39
Henrietta, of Norwalk, m. Ezra S. WATERBURY, of Wilton, May 9, 1825, by Sylvester Eaton	1	7
Henry, m. Nancy ADAMS, Nov. 29, 1832, by Edwin Hall	1	16
James*, m. Esther ARCHER, b. of Norwalk, Nov. 9, 1823, by Seth Taylor, J.P. *("James BARNES" in copy)	1	6
James, shoemaker, ae 20, res. Norwalk, m. Mary E. REED, ae 17, res. Norwalk, Sept. 3, 1847, by Rev. Jacob Shaw	1	48
James H., m. Mary E. REED, b. of Norwalk, Sept. 3, 1847, by Jacob		

	Vol.	Page
BEERS, BEARS, (cont.),		
Shaw	1	34
Lydia, d. Nathan, b. Oct. 24, 1751; d. June 3, 1796	LR4	3
Mary, d. James, of Fairfield, m. John **MARVEN**, s. Matthew, Mar. 22, 1704	LR4	1
Mary, d. Nathan, b. Sept. 2, 1764	LR4	3
Nathan, s. Nathan, b. Sept. 8, 1745	LR4	3
Rich[ard], of Redding, m. Abigail **BENNETT**, of Norwalk, Aug. 1, 1824, by Sylvester Eaton	1	6
Samuel, s. Nathan, b. Dec. 6, 1749	LR4	3
Samuel, m. Anna **RAYMOND**, Dec. 10, 1794	LR19	6
Sarah, d. Nathan, b. Mar. 12, 1760; d. July 19, 1781	LR4	3
William, s. Edson, carriage-maker, ae 30 & Mary, ae 27, b. Aug. 25, 1847	1	39
BELDEN, Abigail, d. William, m. John **ROCKWELL**, Aug. 17, 1733	LR4	10
Abigail, m. William **SCOTT**, Jan. 1, 1757	LR18	41
Bridget, m. Aaron **GREGORY**, Feb. 15, 1780	LR18	5
Daniel, s. Lieut. Daniel & Esther, b. Mar. 6, 1744/5	LR4	13
Elizabeth, d. Daniel & Esther, b. Nov. 14, 1747	LR4	13
Esther, m. William **ST. JOHN**, Jan. 9, 1777	LR18	11
Esther Mary, m. Rev. Daniel **SOMERS**, Oct. 16, 1824, in St. Pauls Church, by Rev. R. Sherwood	1	8
George O., s. Thomas & Betsey, b. Mar. 28, 1797	LR18	8
Harriet, m. Lewis O. **WILSON**, July 30, 1825, at the house of Isaac Belden, by Rev. R. Sherwood	1	7
Hezekiah, s. John [& Ruhama], b. Apr. 25, 1736	LR4	11
Hezekiah, s. Samuel & Ann, b. Jan. 27, 1783	LR18	8
John, Lieut., d. Nov. 26, 17[ ]	LR4	8a
John, m. Ruhama **HILL**, d. Capt. John, of Westerly, R.I., May 9, 1728	LR4	11
John, s. John [& Ruhama], b. Apr. 26, 1729	LR4	11
John, d. Oct. 26, 1796	LR18	21
Mary, d. William, m. Nathan **BETTS**, Sept. 20, 1727	LR4	14
Mary, d. John [Ruhama], b. Jan. 22, 1739/40	LR4	11
Ruth, wid. John, m. John **COPP**, Jan. 4, 17[ ]	LR4	8a
Samuel, m. Ann **LAMBSON**, Mar. 9, 1774	LR18	8
Samuel, s. Samuel & Ann, b. Oct. 27, 1777	LR18	8
Samuel, had negro Prince, b. Jan. 15, 1795	LR18	8
Sarah, m. Samuel **CANNON**, Dec. 26, 1781	LR18	24
Thomas, s. John [& Ruhama], b. Mar. 25, 1731	LR4	11
Thomas, s. Samuel & Ann, b. Jan. 17, 1775	LR18	8
Thomas, Jr., m. Betsey **OGLEVIE**, Dec. 24, 1795	LR18	8
William, s. Samuel & Ann, b. Sept. 15, 1780	LR18	8
BELKNAP, Edwin Starr, s. Abel & Hannah, b. Dec. 11, 1794	LR18	5
Julian, d. Abel & Hannah, b. Aug. 27, 1796	LR18	5
Margaret N., d. Abel & Hannah, b. May 16, 1691	LR18	5
BELL, Malvina, m. George **WILSON**, Mar. 25, [1845], by Rev. J. W. Alvord, of Stamford	1	30
Martha, m. Hezekiah **BENEDICT**, Nov. 10, 1763	LR19	6
BENEDICT, BENYDICKE, BENNEDICK, BENEDICK, Aaron, m. Sally **MALLORY**, June 2, 1796	LR18	37
Abigail, d. Tho[mas], Jr., b. June 8, 1682	LR1	155
Abigail, d. Sam[ue]l [& Jemima], b. July 7, 1735	LR4	9
Abigail, d. Isaac & Jane, b. July 24, 1781	LR18	39

	Vol.	Page
BENEDICT, BENYDICKE, BENNEDICK, BENEDICK, (cont.),		
Abraham, s. Samuell, b. June 21, 1681	LR1	137
Alfred, s. Nathaniel & Anah, b. May 7, 1791; d. July [ ], 1791	LR18	34
Alfred, s. John & Jane, b. Dec. 27, 1793	LR18	6
Amanda, ae 29, b. Norwalk, res. Vienna, O., m. George **BENEDICT**, hatter, ae 41, res. Norwalk, Dec. 16, 1847, by Rev. Henophen Betts	1	47
Amy, d. Isaac & Jane, b. May 19, 1791	LR18	39
Andrew, s. Nathaniel & Anah, b. June 21, 1772	LR18	34
Ann, m. Erastus **WHITE**, Sept. 8, 1823, by William Benney, New Canaan	1	5
Ann Eliza, ae 27, b. Ridgefield, res. Norwalk, m. Henry **ALLEN**, carpenter, ae 26, b. Danbury, res. Norwalk, Jan. 5, 1848, by Rev. Thomas T. Green	1	46
Anner, d. Nathaniel & Mary, b. Aug. 6, 1739	LR18	26
Annah, m. Matthew **KEELER**, Jr., Dec. [ ], 1769	LR19	8
Anna, d. William & Nancy, b. July 31, 1783	LR18	4
Anah, d. Nathaniel & Anah, b. Dec. 24, 1785	LR18	34
Anah, w. Nathaniel, d. Feb. 26, 1792	LR18	34
Asa, s. Nathaniel & Anah, b. July 7, 1781	LR18	34
Asa, m. Ruth **HANFORD**, b. of Norwalk, Dec. 19, 1830, by Henry Benedict	1	14
Betsey, d. Jesse & Esther, b. Oct. 27, 1786	LR18	35
Betsey, d. William & Betty, b. Jan. 12, 1811	LR18	4
Betsey, m. Hempton **BETTS**, b. of Norwalk, Aug. 27, 1829, by Henry Benedict	1	12
Betty, d. Capt. Thomas, m. Thomas **BETTS**, Jr., May 22, 1748	LR9	2
Betty, d. Nathaniel & Mary, b. Feb. 20, 1759	LR18	26
Betty, m. Enoch **SCRIBNER**, Mar. 22, 1781	LR18	45
Billy, s. James & Thankful, b. Mar. 7, 1777	LR18	38
Caleb, s. James & Thankful, b. July 6, 1783	LR18	38
Charles, s. William & Nancy, b. Sept. 29, 1785	LR18	4
Charles, s. William & Betty, b. Feb. 17, 1802	LR18	4
Charlotte, d. William & Nancy, b. Sept. 29, 1785	LR18	4
Daniel, s. Thomas [& Rachel], b. Apr. 7, 17[ ]	LR4	8a
Daniel, s. Thomas [& Rachel], d. June 9, 17[ ]	LR4	8a
Daniel, s. Sam[ue]ll [& Jemima], b. Mar. 8, 1729/30	LR4	9
David, s. Jesse & Esther, b. Nov. 24, 1771	LR18	35
David, s. James & Thankful, b. Sept. 22, 1772; d. Mar. 2, 1773	LR18	38
David, 2nd, s. James & Thankfull, b. Apr. 7, 1774	LR18	38
Debean (?), d. Aaron & Sally, b. June 1, 1797	LR18	37
Deborah, d. Tho[ma]s [& Deborah], b. Jan. 8, 1728	LR4	10
Deborah, d. Thomas & Hannah, b. Apr. 14, 1761	LR13	2
Deborah, m. Samuel **BURRALL**, Jan. 1, 1782	LR18	1
Deborah Burrull, [twin with Fanny Row], d. W[illia]m & Nancy, b. Dec. 30, 1798	LR18	4
Dinah, d. Hezekiah [& Martha], b. Aug. 7, 1767	LR19	6
Elijah, s. Jesse & Esther, b. June 16, 1782	LR18	35
Eliza, d. Hezekiah & Martha, b. Feb. 24, 1776	LR19	6
Elizabeth, m. Ezra **PICKETT**, Mar. 30, 1761	LR18	28
Ester, d. Tho[mas], Jr., b. Oct. 5, 1679	LR1	155
Esther, d. Sam[ue]l [& Jemima], b. Sept. 9, 1737	LR4	9
Esther, d. Nathaniel & Mary, b. Jan. 15, 1749	LR18	26

BENEDICT, BENYDICKE, BENNEDICK, BENEDICK, (cont.),

	Vol.	Page
Esther, m. Uriah **RAYMOND**, Jan. 20, 1766	LR18	34
Esther, m. Moses **RAYMOND**, Nov. 20, 1774	LR18	30
Esther, d. Jesse & Esther, b. Dec. 26, 1776	LR18	35
Esther, d. Willliam & Nancy, b. May 10, 1793	LR18	4
Esther, m. Edward **SMITH**, May 22, 1811, at New York City, by Rev. Mr. How	LR19	10
Esther, of Norwalk, m. William **BENEDICT**, of Hudson, N.Y., Oct. 6, 1834, by Edwin Hall	1	18
Eunice, d. Hezekiah & [Martha], b. Oct. 11, 1770	LR19	6
Eunice, 2nd, d. Hezekiah & [Martha], b. Apr. 22, 1774	LR19	6
Fanny R., m. Williston **BENEDICT**, b. of Norwalk, Nov. 8, 1822, by Sylvester Eaton	1	4
Fanny Row, [twin with Deborah Burrell], d. W[illia]m & Nancy, b. Dec. 30, 1798	LR18	4
George, hatter, ae 41, res. Norwalk, m. 2nd w. Amanda **BENEDICT**, ae 29, b. of Norwalk, res. Vienna, O., Dec. 16, 1847, by Rev. Henophen Betts	11	47
Goold, s. Isaac & Jane, b. Feb. 4, 1776	LR18	39
Goold, m. Julia Ann **BENTON**, Nov. 26, 1835, by Edwin Hall	1	20
Hanniah, d. Tho[ma]s, Jr., b. Jan. 8, 1676	LR1	111
Hannah, d. Tho[mas] [& Deborah], b. Dec. 13, 1733	LR4	10
Hannah, m. John **CARTER**, Oct. [ ], 1753	LR18	37
Hannah, d. Thomas & Hannah, b. Feb. 18, 1759	LR13	2
Hannah, d. Nehemiah & Hannah, b. Dec. 11, 1759	LR4	9
Hannah, d. Jesse & Esther, b. May 18, 1765	LR18	35
Hannah, d. Nathaniel & Hannah, b. Oct. 20, 1765	LR18	26
Hannah, m. Isaac **RICHARDS**, Oct. 14, 1779	LR18	17
Hannah, m. Stephen **WOOD**, Apr. 3, 1782	LR18	38
Hannah, w. Nehemiah, d. Dec. 6, 1783	LR4	9
Hannah, d. Nehemiah & Hannah, d. Feb. 21, 1786	LR4	9
Hannah, m. Nehemiah **BENEDICT**, 2nd, Oct. 26, 1786	LR18	41
Hannah, d. Nathaniel & Anah, b. July 4, 1789	LR18	34
Hannah, d. Nehemiah & Hannah, b. Oct. 18, 1790	LR18	41
Hannah, w. Nathaniel, d. Jan. 31, 1795	LR18	26
Harriet, m. Wolcott **DOWNS**, July 15, 1786	LR18	38
Henry, s. John & Jane, b. Jan. 22, 1796	LR18	6
Henry, m. Mary B. **LOCKWOOD**, b. of Norwalk, Sept. 1, 1823, by Sylvester Eaton	1	5
Hezekiah, m. Martha **BELL**, Nov. 10, 1763	LR19	6
Hezekiah, s. Hezekiah & Martha, b. Sept. 15, 1764	LR19	6
Isaac, s. Nathaniel & Mary, b. June 16, 1751	LR18	26
Isaac, m. Jane **RAYMOND**, Oct. 13, 1773	LR18	39
Isaac, s. Isaac & Jane, b. July 13, 1774	LR18	39
Isaac, m. Mary **DAVENPORT**, (2nd w.), Aug. 19, 1794	LR18	39
James, m. Sarah **GREGORIE**, d. John, Sr., May 10, 1676	LR1	111
James, s. John, b. Jan. 15, 1685; m. Sarah **HYATT**, d. Thomas, decd., Apr. 7, 1709	LR4	1
James, m. Thankfull **LOCKWOOD**, May 25, 1763	LR18	38
James, s. James & Thankfull, b. Nov. 14, 1767	LR18	38
James, s. Nathan & Susanna, b. Oct. 16, 1797	LR18	6
Jane, w. Isaac, d. Jan. 26, 1794	LR18	39
Jemimah, d. Sam[ue]ll [& Jemima], b. Mar. 8, 1724/5	LR4	9

	Vol.	Page
BENEDICT, BENYDICKE, BENNEDICK, BENEDICK, (cont.),		
Jemima, m. Luke **KEELER**, 2nd, May 20, 1783* *(correction: [1793], handwritten in the margin of the original manuscript	LR18	46
Jemima, d. W[illia]m & Betty, b. May 14, 1796	LR18	4
Jesse, m. Esther **ST. JOHN**, Mar. 22, 1764	LR18	35
Jesse, s. Jesse & Esther, b. Mar. 19, 1767	LR18	35
Johannah, d. Samuell, b. Oct. 22, 1673	LR1	111
John, Jr., m. Phebe **GREGGARIE**, d. John, Nov. 11, 1670	LR1	50
John, s. John, b. Mar. 3, 1675/6	LR1	111
John, s. Nathaniel & Hannah, b. Feb. 3, 1770	LR18	26
John, s. Hezekiah & Martha, b. Mar. 15, 1780	LR19	6
John, Jr., m. Jane **RAYMOND**, Apr. 4, 1793	LR18	6
Jonathan, s. Thomas [& Deborah], b. June 18, 1736	LR4	10
Jonathan, s. Hezekiah & Martha, b. Dec. 11, 1768	LR19	6
Jonathan Bell, s. Hezekiah [& Martha], b. Mar. 4, 1778	LR19	6
Joseph, s. Nathaniel & Mary, b. July 18, 1746	LR18	26
Katharine, d. Tho[ma]s & Hannah, b. Apr. 13, 1763	LR13	2
Katharine, d. Tho[ma]s, m. Samuel **GRUMMAN**, Jr., [ ]	LR4	15
Lewis, s. Isaac & Jane, b. Sept. 27, 1785	LR18	39
Linus St. John, m. Charlotte Kellogg **DUNN**, July 4, 1837, by Edwin Hall	1	22
Lockard, s. James & Thankful, b. Mar. 29, 1779	LR18	38
Lois, m. Jeremiah B. **ELLS**, Nov. 28, 1754	LR18	39
Lorana, d. Isaac & Jane, b. Sept. 7, 1787; d. Jan. 13, 1793	LR18	39
Lorana, d. Isaac & Mary, b. Dec. 7, 1795	LR18	39
Lydia, d. Nathaniel & Hannah, b. Apr. 30, 1767	LR18	26
Lydia, m. Lemuel **BROOKS**, Jr., Mar. 16, 1788	LR17	217
Martha, d. Hezekiah & Martha, b. Mar. 15, 1766	LR19	6
Mary, d. Tho[ma]s, Jr., b. Dec. 4, 1666	LR1	50
Mary, d. Thomas, m. John **OLMSTED**, July 17, 1673	LR1	50
Mary, d. Thomas [& Rachel], b. Dec. 4, 16[ ]	LR4	8a
Mary, d. Sam[ue]ll [& Jemima], b. June 14, 1728	LR4	9
Mary, d. Nathaniel & Mary, b. Nov. [ ], 1741	LR18	26
Mary, m. Stephen **GREGORY**, Dec. 2, 1757	LR19	6
Mary, w. Nath[anie]l, d. Jan. 12, 1762	LR18	26
Mary, d. Jesse & Esther, b. Jan. 31, 1770	LR18	35
Mary, d. Nathaniel & Anah, b. Mar. 23, 1770	LR18	34
Mary, m. Ebenezer **PHILLIPS**, Jan. 17, 1782	LR18	4
Mary, m. John **EVERSLY**, Jr., Nov. 19, 1792	LR18	30
Mary, d. William & Nancy, b. Apr. 4, 1796	LR18	4
Mary Esther, d. William & Betty, b. June 11, 1808; d. Jan. 18, 1810	LR18	4
Matthew, s. James & Thankfull, b. Oct. 29, 1770	LR18	38
Nathan, s. Nathaniel & Hannah, b. Dec. 10, 1763	LR18	26
Nathan, m. Susanna **SAMISS**, May 6, 1795	LR18	6
Nathaniel, m. Mary **LOCKWOOD**, Oct. 25, 1738	LR18	26
Nathaniel, s. Nathaniel & Mary, b. Mar. 26, 1744	LR18	26
Nathaniel, m. Hannah **HAWLEY**, (2nd w.), Jan. 31, 1763	LR18	26
Nathaniel, Jr., m. Anah **RAYMOND**, Jan. 6, 1768	LR18	34
Nathaniel, s. Nathaniel & Anah, b. July 17, 1774	LR18	34
Nathaniel, m. Hannah **SELLECK**, (2nd w.), Apr. 2, 1794	LR18	34
Nehemiah, s. Thomas [& Rachel], b. Dec. 21, 17[ ]	LR4	8a
Nehemiah, s. Thomas [& Rachel], d. Feb. 21, 17[ ]	LR4	8a
Nehemiah, s. Thomas [& Deborah], b. Jan. 7, 1729/30	LR4	10

BENEDICT, BENYDICKE, BENNEDICK, BENEDICK, (cont.),

	Vol.	Page
Nehemiah, m. Hannah **KEELER**, d. Capt. Sam[ue]l, Dec.17, 1751	LR4	9
Nehemiah, s. Nehemiah & Hannah, b. Oct. 5,1752; d. June 26, 1776	LR4	9
Nehemiah, s. James & Thankfull, b. Apr. 16, 1764; d. Nov. 7, 1765	LR18	38
Nehemiah, 2nd, s. James & Thankfull, b. Dec. 29, 1765	LR18	38
Nehemiah, 2nd, m. Hannah **BENEDICT**, Oct. 26, 1786	LR18	41
Nehemiah, s. Nehemiah & Hannah, b. July 28, 1787	LR18	41
Nehemiah, had negro Rueben, d. Jan. 20, 1788	LR4	9
Obediah M., s. Isaac & Jane, b. Aug. 19, 1783	LR18	39
Patty, m. Daniel **WEED**, Nov. 12, 1792	LR18	49
Phebe, d. John, Jr., b. Dec. 21, 1673	LR1	50
Phebe, d. Dea. John, m. Ezra **HAYT**, Apr. 4, 1731	LR4	10
Phebe, m. Joseph **OLENTON**, Sept. 1, 1757	LR18	43
Polly, d. Aaron & Sally, b. Dec. 19, 1796	LR18	37
Rachel, d. Thomas [& Rachel], b. Sept. 27, 17[ ]	LR4	8a
Rachel, w. Thomas, d. Dec. 1, 17[ ]	LR4	8a
Rachel, d. Tho[mas] [& Deborah], b. Feb. 28, 1731/2	LR4	10
Rachel, d. Ens. Thomas, m. Eliaseph **KELLOGG**, June 13, 1734	LR4	9
Rachal, d. Sam[ue]ll [& Jemima], b. June 24, 1739	LR4	9
Rachel, d. Hezekiah [& Martha], b. Aug. 20, 1772	LR19	6
Raymond, s. Nathaniel & Anah, b. Apr. 2, 1779	LR18	34
Rebeckah, d. James, of Danbury, m. Samuel **KEELER**, Jr., Jan. 18, 1704/5	LR4	4
Rebeckah, d. Samuel, of Danbury, m. Samuell **PLATT**, June 18, 1712	LR4	3
Rebeckah, m. Nathaniel **RAYMOND**, Feb. 17, 1762	LR18	9
Ruth, d. James & Thankfull, b. May 28, 1769; d. Aug. 17, 1770	LR18	38
Ruth, d. James & Thankful, b. May 17, 1785	LR18	38
Sally, d. Hezekiah [& Martha], b. May 4, 1782	LR19	6
Sally, d. William & Nancy, b. Nov. 17, 1790	LR18	4
Samuell, s. Samuell, b. Mar. 5, 1674/5	LR1	111
Samuell, m. Rebeckah **ANDROWES**, d. Tho[ma]s, formerly of Fairfield, July 4, 1678	LR1	137
Samuel, s. Thomas [& Rachel], b. Jan. 31, 17[ ]	LR4	8a
Samuel, m. Jemima **CANFIELD**, wid. Ebenezer, Apr. 18, 1724	LR4	9
Samuel, s. Sam[ue]l [& Jemima], b. Dec. 5, 1726	LR4	9
Samuel R., s. Isaac & Jane, b. Aug. 22, 1779	LR18	39
Samuel R., s. Isaac, d. Mar. 12, 1798	LR18	39
Sarah, d. James, b. June 26, 1677	LR1	111
Sarah, d. Tho[mas], Sr., m. James **BEEBE**, Dec. 19, 1679	LR1	138
Sarah, d. Thomas [& Rachel], b. June 6, 17[ ]	LR4	8a
Sarah, d.James, b. May 23, 1710	LR4	1
Sarah, d. Sam[ue]ll [& Jemima], b. Jan. 30, 1733/4	LR4	9
Sarah, d. Ens. Thomas, Sr., m. Daniel **HAYT**, Jr., Apr. 28, 1735	LR4	12
Sarah, d. Nathaniel & Mary, b. Feb. 29, 1756	LR18	26
Sarah, m. Timothy **HOYT**, Feb. 4, 1761	LR19	3
Sarah, m. William **BOUTON**, Feb. 15, 1769	LR18	19
Simeon, s. Nathaniel & Anah, b. Sept. 2, 1776	LR18	34
Stephen, s. Sam[ue]ll [& Jemima], b. May 20, 1731	LR4	9
Sukey, d. William & Nancy, b. Jan. 20, 1788	LR18	4
Sukey, m. Ebenezer **CARTER**, Sept. 24, 1788	LR18	37
Thankful, d. James & Thankful, b. July 10, 1781	LR18	38
Thomas, m. Rachel **SMITH**, d. Samuell, May 13, 16[ ]	LR4	8a
Tho[ma]s, s. Tho[ma]s, Jr., b. Dec. 1, 1670	LR1	50

	Vol.	Page
BENEDICT, BENYDICKE, BENNEDICK, BENEDICK, (cont.),		
Tho[mas], s. Samuell, b. Mar. 27, 1679	LR1	137
Thomas, 3rd, m. Deborah **WATERS**, d. Jonathn, of Jamaca, L.I., May 21, 1725	LR4	10
Thomas, s. Thomas [& Deborah], b. Feb. 25, 1725/6	LR4	10
Thomas, 3rd, m. Hannah **RAYMOND**, d. Capt. John, Jan. 4, 1758, by Rev. Moses Dickinson	LR13	2
Thomas, s. Nehemiah & Hannah, b. Mar. 25, 1764	LR4	9
Thomas, s. Tho[ma]s & Hannah, b. Mar. 14, 1765	LR13	2
Thomas, s. Nehemiah & Hannah, d. July 24, 1787	LR4	9
Thomas, Jr., m. Mary **WATERBURY**, Oct. 8, 1795	LR18	44
Thomas, s. Thomas & Mary, b. Oct. 7, 1797	LR18	44
Thomas, s. Thomas [& Rachel], b. Oct. 29, 17[ ]	LR4	8a
Uriah, s. Nathaniel & Anah, b. Sept. 13, 1783	LR18	34
Waters, s. Nehemiah & Hannah, b. Oct. 27, 1756; d. Jan. 12, 1776	LR4	9
William, s. Nathaniel & Mary, b. Feb. 10, 1754	LR18	26
William, s. Nehemiah & Hannah, b. Sept. 14, 1754; d. Aug. 3, 1776	LR4	9
William, s. Jesse & Esther, b. Feb. 9, 1774	LR18	35
William, m. Nancy **FITCH**, Feb. 20, 1782	LR18	4
William, Jr., m. Betty **ST. JOHN**, Dec. 31, 1795	LR18	4
William, s. William & Betty, b. Dec. 21, 1797	LR18	4
William, of Hudson, N.Y., m. Esther **BENEDICT**, of Norwalk, Oct. 6, 1834, by Edwin Hall	1	18
William Henry, m. Mary **GUYER**, b. of Norwalk, Nov. 22, 1837, by James Knox	1	22
William L., d. July 31, 1848, ae 4 m.	1	49
Williston, m. Fanny R. **BENEDICT**, b. of Norwalk, Nov. 8, 1822, by Sylvester Eaton	1	4
BENNAM, Sarah, d. John, of West Haven, m. Thomas **REED**, Jr., Oct. 2, 17[ ]	LR4	6
BENNETT, BENNET, Abigail, m. Nathan **SANFORD**, Sept. 9, 1781	LR18	47
Abigail, of Norwalk, m. Rich[ard] **BEERS**, of Redding, Aug. 1, 1824, by Sylvester Eaton	1	6
Abigail, m. Allen **CAMERION**, Sept. 9, 1830, by Henry Benedict	1	14
Betty, m. Taylor **HURLBUTT**, Dec. 5, 1793	LR19	6
Charry, of Saugatuck, m. Sam[ue]l **LORD**, of Tomson, N.Y., Mar. 5, 1825, by Heze[kiah] Ripley, V.D.M.	1	7
David F., m. Arty **BEERS**, Dec. 4, [1828], by Henry Benedict	1	12
Eliza, m. George **HAYES**, b. of Bridgeport, Oct. 31, 1844, by John A. Weed, J.P.	1	29
George, m. Eliza **GALE**, of New York, Sept. 25, 1822, at the house of wid. Mervine, of Saugatuck, by Rev. R. Sherwood	1	4
Hannah, m. Gilbert **FAIRCHILD**, June 24, 1779	LR18	39
Henry, m. Caroline **YOUNG**, b. of Norwalk, July 20, 1837, by Rev. Israel S. Dickenson	1	21
John B., of Saugatuck, m. Sally **HANFORD**, of Norwalk, Nov. 13, 1825, at St. Pauls Church, by Rev. R. Sherwood	1	8
Lewis, m. Nancy **VANDOOZER**, Sept. 27, 1830, by Henry Benedict	1	14
Lucinda, m. Edward **SHERWOOD**, Apr. 18, 1836, by Rev. Chauncey Wilcox, of North Greenwich	1	20
Mary, m. John B. **CONKLIN**, Apr. 7, 1730, by Henry Benedict	1	13
Rachel, m. Samuel **TERREL**, July 30, 1797	LR18	22
Richard, late of England, m. Maria L. **BIDDLE**, of Norwalk, Dec. 31,		

14   BARBOUR COLLECTION

	Vol.	Page
BENNETT, BENNET, (cont.),		
1846, by James J. Woolsey	1	34
BENTON, Esther May, m. Thaddeus Burr **HUYER,** b. of Norwalk, Sept. 27,		
1836, by James Knox	1	21
Fanny, m. Valentine **MERRELL,** b. of Norwalk, Sept. 18, 1831, by		
Rev. Daniel J. Wright	1	15
Joel, of South Salem, N.Y., m. Abby L. **HUNTER,** of Norwalk, [Mar.]		
18, [1827], at her father's house, by Ebenezer Platt	1	10
John W., of New Canaan, m. Betsey A. **SMITH,** of Norwalk, Nov. 14,		
1830, by Henry Benedict	1	14
Julia Ann, m. Goold **BENEDICT,** Nov. 26, 1835, by Edwin Hall	1	20
William S., of Norwalk, m. Margaretta **JACKSON,** of New Rochelle,		
N.Y., Dec. 9, 1837, by James Knox	1	22
BESSEY, Nancy, m. Selleck **TUTTLE,** Oct. 14, 1792	LR18	39
William H., of Norwalk, m. Martha A. **BROTHERTON,** of Westport,		
Dec. 22, 1847, by Jacob Shaw	1	35
William H., mariner, res. Norwalk, m. Martha A. **BROTHERTON,** b.		
Westport, res. Norwalk, Dec. 22, 1847, by Rev. Jacob Shaw	1	47
BETTS, Abbe, d. Seth & Johanna, b. Apr. 7, 1782	LR18	27
Abigail Ellis, [twin with Ellis Abigail], d. Silas & Hannah, b. Sept. 13,		
1786* *(probably 1796)	LR18	27
Abijah, m. Mary **BETTS,** Jan. 3, 1771	LR18	19
Alfred, s. Hezekiah & Grace, b. Sept. 2, 1786	LR18	41
Amarillis, d. Hezekiah & Grace, b. June 28, 1788	LR18	41
Amelia, d. Reuben & Ellen, b. Dec. 14, 1789	LR18	32
Angeline, d. William & Lucretia, b. May 18, 1794	LR18	39
Ann, d. Isaac & Elizabeth, b. Aug. 19, 1754	LR19	4
Anner, d. Thaddeus & Deborah, b. June 2, 1773	LR18	29
Asahel Raymond, s. Daniel & Nancy, b. Mar. 2, 1788	LR18	30
Aurinda, d. Daniel & Nancy, b. Feb. 18, 1794	LR18	30
Aser, s. Nathan & Mary, b. Sept. 13, 1740	LR4	14
Benjamin, s. Burwell & Thankful, b. Oct. 20, 1747	LR19	8
Benjamin, of Wilton, m. Emeline E. **FITCH,** of Norwalk, Sept. 8, 1847,		
by Jacob Shaw	1	34
Benjamin, farmer, ae 37, b. Wilton, res. Wilton, m. 2nd w. Emeline E.		
FITCH, ae 35, res. Norwalk, Sept. 8, 1847, by Rev. Jacob Shaw	1	46
Benj[amin] Platt, s. Reuben & Ellen, b. Aug. 5, 1787; d. June 3, 1797	LR18	32
Betsey, d. Burwell & Sarah, b. July 3, 1772	LR19	8
Betsey, d. Thomas & Elizabeth, b. Mar. 7, 1788	LR18	38
Betsey, m. John **GREGORY,** Dec. 9, 1798	LR19	7
Bettey, d. Stephen & Mary, b. Mar. 5, 1757	LR18	25
Bettey, m. Strong **COMSTOCK,** Nov. 2, 1783	LR18	25
Burwell, m. Thankful **RAYMOND,** Nov. 1, 1740	LR19	8
Burwell, m. Sarah **BURWELL,** (2nd w.), Nov. 7, 1754	LR19	8
Berwell, s. Stephen & Mary, b. Jan. 30, 1763; d. Oct. 16, 1789	LR18	25
Calvin, s. Enoch & Mary, b. Nov. 28, 1788	LR18	20
Catharine, d. Silas & Hannah, b. Mar. 16, 1788	LR18	27
Catharine, m. Clapp Raymond **ROCKWELL,** May 17, [1829], by		
Henry Benedict	1	12
Charles, s. John & Leah, b. Nov. 8, 1783; d. Apr. 5, 1784	LR9	2-Ind
Charles, s. Stephen & Ruth, b. Oct. 29, 1784	LR18	4
Charles Grandison, s. Reuben & Ellen, b. Dec. 1, 1792	LR18	32
Charles Jeffrey, s. Thomas & Elizabeth, b. Sept. 13, 1797	LR18	38

	Vol.	Page
BETTS, (cont.),		
Daniell, Sergt., m. Deborah **TAYLOR**, d. Thomas & Rebecca, Dec. [ ], 1692	LR2-3	73
Daniell, s. Sergt. Daniel, b.May 2, 1699	LR2-3	73
Daniel, Jr., m. Nancy **BETTS**, Jan. 1, 1784	LR18	30
Daniel Leman, s. Reuben & Ellen, b. Sept. 29, 1780	LR18	32
David, [twin with Jonathan], s. Silas & Hannah, b. Jan. 17, 1794	LR18	27
David Coley, s. Enoch & Mary, b. Feb. 15, 1782	LR18	20
Deborah, d. Sergt. Daniel, b. Oct. 24, 1693	LR2-3	73
Deborah, d. Thaddeus & Deborah, b. Feb. 17, 17[ ]	LR18	29
Deborah, d. Isaac & Elizabeth, b. Sept. 23, 1767	LR19	4
Elias, s. Enoch & Mary, b. May 10, 1776	LR18	20
Elilatia*, d. Hezekiah & Grace, b. Oct. 13, 1802 *(Eulalia?)	LR18	41
Eliza Susan, d. Hezekiah & Grace, b. July 8, 1797	LR18	41
Eliza[beth], w. Isaac, d. Mar. 6, 1779	LR19	4
Elizabeth, w. Thaddeus, d. Feb. 8, 1789	LR18	39
Ellen, d. Reuben & Ellen, b. Feb. 8, 1785	LR18	32
Ellis Abigail, [twin with Abigail Ellis], d. Silas & Hannah, b. Sept. 13, 1786* *(probably 1796)	LR18	27
Enoch, m. Mary **COLEY**, June 27, 1775	LR18	20
Enoch, s. Enoch & Mary, b. June 5, 1785; d. Oct. 2, 1786	LR18	20
Enoch, 2nd, s. Enoch & Mary, b. July 29, 1787; d. Dec. 31, 1787	LR18	20
Esther, d. Seth & Mary, b. Feb. 17, 1763	LR18	27
Esther, d. Burwell & Sarah, b. July 1, 1769	LR19	8
Esther, d. John & Leah, b. Jan. 15, 1781; d. Jan. 2, 1775* [sic]* *(Probably 1785)	LR9	2-Ind
Esther, d. John & Leah, b. Dec. 8, 1785	LR9	2-Ind
Esther, d. Stephen & Ruth, b. Aug. 29, 1790	LR18	4
Eulalia (?)*, d. Hezekiah & Grace, b. Oct. 13, 1802 *(Arnold copy has "Elilatia")	LR18	41
Eunice, d. Reuben & Ellen, b. May 11, 1779	LR18	32
George, s. John & Leah, b. May 7, 1789	LR9	2-Ind
George W., merchant, ae 48 & w. Julia, ae 41, had child b. July 15, 1848	1	38
Hanah, d. John, b. Oct. 20, 1699	LR2-3	76
Hannah, d. John [& Damaris], b. May 21, 1730	LR4	6
Hannah, d. Burwell & Thankful, b. May 8, 1743	LR19	8
Hannah, d. Isaac & Eliza[beth], b. Mar. 30, 1762	LR19	4
Hannah, d. Thaddeus & Deborah, b. Sept. 27, 1768	LR18	29
Hannah, d. Burwell & Sarah, b. Mar. 7, 1775	LR18	8
Hannah, d. Silas & Hannah, b. Apr. 13, 1782	LR18	27
Hannah, d. Thomas & Elizabeth, b. Oct. 31, 1789	LR18	38
Hannah, m. Jonathan **SEYMORE**, [ ]	LR18	42
Harriet, d. Stephen & Ruth, b. Dec. 7, 1786; d. Sept. 18, 1795	LR18	4
Harriet, 2nd, d. Stephen & Ruth, b. Mar. 14, 1798	LR18	4
Harriet, d. Hezekiah & Grace, b. May 8, 1807	LR18	41
Harriet, m. Thomas C. **HANFORD**, Mar. 25, 1832, by Edwin Hall	1	16
Hampton, m. Betsey **BENEDICT**, b. of Norwalk, Aug. 27, 1829, by Henry Benedict	1	12
Henrietta, m. Charles **MALLORY**, b. of Norwalk, Nov. 24, 1822, by Sylvester Eaton	1	4
Henry, s. Hezekiah & Grace, b. Nov. 26, 1794	LR18	41
Hepzibah, d. Sam[ue]ll, b. Oct. 29, 1703	LR4	5
Hezekiah, m. Grace **HANFORD**, Oct. 1, 1795	LR18	41

BARBOUR COLLECTION

	Vol.	Page
BETTS, (cont.),		
Hiram, s. Stephen & Mary, b. July 21, 1777	LR18	25
Isaac, m. Elizabeth **GRIFFETH**, Oct. 14, 1753	LR19	4
Isaac, s. Isaac & Elizabeth, b. Apr. 12, 1760	LR19	4
Isaac, Jr., m. Polly **HANFORD**, Nov. 23, 1783	LR18	14
Isaiah, s. Isaac & Elizabeth, b. Jan. 17, 1758	LR19	4
Isaiah, s. Enoch & Mary, b. Mar. 6, 1791	LR18	20
James, s. Burwell & Thankful, b. Mar. 10, 1745	LR19	8
Jesse Raymond, m. Elizabeth **REED**, b. of Norwalk, Aug. 6, 1826, by Sylvester Eaton	1	9
John, s. John, b. Nov. 17, 1692	LR2-3	76
John, s. John, m. Damaris **LOCKWOOD**, d. Eliphalet, Apr. 17, 1722	LR4	6
John, s. John [& Damaris], b. Aug. 11, 1735	LR4	6
John, Jr., m. Lydia **KETCHUM**, d. Sam[ue]ll, Feb. 17, 1765	LR9	2-Ind
John, m. Leah **WICHON*** (2nd w.), Jan. 10, 1773 *("**HICKOX**" in Hall's Hist.)	LR9	2-Ind
John, m. Leah [**HICKOX**, formerly w. **CARTER**], Jan. 10, 1773	LR17	218
John Gould, s. John & Leah, b. Dec. 24, 1775	LR9	2-Ind
John Gould, [s. John & Leah], d. Dec. 4, 1776	LR9	2-Ind
John Gould, s. John & Leah, b. Dec. 24, 1787	LR9	2-Ind
Jonathan, [twin with David], s. Silas & Hannah, b. Jan. 17, 1794	LR18	27
Joseph, s. Burwell & Sarah, b. Aug. 8, 1763	LR19	8
Josiah, of Wilton, m. Jane **WRIGHT**, of Norwalk, Aug. 29, [1830], by Rev. Origin P. Holcomb, of Wilton	1	13
Judeth, d. Sam[ue]ll [& Judeth], b. Aug. 25, 1714	LR4	5
Judeth, d. Nathan & Mary, b. July 18, 1738	LR4	14
Julia C., ae 18, b. Wilton, res. Wilton, m. Charles M. **GREGORY**, miller, ae 23, res. Norwalk, Nov. 11, 1847, by Rev. David H. Short	1	46
Juliette (?)*, d. Heze[kiah] & Grace, b. Mar. 3, 1805 *(Arnold copy has "Susette")	LR18	41
Lewis, s. Stephen & Mary, b. June 16, 1766	LR18	25
Lewis, m. Sarah **ANDREWS**, July 11, 1790	LR18	25
Lewis, d. Stephen & Ruth, b. Oct. 24, 1796	LR18	4
Louisa, m. William D. **GREGORY**, this day [dated Jan. 24, 1847], by Edwin Hall	1	33
Lydia, [w. John], d. June 12, 1766	LR9	2-Ind
Lydia, d. Abijah & Mary, b. Dec. 17, 1771	LR18	19
Lydia, d. John & Leah, b. May [ ], 1774; d. Aug. [ ], 1775	LR9	2-Ind
Lydia, d. Thaddeus & Deborah, b. Nov. 9, 1781	LR18	29
Martha, d. Silas & Hannah, b. Sept. 19, 1791	LR18	27
Mary, d. Tho[ma]s, m. John **RAIMENT**, Dec. 10, 1664	LR1	49
Mary, d. Sam[ue]ll [& Judeth], b. Sept. 10, 1693	LR4	5
Mary, d. John [& Damaris], b. May 4, 1727	LR4	6
Mary, d. Nathan & Mary, b. Sept. 22, [1728]; d. Oct. 5, 1728	LR4	14
Mary, d. Nathan & Mary, b. Dec. 2, 1731	LR4	14
Mary, m. Thomas **GREGORY**, May 18, 1747	LR18	38
Mary, w. Thaddeus, d. [Nov.] 20, [1752]	LR18	39
Mary, d. Thaddeus & Elizabeth, b. July 14, 1761; d. Feb. 3, 1782	LR18	39
Mary, d. Thaddeus & Elizabeth, b. July 14, 1761; m. Daniel **PLATT**, [ ]; d. Feb. 3, 1782	LR18	39
Mary, m. Abijah **BETTS**, Jan. 3, 1771	LR18	19
Mary, d. Abijah & Mary, b. Sept. 10, 1776	LR18	19
Mary, w. Seth, d. Mar. 7, 1777	LR18	27

BETTS, (cont.),

	Vol.	Page
Mary, d. Enoch & Mary, b. May 19, 1780	LR18	20
Matthew, m. Mary **ST. JOHN**, Apr. 12, 1750	LR18	48
Mehetabel, d. Hezekiah & Grace, b. Nov. 25, 1792	LR18	41
Molly, d. Seth & Mary, b. Mar. 19, 1757	LR18	27
Molly, d. Burwell & Sarah, b. Apr. 4, 1757	LR19	8
Molly, d. Stephen & Mary, b. Aug. 8, 1770	LR18	25
Molly, m. Enoch **ABBOTT**, Mar. 19, 1778	LR18	47
Molly, m. Hezekiah **WHITLOCK**, Oct. 21, 1780	LR18	23
Nancy, d. Burwell & Sarah, b. May 9, 1767	LR19	8
Nancy, m. Daniel **BETTS**, Jr., Jan. 1, 1784	LR18	30
Nathan, s. Samuell [& Judeth], b. Nov. 5, 1700	LR4	5
Nathan, m. Mary **BELDEN**, d. William, of Norwalk, Sept. 20, 1727	LR4	14
Nathan, s. Nathan & Mary, b. Oct. 13, 1729	LR4	14
Nathan, s. Burwell & Sarah, b. Aug. 14, 1755	LR19	8
Nehemiah, s. Thaddeus & Deborah, b. Sept. 25, 1765	LR18	29
Peter, s. Burwell & Sarah, b. Nov. 6, 1758	LR19	8
Philo, s. Stephen & Mary, b. Nov. 29, 1769	LR18	25
Philo, m. Hannah **RAYMOND**, Oct. 12, 1797	LR18	25
Polly, d. Reuben & Ellen, b. Nov. 15, 1783	LR18	32
Polly, d. Silas & Hannah, b. Jan. 9, 1784	LR18	27
Polly, d. Thomas & Elizabeth, b. Dec. 5, 1790	LR18	38
Rachel, m. Elijah **WESTCOAT**, [ ], 1774	LR19	2
Rebecca, d. Sergt. Daniel, b. Aug. 4, 1696	LR2-3	73
Rebecca, d. Daniel, of Norwalk, m. Samuel **GRUMMAN**, late of Fairfield, Jan. 10, 1721/2	LR4	8a
Rebeckah, d. Thaddeus & Deborah, b. Dec. 20, 1784	LR18	29
Rebecca, m. Charles **ISAACS**, Nov. 11, 1815	LR19	12
Reuben, m. Ellen **HAWLEY**, Mar. 25, 1778	LR18	32
Robert Waters, s. Hezekiah & Grace, b. Aug. 23, 1790	LR18	41
Ruth, d. Nathan & Mary, b. Oct. 6, 1733	LR4	14
Ruth, d. Matthew & Mary, b. Oct. 12, 1750	LR18	48
Ruth, m David **WHITLOCK**, Mar. 3, 1773	LR19	2
Sally, d. Thomas & Elizabeth, b. Oct. 13, 1795	LR18	38
Samuell, m. Judeth **RENNALDS**, d. John, of Greenwich, Dec. 10, 1692	LR4	5
Samuell, s. Samuell [& Judeth], b. Oct. 28, 1695	LR4	5
Samuel, s. John & Lydia, b. Apr. 26, 1766	LR9	2-Ind
Sam[ue]l Nathan, s. Stephen & Mary, b. Apr. 14, 1768	LR18	25
Sarah, d. Thomas, m. Joseph **SAINT JOHN**, Mar. 5, 1695/6	LR4	1
Sarah, d. Thomas, m. Samuel **KEELER**, Dec. 11, 1712	LR4	4
Sarah, d. Thaddeus & Elizabeth, b. Mar. 7, 1757, at Ridgefield	LR18	39
Sarah, d. Burwell & Sarah, b. Mar. 7, 1761	LR19	8
Sarah, wid., m. Stephen **ST. JOHN**, Feb. [ ], 1764	LR18	22
Sarah, d. Thaddeus & Deborah, b. Oct. 9, 1777	LR18	29
Sarah, d. John & Leah, b. Sept. 9, 1779	LR9	2-Ind
Sarah, d. Abijah & Mary, b. May 28, 1781	LR18	19
Sarah, m. Stephen **LOCKWOOD**, Apr. 14, 1782	LR18	33
Sarah, m. Stephen **ST. JOHN**, 4th, Jan. 4, 1797	LR18	15
Seth, m. Mary **GREGORY**, Dec. 7, 1752	LR18	27
Seth, s. Seth & Mary, b. Dec. 12, 1765	LR18	27
Seth, m. Johanna **ABBOTT** (2nd w.), Dec. 30, 1779	LR18	27
Sherman, s. Daniel & Nancy, b. Feb. 6, 1785	LR18	30
Silas, s. Seth & Mary, b. Oct. 27, 1753	LR18	27

18   BARBOUR COLLECTION

	Vol.	Page
BETTS, (cont.),		
Silas, m. Hannah SMITH, June 22, 1780	LR18	27
Solomon, s. Thomas & Elizabeth, b. Oct. 3, 1793	LR18	38
Solomon Robert, s. Hezekiah & Grace, b. Dec. 23, 1809	LR18	41
Stephen, s. Samuell [& Judeth], b. Aug. 1, 1698	LR4	5
Stephen, m. Mary BURWELL, Apr. 14, 1747	LR18	25
Stephen, s. Isaac & Elizabeth, b. July 15, 1756	LR19	4
Stephen, 2nd, m. Ruth CHURCH, Jan. 4, 1784	LR18	4
Stephen Andrews, s. Lewis & Sarah, b. May 4, 1795	LR18	25
Sukey, d. Silas & Hannah, b. Mar. 29, 1786	LR18	27
Sukey, d. Lewis & Sarah, b. Feb. 14, 1792	LR18	25
Susa, d. Stephen & Mary, b. Feb. 23, 1761	LR18	25
Susa, m. Joseph JESUP, Oct. 19, 1780	LR18	20
Susette, d. Heze[kiah] & Grace, b. Mar. 3, 1805 *(Juliette?)	LR18	41
Thaddeus, s. John [& Damaris], b. May 3, 1724	LR4	6
Thaddeus, m. Mary GOOLD, Nov. 8, 1752, by Rev. Noah Hobart, of Fairfield	LR18	39
Thaddeus, m. Elizabeth MALTBY, (2nd w.), May 15, 1754, by Rev. Noah Wells, of Stamford	LR18	39
Thaddeus, Jr., m. Deborah MEAD, May 10, 1763	LR18	29
Thaddeus, s. William & Lucretia, b. Feb. 4, 1789	LR18	39
Thaddeus, m. Ellen LYMAN, Nov. 4, 1789, by Rev. Jonathan Edwards, [of] New Haven	LR18	39
Thankful, w. Burwell, d. Dec. 3, 1747	LR19	8
Thomas, Jr., s. Thomas, Sr., m. Sarah MARVIN, d. Math[ew], Jan. 13, 1680	LR1	138
Tho[mas], s. Thomas, Jr., b. Jan. 28, 1681	LR1	138
Thomas, Jr., m. Betty BENEDICK, d. Capt. Thomas, May 22, 1748	LR9	2
Thomas, m. Elizabeth SMITH, Mar. 19, 1782	LR18	38
William, s. Nathan & Mary, b. Apr. 11, 1736	LR4	14
William, s. William & Lucretia, b. June 3, 1787	LR18	39
William, s. Thomas & Elizabeth, b. June 9, 1792	LR18	38
William Maltby, s. Thaddeus & Elizabeth, b. Jan. 4, 1759, at Norwalk	LR18	39
William Maltby, m. Lucretia GREGORY, June 26, 1785	LR18	39
Zadock, s. Thaddeus & Deborah, b. May 10, 1780	LR18	29
Zenophen*, s. Heze[kiah] & Grace, b. Sept. 22, 1799 *(Xenophon?)	LR18	41
BIDDLE, Maria L., of Norwalk, m. Richard BENNETT, late of England, Dec. 31, 1846, by James J. Woolsey	1	34
BIGELOW, Susan, formerly of Ashland, Mass., now of Norwalk, m. William W. NASON, of Great Falls, N.H., this day, [dated Apr. 18, 1847], by Edwin Hall	1	34
BILL, Susannah, d. John, of Lebanon, m. David LAMBERT, of Norwalk, Feb. 1, 1726	LR4	8a
BISHOP, Abigail, m. Elijah HAYT, Feb. 18, 1768	LR18	33
Elias, s. Stephen, shoe-maker, ae 28, & Esther M., ae 26, b. June 18, 1848	1	41
Elizabeth, m. Rev. William GAYLORD, Mar. 25, 1753	LR18	29
Elizabeth Esther, m. Robert EELLS, b. of Norwalk, Dec. 24, 1826, by Sylvester Eaton	1	9
Henrietta, m. John AKIN, Sept. 30, 1821, in St. Pauls Church, by Rev. R. Sherwood	1	2
Laura Ann, m. Martin S. CRANE, [Apr.] 4, [1831], by Joseph T. Clark	1	15
Sarah, m. John KELLOGG, Apr. 16, 1774	LR18	13

	Vol.	Page
BISHOP, (cont.),		
Sarah, of Stamford, m. Nathan **HAYT**, Feb. last day, 1784	LR8	7
William B., m. Sally **TAYLOR**, Dec. 2, 1832, by A. W. Whitney	1	16
BISSELL, William E., s. William E., merchant, ae 27 & Angeline, ae 20, b. July 16, 1848	1	39
BIXBY, BYXBEE, Andrew, s. John & Rhoda, b. May 26, 1783	LR18	7
Anna, d. Hopkins & Anna, b. Feb. 8, 1789	LR18	10
Betsey, m. Joseph **RAYMOND**, b. of Norwalk, [Sept.] 15, [1822], by Absolom Day	1	4
Betty, d. Joseph & Nancy, b. Apr. 15, 1790	LR18	11
Edward, s. James, laborer, ae 46 & Susan M., ae 29, b. Dec. 31, 1847	1	43
Elizabeth, m. Joseph **WARING**, Nov. 12, 1754	LR18	21
Elizabeth, d. John & Elizabeth, b. May 7, 1763	LR18	33
Elizabeth, w. John, d. June 1, 1768	LR18	33
Elizabeth, d. John & Elizabeth, d. Sept. 15, 1782	LR18	33
Elizabeth, d. John & Rhoda, b. July 26, 1787	LR18	7
Francis Isabel, d. Joseph, musician, ae 33 & Louisa, ae 24, b. Aug. 5, 1847	1	42
Harvey, s. Hopkins & Anna, b. Oct. 4, 1792	LR18	10
Harvey, s. John & Rhoda, b. Feb. 24, 1796	LR18	7
Henry, s. John & Rhoda, b. Dec. 27, 1790; d. July [ ], 1792	LR18	7
Hopkins, s. John & Elizabeth, b. Feb. 1, 1766	LR18	33
Hopkins, m. Anna **RAYMOND**, Jan. 19, 1786	LR18	10
James, s. John & Rhoda, b. June 13, 1785	LR18	7
Jane Ann, m. Samuel **WATERS**, b. of Norwalk, Nov. 29, 1846, by W. C. Hoyt	1	33
John, m. Elizabeth **WARING**, Feb. 17, 1758	LR18	33
John, s. John & Elizabeth, b. Apr. 26, 1761	LR18	33
John, Jr., m. Rhoda **SELLECK**, Aug. 2, 1782	LR18	7
John, s. Joseph & Nancy, b. Aug. 10, 1787	LR18	11
Joseph, s. John & Elizabeth, b. Aug. 13, 1758	LR18	33
Joseph, m. Nancy **SLAWSON**, Jan. 7, 1787	LR18	11
Mary Ann, d. Nathan, laborer, ae 28 & Mary, ae 22, b. Mar. 31, 1848	1	43
Mary Jane, of Norwalk, m. Capt. Bryant **PLATT**, of Long Island, N.Y., Mar. 3, 1833, by Rev. John Lovejoy	1	17
Moses, m. Elizabeth **HAYT**, Jan. 26, 1764	LR18	14
Moses, s. Hopkins & Anna, b. Nov. 9, 1786	LR18	10
Phebe, m. Esaias **BOUTON**, May 30, 1753	LR18	26
Phebe, d. Moses & Elizabeth, b. Aug. 26, 1774	LR18	14
Raymond, s. Hopkins & Anna, b. Nov. 7, 1790	LR18	10
Ruth, d. Hopkins & Anna, b. Dec. 15, 1794	LR18	10
Ruth, m. William **HALLECK**, Aug. 20, 1812	LR19	11
Sally Ann, m. Lewis **SMITH**, Dec. 23, 1830, by Henry Benedict	1	14
Samuel J., m. Catharine **KNAPP**, b. of Norwalk, May 11, 1846, by Z. K. Hawley	1	32
Silas, hatter, ae 27, & w. Louisa, ae 22, had child b. July 1, 1848	1	43
William, s. Hopkins & Anna, b. Jan. 17, 1797	LR18	10
William K., m. Harriet E. **CLARK**, Nov. 6, 1831, by Henry Benedict	1	15
William P., m. Eliza A. **RICHARDS**, b. of Norwalk, June 20, 1847, by Jacob Shaw	1	34
BLACK, Isaac, m. Emeline **SMITH**, of Westport, July 9, 1848, by Buel Goodsell. Int. Pub.	1	35
Isaac, laborer, ae 25, b. Long Island, res. Norwalk, m. Emeline **SMITH**,		

	Vol.	Page
BLACK, (cont.),		
ae 18, b.New York, res. Norwalk, July 9, 1848, by Rev. Benj[amin] Goodsell	1	46
BLACKLEY, BLAKELEY, Abigail, d. Ebenezer, of New Haven, m. John NASH, Jr., May 19, 1709	LR4	2
Joseph, m. Mehitable **KEELER**, d. John, Oct. 14, 1703	LR4	3
Joseph, d. Oct. 14, 1704	LR4	3
Lydia, m. James **JELLIFF**, Jan. 29, 1783	LR19	6
Mary, d. Joseph, decd., b. Nov. 9, 1704	LR4	3
Mary, m. David **SMITH**, Nov. 23, 1783	LR18	37
Mehitabel, wid., m. Caleb **HAYT**, Feb. 25, 1707/8	LR4	3
BLACKMAN, Jacob Sterling, of Litchfield, m. Rebeckah **WRIGHT**, of Norwalk, May 10, 1823, at the house of Obadiah Wright, by Rev. R. Sherwood	1	5
Sarah Jennett, of New Haven, m. John W. **DURAND**, of Derby, Sept. 9, 1835, by Rev. Davis Stocking	1	20
BLATCHELY, Anna, m. Thomas **SAUNDERS**, Sept. 20, 1789	LR19	8
BODWELL, Henry E., of New York, m. Sarah Ann **MORE**, of Norwalk, Mar. 19, 1826, by Noble W. Thomas, Elder	1	9
BOLT, BOULT, Abigail, d. John [& Elizabeth], b. Nov. 7, 1707	LR4	4
Abigail, d. William & Lydia, b. May 11, 1765	LR18	24
Benjamim, s. John [& Elizabeth], b. Sept. 26, 171[ ]	LR4	4
Charles, s. John & [Elizabeth], b. Aug. 30, 1702	LR4	4
Charles, s. William & Lydia, b. Nov. 26, 1761; d. Sept. 19, 1774	LR18	24
Charles, s. David & Sarah, b. Jan. 3, 1777	LR18	6
David, m. Sarah **MOTT**, [ ]	LR18	6
David, s. David & Sarah, b. Dec. 25, 1766	LR18	6
David, Jr., m. Sarah **TAYLOR**, Mar. 17, 1790	LR18	6
Ebenezer, s. David & Sarah, b. Aug. 4, 1780	LR18	6
Elizabeth, d. William & Lydia, b. May 25, 1752	LR18	24
Elizabeth, d. David & Sarah, b. May 4, 1765	LR18	6
Frederick Anson, s. David & Sarah, b. Aug. 18, 1793; d. Apr. 3, 1796	LR18	6
Jacob, s. David & Sarah, b. Mar. 26, 1771; d. June 9, 1772	LR18	6
Jacob, s. David & Sarah, b. Feb. 7, 1773	LR18	6
John, m. Elizabeth **CLEMMONS**, d. William, of Stamford, Nov. 20, 1694	LR4	4
John, s. John [& Elizabeth], b. Oct. 7, 171[ ]	LR4	4
John, s. William & Lydia, b. Jan. 18, 1758; d. Mar. or Apr. [ ], 1778	LR18	24
John, s. David & Sarah, b. Feb. 9, 1775	LR18	6
John, m. Ruth **LOCKWOOD**, [ ]	LR18	44
Lydia, d. William & Lydia, b. Mar. 23, 1750	LR18	24
Mary, w. Sam[ue]l, d. Dec. 26, 1798	LR18	24
Rhua, d. David & Sarah, b. Aug. 22, 1797	LR18	6
Rich[ar]d, s. John [& Elizabeth], b. Apr. 30, 1696, in New York State	LR4	4
Samuel, s. William & Lydia, b. July 5, 1768	LR18	24
Samuel, m. Mary **WEBB**, Jan. 3, 1798	LR18	24
Samuel Webb, s. Sam[ue]ll & Mary, b. Dec. 9, 1798	LR18	24
Sarah, d. John [& Elizabeth], b. June 12, 1705	LR4	4
Sarah, d. John, m. John **LITTLE**, Apr. 14, 1735	LR4	11
Sarah, d. David & Sarah, b. Nov. 11, 1790; d. Jan 10, 1792	LR18	6
William, s. John [& Elizabeth], b. Nov. 7, 171[ ]	LR4	4
William, m. Lydia **FITCH**, Dec. 8, 1748	LR18	24
William, s. William & Lydia, b. Mar. 24, 1755	LR18	24

	Vol.	Page
BONTECOU, Sarah, Mrs., d. Peter Bontecou, of New York, m. Alexander RESSEGUIE, Oct. 19, 1709	LR4	2
BOOTH, Mary, m. Abrahm SCRIBNER, Apr. 15, 1793	LR18	31
BOUTON, BOWTON, Aaron, s. Jos[eph] & Susana, b. Apr. 19, 1772	LR9	1-Ind
Aaron, m. Polly MALLORY, Jan. 15, 1794	LR18	34
Abbe, d. Sam[ue]l & Eunice, b. July 24, 1790	LR18	11
Abigall, d. John, b. Apr. 1, 1670	LR1	50
Allexander, s. Joshua & Margaret, b. June 29, 1791	LR18	44
Anna, d. William & Sarah, b. June 21, 1796	LR18	19
Betty, d. Jos[eph] & Susana, b. Dec. 29, 1753	LR9	1-Ind
Betty, d. William & Sarah, b. Aug. 12, 1776	LR18	19
Betty, m. Benjamin Pierce REED, Jan. 12, 1793	LR18	11
Charles, s. Joshua & Margaret, b. May 25, 1795	LR18	44
Charles, m. Polly NASH, b. of Norwalk, Dec. 13, 1821, by Sylvester Eaton	1	2
Clarra, d. William & Sarah, b. July 6, 1783	LR18	19
Cornelia, d. Joshua & Margaret, b. Mar. 15, 1787	LR18	44
Debbe, d. Jos[eph] & Susana, b. Aug. 27, 1769	LR9	1-Ind
Dorcas, m. Benjamin ST. JOHN, June 20, 1792, by Rev. Justus Mitchel	LR18	41
Eleazer, Jr., s. Eleazer, b. Oct. 26, 1764	LR9	1-Ind
Elizabeth, d. Sergt. John, m. Edmond WAREING, Oct. 6, 1698	LR4	1
Esaias, m. Phebe BYXBEE, May 30, 1753	LR18	26
Esaias, s. Samuel & Eunice, b. July 18, 1796; d. Jan. 1, 1798	LR18	11
Esther, d. William & Sarah, b. May 20, 1779	LR18	19
Frederick, s. John W., shoemaker, ae 37 & Betsey, ae 37, b. Nov. 25, 1847	1	40
George, s. Joshua & Margaret, b. Oct. 23, 1789	LR18	44
Hannah, d. Easias & Phebe, b. May 16, 1767	LR18	26
Hannah, m. Jonathan CAMP, Jr., May 19, 1792	LR18	1
Hannah, d. Stephen & Hannah, b. Mar. 8, 1793	LR18	28
Hannah Smith, d. Sam[ue]l & Eunice, b. Dec. 4, 1792	LR18	11
Harriet, d. Joshua & Margaret, b. Feb. 6, 1793	LR18	44
Ira, s. Joseph & Susana, b. Feb. 7, 1765	LR9	1-Ind
Isaac, s. William & Sarah, b. Sept. 19, 1769; d. July 24, 1770	LR18	19
Isaac, 2nd, s. William & Sarah, b. Nov. 20, 1771	LR18	19
Isaac, m. Almyrah SEYMORE, Sept. 24, 1794	LR18	11
Jane McLean, d. Sally BOUTON, b. Oct. 19, 1811	LR19	8
John, m. Abigaill MARVIN, d. Math[ew], Sr., b. of Norwalk, Jan. 1, 1656	LR1	49
John, s. John, b. Sept. last day, 1659	LR1	49
John, s. William & Sarah, b. Feb. 18, 1792	LR18	19
John Allen, s. Sally, b. Aug. 15, 1795	LR19	8
Joseph, m. Susanna RAYMOND, Aug. 25, 1748, by James Lockwood	LR9	1-Ind
Joseph, s. Joseph & Susana, b. Mar. 3, 1755	LR9	1-Ind
Joseph, s. William & Sarah, b. Oct. 22, 1787	LR18	19
Joseph, Jr., hatter, ae 25 & w. Mary, ae 23, had child b. Nov. 5, 1847	1	43
Joshua, s. Joseph & Susana, b. Oct. 18, 1759	LR9	1-Ind
Joshua, m. Margaret McLEAN, Nov. 17, 1784	LR18	44
Josiah, s. Easias & Phebe, b. June 26, 1768; d. Feb. 31, 1798 [sic]	LR18	26
Lewis, s. Isaac & Almyrah, b. Feb. 26, 1797	LR18	11
Lydia, d. Easias & Phebe, b. Jan. 21, 1759	LR18	26
Lydia, m. Stephen KELLOGG, Nov. 24, 1778	LR18	32
Mary, d. John, b. May 26, 1671	LR1	50

	Vol.	Page
BOUTON, BOWTON, (cont.),		
Mary, d. William & Sarah, b. Nov. 28, 1793	LR18	19
Mathewe, s. John, b. Dec. 24, 1661	LR1	49
Nancy, d. Jos[eph] & Susana, b. June 16, 1767	LR9	1-Ind
Nathan, s. Esaias & Phebe, b. Sept. 30, 1756	LR18	26
Nathaniel, s. William & Sarah, b. June 22, 1799	LR18	19
Phebe, d. Esais & Phebe, b. Mar. 5, 1754	LR18	26
Phebe, m. Eliakim **WARING**, Jan. 17, 1771	LR18	13
Phebe, d. Seth & Sarah, b. Dec. 4, 1771	LR19	3
Phebe, d. Sam[ue]l & Eunice, b. Mar. 14, 1788	LR18	11
Rachel, d. John, b. Dec. 15, 1667	LR1	50
Rebeckah, d. Joseph & Susana, b. June 3, 1757	LR9	1-Ind
Rebeckah, m. Moses **RAYMOND**, Dec. 29, 1778	LR18	30
Ruth, d. Samuel, of Danbury, m. Caleb **HAYT**, Jr., May 16, 1750	LR4	3
Sally, had s. Joseph Allen, b. Aug. 15, 1795; & d. Jane McLean, b. Oct. 19, 1811	LR19	8
Samuel, s. Easias & Phebe, b. July 14, 1762	LR18	26
Samuel, m. Eunice **SMITH**, Mar. 1, 1787	LR18	11
Sarah, d. Seth & Sarah, b. July 14, 1778	LR19	3
Sarah, d. William & Sarah, b. June 7, 1781	LR18	19
Sarah, m. Albin **ABBOTT**, Nov. 9, 1823, by Rev. Eli Deniston	1	5
Sarah Sears, d. Joshua & Margaret, b. Aug. 25, 1785	LR18	44
Seth, s. Joseph & Susana, b. Apr. 15, 1762	LR9	1-Ind
Seth, m. Sarah **RESEQUIE**, Aug. 15, 1771	LR19	3
Seth, s. Seth & Sarah, b. Feb. 20, 1780	LR19	3
Seth, s. William & Sarah, b. Sept. 8, 1785	LR18	19
Stephen, s. Easias & Phebe, b. July 4, 1760	LR18	26
Stephen, m. Hannah **CAMP**, May 26, 1792	LR18	28
Stephen, s. Stephen & Hannah, b. Mar. 18, 1797	LR18	28
Susana, d. Joseph & Susana, b. Jan. 27, 1751	LR9	1-Ind
Susanna, d. William & Sarah, b. Dec. 12, 1789	LR18	19
Will[ia]m, s. Joseph & Susanna, b. Jan. 16, 1749	LR9	1-Ind
William, m. Sarah **BENEDICT**, Feb. 15, 1769	LR18	19
William, s. William & Sarah, b. Mar. 14, 1774	LR18	19
W[illia]m, W., m. Mary E. **PRICE**, b. of Norwalk, Mar. 29, 1847, by James J. Woolsey	1	34
BRACKINGTON, Mary, m. John H. **FENTON**, Aug. 29, 1830, by Henry Benedict	1	14
BRADLEY, Gorham, of Weston, m. Mrs. Betsey **CANNON**, of Norwalk, Oct. 19, 1824, by Sylvester Eaton	1	7
Leonard, of New Haven, m. Charlotte **LOCKWOOD**, of Norwalk, June 9, 1825, by Sylvester Eaton	1	7
Mary A., d. Eli, carriage-maker, ae 29 & Emily S., ae 22, b. June 6, 1848	1	40
Moses, of Fairfield, m. Sarah **WRIGHT**, of Norwalk, May 28, 1831, by T. F. Davis	1	15
Sally, of Norwalk, m. George B. **REYNOLDS**, of Stamford, Apr. 12, 1829, in St. Pauls Church, by Rev. R. Sherwood	1	11
BRANARD, Harriet, d. Ichabod & Polly, b. Mar. 24, 1800	LR19	9
Ichabod, m. Polly **MALLORY**, Sept. 22, 1798	LR19	9
Polly, d. Ichabod & Polly, b. Nov. 1, 1801	LR19	9
BRENNON, Rosanna, m. James **SHEARRON**, b. of Norwalk, Apr. 12, 1845, by James J. Woolsey	1	30
BREWER, Stephen J., of New York, m. Clarissa **BROWN**, of Norwalk, Jan.		

	Vol.	Page
BREWER, (cont.),		
17, 1827, by Sylvester Eaton	1	9
BRINSMAID, Abigail, d. Daniell, decd., of Stratford, m. Moses		
COMSTOCK, Feb. 23, 1709/10; d. Nov. 16,1766, in the 75th y.		
of her age	LR4	1
BRONSON, Lemuel H., m. Laura **PLATT**, Feb. 13, 1831, by A. W. Whitney	1	14
BROOKS, Anna, Mrs., m. Dr. Phinehas **MILLER**, b. of Norwalk, this day,		
[Dec. 29, 1796], by Abner Benedict	LR16	2
Anne, d. Lemuel & Hannah, b. Sept. 6, 1775	LR18	4
Benjamin, s. Lemuel & Hannah, b. Sept. 22, 1772	LR18	4
Charles, s. Lemuel & Hannah, b. Sept. 14, 1785	LR18	4
Charles, s. Lem[ue]ll & Lydia, b. Jan. 18, 1805	LR17	217
Eli, s. Lemuel & Hannah, b. July 23, 1783; d. Feb. 13, 1786	LR18	4
Eli, s. Lem[ue]ll & Lydia, b. Aug. 23, 1792	LR17	217
Eliza, d. Lem[ue]ll & Lydia b. Aug. 11, 1794	LR17	217
Eliza, of Norwalk, m. Bradley **DOWNS**, of Weston, Oct. 22, 1821, by		
Sylvester Eaton	1	2
Esther, d. Lemuel & Hannah, b. June 14, 1778	LR18	4
George, s. Lemuel & Hannah, b. Mar. 18, 1781	LR18	4
Hannah, d. Lemuel & Hannah, b. Feb. 13, 1765	LR18	4
Henry, s. Lemuel & Hannah, b. Mar. 5, 1769	LR18	4
Henry, m. Phebe **YOUNG**, Dec. 8, 1791	LR18	43
Henry, d. Mar. 27, 1796	LR18	43
Henry, s. Lem[ue]ll & Lydia, b. Aug. 20, 1797; d. May 15, 1817	LR17	217
Jeremiah T., m. Mary Ann **KNAPP**, b. of Norwalk, Mar. 8, 1846, by		
W. C. Hoyt	1	31
Julia, d. Henry & Phebe, b. Apr. 6, 1794	LR18	43
Lemuel, m. Hannah **RAYMOND**, Sept. 19, 1764	LR18	4
Lemuel, s. Lemuel & Hannah, b. Jan. 22, 1767	LR18	4
Lemuel, Jr., m. Lydia **BENEDICT**, Mar. 16, 1788	LR17	217
Lydia, [w. Lemuel], d. Feb. 18, 1828	LR17	217
Mary Bowden, d. Lemuel & Hannah, b. May 16, 1790	LR18	4
Sally, d. Henry & Phebe, b. Oct. 17, 1792	LR18	43
Samuel, m. Hannah **RAYMOND**, Mar. 29, [1829], by Henry Benedict	1	12
BROTHERTON, Martha A., of Westport, m. William H. **BESSEY**, of		
Norwalk, Dec. 22, 1847, by Jacob Shaw	1	35
Martha A., b. Westport, res. Norwalk, m. William H. **BESSEY**, mariner,		
res. Norwalk, Dec. 22, 1847, by Rev. Jacob Shaw	1	47
Nathaniel, m. Mary **MERVINE**, Nov. 25, 1830, by Henry Benedict	1	14
Sylvester, m. Jane **BARNES**, b. of Norwalk, Sept. 26, 1847, by Jacob		
Shaw	1	34
Sylvester, shoemaker, b. Westport, res. Norwalk, m. Jane **BARNES**, b.		
England, res. Norwalk, Sept. 26, 1847, by Rev. Jacob Shaw	1	47
BROWN, Amelia E., d. William, comb maker, ae 38 & Fanny, ae 20, b. Nov.		
14, 1847	1	45
Ann, d. [James & Joanna], b. June 1, 1728	LR4	6
Ann M., m. Asa E. **SMITH**, b. of Norwalk, Sept. 11, 1823, by Sylvester		
Eaton	1	5
Avery, m. Betty **WARING**, Sept. 6, 1795	LR18	17
Avery, s. Avery & Betty, b. Feb. 2, 1797	LR18	17
Betsey, m. James **ARNOLD**, Jan. 24, 1797	LR18	44
Betty, d. John [& Mary], b. Jan. 14, 1729/30	LR4	10
Bezaleel, m. Clarissa **BARNES**, b. of Norwalk, Nov. 18, 1844, by James		

BARBOUR COLLECTION

	Vol.	Page
BROWN, (cont.),		
J. Woolsey	1	30
Clarissa, of Norwalk, m. Stephen J. **BREWER**, of New York, Jan. 17, 1827, by Sylvester Eaton	1	9
Elizabeth, d. [James & Joanna], b. Mar. 22, 1725	LR4	6
Esther Mary, m. Tenty **JENNINGS**, b. of Norwalk, [Jan.] 11, [1830], in St. Pauls Church, by Rev. R. Sherwood	1	12
George K., s. Hiram C., laborer, ae 31 & Elizabeth, ae 23, b. Aug. 27, 1847	1	41
Hannah, d. [James & Joanna], b. Aug. 28, 171[ ]	LR4	6
Hannah, Mrs. of Norwalk, m. Rev. Michael **LACOST**, of New York, May 3, 1847, by Z. K. Hawley	1	34
Hiram, of New Canaan, m. Charlotte **RAYMOND**, of Norwalk, Feb. 3, 1828, at the house of wid. Mary Raymond, by Ebenezer Platt, Darien	1	10
James, m. Joanna **WHITEHEAD**, d. Samuell, of Elizabeth Town, N.J., Dec. 20, 1714	LR4	6
James, [& Joanna], had s. [ ], b. Oct. 20, 1715; d. Nov. 4, following	LR4	6
James, s. [James & Joanna], b. Dec. 13, 1720	LR4	6
Jedediah, m. Mary **LOCKWOOD**, Nov. 13, 1768	LR18	13
Jedediah, s. Jedediah & Mary, b. July 31, 1778	LR18	13
John, m. Mary **RAYMOND**, d. Samuel, May 6, 1729	LR4	10
John, s. John [& Mary], b. Mar. 28, 1731	LR4	10
John, m. Angeline **HYATT**, May 29, 1831, by Henry Benedict	1	15
Judeth, d. John [& Mary], b. Mar. 31, 1732	LR4	10
Julia Ann, d. John, laborer, ae 23 & Alice, ae 21, b. Jan. 18, 1848	1	43
Katharine, d. Jedd[ediah] & Mary, b. June 5, 1783; d. Feb. 19, 1785	LR18	13
Katharine, 2nd, d. Jedd[ediah] & Mary, b. Feb. 15, 1787	LR18	13
Marcus, baker, ae 31 & w. Sarah, ae 31, had child b. Aug. 6, 1848	1	38
Mary, d. [James & Joanna], b. Sept. 19, 1722	LR4	6
Mary L., m. Legrand **WILLIAMS**, b. of Norwalk, Mar. 15, 1846, by W. C. Hoyt	1	32
Nancy, d. Jedediah & Mary, b. May 22, 1789	LR18	13
Phebe Jane, m. W[illia]m **WILLIAMS**, Mar. 26, 1834, by Jesse Whetney, J.P.	1	19
Phillip S., of New York, m. Amanda **MELASH**, of Norwalk, Nov. 2, 1834, by Edwin Hall	1	18
Polly, d. Jedediah & Mary, b. Apr. 1, 1781	LR18	13
Rebeckah, d. [James & Joanna], b. Jan. 20, 1716/17	LR4	6
Rebecca, of Saugatuck, m. Jabez Gregory **HYATT**, of Norwalk, Feb. 11, 1827, by Sylvester Eaton	1	10
Sally, d. Jedediah & Mary, b. Jan. 15, 1774	LR18	13
Samuell, s. [James & Joanna], b. May 3, 1726	LR4	6
Samuel, s. Jedediah & Mary, b. June 26, 1771; d. Apr. 22, 1791	LR18	13
Samuel, s. Jedediah & Mary, b. Dec. 1, 1791	LR18	13
Sukey, d. Jedd[ediah] & Mary, b. July 4, 1769	LR18	13
Thomas, m. Deborah **PATRICK**, July 3, 1825, by Rev. R. Sherwood	1	7
Thomas (?) S., m. Charles C. **LAKE**, Sept. 27, 1837, by Edwin Hall (Both male names)	1	22
Violetta, d. Jedd[ediah] & Mary, b. Mar. 2, 1776	LR18	13
BRUSH, George, laborer, black, b. New York, res. Norwalk; d. Aug. 1, 1848, ae 30	1	50

	Vol.	Page
BRUSH, (cont.),		
Lucy, of Norwalk, m. Charles ROE, of Green Farms (colored), Nov. 24, 1825, by Sylvester Eaton	1	8
BRYSON, Andrew, of U.S.N., m. Charlotte M. ARNOLD, of Norwalk, Feb. 11, 1845, by James J. Woolsey	1	30
BUCKINGHAM, Ann, d. Stephen [& Elizabeth], b. July 3, 1737	LR4	8
Daniel, s. Stephen [& Elizabeth], b. Aug. 21, 1735	LR4	8
Solomon, s. Stephen [& Elizabeth], b. Feb. 1, 1730/1	LR4	8
Stephen, Jr., of Norwalk, m. Elizabeth SHERWOOD, d. Lieut. Isaac, of Fairfield, Feb. 24, 1728/9	LR4	8
Temperance, d. Stephen [& Elizabeth], b. Jan. 14, 1732/3	LR4	8
BUCKMAN, [see also BUSHMAN], Josephine, d. Richard, 2nd, tobacconist, ae 24, & Mary, ae 20, b. Mar. 29, 1848	1	43
Richard, m. Mary CLEVELAND, b. of Norwalk, Nov. 21, 1847, by Jacob Shaw	1	35
BUCKSTONE, William E., s. Isaac & Elizabeth, b. Jan. 14, 1848	1	38
BULKLEY, Hannah, m. William DOWNS, Feb. 14, 1769	LR18	17
BUNDY, Ebenezer, of Southbury, m. Elizabeth EELLS, of Norwalk, Nov. 26, 1823, by Sylvester Eaton	1	5
BURBANK, James F., s. John L., fisherman, ae 24 & Hannah L., ae 23, b. Apr. 27, 1848	1	43
BURCHARD, Elizabeth, m. Bennoni ST. JOHN, Nov. 8, 1781	LR18	29
Sarah, m. Stephen KEELER, Nov. 25, 1765	LR18	47
BURK, Justus Luke, m. Sally ST. JOHN, June 27, 1821, at the house of wid. Mary Esther St. John, by Rev. R. Sherwood	1	1
W[illia]m, m. Martha LYON, Nov. 29, 1837, by Edwin Hall	1	22
BURNETT, BURNET, Ann, d. Rev. Matthias & Ann, b. Apr. 11, 1786	LR18	12
Ann, [w. Rev. Matthias], d. July 7, 1789	LR18	12
James, s. Matthias & Ann, b. Jan. 6, 1779, at Long Island, N.Y.	LR18	12
John, s. Matthias & Ann, b. Dec. 10, 1781	LR18	12
Matthias, Rev., m. 2nd w. Fanny ROE, d. Rev. Azel, of Woodbridge, N.J., June 30, 1793	LR18	12
BURR, Ann, m. Samuel MERVINE, Jr., June [ ], 1792	LR18	23
Julia, m. William C. SAMMIS, Jan. 27, 1833, by Edwin Hall	1	16
Selleck, of Fairfield, m. Esther LYON, Nov. 10, 1833, by Edwin Hall	1	18
BURRELL, BURRALL, [see also BURWELL & BARWELL], Betsey, d. Samuel & Sarah, b. Aug. 5, 1787	LR18	32
Charles, s. Samuel & Deborah, b. Oct. 1, 1791	LR18	1
Hannah Jarvis, d. Sam[ue]l & Sarah, b. Mar. 5, 1786	LR18	32
John, s. Samuel & Deborah, b. Dec. 7, 1785	LR18	1
Samuel, m. Deborah BENEDICT, Jan. 1, 1782	LR18	1
Samuel, s. Samuel & Deborah, b. Sept. 11, 1783; d. June 26, 1793	LR18	1
Samuel, m. Sarah MERVINE, Nov. 27, 1785	LR18	32
Sukey, d. Samuel & Sarah, b. June 22, 1789	LR18	32
William, s. Samuel & Sarah, b. Sept. 29, 1794	LR18	32
BURWELL, [see also BARWELL & BURRELL], Mary, m. Stephen BETTS, Apr. 14, 1747	LR18	25
Sarah, m. Burwell BETTS, Nov. 7, 1754	LR19	8
Wait, m. Josiah THACHER, Dec. 3, 1785	LR18	2
William, m. Henriette CASTLE, July 30, 1826, at St. Pauls Church, by Rev. R. Sherwood	1	9
BUSH, Martha Thomson, m. John THOMPSON, b. of Norwalk, Jan. 27, 1847, by James J. Woolsey	1	34

26   BARBOUR COLLECTION

	Vol.	Page
BUSH, (cont.),		
Mary J., of Norwalk, m. Clark PEASE, of Bridgeport, Oct. 7, 1844, by James J. Woolsey	1	30
BUSHENALL, Francis, m. Hannah SEAMER, d. Tho[mas], Oct. 12, 1675	LR1	111
Hannah, d. Francis, b. Aug. 22, 1676	LR1	111
Mary, d. Francis, b. Dec. 21, 1679	LR1	111
BUSHMAN, [see also BUCKMAN], Richard, tobacconist, ae 24, b. New York, res. Norwalk, m. Mary CLEVELAND, ae 20, b. Redding, res. Norwalk, Nov. 21, 1847, by Rev. Jacob Shaw	1	47
BUTLER, Daniel, m. Dinah ELLS, Nov. 18, 1792	LR18	23
James, s. Daniel & Dinah, b. Apr. 8, 1793; d. Feb. 22, 1794	LR18	23
Jemimah, m. Jonathan NASH, Dec. 25, 1821, by Benj[ami]n Isaacs, J.P.	1	2
Lewis, m. Grace METCOCK, b. of Norwalk (colored), Feb. 8, 1826, by Sylvester Eaton	1	8
Lois, d. Daniel & Dinah, b. Sept. 5, 1796	LR18	23
Sarah, d. Daniel & Dinah, b. Dec. 2, 1794	LR18	23
Susan, of Norwalk, m. Aaron DIKEMAN, of New York, Feb. 14, 1822, by Sylvester Eaton	1	3
Thomas B., Dr., m. Mary P. CROSSBY, Mar. 14, 1831, by Henry Benedict	1	15
BYINGTON, Aaron H., painter, ae 21 & w. Mary, ae 21, had child b. May 25, 1848	1	43
Betsey A., ae 18, b. Wilton, m John B. DICKERMAN, carpenter, ae 27, b. Norwalk, res. Westport, Feb. 6, 1848, by Rev. Mr. Chaplin	1	46
Henry, m. Esther M. SMITH, Jan. 1, 1829, by Henry Benedict	1	12
Mary, d. May 30, 1848, ae 21	1	50
BYXBEE, [see under BIXBY]		
CABLE, Abigail, m. Gamaliel TAYLOR, Nov. 27, 1757	LR19	7
George L., m. Mary MALLORY, b. of Norwalk, Aug. 14, 1825, by Sylvester Eaton	1	7
CAMERON, CAMERION, Allen, m. Abigail BENNETT, Sept. 9, 1830, by Henry Benedict	1	14
Jane, m. Joseph W. HOYT, b. of Norwalk, Feb. 2, 1824, by Sylvester Eaton	1	6
John, m. Rachel BAKER, b. of Norwalk, Apr. 10, [1830], by Rev. Samuel Mervine	1	13
CAMFIELD, Abigall, d. Samuell, m. Jonathan ROCKWELL, Apr. last week, 1700	LR2-3	73
Abigail, w. Samuell, d. June 11, 1710	LR4	4
Ebenezer, s. Samuell, m. Mary HENNERY, d. Francis, Mar. 24, 1693/4	LR1	238
Jemima, wid. Ebenezer, m. Samuel BENNEDICK, Apr. 18, 1724	LR4	9
Mary, d. Ebenezer, b. Aug. 3, 1697	LR1	238
Nancy A., m. Robert TAYLOR, b. of Norwalk, Nov. 27, 1823, by Sylvester Eaton	1	6
Patience, d. Ebenezer, b. Oct. 8, 1695	LR1	238
Samuel, m. Abigail AUSTIN, d. Thomas, of Stamford, Aug. 1, 1709	LR4	4
Samuell, s. Samuell, b. June 4, 1710	LR4	4
Samuell, m. Abigail DEAN, d. John, of Stanford, May 9, 1711	LR4	4
Samuell, d. Sept. [ ], 1712	LR4	4
CAMORE, Robert, tanner and currier, b. New Jersey, res. Norwalk, d. July 17, 1848, ae 77	1	49
CAMP, Abigal, d. Abraham & Milleson, b. Mar. 8, 1767	LR9	1-Ind
Abigail, m. Joseph CLENTON, Mar. 13, 1784	LR18	29

NORWALK VITAL RECORDS 27

	Vol.	Page
CAMP, (cont.),		
Abraham, m. Millison **JARVIS**, d. Benajah, of Long Island, May 16, 1764	LR9	1-Ind
Abraham, s. Isaac & Rhoda, b. Nov. 4, 1787	LR13	1
Amzi, m. Margaret M. **HOVEY**, b. of Norwalk, Feb. 10, 1824, by Sylvester Eaton	1	6
Ann, d. Jonathan & Mary, b. Oct. 18, 1761; d. in the 4th y. of her age	LR18	1
Ann, d. Jona[tha]n & Mary, b. Oct. 7, 1771	LR18	1
Ann, m. Lorenzo **HUBBELL**, Apr. 14, 1835, by Edwin Hall	1	19
Ann Eliza, of Norwalk, m. Joshua **LARKINS**, of Windham, N.Y., Mar. 26, 1826, in St. Pauls Church, by Rev. R. Sherwood	1	9
Anner Eliza, d. Isaac & Eliza, b. May 21, 1797	LR18	48
Anne, d. Isaac & Rhoda, b. Jan. 27, 1785	LR13	1
Betsey M., m. Zalmon **OLMSTED**, Oct. 5, 1810	LR19	12
Betsey Millison, d. Sam[ue]l & Esther, b. July 12, 1795	LR18	29
Cilena, m. John **PATRICK**, b. of Norwalk, Sept. 8, 1822, by Sylvester Eaton	1	3
Cyrus Talmage, s. Isaac & Eliza, b. May 16, 1795	LR18	48
David Nash, s. Isaac & Eliza[bet]h, b. Dec. 19, 1789	LR18	48
Elizabeth, d. Isaac & Rhoda, b. Jan. 2, 1778	LR13	1
Elizabeth, m. Jemmy **JAMES**, Jan. 24, 1798	LR18	37
Elizabeth, m. Henry W. **SMITH**, b. of Norwalk, Feb. 29, 1824, by Sylvester Eaton	1	6
Emeline, m. David **COMSTOCK**, Jr., May 31, 1837, by Edwin Hall	1	21
Esther, d. Jona[tha]n & Mary, b. Feb. 24, 1763	LR18	1
Esther, m. James **FITCH**, Jr., Oct. 9, 1783	LR18	12
Esther, d. Samuel & Esther, b. Mar. 7, 1794	LR18	29
Hannah, d. Jona[tha]n & Mary, b. Apr. 24, 1766	LR18	1
Hannah, d. Isaac & Rhoda, b. Mar. 21, 1780	LR13	1
Hannah, m. Stephen **BOUTON**, May 26, 1792	LR18	28
Isaac, m. Rhoda **KEELER**, Sept. 17, 1769	LR13	1
Isaac, s. Isaac & Rhoda, b. Nov. 2, 1770	LR13	1
Issac, Jr., m. Elizabeth **NASH**, Dec. 21, 1788	LR18	48
Jacob Blakesley, s. Isaac & Eliza, b. June 10, 1793	LR18	48
Jeremiah, s. Richard & Anna, b. Sept. 16, 1781	LR18	40
Jonathan, m. Mary **BARWELL***, [ ], 1759 *(BURWELL?)	LR18	1
Jonathan, s. Jona[tha]n & Mary, b. Feb. 20, 1768	LR18	1
Jonathan, Jr., m. Hannah **BOUTON**, May 19, 1792	LR18	1
Jonathan, s. Jonathan & Hannah, b. Sept. 15, 1801	LR18	1
Jonathan, Jr., m. Mary Cannon New **KIRK***, Jan. 11, 1826, at the house of wid. R. Cannon, by Rev. R.Sherwood *(Perhaps "Mary **CANNON**, of Norwalk")	1	8
Lemuel, s. Richard & Anna, b. Apr. 16, 1793	LR18	40
Mary, d. Jona[tha]n & Mary, b. Dec. 17, 1764	LR18	1
Mary, m. Phinehas **KEELER**, May 11, 1769	LR18	46
Mary, d. Isaac & Rhoda, b. Sept. 10, 1775	LR13	1
Mary, d. [Jonathan, Jr. & Hannah], b. July 31, 1797	LR18	1
Mary, [d. Jonathan & Hannah], d. Nov. 20, 1800	LR18	1
Mary, of Norwalk, m. William Newton **RAYMOND**, of Bethany, Pa., Apr. 18, 1830, by Henry Benedict	1	13
Mary, d. Oct. 13, 1847, ae 58	1	50
Mary Ann, d. Sam[ue]l J. & Esther, b. Sept. 1, 1798	LR18	29
Mary E., [d. Jonathan & Hannah], b. Apr. 14, 1808	LR18	1

	Vol.	Page

CAMP, (cont.),
Nathaniel, s. Stephen, b. May 22, 1795	LR18	31
Rachel B., of Norwalk, m. Jesse **ST. JOHN**, of Wilton, Mar. 18, 1830, by Henry Benedict	1	13
Rebeckah, d. Jona[tha]n & Mary, b. Dec. 18, 1774	LR18	1
Rebecca G., ae 19, res. Norwalk, m. Samuel E. **OLMSTED**, merchant, ae 24, b. Wilton, res. Norwalk, Oct. 4, 1847, by Rev. W. C. Mead	1	46
Rhoda, d. Isaac & Rhoda, b. Jan. 25, 1773	LR13	1
Rhoda, m. Isaac **PHINNEY**, Nov. 21, 1793	LR17	218
Richard, m. Anna **COE**, Nov. 15, 1771	LR18	40
Richard, s. Richard & Anna, b. Nov. 30, 1774	LR18	40
Samuel Jarvis, s. Abraham & Milleson, b. Aug. 11, 1769	LR9	1-Ind
Samuel Jarvis, m. Esther **CLINTON**, Oct. 28, 1790	LR18	29
Sarah, d. Abraham & Milleson, b. June 4, 1765	LR9	1-Ind
Sarah, d. [Jonathan, Jr. & Hannah], b. May 4, 1794	LR18	1
Seth Keeler, s. Isaac & Rhoda, b. Aug. 13, 1782	LR13	1
Stephen, s. Jona[tha]n & Mary, b. Sept. 22, 1769	LR18	1
Stephen, m. [ ] **HICKOX**, Sept. 27, 1792	LR18	31
Stephen William, [s. Jonathan & Hannah], b. Feb. 8, 1807	LR18	1
Susanna, d. Richard & Anna, b. Sept. 16, 1772; d. Jan. 16, 1774	LR18	40
Susanna, d. Richard & Anna, b. Apr. 10, 1791	LR18	40
Susanna Kellogg, d. Isaac & Eliza, b. July 28, 1791	LR18	48
Thomas Leaming, s. Richard & Anna, b. Oct. 10, 1777	LR18	40
William, s. Jona[tha]n & Mary, b. May 5, 1773; d. in the 3rd y. of his age	LR18	1
William, s. Jonathan & Hannah, b. June 27, 1799	LR18	1
William, [s. Jonathan & Hannah], d. Oct. 8, 1802	LR18	1

CANE, Elizabeth, m. John **SANDON***, Nov. 23, 1747   *(SANDERS?)   LR18   9

CANFIELD, [see under **CAMFIELD**]

CANNON, Amelia, d. James & Rebeckah, b. Feb. 6, 1788   LR18   48
Antoinette, d. [John & Sarah], b. Apr. 20, 1789	LR18	2
Betsey, Mrs., of Norwalk, m. Gorham **BRADLEY**, of Weston, Oct. 19, 1824, by Sylvester Eaton	1	7
Charles Ogilvie, s. [John & Sarah], b. Oct. 13, 1791	LR18	2
Esther, d. James & Rebeckah, b. Apr. 27, 1783	LR18	48
Esther Mary, d. John & Esther, b. Feb. 17, 1772	LR18	48
Esther Mary, d. Samuel & Sarah, b. Oct. 3, 1793	LR18	24
Esther Mary, d. [John & Sarah], b. Dec. 7, 1793	LR18	2
George, s. John & Sarah, b. May 7, 1784	LR18	2
Harriet, d. John & Sarah, b. Oct. 31, 1786	LR18	2
Henrietta, d. Sam[ue]l & Sarah, b. June 24, 1784	LR18	24
James, s. John & Esther, b. June 19, 1757	LR18	48
James, m. Rebeckah **GOOLD**, June 3, 1779	LR18	48
James, d. Sept. 20, 1796	LR18	48
James Legrand, s. [John & Sarah], b. Oct. 12, 1796	LR18	2
John, m. Esther **PERRY**, Dec. 1, 1750	LR18	48
John, s. John & Esther, b. July 7, 1752	LR18	48
John, Jr., m. Sarah **ST. JOHN**, July [ ], 1777	LR18	2
John, 3rd, s. [John, Jr. & Sarah], b. May 16, 1778	LR18	2
John, [Sr.], d. Feb. 18, 1796	LR18	48
Legrand, s. John & Esther, b. Oct. 26, 1762	LR18	48
Legrand, s. Samuel & Sarah, b. Mar. 20, 1787	LR18	24
Legrand, s. John & Esther, d. Mar. 21, 1788	LR18	48

	Vol.	Page
CANNON, (cont.),		
Lewis, s. John & Esther, b. Nov. 3, 1766	LR18	48
Mary, d. James & Rebeckah, b. Feb. 6, 1792	LR18	48
Mary, see under Mary Cannon **NEWKIRK**		
Samuel, s. John & Esther, b. July 28, 1754	LR18	48
Samuel, m. Sarah **BELDEN**, Dec. 26, 1781	LR18	24
Sarah, d. John & Esther, b. Mar. 21, 1759	LR18	48
Sarah, d. James & Rebeckah, b. Mar. 9, 1780	LR18	48
Sarah, d. John & Sarah, b. Oct. 22, 1780	LR18	2
William A., m. Betty **SEYMORE**, Dec. 1, 1798, by Rev. W[illia]m Smith	LR19	9
Will[ia]m Aspenwall, s. John & Esther, b. Feb. 23, 1769	LR18	48
CAPSTICK, Miles, m. Fanny **SANDERS**, May 23, 1831, by Aaron W. Whitney	1	15
CARPENTER, Thomas, of Darien, m. Fanny **DAMOREST**, of Norwalk, this day, [dated Dec. 24, 1837], by Edwin Hall	1	22
CARR, Sienas, of Bridgeport, m. Mary **LOCKWOOD**, of Norwalk, Nov. 30, 1830, by Rev. Henry S. Attwater	1	14
Susan, ae 22, b. Westport, res. Westport, m. 3rd. h. George W. **SMITH**, mariner, ae 19, res. Norwalk, Apr. 30, 1848, by Rev. Jacob Shaw	1	47
CARTER, Chancey, s. Ebenezer & Rhoda, b. Mar. 23, 1796	LR18	37
D. Gales, m. Ann Eliza **KETCHUM**, b. of New York, Apr. 13, 1824, in St. Pauls Church, by Rev. R. Sherwood	1	6
Deborah, d. John & Hannah, b. Dec. 29, 1757	LR18	37
Ebenezer, s. John & Hannah, b. Aug. 3, 1765	LR18	37
Ebenezer, m. Sukey **BENEDICT**, Sept. 24, 1788	LR18	37
Ebenezer, m. 2nd w. Rhoda **WEED**, June 11, 1795	LR18	37
Ebenezer, s. Eben[eze]r & Rhoda, b. Mar. 19, 1797	LR18	37
Elizabeth, d. John & Hannah, b. Oct. 5, 1763	LR18	37
Elizabeth, d. Samuel & Sarah, b. Mar. 8, 1793	LR18	37
Hanford, s. Samuel & Sarah, b. July 17, 1790	LR18	37
Hannah, d. John & Hannah, b. July 9, 1754	LR18	37
Hannah, w. John, d. Sept. 28, 1779	LR18	37
Hannah, d. Samuel & Sarah, b. Oct. 19, 1791	LR18	37
John, m. Hannah **BENEDICT**, Oct. [ ], 1753	LR18	37
John, s. John & Hannah, b. [ ], 1774; d. Dec. [ ], 1777	LR18	37
John, m. 2nd w. Hannah **BATES**, May 27, 1780	LR18	37
John, s. Ebenezer & Sukey, b. Mar. 8, 1789	LR18	37
Mary, d. John & Hannah, b. Nov. 20, 1771	LR18	37
Mercy, d. John & Hannah, b. Oct. 5, 1761	LR18	37
Polly, m. Stephen **HAYT**, May 20, 1794	LR18	37
Rachel, d. John & Hannah, b. Nov. 19, 1756	LR18	37
Samuell, of Norwalk, late of Deerfield, m. Loes **SENSION**, d. Mark, decd., of Norwalk, Jan. 25, 1705/6	LR2-3	76
Samuell & w. Loes had twin sons, b. Nov. 17, 1706; one son d. Nov. 21, 1706 and other son d. Nov. 25, 1706	LR2-3	76
Samuel, s. John & Hannah, b. Apr. 22, 1768	LR18	37
Samuel, m. Sarah **HANFORD**, July 14, 1789	LR18	37
Samuel, s. Samuel & Sarah, b. May 4, 1797	LR18	37
Sarah, d. John & Hannah, b. Jan. [ ], 1760	LR18	37
Sukey, w. Ebenezer, d. July 8, 1791	LR18	37
CARVER, Amos, s. Melzor & Phebe, b. Dec. 11, 1778	LR18	5
Charles, s. Melzor & Phebe, b. July 19, 1781	LR18	5

	Vol.	Page

CARVER, (cont.),
Eben[eze]r, s. Melzor & Phebe, b. July 22, 1787	LR18	5
George, s. Melzor & Phebe, b. Dec. 23, 1795; d. Aug. 26, 1796	LR18	5
Hannah, d. Melzor & Phebe, b. Dec. 11, 1783	LR18	5
John, s. Melzor & Phebe, b. Aug. 28, 1797	LR18	5
Joseph, s. Melzor & Phebe, b. July 24, 1786	LR18	5
Melzor, m. Phebe **WEEKS**, Jan. 29, 1777	LR18	5
Nancy, d. Melzor & Phebe, b. Sept. 17, 1785	LR18	5
Stephen, s. Melzor & Phebe, b. Sept. 28, 1791	LR18	5
William, s. Melzor & Phebe, b. Oct. 22, 1793	LR18	5

CASTLE, Henriette, m. William **BURWELL**, July 30, 1826, at St. Pauls Church, by Rev. R. Sherwood — 1, 9

Maria, m. Nathan J. **HANFORD**, Apr. 20, 1824, at the house of wid. Mervine, by Rev. R. Sherwood — 1, 6

[CHADBURN], [see under **SHADBURN**]

CHAMBERS, Henry, m. Orelia **HOYT**, Jan. 17, 1828, by Aaron W. Whitney — 1, 10

CHAMPION, Isabella, of Savanna, m. Jacob **SHADBURN**, Sept. 22, 1828, at St. Pauls Church, by Rev. R. Sherwood — 1, 11

CHAPMAN, [see also **CHIPMAN**], Ann Hanford, [twin with James Fitch], d.
John, b. Aug. 25, 1792	LR18	15
Betsey, d. Joseph & Elizabeth, b. Mar. 11, 1772	LR18	30
Clark Mervine, s. John, b. Oct. 26, 1796	LR18	15
Esther, d. Joseph & Elizabeth, b. Jan. 5, 1798	LR18	30
Harriet, of Norwalk, m. Hampton B. **PRICE**, of New York, Oct. 17, 1831, by Henry Benedict	1	15
James Fitch, [twin with Ann Hanford], s. John, b. Aug. 25, 1792	LR18	15
John, m. [ ] **FITCH**, Mar. 26, 1789	LR18	15
John, s. John, b. Sept. 15, 1794	LR18	15
Joseph, m. Elizabeth **TAYLOR**, June [ ], 1771	LR18	30
Joseph, s. Joseph & Elizabeth, b. Aug. 29, 1774	LR18	30
Juliana, d. Joseph & Elizabeth, b. Nov. 7, 1793	LR18	30
Lucretia, d. Joseph & Elizabeth, b. Dec. 13, 1784; d. Feb. 20, 1786	LR18	30
Lucretia, 2nd. d. Joseph & Elizabeth, b. Feb. 11, 1787	LR18	30
Lydia, d. Joseph & Elizabeth, b. Feb. 21, 1776	LR18	30
Polly, d. Joseph & Elizabeth, b. Aug. 29, 1780	LR18	30
Sally, d. Joseph & Elizabeth, b. Oct. 10, 1782	LR18	30
William, s. Joseph & Elizabeth, b. May 7, 1778	LR18	30

CHICHESTER, Aaron, s. Abraham & Mary, b. June 15, 1792 — LR18, 22
Abijah, s. Abraham & Mary, b. Aug. 6, 1783	LR18	22
Abraham, m. Mary **ARNOLD**, May 30, 1782	LR18	22
Abraham, s. Abraham & Mary, b. Feb. 6, 1785	LR18	22
Amelia, d. Henry & Deborah, b. Mar. 27, 1795	LR18	36
Betsey, d. Abraham & Mary, b. Sept. 26, 1797	LR18	22
Emeline, m. John A. **WEED**, b. of Norwalk, May 20, 1833, by Edwin Hall	1	17
Henry, m. Deborah **HAYT**, June 1, 1784	LR18	36
Hezekiah, s. Abraham & Mary, b. Oct. 22, 1794	LR18	22
Phebe, d. Abraham & Mary, b. Oct. 27, 1790	LR18	22
Polly, d. Abraham & Mary, b. Nov. 28, 1788	LR18	22
Sally, d. Henry & Deborah, b. Feb. 12, 1787	LR18	36
Samuel, s. Abraham & Mary, b. Feb. 1, 1787	LR18	22
Walter, s. Henry & Deborah, b. Jan. 31, 1785	LR18	36

CHIPMAN, [see also **CHAPMAN**], Betsey, m. Noah S. **DAY**, Dec. 17,

	Vol.	Page
CHIPMAN, (cont.),		
1844, by Charles G. Summers, New York	1	35
CHURCH, Charles E., s. William, farmer, ae 35 & Elizabeth, ae 24, b. Sept. 21, 1847	1	38
Daniel, s.Eben[eze]r & Susana, b. Mar. 1, 1746	LR18	6
Daniel, m. Sarah **PICKET**, Oct. 16, 1768	LR18	10
Daniel, s. Daniel & Sarah, b. Nov. 28, 1775	LR18	10
Ebenezer, m. Susannah **FITCH**, Jan. [ ], 1746	LR18	6
Ebene[ze]r, m. Ruth **SEARS**, Nov. [ ], 1755	LR18	6
Ebenezer, s. Eben[eze]r & Ruth, b. July 31, 1758	LR18	6
Elizabeth, d. Eben[eze]r & Ruth, b. Oct. 10, 1770	LR18	6
Esther, d. Eben[eze]r & Ruth, Mar. 23, 1762	LR18	6
Fitch, s. Daniel & Sarah, b. Mar. 31, 1770	LR18	10
Grace, d. Eben[eze]r & Ruth, b. Aug. 7, 1765; d. Nov. 8, 1776	LR18	6
Hannah, d. Daniel & Sarah, b. May 24, 1785	LR18	10
Isaac, s. Eben[eze]r & Ruth, b. May 3, 1772	LR18	6
James White, s. Daniel & Sarah, b. Nov. 25, 1777	LR18	10
John, s. Eben[eze]r & Ruth, b. Jan. 12, 1769	LR18	6
Josiah, s. Eben[eze]r & Ruth, b. Jan. 10, 1767	LR18	6
Richard, s. Eben[eze]r & Susana, b. Oct. [ ], 1747; d. [ ]	LR18	6
Ruth, d. Eben[eze]r & Ruth, b. Jan. 29, 1760	LR18	6
Ruth, m. Stephen **BETTS**, 2nd, Jan. 4, 1784	LR18	4
Samuel, s. Eben[eze]r & Ruth, b. Nov. 25, 1763; d. Oct. 18, 1776	LR18	6
Samuel, s. Daniel & Sarah, b. Aug. 18, 1783	LR18	10
Samuel, m. Mary Ann **JARVIS**, b. of Norwalk, this day [1830], in St. Pauls Church, by Rev. Henry S. Attwater	1	14
Sarah, d. Eben[eze]r & Ruth, b. Oct. 15, 1756	LR18	6
Sarah, d. Daniel & Sarah, b. Mar. 23, 1780	LR18	10
Susana, w. Ebenezer, d. Oct. 6, 1747	LR18	6
Susanna, d. Daniel & Sarah, b. Oct, 23, 1771	LR18	10
CLARK, Deborah, m. Samuel **MERVINE**, Nov. 25, 1735	LR18	19
Edward S., d. Feb. 29, 1848, ae 4	1	49
Flavius, of Norwalk, m. Harriet **PARTRICH**, of Westport, Nov. 21, 1844, by James J. Woolsey	1	30
Harriet E., m. William K. **BIXBY**, Nov. 6, 1831, by Henry Benedict	1	15
Joseph, of New York, m. Elizabeth Ann **WHITNEY**, of Norwalk, Aug. 19, 1822, by Sylvester Eaton	1	3
Rufus, of Woodbury, m. Clarinda **BEARDSLEY**, of Norwalk, Oct. 11, 1827, by Rev. E. W. Hooker, of Greens Farms	1	10
William, m. Sally Ann **JENNINGS**, b. of Norwalk, Nov. 22, 1821, by Sylvester Eaton	1	2
CLARKSON, Betsey E., m. William T. **TOBEY**, this day [dated Mar. 27, 1846], by Edwin Hall	1	32
CLEMMONS, Elizabeth, d. William, of Stamford, m. John **BOLT**, Nov. 20, 1694	LR4	4
CLEVELAND, Mary, m. Richard **BUCKMAN***, b. of Norwalk, Nov. 21, 1847, by Jacob Shaw *[BUSHMAN?]	1	35
Mary, ae 20, b. Redding, res. Norwalk, m. Richard **BUSHMAN**, tobacconist, ae 24, b. New York, res. Norwalk, Nov. 21, 1847, by Rev. Jacob. Shaw	1	47
CLINTON, CLENTON, Allen, s. Joseph & Phebe, b. Mar. 7, 1764	LR18	43
Allen, m. Sarah **KEELER**, Oct. 21, 1787	LR19	2
Ammerillus, [twin with Salmon], d. Jos[eph] & Phebe, b. July 13, 1766	LR18	43

	Vol.	Page
CLINTON, CLENTON, (cont.),		
Eben, m. Sally **FOOT**, b. of Norwalk, Oct. 19, 1828, by Rev. W[illia]m Jarvis	1	11
Ellen, d. Joseph & Abigail, b. Nov. 6, 1786	LR18	29
Esther, d. Joseph & Phebe, b. June 15, 1760	LR18	43
Esther, d. Allen & Sarah, b. Sept. 10, 1788	LR19	2
Esther, m. Samuel **JARVIS**, Oct. 28, 1790	LR18	29
Isaac, s. Joseph & Phebe, b. June 4, 1775	LR18	43
Joseph, m. Phebe **BENEDICT**, Sept. 1, 1757	LR18	43
Joseph, s. Joseph & Phebe, b. May 28, 1762	LR18	43
Joseph, m. Abigail **CAMP**, Mar. 13, 1784	LR18	29
Levi, [twin with Sybel], s. Joseph & Phebe, b. Mar. 26, 1758	LR18	43
Martha, d. [Joseph] & Phebe, b. Oct. 15, 1770	LR18	43
Phebe, d. Joseph & Phebe, b. Aug. 9, 1777	LR18	43
Phebe, m. James **TRUMBLE**, Jan. 9, 1798	LR18	40
Sally, d. Allen & Sarah, b. Sept. 1, 1793	LR19	2
Salmon, [twin with Ammerillus], s. Jos[eph] & Phebe, b. July 13, 1766	LR18	43
Sarah Jarvis, d. Joseph & Abigail, b. Oct. 5, 1784	LR18	29
Simeon, s. Joseph & Phebe, b. July 3, 1768	LR18	43
Sybel, [twin with Levi], d. Joseph & Phebe, b. Mar. 26, 1758	LR18	43
COE, Anna, m. Richard **CAMP**, Nov. 15, 1771	LR18	40
Philander, of Madison, m. Harriet **DAY**, of Norwalk, Nov. 22, 1847, by Jacob Shaw	1	35
Philander P., mariner, ae 25, b. Madison, res. Norwalk, m. Harriet **DAY**, tailoress, ae 19, res. Norwalk, Nov. 22, 1847, by Rev. Jacob Shaw	1	47
COGGESHALL, Josephus, shoemaker, b. New Canaan, res. Norwalk; d. Nov. 30, 1847, ae 44	1	49
[COIT], [see under **COYT**]		
COLE, Asa, m. Thankfull **FANCHER**, July 11, 1781	LR18	26
Betsey, d. Asa & Thankfull, b. Sept. 30, 1791	LR18	26
Curtis, s. Thomas & Mary, b. May 10, 1790	LR18	24
Ire, s. Thomas & Mary, b. Feb. 10, 1783	LR18	24
Lydia, d. Asa & Thankfull, b. Apr. 8, 1785	LR18	26
Mary, d. Asa & Thankfull, b. May 14, 1783	LR18	26
Sally, d. Thomas & Mary, b. Feb. 9, 1788	LR18	24
Samuel, s. Thomas & Mary, b. Oct. 22, 1792	LR18	24
Thomas, m. Mary **RELESQUIE***, Nov. 28, 1779 *(RESSEQUIE?)	LR18	24
Thomas, s. Thomas & Mary, b. Oct. 22, 1780	LR18	24
Timothy, s. Thomas & Mary, b. Aug. 11, 1785	LR18	24
William, s. Asa & Thankfull, b. Apr. 18, 1782	LR18	26
COLEY, Ann, d. Samuel, of Fairfield, m. John **KELLOGG**, Jan. 1, 1729/30,	LR4	10
Mary, m. Enoch **BETTS**, June 27, 1775	LR18	20
Samuel, laborer, b. Weston, res. Norwalk; d. May 10, 1848, ae 62	1	50
Samuel M., m. Alathea **HURLBUTT**, b. of Norwalk, Nov. 28, 1830, by Rev. John Noyes, Weston	1	14
COLLINS, Dorinda M., m. William **LOCKWOOD**, 3rd, b. of Norwalk, Nov. 27, 1822, by Sylvester Eaton	1	4
Henrietta E., of Norwalk, m. David H. **BARNUM**, of Danbury, this day [Sept. 21, 1830], in St. Pauls Church, by Rev. Henry S. Attwater	1	13
COLTON, Richard E., of Buffalo, N.Y., m. Ann Eliza **LEMEBURGH**, of Norwalk, Aug. 30, 1830, in St. Pauls Church, by Rev. Henry S. Attwater	1	13
COMSTOCK, COMSTOCKE, Aaron, m. Anne **HANFORD**, Nov. 24, 1774	LR18	27

NORWALK VITAL RECORDS 33

	Vol.	Page
COMSTOCK, COMSTOCKE, (cont.),		
Aaron, s. Aaron & anne, b. Mar. 25, 1777	LR18	27
Abigaill, d. Christopher, b. Jan. 27, 1669	LR1	50
Abigall, d. Christopher, d. Feb. 9, 1689	LR1	114
Abigail, w. Moses, d. Nov. 16,1766, in the 75th y. of her age	LR4	1
Abigail, w. Strong, d. Nov. 28, 1782	LR18	25
Abigail, d. Caleb & Lucy, b. Oct. 30, 1797	LR18	2
Abijah, m. Deborah COMSTOCK, May 30, 1745	LR16	1
Abijah, s. Thomas & Rebeckah, b. Feb. 27, 1771; d. June 6, 1774	LR18	23
Abijah, s. David & Sarah, b. Feb. 1, 1778	LR18	16
Abijah, Thomas & Phebe, b. Sept. 2, 1781	LR18	23
Abijah, m. Polly COMSTOCK, Oct. 24, 1802	LR19	9
Andrew, s. David & Rebeckah, b. Mar. 8, 1752	LR19	5
Andrew, s. Moses, b. Apr. 19, 1786	LR18	46
Anna, d. Caleb & Lucy, b. Jan. 5, 1804	LR18	2
Anna, d. Caleb & Lucy, d. Jan. 24, 1806	LR18	2
Anne, d. Aaron & Anne, b. Feb. 12, 17[ ]	LR18	27
Betsey, of Norwalk, m. David S. ROCKWELL, of Ridgefield, Mar. 18, 1833, by John Lovejoy	1	17
Betty, d. Moses, b. June 27, 1775	LR18	46
Betty, d. Caleb & Lucy, b. Sept. 13, 1799	LR18	2
Caleb, m. Lucy MEAD, Nov. 10, 1786	LR18	2
Caleb, s. Caleb & Lucy, b. Jan. 5, 1793	LR18	2
Catee, d. Thomas & Phebe, b. Jan. 6, 1784	LR18	23
Catharine, d. Strong & Abigail, b. Sept. 19, 1776; d. Sept. 28, 1778	LR18	25
Catharine, d. Strong & Betty, b. Aug. 2, 1784	LR18	25
Charles E., of Norwalk, m. Cornelia A. HAMILTON, of New Canaan, May 25, 1845, by Rev. Z. K. Hawley	1	30
Christopher, m. Hannaih PLATT, d. Richard, of Milford, Oct. 6, 1663	LR1	50
Christopher, d. Dec. 28, 1702	LR4	1
Daniell, s. Christopher, b. July 21, 1664	LR1	50
Daniell, s. Christopher, m. Elisabeth WHEELER, d. John, of Fairfield, June 30, 1692, at Black Rock	LR1	114
Daniel, s. David & Rebeckah, b. May 4, 1767	LR19	5
Daniel, s. Aaron & Anne, b. Aug. 4, 1789	LR18	27
Daniel, m. Rebecca KELLOGG, May 7, 1812	LR19	11
David, s. [Abijah & Deborah], b. Sept. 19, 1748	LR16	1
David, s. David & Rebeckah, b. Feb. 29, 1760; d. [ ]	LR19	5
David, 2nd, s. David & Rebeckah, b. Jan. 30, 1761	LR19	5
David, m. Sarah LEEDS, Dec. 29, 1774	LR18	16
David, s. David & Sarah, b. July 31, 1784	LR18	16
David, m. Deborah WEED, Feb. 5, 1795	LR18	16
David, Jr., m. Emeline CAMP, May 31, 1837, by Edwin Hall	1	21
David, m. Rebeckah GRUMMAN, [ ]	LR19	5
Deborah, m. Abijah COMSTOCK, May 30, 1745	LR16	1
Deborah, d. [Abijah & Deborah], b. Aug. 6, 1756	LR16	1
Deborah, w. Abijah, d. Nov. 15, 1770	LR16	1
Deborah, d. Thomas & Phebe, b. July 10, 1777	LR18	23
Deborah, d. Abijah [& Deborah], d. Jan. [ ], 1786	LR16	1
Deborah, d. [Samuel & Katharine], b. Jan. 22, 1795	LR16	1
Deborah, m. Andres POWER, Nov. 2, 1797	LR18	18
Dinah, m. Samuel C. SILLIMAN, June 28, 1792	LR18	16
Dinah, d. [Samuel & Katharine], b. Aug. 26, 1796	LR16	1

COMSTOCK, COMSTOCKE, (cont.),

	Vol.	Page
Edward, s. Strong & Betty, b. Dec. 28, 1785	LR18	25
Eli, s. Caleb & Lucy, b. Nov. 27, 1805	LR18	2
Elisha, s. David & Sarah, b . Apr. 23, 1776	LR18	16
Elissabeth, b. Oct. 7, 1674	LR1	112
Elizabeth, d. Moses, b. Oct. 16, 1783	LR18	46
Elizabeth, d. David & Sarah, b. Oct. 28, 1797* *(Probably 1787)	LR18	16
Enock, s. [Abijah & Deborah], b. July 24, 1750	LR16	1
George C., s. Charles E., hatter, ae 31 & Cornelia A., ae 20, b. Sept. 5, 1847	1	41
Hannah, d. Christopher, b. July 15, 1666	LR1	50
Hannah, d. David & Rebeckah, b. Sept. 30, 1747; d. [ ]	LR19	5
Hannah, d. [Abijah & Deborah], b. Aug. 6, 1754	LR16	1
Hannah, 2nd, d. David & Rebeckah, b. May 30, 1763	LR19	5
Hannah, d. Moses, b. July 13, 1777	LR18	46
Hannah, d. Aaron & Anne, b. Sept. 8, 1785	LR18	27
Hannah, d. Thomas & Phebe, b. Apr. 27, 1793	LR18	23
Hannah, d. Abijah [& Deborah], d. July 29, 1795	LR16	1
Jabez, s. Strong & Abigail, b. Feb. 22, 1774	LR18	25
John, s. David & Deborah, b. May 23, 1797	LR18	16
Joshua, s. Caleb & Lucy, b. Sept. 6, 1795	LR18	2
Julia, d. Strong & Bettey, b. Oct. 21, 1797	LR18	25
Katharine, m. Samuel COMSTOCK, Dec. 6, 1793	LR16	1
Lucinda, of Norwalk, m. John B. HUNTER, of New York, Mar. 1, 1829, in St. Pauls Church, by Rev. R. Sherwood	1	11
Lucretia, d. Aaron & Anne, b. Sept. 7, 1782	LR18	27
Lydia, d. David & Rebeckah, b. Feb. 10, 1757; d. [ ]	LR19	5
Lydia, 2nd, d. David & Rebeckah, b. Apr. 5, 1758; d. [ ]	LR19	5
Lydia, 3rd, d. David & Rebeckah, b. June 21, 1765	LR19	5
Mary, d. Christopher, b. Feb. 19, 1671; m. James ST. JOHN, Dec. 18, 1693; d. Oct. 17, 1749, ae 76 y. 9 m.	LR1	50
Mary, d. Samuell, b. Aug. 5, 1710	LR4	1
Mary, d. David & Rebeckah, b. Nov. 28, 1753; d. [ ]	LR19	5
Mary, d. Strong & Bettey, b. May 1, 1793	LR18	25
Mary, d. David & Deborah, b. Sept. 10, 1800	LR18	16
Matthew, s. Caleb & Lucy, b. May 21, 1789	LR18	2
Mehitable, m. John HANFORD, Oct. 28, 1762	LR18	23
Mercie, d. Christe, b. Nov. 12, 1676	LR1	112
Molly, d. Caleb & Lucy, b. May 29, 1791	LR18	2
Moses, s. Christopher, b. Dec. last day, 1684	LR1	155
Moses, m. Abigail BRINSMAID, d. Daniell, decd., of Stratford, Feb. 23, 1709/10; d. Jan. 18, 1766, in the 82nd y. of his age	LR4	1
Moses, m. [ ], May 21, 1772	LR18	46
Moses, s. Caleb & Lucy, b. Nov. 3, 1787	LR18	2
Moses, s. Moses, b. Jan. 29, 1793	LR18	46
Moses, his w. [ ], d. May 13, 1795	LR18	46
Nathan, s. Strong & Bettey, b. Aug. 8, 1795	LR18	25
Nathan Selleck, s. Tho[ma]s & Phebe, b. May 5, 1779	LR18	23
Phebe, d. Thomas & Phebe, b. Jan. 23, 1789	LR18	23
Phebe, d. May 16, 1817	LR19	5
Phillip, s. Strong & Abigail, b. Oct. 3, 1778; d. Feb. 8, 1795	LR18	25
Polly, d. Moses, b. Feb. 5, 1779	LR18	46
Polly, m. Abijah COMSTOCK, Oct. 24, 1802	LR19	9
Rebeckah, d. David & Rebeckah, b. Sept. 29, 1750	LR19	5

	Vol.	Page
COMSTOCK, COMSTOCKE, (cont.),		
Rebeckah, w. Thomas, d. July 3, 1774	LR18	23
Ruth, d. [Abijah & Deborah], b. May 28, 1758	LR16	1
Ruth, d. Abijah, d. Sept. 1, 1765	LR16	1
Sally, d. Moses, b. July 22, 1781	LR18	46
Sally, d. Moses, d. Feb. 2, 1797	LR18	46
Samuell, s. Christe, b. Feb. 6, 1679	LR1	112
Samuell, s. Christopher, b. Feb. 6, 1679/80; m. Sarah HANFORD, d. Rev. Thomas, Dec. 27, 1705	LR4	1
Samuell, s. Samuell, b. Nov. 12, 1708	LR4	1
Samuel, s. [Abijah & Deborah], b. July 15, 1767	LR16	1
Samuel, s. David & Rebeckah, b. Nov. 27, 1769; d. [ ]	LR19	5
Samuel, s. Strong & Abigail, b. Oct. 14, 1780	LR18	25
Samuel, m. Katharine COMSTOCK, Dec. 6, 1793	LR16	1
Samuel, s. David & Deborah, b. Nov. 26, 1798	LR18	16
Samuel, 2nd, m. Amanda PLATT, Dec. 14, 1845, by Edwin Hall	1	31
Samuel C., of New Canaan, m. Sarah COMSTOCK, Oct. 3, 1837, by Edwin Hall	1	22
Sarah, d. Samuell, b. Mar. 25, 1707	LR4	1
Sarah, d. David & Rebeckah, b. July 1, 1755	LR19	5
Sarah, m. Isaiah GREGORY, Feb. 18, 1769	LR18	16
Sarah, d. David & Sarah, b. Aug. 31, 1780	LR18	16
Sarah, w. David, d. May 8, 1790	LR18	16
Sarah, m. Samuel C. COMSTOCK, of New Canaan, Oct. 3, 1837, by Edwin Hall	1	22
Seth, s. David & Rebeckah, b. Jan. 21, 1772	LR19	5
Seymore, s. Moses, b. Jan. 26, 1790	LR18	46
Stephen, s. Thomas & Rebeckah, b. Oct. 22, 1773	LR18	23
Strong, m. Abigail WESCOOT, July 20, 1773	LR18	25
Strong, m. 2nd w. Bettey BETTS, Nov. 2, 1783	LR18	25
Susanna, d. Strong & Bettey, b. June 15, 1791	LR18	25
Thaddeus, s. Aaron & Anne, b. Aug. 6, 1775; d. Nov. 3, 1775	LR18	27
Thaddeus Hanford, s. Aaron & Anne, b. Sept. 10, 1779	LR18	27
Thomas, s. [Abijah & Deborah], b. Jan. 26, 1747	LR16	1
Thomas, m. Rebeckah ROCKWELL, Feb. 22, 1770	LR18	23
Thomas, m. Phebe SELLECK, (2nd w.), Feb. 1, 1776	LR18	23
William, s. David & Rebeckah, b. Jan. 12, 1743; d. [ ]	LR19	5
William, s. Strong & Bettey, b. June 10, 1788	LR18	25
Zenophon*, s. Caleb & Lucy, b. Sept. 28, 1801 *(Xenophon?)	LR18	2
CONKLIN, CONCKLIN, John B., m. Mary BENNETT, Apr. 7, 1830, by Henry Benedict	1	13
Jonas Platt, m. Mary Hall FITCH, Nov. 22, 1830, by Henry Benedict	1	14
CONLEY, Abigail, m. Newton HINE, Dec. 23, 1827, by Rev. Henry Stead	1	10
COOK, Almyrah, ae 19, b. Darien, res. Norwalk, m. Oliver COOK, tailor, ae 22, b. Darien, res. Darien, Mar. 14, 1848, by Rev. M. Devinne	1	48
Ann, m. Haynes FITCH, Sept. 23, 1770	LR18	17
Cyrus, of New York, m. Mary Esther RAYMOND, of Norwalk, Mar. 4, 1826, by Sylvester Eaton	1	8
Oliver, tailor, ae 22, b. Darien, res. Darien, m. Almyrah COOK, ae 19, b. Darien, res. Norwalk, Mar. 14, 1848, by Rev. M. Devinne	1	48
COOPER, Frederick S., m. Susan ROCKWELL, Mar. 16, 1834, by Rev. Amos Savage, Jr.	1	18
COPP, John, m. Mrs. Ruth BELDEN, wid. of John, Jan. 4, 17[ ]	LR4	8a

36   BARBOUR COLLECTION

	Vol.	Page
CORNNELL, [see also **CORNWALL**], Louis, d. Paul, of New Haven, m. Nehemiah **ST. JOHN**, Dec. 8, 1743	LR9	4-Ind
Mary, m. Samuel **GORMAN**, Aug. 15,1835, by N. E. Crumdle	1	20
CORNWALL, [see also **CORNNALL**], Catherine, ae 19, res. Norwalk, m. Charles L. **LOCKWOOD**, tailor, ae 22, New York, res. Norwalk, , Sept. 13, 1847, by Rev. W. C. Mead	1	46
Elizabeth, of Norwak, m. William D. **HOYT**, of New York, Dec. 20, 1837, by Rev. Edward Reynoll, of Westport	1	22
COUCH, Abigail, d. Simon, decd., of Fairfield, m. William Edwards, of Norwalk, May 4, 1713	LR4	8
COYT, Mary, m. Joseph **WHITNE**, July 27, [1736], by Rev. Alexander Garden, of Charlestowne, S.C., Church Wardens, James Fowler, Edward Hext	LR4	0
CRAFT, Anna, d. Stephen [& Anna], b. Jan. 29, 1767	LR19	1
Betsey, d. Stephen & Anna, b. May 6, 1786	LR19	1
Caleb Archer, s. Stephen & Anna, b. Dec. 1, 1776	LR19	1
Catey, d. Stephen & Anna, b. Dec. 11, 1791	LR19	1
Henry, s. Stephen & Anna, b. Dec. 28, 1794; d. Apr. 20, 1795	LR19	1
James, s. Stephen & Anna, b. Apr. 21, 1769	LR19	1
Jemima, d. Stephen & Anna, b. July 15, 1774	LR19	1
Mariam, d. Stephen & Anna, b. Mar. 29, 1771	LR19	1
Polly, d. Stephen & Anna, b. Feb. 6, 1779	LR19	1
Sally d. Stephen & Anna, b. June 6, 1789	LR19	1
Stephen, s. Stephen & Anna, b. Sept. 6, 1783	LR19	1
Stephen, m. Anna **ARCHER**, [ ]	LR19	1
William, s. Stephen & Anna, b. July 11, 1781	LR19	1
CRAFTREE, Sarah, m. James **DIAL**, this day [dated Dec. 6, 1846], by Edwin Hall	1	33
CRAIG, Jane Ann, of Norwalk, m. Joseph **EDWARDS**, of Danbury, Mar. 30, 1848, by Z. K. Hawley	1	35
CRAMPTON, Abigall, d. John, b. Aug. 9, 1681	LR1	112
Hannah, d. John, m. Benjamin **SKRIVENER**, Mar. 5, 1679/80	LR1	111
John, m. Sarah **ROCKWELL**, d. John, of Stamford, Oct. 8, 1676	LR1	111
John, s. John, b. Jan. 7, 1682	LR1	137
Samuell, s. John, b. Dec. 25, 1684	LR1	155
Sarah, d. John, b. Sept. 10, 1679	LR1	111
CRAN*, Ann, m. George **RAYMOND**, b. of Norwalk, Jan. 9, 1837, by Rev. Davis Stocking *(Perhaps "**CROW**"?)	1	21
Ellen J., d. Nelson, carpenter, ae 30 & Keturah, ae 29, b. Sept. 20, 1847	1	45
W[illia]m, m. Ann Eliza **SHELDON**, b. of Norwalk, Jan. 6, 1847, by Ezra D. Kinney	1	33
CRANDLE, Emeline, m. Amos **GREGORY**, Mar. 1, 1830, by Henry Benedict	1	13
CRANE, Ceziah, of Wilton, m. John D. **PARKER**, of Norwalk, June 5, 1831, in St. Pauls Church, by Rev. Jackson Kemper, (colored)	1	15
Elisha, m. Jane **HOYT**, b. of Norwalk (colored), Mar. 29, 1821, by Rev. Sylvester Eaton	1	1
Legrand, m. Nancy **SEALY**, b. of Norwalk, Aug. 12, 1832, by Aaron W. Whitney	1	12
Martin S., m. Laura Ann **BISHOP**, [Apr.] 4, [1831], by Joseph T. Clark	1	15
CRANFIELD, Andrew, m. Sally L. **GRAY**, Jan. 26, 1830, by Rev. R. Sherwood	1	12
CRAPO, Eunice, m. Charles C. **ST. JOHN**, Aug. 2, 1835, by Edwin Hall	1	19

NORWALK VITAL RECORDS 37

	Vol.	Page
CRAWFORD, David H., s. Marrietta, ae 19, b. Dec. 12, 1847	1	42
Marrietta, ae 19, had s. David H., b. Dec. 12, 1847	1	42
William, m. Nancy WHITNEY, June 23, 1798	LR19	3
CRISSEY, Catharine, d. Jesse & Abiah, b. Oct. 27, 1809	LR19	10
Charlotte, d. Jesse & Abiah, b. Aug. 25, 1801; d. Apr. 8, 1804	LR19	10
Eliza Charlotte, d. Jesse & Abiah, b. Dec. 25, 1805	LR19	10
Jesse, b. Nov. 7, 1773; m. Abiah SWIFT, Jan. 12, 1800	LR19	10
William Swift, s. Jesse & Abiah, b. Dec. 3, 1807	LR19	10
CROFOOT, Ebenezer, s. Joseph & Esther, b. May 10, 1777	LR18	25
Ebenezer, Jr., m. Sarah GREGORY, Sept. 3, 1795	LR18	26
Esther, d. Ebenezer & Sarah, b. Aug. 20, 1796	LR18	26
Joseph, m. Esther ST. JOHN, May 13, 1776	LR18	25
Polly, m. Gilbert HYATT, July 10, 1794	LR18	21
CROMWELL, Abigail, m. Ephraim CURTIS, Oct. 27, 1796	LR18	19
[CROSBY], [see under CROSSBY]		
CROSIER, James, s. Robert, laborer, ae 34 & Elizabeth, ae 25, b. Nov. 18, 1847,	1	38
CROSS, Charlotte, of Canaan, m. Wyse SEELEY, of Darien, Sept. 11, 1832, by Rev. John Lovejoy	1	15
CROSSBY, Mary P., m. Dr. Thomas B. BUTLER, Mar. 14, 1831, by Henry Benedict	1	15
CROSSMAN, Ira N., m. Lucinda GRIFFITH, b. of Norwalk, Dec. 24, 1826, by Sylvester Eaton	1	9
Nelson, m. Mary Jane WATERBURY, b. of Norwalk, June 28, 1846, by W. C. Hoyt	1	32
William H., s. Nelson, mariner, ae 24 & Mary J., ae 23, b. Aug. 11, 1847	1	42
CROW, Ann, see under Ann CRAN		
CURTIS, Ephraim, m. Abigail CROMWELL, Oct. 27, 1796	LR18	19
John Bailey, s. Ephraim & Abigail, b. Oct. 13, 1797	LR18	19
Rebecca J., d. Elbert, tailor, ae 28 & Mary F., ae 22, b. Sept. 7, 1847	1	42
Thaddeus B., of Stratford, m. Jane OLMSTED, this day [dated Nov. 19, 1846], by Edwin Hall	1	33
DAMOREST, Fanny, of Norwalk, m. Thomas CARPENTER, of Darien, this day, [dated Dec. 24, 1837], by Edwin Hall	1	22
DARLING, Hannah, formerly w. John, of Fairfield, m. Richard WHITNE, s. John, Apr. 7, 1709	LR4	1
DARROW, Hannah, twin with Samuel, d. John [& Sarah], b. Sept. 29, 1736	LR4	13
Isaac, s. John & Sarah, b. May 17, 1741	LR4	13
John, late of New London, m. Sarah HANFORD, d. Eleazer, decd., Oct. 30, 1735	LR4	13
John, s. John [& Sarah], b. Feb. 22, 1738/9	LR4	13
Paul, s. John & Sarah, b. Oct. 9, 1743,	LR4	13
Samuel, twin with Hannah, s. John [& Sarah], b. Sept. 29, 1736	LR4	13
DASON, Ellen, m. James HOYT, b. of Norwalk, Apr. 4, 1836, by Rev. Davis Stocking	1	20
DATIS, Charles B., mariner, black, ae 27 & w. Sarah R., black, ae 25, had child b. May 30, 1848	1	43
DAUCHY, Jacob, m. Eliza Ann OSBORN, Sept. 16, 1821, in St. Pauls Church, by Rev. R. Sherwood	1	2
Keeler S., of Monroe, m. Mrs. Phebe FAIRWEATHER, of Norwalk, Aug. 15, 1847, by Jacob Shaw	1	34
Keeler H., hatter, ae 33, b. Ridgefield, res. Trumbull, m. 2nd w. Phebe FAIRWEATHER, ae 30, b. Danbury, res. Norwalk, Aug. 15,		

	Vol.	Page
DAUCHY, (cont.),		
1847, by Rev. Jacob Shaw	1	47
DAVENPORT, Mary, m. Isaac **BENEDICT**, Aug. 19, 1794	LR18	39
DAVIS, Hannah, d. James & Hannah, b. Apr. 27, 1787	LR19	2
Hyram, s. James & Hannah, b. Jan. 18, 1798	LR19	2
Isaac, s. James & Hannah, b. Mar. 9, 1793	LR19	2
James, m. Hannah **JELLIFF**, [ ], 1786	LR19	2
John, s. James & Hannah, b. Apr. 24, 1789	LR19	2
Mary Ann, of Fairfield, m. Lewis Taylor **STREET**, of Norwalk, Mar. 7, 1822, in St. Pauls Church, by Rev. R. Sherwood	1	3
Oliver, of Huntington, m. Caroline **SQUIER**, of Weston, Jan. 6, 1823, by Sylvester Eaton	1	4
Sarah, d. James & Hannah, b. July 23, 1791; d. Mar. 16, 1793	LR19	2
Susanna, d. James & Hannah, b. Mar. 3, 1795	LR19	2
DAY, Absolom, m. Betty **SMITH**, Feb. 14, 1792	LR18	11
Alise, d. Absolom, b. Nov. 26, 1803	LR19	9
Amanda, d. Absolom, b. Mar. 29, 1801	LR19	9
Amanda, m. Rev. John M. **SMITH**, Nov. 19, 1820, by Rev. Laban Clark	1	1
George, s. Absolom & Betty, b. Sept. 16, 1796	LR18	11
Harriet, of Norwalk, m. Philander **COE**, of Madison, Nov. 22, 1847, by Jacob Shaw	1	35
Harriet, tailoress, ae 19, res. Norwalk, m. Philander P. **COE**, mariner, ae 25, b. Madison, res. Norwalk, Nov. 22, 1847, by Rev. Jacob Shaw	1	47
Mary, m. Eli **REED**, Aug. 18, 1824, by Noble W. Thomas, Elder	1	6
Noah S., m. Betsey **CHIPMAN**, Dec. 17, 1844, by Charles G. Summers, New York	1	35
Noah S., m. Eliza P. **HOTCHKISS**, b. of Norwalk, Jan. 27, 1846, by W. C. Hoyt	1	31
Susan, d. Absolom & Betty, b. Dec. 5, 1793	LR18	11
DEAN, Abigail, d. John, of Stanford, m. Samuell **CAMFIELD**, May 9, 1711	LR4	4
Esther, d. Jonathan & Rebecca, b. July 18, 1755	LR4	0
Jemima, d. Jonathan & Rebecca, b. Apr. 29, 1753	LR4	0
Jemima, m. Simeon **STUART**, Jr., Nov. 24, 1773	LR18	22
Joseph, s. Jonathan & Rebecca, b. Sept. 10, 1757	LR4	0
DeFOREST, Abigail, d. Lemuel, b. May 31, 1753	LR13	2
Abigail, d. Lem[ue]l, m. James **LOCKWOOD**, Nov. 9, 1774	LR18	44
Anne, d. Isaac & Deborah, b. Jan. 10, 1793	LR19	1
Charles, s. Eliud & Isabel, b. Nov. 22, 1796	LR18	47
David, s. Isaac & Deborah, b. Feb. 16, 1788	LR19	1
Deborah, d. Isaac & Deborah, b. Sept. 16, 1785	LR19	1
Eliud, m. Isabel **HOYT**, Apr. 29, 1791	LR18	47
Fanny, d. Eliud & Isabel, b. Sept. 12, 1791	LR18	47
Harvey, s. Isaac & Deborah, b. Aug. 27, 1789	LR19	1
Hiram, s. Eliud & Isabel, b. Jan. 12, 1793	LR18	47
Isaac, m. Deborah **INGERSON**, Dec. 1, 1784	LR19	1
Isaac, s. Isaac & Deborah, b. Dec. 17, 1794	LR19	1
Lemuel, m. Phebe **KEELER**, Dec. 26, 1751	LR18	16
Lemuel, d. Mar. 8, 1798	LR18	44
Lewis, s. Isaac & Deborah, b. Jan. 27, 1791	LR19	1
Phebe, w. Lemuel, d. Jan. 10, 1790	LR18	16
Rachel, d. Isaac & Deborah, b. Oct. 16, 1796	LR19	1
Sabrah, d. Isaac & Deborah, b. Jan. 27, 1787	LR19	1
Sally, d. Eliud & Isabel, b. Nov. 26, 1794	LR18	47

NORWALK VITAL RECORDS 39

	Vol.	Page
DENNIS, Joseph, m. Rebeckah HANFORD, Jan. 2,1802	LR19	9
DENNY, Mary A., d. John, jeweller, ae 32 & Elizabeth, ae 26, b. Apr. 1, 1848	1	42
DENTON, Benjamin, m. Sarah MIDDLEBROOK, [ ], 1782	LR19	8
Betsey, d. Benj[ami]n & Sarah, b. Nov. 15, 1789	LR19	8
Esther, d. Benj[ami]n & Sarah, b. Feb. 2, 1792	LR19	8
Martha, d. Benj[ami]n & Sarah, b. Feb, 2, 1785	LR19	8
Ruth, d. Benj[ami]n & Sarah, b. Nov. 20, 1786	LR19	8
Samuel, s. Benj[ami]n & Sarah, b. May 10, 1794	LR19	8
Sarah, d. Benj[ami]n & Sarah, b. Mar. 21, 1783	LR19	8
DEOLF, Deborah, m. Thomas GRUMMAN, Aug. 27, 1772	LR18	42
DIAL, James, m. Sarah CRAFTREE, this day [dated Dec. 6, 1846], by Edwin Hall	1	33
DIBBLE, Harriet A., ae 20, b. Bedford, N.Y., res. Norwalk, m. Joseph H. Raymond, mason, ae 22, res. Norwalk, Oct. 31, 1847, by Rev. Daniel Smith	1	47
DICKERMAN, Aaron, s. Levi, b. Jan. 3, 1796	LR18	16
Esther, d. Levi, b. July 18, 1789	LR18	16
John B., carpenter, ae 27, b. Norwalk, res. Westport, m. Betsey A. BYINGTON, ae 18, b. in Wilton, Feb. 6, 1848, by Rev. Mr. Chaplin	1	46
Levi, s. Levi, b. Oct. 6, 1784	LR18	16
Polly, d. Levi, b. Feb. 10, 1792	LR18	16
Rebeckah, d. Levi, b. Sept. 9, 1792	LR18	16
Stephen, s. John & Sarah, b. Mar. 5, 1781	LR18	22
William, s. John & Sarah, b. Mar. 16, 1789	LR18	22
DICKINSON, Abigail, d. Moses & Martha, b. July 30, 1724	LR9	2
Hezekiah, s. Moses & Martha, b. Aug. 11, 1727	LR9	2
John, s. Moses & Martha, b. Oct. 27, 1730	LR9	2
Martha, d. Moses & Martha, b. Mar. 8, 1734/5	LR9	2
Mary, d. Rev. Moses & Martha, b. Aug. 18, 1721	LR9	2
Moses, s. Moses & Martha, b. Feb. 17, 1722/3	LR9	2
Moses, s. Moses & Martha, b. Sept. 16, 1742	LR9	2
Nancy, m. John GREGORY, Sept. 20, 1795; d. Sept. 3, 1798	LR19	7
Samuel, s. Moses & Martha, b. Oct. 23, 1728	LR9	2
Truman B., m. Mary GRIFFETH, Nov. 1, 1829, by Henry Benedict	1	12
DICKSON, [see also DIXION], Benjamin, s. James [& Hannah], b. Jan. 9, 1713/14	LR4	4
Hugh, m. Mary STEWART, Jan. 3, 1797	LR18	45
James, m. Hannah RUMSEY, d. Ens. Benjamin, Dec. 8, 1709	LR4	4
John, s. James [& Hannah], b. Oct. 22, 1711	LR4	4
DIKEMAN, Aaron, of New York, m. Susan BUTLER, of Norwalk, Feb. 14, 1822, by Sylvester Eaton	1	3
DIMLY, Catharine, of Norwalk, m. Moses H. HUNTER, of West Springfield, Mass., Nov. 24, 1844, by James J. Woolsey	1	30
DIMON, DIMOND, Cornelia A., m. Asahel S. WATERBURY, this day [dated May 18, 1846], by Edwin Hall	1	32
Elizabeth, m. Gould HAYT, June 13, 1765	LR18	13
DINGEE, [see also DINGER], Mary, m. William A. QUINTARD, b. of Norwalk, Apr. 17, 1822, by Sylvester Eaton	1	2
DINGER, [see also DINGEE], Elij, joiner, b. Bedford, N.Y., res. Norwalk, d. Aug. 8, 1847, ae 89	1	51
John, d. July 21, 1848, ae 4	1	51
DISBROW, Anna Louisa, d. Charles E., joiner, ae 36, & Abigail A., ae 42, b.		

	Vol.	Page
DISBROW, (cont.),		
Jan. 29, 1848	1	38
Caroline, m. Walter **WHITNEY,** b. of Norwalk, Feb. 11, 1827, by Sylvester Eaton	1	10
Damares, m. Abraham **GREGORY,** (2nd w.), Apr. [ ], 1791	LR19	3
Esther P., m. Thomas **McCUMIN,** b. of Norwalk, Feb. 28, 1836, by Rev. Davis Stocking	1	21
Harriet, m. Nathan O. **GREGORY,** b. of Norwalk, Mar. 23, [1828], by Rev. Thomas Robbins		
Lois, m. Stephen **MERVINE,** Feb. 20, 1770	LR1	11
Mary A., m. Isaac R. **DOTY,** Oct. 6, 1834, by Rev. Abraham S. Franz	1	18
Noah, m. Esther M. **WEBB,** Apr. 4, 1848, by Edwin Hall	1	35
Susan, m. William J. **FINNEY,** b. of Norwalk, last evening, [dated Apr. 30, 1848], by James A. Hanley	1	35
Susan, ae 21, res. Norwalk, m. William **FINNEY,** carpenter, ae 24, res. Norwalk, Apr. 30, 1848, by Rev. Z. H. Hawley	1	46
DIXION, [see also **DICKSON**], Mary, m. William P. **GIBBS,** Mar. 16, 1806	LR19	10
DOTY, Isaac R., m. Mary A. **DISBROW,** Oct. 6, 1834, by Rev. Abraham S. Franz	1	18
DOWNS, DOWN, Abel, of Weston, m. Huldah **SMITH,** of Norwalk, Apr. 13, 1828, by Rev. Henry Stead	1	11
Betsey, d. Wolcott & Hannah, b. Mar. 22, 1787	LR18	38
Betsey, m. John **PERMALEE,** b. of Norwalk, Feb. 9, 1823, by Sylvester Eaton	1	4
Bradley, of Weston, m. Eliza **BROOKS,** of Norwalk, Oct. 22, 1821, by Sylvester Eaton	1	2
Cornelia, m. Janusett **REED,** b. of Norwalk, Oct. 22, 1844, by Z. K. Hawley	1	29
Ellen, d. William & Hannah, b. Apr. 12, 1780	LR18	17
Ellen, d. William & Hannah, d. Apr. 8, 1793	LR18	17
George H., d. Jan. 31, 1848, ae 11 m.	1	50
Hannah, w. William, d. Feb. 10, 1789	LR18	17
Henry B., m. Julia **ROGERS,** Apr. 19, 1846, by Z. K. Hawley	1	32
Isaac, s. William & Hannah, b. Mar. 14, 1772	LR18	17
Isaac, s. William & Hannah, d. May 6, 1793	LR18	17
Joseph, s. William & Hannah, b. Dec. 13, 1777	LR18	17
Joseph, s. William & Hannah, d. Apr. 10, 1799	LR18	17
Polly, d. Wolcott & Hannah, b. Dec. 3, 1788	LR18	38
Rhoda, d. William & Hannah, b. Aug. 12, 1782	LR18	17
Rhoda, d. William & Hannah, d. Apr. 6, 1793	LR18	17
Sarah, d. William & Hannah, b. Aug. 19, 1773	LR18	17
Sarah, d. William & Hannah, d. Feb. 3, 1795	LR18	17
Thomas, s. William & Hannah, b. Oct. 4, 1769	LR18	17
William, m. Hannah **BULKLEY,** Feb. 14, 1769	LR18	17
William, s. William & Hannah, b. Jan. 12, 1789	LR18	17
William, m. Elizabeth **WATERBURY,** [ ] 12, 1791	LR18	17
William, s. Wolcott & Hannah, b. May 3, 1792	LR18	38
Wolcott, m. Harriet **BENEDICT,** July 15, 1786	LR18	38
DRINDRAD, James, s. Edward, shoe-maker, ae 34 & Harriet, ae 21, b. Sept. 26, 1847	1	41
DUNN, Charlotte Kellogg, m. Linus St. John **BENEDICT,** July 4, 1837, by Edwin Hall	1	22
DUNNING, Aaron, m. Mary **KEELER,** Nov. 15, 1787	LR19	0

	Vol.	Page
DUNNING, (cont.)		
Anne, m. Samuel **OLMSTED**, 2nd, Nov. 25, 1773	LR18	26
Daniel, m. Hannah **KEELER**, Sept. 26, 1786	LR19	4
Maria, d. Aaron & Mary, b. Jan. 31, 1795	LR19	0
Polly, d. Aaron & Mary, b. Apr. 28, 1791	LR19	0
Sally, d. Dan[ie]l & Hannah, b. Feb. 5, 1791	LR19	4
Susanna, m. Stephen **WICKS**, Sept. 27, 1786	LR18	27
DURAND, John W., of Derby, m. Sarah Jennett **BLACKMAN**, of New Haven, Sept. 9, 1835, by Rev. Davis Stocking	1	20
EDWARDS, Abigail, d. W[illia]m [& Abigail], b. Aug. 18, 1716	LR4	8
Couch, s. W[illia]m [& Abigail], b. Apr. 22, 1730	LR4	8
Deborah, d. William [& Abigail], b. Feb. 12, 1726/7	LR4	8
Gershom, s. W[illia]m [& Abigail], b. Jan. 28, 1732/3	LR4	8
Hannah, d. William [& Abigail], b. Sept. 22, 1724	LR4	8
John, s. W[illia]m [& Abigail], b. June 14, 1728	LR4	8
Joseph, of Danbury, m. Jane Ann **CRAIG**, of Norwalk, Mar. 30, 1848, by Z. K. Hawley	1	35
Mary, d. William [& Abigail], b. Sept. 13, 1721	LR4	8
William, of Norwalk, m. Abigail **COUCH**, d. Simon, decd., of Fairfield, May 4, 1713	LR4	8
William, 1st s. W[illia]m [& Abigail], b. Mar. 11, 1713/14; d. Apr. 25, 1716	LR4	8
William, s. William [& Abigail], b. June 17, 1718	LR4	8
EELLS, ELLS, Abigail, d. Moses & Abigail, b. Feb. 2, 1774	LR18	41
Anna, d. Jeremiah & Lois, b. Nov. 12, 1759; d. Jan. 6, 1792	LR18	39
Beard, s. Jeremiah & Lois, b. Nov. 7, 1773	LR18	39
Betsey, d. Jeremiah & Lois, b. May 13, 1780	LR18	39
Betsey, d. Moses & Abigail, b. Nov. 9, 1790	LR18	41
Dinah, d. Jeremiah & Lois, b. Feb. 7, 1767	LR18	39
Dinah, m. Daniel **BUTLER**, Nov. 18, 1792	LR18	23
Edwin, m. Mary Ann **HICKISS**, b. of Norwalk, Aug. 15, 1830, in St. Pauls Church, by Rev. Henry S. Attwater	1	13
Electa, d. Samuel & Hannah, b. Aug. 24, 1792	LR18	46
Elizabeth, of Norwalk, m. Ebenezer **BUNDY**, of Southbury, Nov. 26, 1823, by Sylvester Eaton	1	5
Horace, d. Samuel & Hannah, b. Aug. 11, 1796	LR18	46
Jacob, s. Moses & Abigail, b. Sept. 5, 1785	LR18	41
James T., s. Jeremiah & Lois, b. Nov. 6, 1775	LR18	39
Jeremiah, s. Jeremiah & Lois, b. Nov. 22, 1757	LR18	39
Jeremiah B., m. Lois **BENEDICT**, Nov. 28, 1754	LR18	39
John, s. Jeremiah & Lois, b. Nov. 16, 1755	LR18	39
Lois, d. Jeremiah & Lois, b. July 12, 1761	LR18	39
Martha, d. Jeremiah & Lois, b. Apr. 14, 1763	LR18	39
Martha, d. July 1, 1848, ae 75	1	50
Moses, s. Moses & Abigail, b. Feb. 12, 1784	LR18	41
Moses C., m. Abigail **REED**, Nov. 1, 1769	LR18	41
Nancy, m. Nathaniel **GILDERSLEVE**, Mar. 15, 1827, by William Bonney, New Canaan	1	10
Nathaniel, s. Jeremiah & Lois, b. Jan. 10, 1772	LR18	39
Nathaniel G., s. Samuel & Hannah, b. May 15, 1794	LR18	46
Rhuamah, d. Moses & Abigail, b. July 5, 1787	LR18	41
Robert, m. Elizabeth Esther **BISHOP**, b. of Norwalk, Dec. 24, 1826, by by Sylvester Eaton	1	9

	Vol.	Page
EELLS, ELLS, (cont.),		
Robert, carman, ae 43 & w. Elizabeth E., ae 40, had child b. Apr. 17, 1848	1	38
Samuel, 2nd, s. Jeremiah & Lois, b. Apr. 13, 1770	LR18	39
Samuel, m. Hannah **GRAY**, Apr. 13, 1792	LR18	46
Samuel, s. Samuel & Hannah, b. Oct. 1, 1798	LR18	46
Sarah, d. Jeremiah & Lois, b. Jan. 18, 1765	LR18	39
Stephen, s. Moses & Abigail, b. July 2, 1777	LR18	41
William, s. Moses & Abigail, b. Oct. 16, 1772	LR18	41
ELLIS, Anna, d. Moses & Abigail, b. Dec. 22, 1778	LR18	41
Mary, d. Moses & Abigail, b. Oct. 5, 1775	LR18	41
Samuel, s. Jeremiah & Lois, b. Oct. 3, 1768; d. Feb. 16, 1769	LR18	39
ELLS, [see under **EELLS**]		
ELWOOD, Abigail, m. Nathan **HENDRICK,** Nov. 4, 1778	LR18	40
EVERET, Abigail, d. Joseph & Hannah, b. Mar. 9, 1793	LR18	40
Esther, w. Joseph, d. Nov. 16, 1786	LR18	40
Esther, d. Joseph & Hannah, b. Aug. 24, 1789	LR18	40
Hannah, d. Joseph & Hannah, b. Sept. 7, 1801	LR18	40
Joseph, m. Esther **LOCKWOOD,** Nov. [ ], 1773	LR18	40
Joseph, m. Hannah **ST. JOHN,** May 3, 1787	LR18	40
Joseph, s. Joseph & Hannah, b. May 3, 1791	LR18	40
Polly, d. Joseph & Hannah, b. Dec. 6, 1797	LR18	40
Sarah, d. Joseph & Hannah, b. Jan. 13, 1775; d. July 26, 1786	LR18	40
Susannah, d. Joseph & Hannah, b. Apr. 19, 1795	LR18	40
Thomas Acton, s. Joseph & Hannah, b. Oct. 24, 1800	LR18	40
EVERSLY, Anah, d. John & Mary, b. July 30, 1794	LR18	30
Betty, d. John & Abigial, b. Jan. 5, 1773	LR18	30
John, s. John & Abigail, b. Aug. 23, 1766	LR18	30
John, Jr., m. Mary **BENEDICT,** Nov. 19, 1792	LR18	30
John, s. John & Mary, b. Aug. 21, 1797	LR18	30
John, m. Abigail **HYATT,** Nov. [ ]	LR18	30
Mary, m. Daniel **HYATT,** Feb. [ ], 1771; d. Feb. 19, 1773	LR18	21
Molly, d. John & Abigail, b. Mar. 27, 1769	LR18	30
FAGAN, Michael, laborer, ae 33 & w. Johanna, ae 32, had child b. Mar. 11, 1848	1	43
FAIRCHILD, Betsey, d. Gilbert & Hannah, b. Feb. 7, 1796	LR18	39
Betty, d. Samuel & Hannah, b. June 19, 1765	LR18	39
Ebenezer, s. Gilbert & Hannah, b. Oct. 30, 1783	LR18	39
Gilbert, s. Samuel & Hannah, b. Oct. 21, 1759	LR18	39
Gilbert, m. Hannah **BENNETT,** June 24, 1779	LR18	39
Hannah, d. Samuel & Hannah, b. May 1, 1763	LR18	39
Hezekiah, s. Gilbert & Hannah, b. Feb. 2, 1780	LR18	39
John, s. Tho[ma]s & Ann, b. Apr. 5, 1747	LR9	1-Ind
Jonathan, s. Tho[ma]s & Ann, b. Aug. 29, 1744	LR9	1-Ind
Mary, d. Tho[ma]s & Ann, b. Jan. 31, 1748/9	LR9	1-Ind
Sampson, m. Dorcas **GREGORY,** Apr. 20, 1823, by Aaron Hunt	1	4
Samuel, m. Sarah **JONES,** Nov. 15, 1754	LR18	39
Samuel, m. Hannah **TUTTLE,** (2nd w.), Jan. 6, 1757	LR18	39
Samuel Gilbert, s. Gilbert & Hannah, b. Aug. 2, 1792	LR18	39
Sarah, d. Thomas & Ann, b. Nov. 14, 1742	LR9	1-Ind
Sarah, w. Sam[ue]l, d. May 23, 1755	LR18	39
Sarah, d. Samuel & Hannah, b. Nov. 9, 1757	LR18	39
Sarah, m. John **GREGORY,** Dec. 8, 1774	LR19	7

NORWALK VITAL RECORDS 43

	Vol.	Page
FAIRWEATHER, Anne, d. Hanford & Mary, b. Aug. 22, 1775	LR18	12
Benjamin, s. Hanford & Mary, b. Sept. 27, 1792	LR18	12
Benjamin, m. Hannah WILCOX, Sept. 15, 1833, by Elijah Hebard	1	17
Betsey, d. Hanford & Mary, b. Mar. 29, 1790	LR18	12
Fanny, d. Joseph & Catharine, b. Nov. 10, 1783	LR18	33
Hanford, m. Mary WHITNEY, Mar. 26, 1775	LR18	12
Hanford, s. Joseph & Catharine, b. June 17, 1782	LR18	33
Hanford, d. Aug. 27, 1795	LR18	12
James Whitney, s. Hanford & Mary, b. Mar. 29, 1781	LR18	12
Jedediah, s. Hanford & Mary, b. Feb. 1, 1779	LR18	12
Joseph, m. Catharine JARVIS, [ ], 1782	LR18	33
Leander, s. Joseph & Catharine, b. Dec. 9, 1785	LR18	33
Maria, d. Hanford & Mary, b. Sept. 10, 1788	LR18	12
Phebe, Mrs. of Norwalk, m. Keeler S. DAUCHY, of Monroe, Aug. 15, 1847, by Jacob Shaw	1	34
Phebe, ae 30, b. Danbury, res. Norwalk, m. 2nd h. Keeler H. DAUCHY, hatter, ae 33, b. Ridgefield, res. Trumbull, Aug. 15, 1847, by Rev. Jacob Shaw	1	47
Sarah, m. Ebenezer WEED, Dec. 25, 1770	LR18	42
Stephen, s. Joseph & Catharine, b. June 15, 1788	LR18	33
Thomas, s. Hanford & Mary, b. Feb. 10, 1786	LR18	12
Thomas Coit, s. Hanford & Mary, b. May 17, 1783; d. May 29, 1785	LR18	12
FALKNER, Otis F., of Mass., m. Abigail GREGORY, of Redding, Conn., Apr. 11, 1830, by Seth Taylor, J.P.	1	15
FANCHER, Jane Ann, d. Thomas, carriage-maker & Angeline, b. [ ]	1	38
Thankfull, m. Asa COLE, July 11, 1781	LR18	26
FEAR, Charles B., hatter, ae 20, b. New Jersey, res. Bridgeport, m. Sarah HODGES, ae 16, b. Weston, res. Norwalk, July 23, 1848, by Rev. D. Wilson	1	47
FENTON, John H., m. Mary BRACKINGTON, Aug. 29, 1830, by Henry Benedict	1	14
FERRIS, Harriet, d. Stephen, farmer, ae 43 & Emeline, ae 28, b. Aug. 13, 1847	1	40
FILER, [see also FILLER], Jan[e], m. William H. LEONARD, b. of Huntington, L.I., Oct. 7, 1833, by Edwin Hall	1	18
FILHAM, Caroline D., m. Albert A. ARNOLD, of New Canaan, Oct. 17, 1836, by Edwin Hall	1	21
FILLER, [see also FILER & FILLIO], Phebe, m. David N. VAN HOZIER, Nov. 1, 1837, by Edwin Hall	1	22
FILLIO, [see also FILLER, FILER, & FILLOW], Anna, d. James & Mary, b. Mar. 6, 1784	LR19	6
Benjamin, s. James & Mary, b. Aug. 19, 1765	LR19	6
Benjamin, m. Clemens GREGORY, June 4, 1785	LR19	6
Cloe, d. James & Mary, b. Sept. 9, 1772	LR19	6
Cloe, d. Isaac & Adah, b. Dec. 16, 1788	LR19	3
Elijah, s. James & Mary, b. May 6, 1781	LR19	6
Enos, s. Isaac & Adah, b. Aug. 4, 1797	LR19	3
Isaac, m. Adah WATERBURY, Feb. 10, 1785	LR19	3
James, m. Mary OLMSTED, Feb. 18, 1759	LR19	6
James, s. Benjamin & Clemens, b. Dec. 21, 1791	LR19	6
Lewis, s. Benjamin & Clemens, b. Mar. 13, 1786	LR19	6
Orpha, d. James & Mary, b. June 20, 1776	LR19	6
Phebe, d. Benjamin & Clemens, b. Mar. 18, 1788	LR19	6

44   BARBOOR COLLECTION

	Vol.	Page
FILLIO, (cont.),		
Polly, d. James & Mary, b. Feb. 14, 1780	LR19	6
Polly, m. Moses **GREGORY**, 3rd, Apr. 9, 1795	LR19	7
Seth, s. Isaac & Adah, b. Mar. 22, 1795	LR19	3
Susa, d. James & Mary, b. Aug. 2, 1771	LR19	6
FILLOW, [see also **FILLIO, FILER & FILLER**], Abigail, of Norwalk, m. Abraham **MILLARD**, of Wilton, Oct. 17, 1823, by Sam[ue]l Gorham	1	5
Anna, m. David A. **SMITH**, b. of Norwalk, Dec. 9, 1827, by Rev. John Lovejoy. Witness Josiah Gregory	1	10
Benjamin, m. Susan **JELLIFF**, b. of Norwalk, Nov. 9, 1834, by Rev. Noble W. Thomas	1	18
Benj[amin] L., hatter, ae 25 & w. Mary, ae 21, had child b. Mar. 21, 1848	1	39
Eliza, of Norwalk, m. Seth **GRUMMAN**, of Wilton, Oct. 19, 1823, by Sylvester Eaton	1	5
Jane, m. Francis **SMITH**, b. of Norwalk, Jan. 20, 1847, by Ira Abbott	1	33
Joseph, m. Laura **JELLIFF**, b. of Norwalk, Oct. 11, 1821, by Sylvester Eaton	1	2
Lewis, farmer, ae 37 & w. Betsey, ae 33, had child b. Oct. 30, 1847	1	40
Louis P., m. Eleanor **ODELL**, b. of Norwalk, [Apr.] 15, [1847], by James J. Woolsey	1	34
Polly, of Norwalk, m. Ebenezer **JESSUP**, of Wilton, Sept. 13, 1821, by Heze[kiah] Ripley, V.D.M.	1	2
Sally, m. Joshua D. **GREEN**, July 18, 1832, by Edwin Hall	1	16
Susan, of Norwalk, m. Anson **YOUNG**, of Darien, Oct. 30, 1831, by S. Haight	1	15
FINCH, Arity, d. John., [Jr.], b. Mar. 31, 1794	LR18	24
Billy, m. Susanna **FITCH**, Nov. 24, 1785	LR18	35
Billy, s. Billy & Susanna, b. Mar. 7, 1790	LR18	35
Billy, s. Ichabod & Sarah, b. May 29, 1796	LR18	20
Budd, s. Ichabod & Sarah, b. June 13, 1789	LR18	20
Charlotte, of Wilton, m. Henry **HOYT**, of Norwalk, Apr. 13, [1823], in St. Pauls Church, by Rev. R. Sherwood	1	5
Dann, s. [Nathaniel & Hannah], b. Sept. 29, 17[ ]	LR4	6
Deborah, m. Stephen **ST. JOHN**, May 3, 1787	LR18	32
Elizabeth, d. Joseph, of Greenwich, m. John **WHITNEY**, Jr., Mar. 4, 1709/10	LR4	4
Hannah, d. [Nathaniel & Hannah], b. Oct. 8, 172[ ]	LR4	6
Huldah, m. George A. **RAYMOND**, b. of Norwalk, Dec. 9, 1827, by Rev. John Lovejoy. Witness Josiah Gregory	1	10
John, m. wid. Mary **OGDEN**, Dec. 3, 1778	LR18	24
John, s. Ischabod & Sarah, b. June 15, 1786	LR18	20
John, s. Billy & Susanna, b. Dec. 7, 1792	LR18	35
Lucretia, of Norwalk, m. Gilbert P. **WILLIAMS**, of Huntington, L.I., Oct. 29, 1826, by Rev. E. W. Hooker, of Greens Farms	1	10
Mary, d. [Nathaniel & Hannah], b. Nov. 2, 172[ ]	LR4	6
Mary, m. John **SANDERS**, Jr., Sept. 24, 1775	LR18	17
Nancy, d. Billy & Susanna, b. Feb. 11, 1787	LR18	35
Nathaniel, m. Hannah **RAYMOND**, d. Capt. John, Nov. 24, 172[ ]	LR4	6
Polly, d. Ichabod & Sarah, b. July 26, 1793	LR18	20
Ruany, d. John & Mary, b. Sept. 1, 1779	LR18	24
Samuel, s. John, [Jr.], b. Oct. 4, 1795	LR18	24

NORWALK VITAL RECORDS 45

	Vol.	Page
FINCH, (cont.),		
Seth, m. Adah **HAYT**, Oct. 23, 1765	LR18	28
FINNEY, Emma M., d. James, carman, ae 38 & Harriet, ae 42, b. Mar. 1, 1848	1	39
Sally, of Norwalk, m. Isaac S. **RAYMOND**, of Bedford, [Mar.] 5, [1826], in St. Pauls Church, by Rev. R. Sherwood	1	9
William, carpenter, ae 24, res. Norwalk, m. Susan **DISBROW**, ae 21, res. Norwalk, Apr. 30, 1848, by Rev. Z. H. Hawley	1	46
William J., m. Susan **DISBROW**, b. of Norwalk, last evening [dated Apr. 30, 1848], by James A. Hanley	1	35
FITCH, Abraham, s. William & Mary, b. Feb. 24, 1788	LR18	32
Agness, d. Harvey, merchant, ae 32 & Rebecca, ae 31, b. Nov. 30, 1847	1	42
Amelia, m. Stephen **RAYMOND**, b. of Norwalk, June 22, 1825, by Sylvester Eaton	1	7
Ammerila Thankfull, d. Elijah & Mary, b. Nov. 16, 1798	LR18	31
Angeline, d. Henry & Abba, b. Mar. 14, 1801	LR18	13
Angeline, m. Hugh **McLEAN**, b. of Norwalk, Apr. 2, 1822, by Sylvester Eaton	1	3
Ann, w. James, d. Dec. [ ], 1768	LR18	13
Ann, m. Dr. Jonathan **KNIGHT**, Oct. 11, 1781	LR18	2
Anna, [twin with Sarah], d. Sam[ue]ll & Elizabeth, b. Nov. 23, 1766	LR18	31
Anna, d. Nathaniel & Anna, b. Jan. 15, 1795	LR18	16
Arsula, d. William & Mary, b. Feb. 25, 1797	LR18	32
Betsey, d. Theophilis & Anna, b. July 21, 1784; d. Mar. 7, 1794	LR18	9
Betsey, d. William & Mary, b. Sept. 30, 1794	LR18	32
Buckingham, s. Elijah & Phebe, b. Aug. 23, 1783 [sic]; d. June 23, 1783 [sic]	LR18	32
Burwell, s. James & Esther, b. June 5, 1789	LR18	12
Bushnel, m. Abigail **REED**, Nov. 12, 1754	LR19	0
Bushnel, s. Stephen & Charlotte, b. Dec. 30, 1793	LR19	0
Charles, s. Timothy & Esther, b. Sept. 10, 1790	LR18	42
Charles, s. Timothy, b. Aug. 3, 1794	LR19	7
Cook, s. Haynes & Ann, b. Feb. 5, 1777	LR18	17
Cyrus, s. Samuel & Olive, b. Apr. 11, 1788	LR19	7
Daniel, s. Haynes & Ann, b. June 12, 1779	LR18	17
Daniel, s. Samuel & Olive, b. Apr. 17, 1784	LR19	7
Daniel, s. Henry & Abba, b. Apr. 2, 1799	LR18	13
David, s. Haynes & Ann, b. Mar. 29, 1781	LR18	17
Deborah, m. Robert **WATERS**, Dec. [ ], 1776	LR19	2
Dennis, s. Timothy, b. Nov. 17, 1797	LR19	7
Docter Grant, s. Haynes & Ann, b. Dec. 2, 1782	LR18	17
Ebenezer, m. Lydia **MILLS**, d. Samuell, Jr., of Greenwich, decd., Dec. 20, 1750	LR4	0
Ebenezer, s. Eben[eze]r & Lydia, b. Sept. 9, 1755	LR4	0
Ebenezer, s. Thomas [& Hannah], b. Feb. 25, 17[ ]	LR4	6
Edward, s. Timothy & Esther, b. May 1, 1772	LR18	42
Edward, s. Timothy, b. July 19, 1792	LR19	7
Elijah, m. Phebe **SMITH**, Oct. 25, 1752	LR18	32
Elijah, s. Elijah & Phebe, b. Sept. 2, 1773	LR18	32
Elijah, Jr., m. Mary **OLMSTED**, May 30, 1793	LR18	31
Elijah, s. Zachariah & Sarah, b. July 7, 1796	LR18	32
Elizabeth, d. Thomas, m. Joshua **RAYMOND**, May 17, 1721	LR4	10
Elizabeth, d. Elijah & Phebe, b. Mar. 25, 1762	LR18	32

46   BARBOUR COLLECTION

	Vol.	Page
FITCH, (cont.),		
Elizabeth, d. Samuel & Elizabeth, b. Jan. 14, 1763	LR18	31
Elizabeth, m. Justus HAYT, May 29, 1765	LR18	31
Emeline E., of Norwalk, m. Benjamin BETTS, of Wilton, Sept. 8, 1847, by Jacob Shaw	1	34
Emeline E., ae 35, res. Norwalk, m. Benjamin BETTS, farmer, ae 37, b. Wilton, res. Wilton, Sept. 8, 1847, by Rev. Jacob Shaw	1	46
Eseck, s. John, b. Nov. 26, 1769	LR9	4-Ind
Esther, d. Samuel & Elizabeth, b. Sept. 29, 1773	LR18	31
Esther, d. Timothy & Esther, b. Nov. 10, 1779	LR18	42
Esther, d. James & Esther, b. July 18, 1784	LR18	12
Esther Elizabeth, d. Timothy & Esther, b. Oct. 30, 1773; d. Oct. 2, 1776	LR18	42
Hannah, d. Thomas [& Hannah], b. Apr. 10, 17[ ]	LR4	6
Hannah, d. Mathew & Lydia, b. Aug. 24, 1742	LR4	14
Hannah, d. Elijah & Phebe, b. Sept. 20, 1755	LR18	32
Hannah, d. Eben[eze]r & Lydia, b. Aug. 8, 1758	LR4	0
Hannah, d. Timothy & Esther, b. Sept. 15, 1766	LR18	42
Hannah, m. Jeremiah GRUMMON, Oct. 27, 1785	LR18	20
Hannah, d. Joseph & Hannah, b. Apr. 23, 1786	LR18	36
Hannah Toucey, d. Haynes & Ann, b. July 4, 1771	LR18	17
Haynes, m. Ann COOK, Sept. 23, 1770	LR18	17
Henry, m. Abba WHITNEY, July 19, 1797	LR18	13
Jabez, s. Eben[eze]r & Lydia, b. Sept. 11, 1751	LR4	0
James, s. James, m. Ann HANFORD, Oct. [ ], 1746	LR18	13
James, [twin with Nancy], s. James & Ann, b. Apr. 11, 1758	LR18	13
James, m. Esther MERVINE, (2nd w.), Dec. 30, 1769	LR18	13
James, Jr., m. Esther CAMP, Oct. 9, 1783	LR18	12
Jedediah, s. Haynes & Ann, b. July 17, 1775	LR18	17
Jemimah, d. Matthew & Jemimah, b. Dec. 25, 1735	LR4	14
Jemimah, w. Matthew, d. [ ]	LR4	14
John, s. Tho[mas], Sr., m. Rebeckah LINDALL, d. Dea. [ ], formerly of New Haven, Dec. 3, 1674	LR1	112
John, s. John, b. Sept. 29, 1677	LR1	112
John H., s. James & Esther, b. Oct. 6, 1795	LR18	12
Jonathan, s. Thomas & [Hannah], b. Apr. 12, 172[ ]	LR4	6
Jonathan, s. Josiah & Ann, b. Sept. 10, 1794	LR19	3
Joseph, s. Timothy & Esther, b. Oct. 14, 1777	LR18	42
Joseph, m. Hannah SPERRY, Oct. 12, 1784	LR18	36
Joseph, s. Joseph & Hannah, b. June 15, 1788	LR18	36
Joseph Platt, s. Samuel & Elizabeth, b. Jan. 4, 1753; d. Aug. 21, 1797	LR18	31
Joseph Platt, s. Samuel & Olive, b. Nov. 20, 1790	LR19	7
Josiah Hanford, m. Ann Platt HANFORD, Jan. 21, 1791	LR19	3
Josiah Hooker, s. Haynes & Ann, b. Sept. 23, 1773	LR18	17
Lewis Clark, s. James & Esther, b. June 24, 1771	LR18	13
Lucretia, d. Josiah & Ann, b. Dec. 27, 1792	LR19	3
Lucy, d. Samuel & Olive, b. Jan. 19, 1798	LR19	7
Luke, s. William & Mary, b. July 18, 1792	LR18	32
Lydia, d. Mathew & Lydia, b. Apr. 4, 1746	LR4	14
Lydia, m. William BOLT, Dec. 8, 1748	LR18	24
Lydia, d. Elijah & Phebe, b. July 23, 1766; d. Apr. 9, 1769	LR18	32
Lydia, 2nd, d. Elijah & Phebe, b. May 2, 1771	LR18	32
Lydia, m. Enos KELLOGG, Mar. 10, 1774	LR18	35
Lydia, d. Elijah & Mary, b. Dec. 20, 1793	LR18	31

NORWALK VITAL RECORDS 47

	Vol.	Page
FITCH, (cont.),		
Mabel, d. Joseph & Hannah, b. Nov. 23, 1793	LR18	36
Maria, d. Elijah & Mary, b. Apr. 8, 1797	LR18	31
Mary, d. Thomas [& Hannah], b. Sept. 20, 17[ ]	LR4	6
Mary, d. John, m. Ebenezer **GREGORY**, Dec. 13, 1711	LR4	3
Mary, d. Mathew & Liddia, b. Dec. 29, 1740	LR4	14
Mary, m. Josiah **THACHER**, Dec. 19, 1751	LR18	2
Mary, m. Josiah **ST. JOHN**, Dec. 27, 1768	LR18	12
Mary Esther, d. Thomas & Amelia, b. June 22, 1796	LR19	5
Mary Hall, m. Jonas Platt **CONCKLIN**, Nov. 22, 1830, by Henry Benedict	1	14
Mathew, m. Jemime **ST. JOHN**, d. Eben[eze]r, [ ]	LR4	14
Mathew, m. Lyddia **OLMSTED**, d. Nathan, decd., Dec. 7, 1738	LR4	14
Matthew, s. Mathew & Lydia, b. June 17, 1744	LR4	14
Molly, d. Elijah & Phebe, b. Nov. 14, 1759	LR18	32
Nancy, [twin with James], d. James & Ann, b. Apr. 11, 1758	LR18	13
Nancy, d. Timothy [& Esther], b. Dec. 8, 1775; d. Oct. 22, 1776	LR18	42
Nancy, 2nd, d. Timthoy & Esther, b. Aug. 29, 1781	LR18	42
Nancy, m. William **BENEDICT**, Feb. 20, 1782	LR18	4
Nathan, s. Mathew & Liddia, b. Oct. 12, 1739	LR4	14
Nathan, s. Theophilus & Anna, b. Apr. 14, 1787	LR18	9
Nathaniell, s. John, b. Nov. 6, 1682	LR1	137
Nathaniel, m. Anna **SMITH**, Nov. 11, 1790	LR18	16
Nathaniel, s. Nathaniel & Anna, b. June 1, 1797	LR18	16
Phebe, d. Elijah & Phebe, b. Sept. 3, 1753	LR18	32
Phebe, m. Stephen **HANFORD**, [ ], 1771	LR18	42
Philo, s. Joseph & Hannah, b. Apr. 6, 1796	LR18	36
Polly, d. Nathaniel & Anna, b. Dec. 27, 1792	LR18	16
Polly, d. Oct. 14, 1847, ae 60	1	51
Rebeckah, d. John, b. Jan. 15, 1679	LR1	112
Rebecca, d. Mathew & Lydia, b. July 9, 1748	LR4	14
Rebecca, m. James **MELLON**, b. of Norwalk, Jan. 13, 1822, by Sylvester Eaton	1	3
Rebeckah Mervine, d. Henry & Abba, b. Mar. 1, 1798	LR18	13
Rulette, d. James & Ann, b. Aug. 4, 1762	LR18	13
Ruth, d. John, b. Mar. 29, 1768	LR9	4-Ind
Sally, d. Timothy & Esther, b. Feb. 13, 1784	LR18	42
Samuel, m. Elizabeth **PLATT**, July 2, 1750	LR18	31
Samuel, s. Samuel & Elizabeth, b. Apr. 21, 1761	LR18	31
Samuel, s. Theophilus & Anna, b. Dec. 17, 1781	LR18	9
Samuel, Jr., m. Olive **STUART**, Mar. 1, 1783	LR19	7
Samuel, s. Samuel & Olive, b. Mar. 9, 1793	LR19	7
Sarah, d. James & Ann, b. Dec. 24, 1751	LR18	13
Sarah, d. Eben[eze]r & Lydia, b. Aug. 11, 1753	LR4	0
Sarah, [twin with Anna], d. Sam[ue]ll & Elizabeth, b. Nov. 23, 1766	LR18	31
Sarah, m. Hezekiah **HANFORD**, Jr., Nov. 6, 1774	LR18	26
Sarah, m. Jacob **SELLECK**, May 2, 1776	LR18	28
Sarah, d. Elijah & Mary, b. Aug. 2, 1795	LR18	31
Smith, s. William & Mary, b. [Dec.?] 2, 1785	LR18	32
Stephen, s. Elijah & Phebe, b. Oct. 25, 1757	LR18	32
Stephen, s. James & Esther, b. May 7, 1793	LR18	12
Susan, d. Samuel & Olive, b. Mar. 23, 1786	LR19	7
Susannah, m. Ebenezer **CHURCH**, Jan. [ ], 1746	LR18	6

FITCH, (cont.),

	Vol.	Page
Susanna, d. Mathew & Lydia, b. Aug. 29, 1750	LR4	14
Susanna, d. Samuel & Elizabeth, b. Dec. 6, 1750	LR18	31
Susanna, d. James & Ann, b. Dec. 26, 1755	LR18	13
Susanna, m. Azor **MEAD**, Dec. 2, 1779	LR19	2
Susanna, m. Billy **FINCH**, Nov. 24, 1785	LR18	35
Theophilus, m. Anna **GREGORY**, Feb. 7, 1781	LR18	9
Thomas, Jr., of Norwalk, m. Hannah **HALL**, d. Richard, of New Haven, Sept. 4, 17[ ]	LR4	6
Thomas, s. Thomas [& Hannah], b. Aug. 12, 172[ ]	LR4	6
Thomas, Sr., d. May 10, 1731	LR4	8a
Thomas, s. Timothy & Esther, b. Sept. 7, 1785	LR18	42
Thomas, m. Amelia **LEWIS**, of Huntington, Dec. 28, 1790	LR19	5
Timothy, m. Esther **PLATT**, June 8, 1764	LR18	42
Timothy, s. Timothy & Esther, b. Dec. 22, 1765; d. Jan. 6, [ ]	LR18	42
Timothy, 2nd, s. Timothy & Esther, b. Oct. 29, 1769	LR18	42
Timothy, Jr., m. [ ] **WRIGHT**, Jan. 1, 1792	LR19	7
William, s. Elijah & Phebe, b. Aug. 23, 1764	LR18	32
William, s. Timothy & Esther, b. Feb. 13, 1768	LR18	42
William, m. Mary **GUIRE**, May 6, 1784	LR18	32
William, s. William & Mary, b. Mar. 21, 1790	LR18	32
William Haynes, s. Haynes & Anna, b. Aug. 21, 1772	LR18	17
Zachariah Whitman, s. Sam[ue]l & Elizabeth, b. Dec. 25, 1771	LR18	31
Zachariah Whitman, m. Sarah **GREGORY**, Feb. 20, 1796	LR18	32
Zalmon, s. Haynes & Ann, b. Apr. 1, 1785	LR18	17
-----, m. John **CHAPMAN**, Mar. 26, 1789	LR18	15
FLYNN, Annette L., d. Aug. 6, 1848, ae 1	1	49
Robert F., d. July 30, 1848, ae 3	1	49
FOOT, Frederick, m. Susan **HANLEY**, b. of Norwalk, Apr. 30, 1831, by T. F. Davis	1	15
Sally, m. Eben **CLINTON**, b. of Norwalk, Oct. 19, 1828, by Rev. W[illia]m Jarvis	1	11
FORWARD, Hannah, d. Joseph, of Danbury, m. Wiliam **JARVIS**, Mar. 27, 1723	LR4	9
FOUNTAIN, Joseph, s. Moses [& Elizabeth], b. Dec. 4, 1723	LR4	9
Judeth, d. James, decd., of Greenwich, m. Robert **SMITH**, Mar. 11, 1724	LR4	13
Matthew, s. Moses [& Elizabeth], b. Mar. 4, 1730/1	LR4	9
Moses, m. wid. Elizabeth **GREGORY**, b. of Norwalk, Aug. 13, 1719	LR4	9
Moses, s. Moses [& Elizabeth], b. Sept. 7, 1720	LR4	9
Samuel, s. Moses [& Elizabeth], b. Mar. 7, 1725/26	LR4	9
FOWLER, Eunice, m. Isaac **WARING**, Nov. 26, 1778	LR18	49
FOX, Ann, m. John **WHITNEY**, Feb. 5, 1791	LR18	47
FRENCH, Thankfull, m. Josiah **TAYLOR**, Aug. 2, 1729, by Stephen Buckingham	LR4	12
FROST, Samuel, of West Farms, m. Hannah **SELLECK**, July 29, 1823, by Rev. Tho[ma]s S. Weeks, of West Farms	1	5
GALE, Eliza, of New York, m. George **BENNETT**, Sept. 25, 1822, at the house of wid. Mervine, of Saugatuck, by Rev. R. Sherwood	1	4
GARDINER, Eliza D., d. Lawrence, confectioner, ae 24 & Laura, ae 27, b. Sept. 27, 1847	1	43
GARNER, Isabel, m. John **TUTTLE**, Nov. 26, 1795	LR18	29
GARNSEY, Deborah, m. Isaac **ST. JOHN**, Jan. 15, 1761	LR18	49

	Vol.	Page
GARRY, Susan, m. Charles S. **VALENTINE** & Susan **GARRY**, b. of Norwalk, Dec. 27, 1846, by James J. Woolsey	1	34
GATES, Colman, s. Samuel & Ruth, b. July 22, 1772	LR19	3
Elijah, s. Samuel & Ruth, b. Oct. 30, 1775; d. Oct. 17, 1778	LR19	3
Hannah, d. Samuel & Ruth, b. Apr. 10, 1770; d. Nov. 18, 1788	LR19	3
Jared, s. Samuel & Ruth, b. May 14, 1760; d. Aug. 6, 1760	LR19	3
Jared, 2nd, s. Samuel & Ruth, b. May 7, 1761; d. Oct. 17, 1764	LR19	3
Moses, s. Samuel & Ruth, b. Dec. 19, 1763	LR19	3
Noah, s. Samuel & Ruth, b. Nov. 5, 1766	LR19	3
Rachel, d. Samuel & Ruth, b. July 17, 1768	LR19	3
Ruth, d. Samuel & Ruth, b. July 24, 1764; d. July 31, 1796	LR19	3
Samuel, m. Ruth **OLMSTED**, Nov. 24, 1758	LR19	3
Samuel, s. Samuel & Ruth, b. Feb. 8, 1759; d. July 25, 1793	LR19	3
GAY, Robert, m. Mary **MACKIE**, July 23, 1837, by Edwin Hall	1	22
GAYLORD, Aaron, s. William & Eliza[beth], b. Oct. 22, 1754; d. [ ]	LR18	29
Deodate, s. [Rev.] William & Elizabeth, b. July 20, 1760	LR18	29
Eliza, d. [Rev.] William & Eliza[beth], b. Oct. 24, 1756	LR18	29
Martha, m. Seth **TAYLOR**, Mar. 7, 1765	LR18	25
Moses, s. [Rev.] William & Elizabeth, b. May 4, 1762	LR18	29
Sam[ue]ll, s. [Rev.] William & Elizabeth, b. Oct. 28, 1758; d. [ ]	LR18	29
Sarah, d. [Rev.] William & Eliza[beth], b. June 18, 1758 [sic]* (1759?)	LR18	29
William, Rev. m. Elizabeth **BISHOP**, Mar. 25, 1753	LR18	29
GIBBS, Fanny, of Norwalk, m. John **PEACK**, of New York, July 7, 1836, by James Knox. Int. Pub.	1	20
Henrietta, m. Isaac P. **HALL**, Nov. 16, 1834, by Edwin Hall	1	19
Stephen, m. Julia Ann **ADAMS**, b. of Norwalk, Jan. 16, 1821, by Sylvester Eaton	1	1
William Henry, s. William P. & Mary, b. May 9, 1807	LR19	10
William P., m. Mary **DIXION**, Mar. 16, 1806	LR19	10
GIBSON, William, m. Amelia **HOLMES** (colored), this day [dated Oct. 13, 1844], by Edwin Hall	1	29
GILBERT, Nathaniel, of Weston, m. Mrs. Betsey **GRIFFETH**, of Norwalk, May 5, 1825, by Sylvester Eaton	1	7
Sally, m. James **SELLECK**, Jr., Nov. 17, 1791	LR18	37
Sarah, m. Bela **NASH**, Apr. 8, 1780	LR19	3
Uriah, m. Sally **OLMSTED**, b. of Norwalk, June 25, 1836, by Rev. John Lovejoy	1	20
GILDERSLEVE, Nathaniel, m. Nancy **EELLS**, of Norwalk, Mar. 15, 1827, by William Bonney, New Canaan	1	10
GILHOOLEY, John F., d. Aug. 26, 1847, ae 2	1	49
GODFREY, GODFRY, Anna, m. Nathaniel **HENDRICK**, June 15, 1781	LR18	31
Mary, m. Ebenezer **LOCKWOOD**, May 23, 1776	LR18	44
GOLD, [see also **GOULD**], Mary, d. John, of Stamford, m. Eliphelitt **LOCKWOOD**, s. Ephraim, Oct. 11, 1699	LR2-3	74
Mary, d. John, of Stanford, m. Eliphalet **LOCKWOOD**, s. Ephraim, Oct. 11, 1699	LR4	4
GORHAM, Sally Jennet, of Darien, m. Cary M. **GRAY**, of Stamford, Nov. 10, 1822, by Sylvester Eaton	1	4
GORMAN, Samuel, m. Mary **CORNNELL**, Aug. 15, 1835, by N. E. Crumdle	1	20
GOULD, GOOLD, [see also **GOLD**], Betsey, m. Roger Minot **SHERMAN**, Dec. 19, 1796	LR18	2
Mary, m. Thaddeus **BETTS**, Nov. 8, 1752, by Rev. Noah Hobart, of		

	Vol.	Page
GOULD, GOOLD, (cont.),		
Fairfield; d. [Nov.] 20, [1752]	LR18	39
Rebeckah, m. James CANNON, June 3, 1779	LR18	48
GRAY, GREY, Betsey Ann, of Norwalk, m. Clark STUGES*, of Wilton, [Nov.] 9, 1834, by Rev. Noble W. Thomas *(STURGES?)	1	18
Cary M., of Stamford, m. Sally Jennet GORHAM, of Darien, Nov. 10, 1822, by Sylvester Eaton	1	4
Deborah Ann, m. Capt. Harvey E. HOYT, Oct. 29, 1827, by Rev. R. Sherwood	1	10
Elosia, m. Nelson JARVIS, Sept. 8, 1822, by Rev. Aaron Hunt	1	4
Hannah, m. Samuel ELLS, Apr. 13, 1792	LR18	46
Jane, m. Martin KELLOGG, Oct. 15, 1828, by Henry Benedict	1	12
Sally L., m. Andrew CRANFIELD, Jan. 26, 1830, by Rev. R. Sherwood	1	12
GREEN, Alfred, b. Apr. 10, 1795	LR19	1
Asael, s. Jacob [& Elizabeth], b. Oct. 25, 1729	LR4	11
Betsey, b. Oct. 23, 1793	LR19	1
Eleazer, s. Jacob [& Elizabeth], b. Feb. 25, 1724/5	LR4	11
Elija, s. Jacob [& Elizabeth], b. Apr. 9, 1723	LR4	11
Eliza, m. Thomas NASH, Aug. 3, [1820], by Rev. R. Sherwood	1	1
Elizabeth, d.. Jacob [& Elizabeth], b. Nov. 6, 1720	LR4	11
Esther, m. Peter SMITH, Aug. [ ], 1770	LR18	45
Eunice, m. Daniel SMITH, Oct. 13, 1778	LR18	34
Eunice, m. Charles SMITH, Jan. 22, 1793	LR18	30
Ezra, b. Nov. 1, 1786	LR19	1
Jacob, m. Elizabeth REED, d. John, Nov. 12, 1719	LR4	11
Joshua D., m. Sally FILLOW, July 18, 1832, by Edwin Hall	1	16
Robert, shoe-maker, ae 21, b. Wilton, res. Wilton, m. Cynthia GREGORY, ae 21, b. Norwalk, Dec. 23, 1847, by Rev. Mr. Chaplin	1	46
Ruth, d. Jacob [& Elizabeth], b. Feb. 25, 1726/7	LR4	11
Sarah, b. Jan. 12, 1790	LR19	1
Susan Woolsey, m. Edward Huntington STREET, Nov. 5, 1821, in St. Pauls Church, by Rev. R. Sherwood	1	2
Susanna, b. Nov. 8, 1797	LR19	1
Thomas, of Bridgeport, m. Angeline LOCKWOOD, of Norwalk, Apr. 23, 1837, by Rev. Davis Stocking	1	21
William, b. Jan. 7, 1788	LR19	1
GREENSLIT, Mercy, m. Nathan TUTTLE, Jr., Jan. 6, 1761	LR18	29
GREGORY, GREGORIE, GREEGORIE, GRIGGORIE, Aaron, s. Stephen & Mary, b. Mar. 18, 1760	LR19	6
Aaron, m. Betty KEELER, June 25, 1772	LR18	5
Aaron, m. Bridget BELDEN, Feb. 15, 1780	LR18	5
Abbe, d. Moses & Abigail, b. Apr. 26, 1797	LR18	30
Abigall, d. John, Jr., b. June [ ], 1672	LR1	51
Abigail, d. Thomas & Mary, b. Dec. 13, 1762	LR18	38
Abigail, d. Daniel & Esther, b. Nov. 29, 1764	LR19	1
Abigail, m. Moses GREGORY, Mar. 22, 1789	LR18	30
Abigail, of Redding, Conn., m. Otis F. FALKNER, of Mass., Apr. 11, 1830, by Seth Taylor, J.P.	1	15
Abraham, m. Elizabeth BETTS, Apr. 5, 1760	LR19	3
Abraham, s. Abraham & Eliza, b. Jan. 22, 1765; d. Jan. [ ], 1765	LR19	3
Abraham, 2nd, s. Abraham & Elizabeth, b. Sept. 7, 1767	LR19	3
Abraham, m. Damares DISBROW, (2nd w.), Apr. [ ], 1791	LR9	3

	Vol.	Page
GREGORY, GREGORIE, GREEGORIE, GRIGGORIE, (cont.),		
Amos, m. Emeline **CRANDLE**, Mar. 1, 1830, by Henry Benedict	1	13
Anna, d. Nathan & Sarah, b. Mar. 14, 1758	LR18	35
Anna, d. Daniel & Esther, b. May [ ], 1767	LR19	1
Anna, m. Theophilus **FITCH**, Feb. 7, 1781	LR18	9
Anna, d. Isaiah & Sarah, b. Feb. 10, 1789	LR18	16
Anna, d. Moses & Polly, b. Apr. 17, 1798	LR19	7
Benjamin, s. Judah, b. Mar. 26, 1682	LR1	112
Betsey, d. John & Sarah, b. Feb. 26, 1790	LR19	7
Betsey, m. Chadwick **KINNER**, Mar. 8, 1821, at the house of wid. Gregory, by Rev. R. Sherwood	1	1
Betty, d. Stephen & Molly, b. Dec. 11, 1774	LR19	6
Betty, w. Aaron, d. [ ], 1778	LR18	5
Betty, d. Silas & Sarah, b. Aug. 1, 1782	LR19	7
Betty, d. Aaron & Bridget, b. Apr. 21, 1784	LR18	5
Bradford, s. John & Sarah, b. Dec. 31, 1795	LR19	7
Bradford, s. Jno & Sarah, d. Jan. 26, 1798	LR19	7
Cate, d. Stephen & Mary, b. May 27, 1782	LR19	6
Charles, [twin with Harvey], s. Isaac & Priscilla, b. Aug. 10, 1798	LR19	1
Charles M., miller, ae 23, res. Norwalk, m. Julia C. **BETTS**, ae 18, b. Wilton, res. Wilton, Nov. 11, 1847, by Rev. David H. Short	1	46
Charlotte, m. William **SELLECK**, May 2, 1811	LR19	11
Cloe, d. Moses & Polly, b. Feb. 3, 1796	LR19	7
Clarke, s. Daniel & Esther, b. Oct. [ ], 1771	LR19	1
Clemens, s. Denton & Elizabeth, b. Oct. 21, 1765	LR19	8
Clemens, m. Benjamin **FILLIO**, June 4, 1785	LR19	6
Cynthia, ae 21, b. Norwalk, m. Robert **GREEN**, shoe-maker, ae 21, b. Wilton, res. Wilton, Dec. 23, 1847, by Rev. Mr. Chaplin	1	46
Daniel, m. Esther **HICKOX**, May 19, 1763	LR19	1
Daniel, s. Daniel & Esther, b. Jan. 1, 1774	LR19	1
David, s. Sam[ue]l, b. Apr. 11, 1776	LR13	2
Denton, m. Elizabeth **SHERWOOD**, Jan. 18, 1752	LR19	8
Denton, s. Denton & Elizabeth, b. Sept. 21, 1774	LR19	8
Dorcas, m. Sampson **FAIRCHILD**, Apr. 20, 1823, by Aaron Hunt	1	4
Ebenezer, s. Thomas, b. Oct. 27, 1683	LR1	138
Ebenezer, m. Mary **FITCH**, d. John, Dec. 13, 1711	LR4	3
Ebenezer, s. Nathan & Sarah, b. Jan. 10, 1755	LR18	35
Ebenezer, m. Olive **SMITH**, Mar. 10, 1757	LR18	45
Ebenezer, s. Abraham & Elizabeth, b. [ ], 1763; d. Nov. [ ], 1792	LR19	3
Ebenezer, s. Aaron & Betty, b. Mar. 7, 1775; d. [ ], 1777	LR18	5
Ebenezer, Jr., m. Lois **OSBORN**, Feb. 29, 1784	LR19	3
Edmond, s. Moses & Esther, b. Dec. 5, 1791; d. May 20, 1792	LR18	4
Elias, m. Elizabeth **GREGORY**, Dec. 29, 1776	LR18	16
Elijah, m. Rhuami **GREGORY**, Nov. [ ], 1758	LR18	47
Elijah, s. Daniel & Esther, b. Apr. [ ], 1776	LR19	1
Elissabeth, d. John, Jr., b. Jan. [ ], 1665	LR1	51
Elizabeth, wid., m. Moses **FOUNTAIN**, b. of Norwalk, Aug. 13, 1719	LR4	9
Elizabeth, d. Denton & Eliza[beth], b. Jan. 4, 1757	LR19	8
Elizabeth, d. Elijah & Rhuami, b. Oct. [ ], 1761	LR18	47
Elizabeth, m. Elias **GREGORY**, Dec. 29, 1776	LR18	16
Elizabeth, w. Abraham, d. Jan. [ ], 1786	LR19	3
Elizabeth, d. John & Sarah, b. Sept. 1, 1787	LR19	7

	Vol.	Page
GREGORY, GREGORIE, GREEGORIE, GRIGGORIE, (cont.),		
Esther, d. Stephen & Mary, b. July 6, 1758	LR19	6
Esther, d. Daniel & Esther, b. Sept. [ ], 1769	LR19	1
Esther, d. Aaron & Betty, b. July 4, 1773	LR18	5
Esther, m. Darius **OLMSTEAD**, Sept. 10, 1775	LR18	18
Esther, d. Dan[ie]l & Esther, d. June 1, 1787	LR19	1
Esther, 2nd, d. Daniel & Esther, b. May [ ], 1789	LR19	1
Esther Antinetta, d. Moses & Esther, b. Oct. 5, 1795	LR18	4
Francis, s. Moses & Esther, b. Oct. 9, 1789	LR18	4
Franklin, s. William, carpenter, ae 24 & Louisa, ae 21, b. Apr. 23, 1848	1	40
Frederick, s. Silas B., farmer, ae 32 & Emma, ae 32, b. Sept. 19, 1848	1	40
George B., m. Nancy **TAYLOR**, Jan. 1, 1822, at the house of Lewis Taylor, by Rev. R. Sherwood	1	2
Giles, s. Daniel & Esther, b. July [ ], 1778	LR19	1
Gloriana St. John, m. Samuel **ST. JOHN**, July 5, 1780	LR19	2
Grace, [twin with Matthew], d. Isaiah & Sarah, b. Apr. 20, 1779	LR18	16
Hannah, d. Judah, b. Sept. 24, 1665	LR1	52
Hannah, d. Abraham & Eliza, b. Apr. 5, 1761	LR19	3
Hannah, d. John & Sarah, b. Feb. 6, 1778	LR19	7
Hannah, m. James **RICHARDS**, Apr. 8, 1789; d. Oct. 22, 1791	LR19	2
Hannah, m. Noah **MOREHOUSE**, Mar. 9, 1797	LR18	42
Harry, s. Moses & Abigail, b. Apr. 1, 1796; d. June 4, 1796	LR18	30
Harvey, [twin with Charles], s. Isaac & Priscilla, b. Aug. 10, 1798	LR19	1
Hellvena, d. John & Sarah, b. Dec. 22, 1784	LR19	7
Hiram, s. Isaac & Priscilla, b. Jan. 10, 1796	LR19	1
Isaac, Jr., m. Priscilla **OLMSTED**, Apr. 12, 1789	LR19	1
Isaiah, m. Sarah **COMSTOCK**, Feb. 18, 1769	LR18	16
Jabez, m. Mary **ST. JOHN**, Jan. 20, 1762	LR18	44
Jackin, s. Jackin, b. May 10, 1682	LR1	137
James, s. Elias & Elizabeth, b. June 24, 1785; d. July 28, 1785	LR18	16
Jane E., d. Edmund B., shoe-maker, ae 47 & Catharine, ae 37, b. Sept. 12, 1847	1	40
Jehiel, s. Thomas & Mary, b. Nov. 17, 1754	LR18	38
Jehiel, m. Phebe **ARNOLD**, Mar. 13, 1775	LR18	38
Jemima, d. Elijah & Rhuami, b. Apr. [ ], 1760	LR18	47
Jesse, s. John & Sarah, b. Mar. 14, 1780	LR19	7
John, s. Judah, b. Mar. 14, 1668	LR1	52
John, s. Jakin, b. Jan. 25, 1670	LR1	51
John, s. Denton & Elizabeth, b. Dec. 25, 1755	LR19	8
John, m. Sarah **FAIRCHILD**, Dec. 8, 1774	LR19	7
John, s. Abraham & Elizabeth, b. Apr. 3, 1782	LR19	3
John, s. John & Sarah, b. Apr. 25, 1792	LR19	7
John, m. 2nd w. Nancy **DICKINSON**, Sept. 20, 1795	LR19	7
John, m. 3rd w. Betsey **BETTS**, Dec. 9, 1798	LR19	7
Jonathan, s. John, Jr., b. June 1671	LR1	51
Joseph, s. Judah, b. July 16, 1674	LR1	52
Joseph, s. Elijah & Rhuami, b. Feb. [ ], 1758 [sic]	LR18	47
Josiah, s. Judah, b. July 13, 1679	LR1	112
Josiah, s. Thomas & Mary, b. May 12, 1750	LR18	38
Josiah, s. Denton & Elizabeth, b. Aug. 2, 1760	LR19	8
Josiah, m. Ellen **ADDAMS**, Jan. 23, 1783	LR19	5
Judah, m. Hannah **HAITE**, d. Walter, Oct. 20, 1664	LR1	52
Julia Ann, m. William **HANFORD**, b. of Norwalk, Feb. 19, 1825, by		

GREGORY, GREGORIE, GREEGORIE, GRIGGORIE, (cont.),

	Vol.	Page
Rev. H. Humphreys	1	9
Lewis, s. Moses & Abigail, b. Sept. 3, 1794	LR18	30
Lucinda, d. Josiah [& Ellen], b. Dec. 6, 1784	LR19	5
Lucretia, d. Jabez & Mary, b. Apr. 10, 1763	LR18	44
Lucretia, m. William Maltby BETTS, June 26, 1785	LR18	39
Liddie, d. Judah, b. Jan. 9, 1676	LR1	52
Lydia, d. Stephen & Molly, b. Nov. 14, 1772	LR19	6
Mabel, d. Isaiah & Sarah, b. Apr. 18 1773	LR18	16
Martha, d. Tho[mas], b. Apr. 31[?], 1680	LR1	137
Mary, d. Jakin, b. Dec. 5, 1669	LR1	51
Mary, d. John, Jr., b. Dec. [ ], 1674	LR1	52
Mary, d. Thomas & Mary, b. Oct. 8, 1752	LR18	38
Mary, m. Seth BETTS, Dec. 7, 1752	LR18	27
Mary, d. Denton & Elizabeth, b. Dec. 14, 1753	LR19	8
Mary, d. Elijah & Rhuami, b. [ ]	LR18	47
Mary Esther, of Poplor Plains, Norwalk, m. John P. HURLBUTT, of Wilton, Oct. 21, 1832, by Rev. Nicholas Gregory, at Poplar Plains, Norwalk	1	15
Mary J. A., of Norwalk, m. W[illia]m L. HOYT, of New York, July 6, 1837, by Rev. Israel S. Dickenson	1	21
Matthew, s. Jackin, b. Dec. 17, 1680	LR1	137
Matthew, [twin with Grace], s. Isaiah & Sarah, b. Apr. 20, 1779; d. [ ]	LR18	16
Matthew Fitch, s. Elias & Elizabeth, b. Aug. 2, 1778	LR18	16
Molly, d. Stephen & Molly, b. Aug. 6, 1767	LR19	6
Moses, s. Jabez & Mary, b. Feb. 13, 1766	LR18	44
Moses, s. Stephen & Mary, b. Feb. 22, 1771	LR19	6
Moses, m. Esther HAYT, Feb. 22, 1789	LR18	4
Moses, m. Abigail GREGORY, Mar. 22, 1789	LR18	30
Moses, 3rd, m. Polly FILLIO, Apr. 9, 1795	LR19	7
Nancy, d. Abraham & Eliza, b. Aug. 9, 1775	LR19	3
Nancy, d., Abraham & Eliza d. Sept. [ ], 1776	LR19	3
Nancy, 2nd, d. Abraham & Eliza, b. Sept. 17, 1776	LR19	3
Nancy, d. Silas & Sarah, b. Sept. 28, 1790	LR19	7
Nancy, w. John, d. Sept. 3, 1798	LR19	7
Naomi, d. Thomas & Mary, b. Apr. 13, 1748	LR18	38
Naomi, m. Elijah KEELER, Jan. 20, 1778	LR19	1
Nathan, m. Sarah ST. JOHN, July 3, 1754	LR18	35
Nathan O., m. Harriet DISBROW, b. of Norwalk, Mar. 23, [1828], by Rev. Thomas Robbins	1	11
Nehemiah, s. Stephen & Mary, b. Mar. 2, 1780	LR19	6
Noah, s. Nathan & Sarah, b. Feb. 20, 1760	LR18	35
Olive, d. Stephen & Mary, b. Feb. 19, 1778	LR19	6
Persis, d. Judah, b. Feb. 22, 1671	LR1	52
Peter, s. Isaac & Priscilla, b. Oct. 2, 1792	LR19	1
Phebe, d. John, m. John BENEDICT, Jr., Nov. 11, 1670	LR1	50
Phebe, d. Sam[ue]l, b. Dec. 11, 1777	LR13	2
Polly, d. Nathan & Sarah, b. Nov. 28, 1772	LR18	35
Polly, m. Thaddeus WATERBURY, Mar. 24, 1787	LR18	22
Polly, d. Moses & Abigail, b. Feb. 24, 1790	LR18	30
Polly, d. Isaac & Priscilla, b. Feb. 20, 1791	LR19	1
Polly, m. Chancey JOHNSON, Mar. 13, 1794	LR18	35
Rebeckah, d. Denton & Eliza[beth], b. Aug. 22, 1763	LR19	8

	Vol.	Page
GREGORY, GREGORIE, GREEGORIE, GRIGGORIE, (cont.),		
Rhuami, m. Elijah GREGORY, Nov. [ ], 1758	LR18	47
Rhuami, d. Elijah & Rhuami, b. [ ]	LR18	47
Ruth, d. Stephen & Mary, b. Feb. 3, 1764	LR19	6
Ruth, m. John HAYT, June 5, 1783	LR18	14
Sabra, d. [Abraham & Elizabeth], b. Dec. 8, 1779	LR19	3
Sally, d. Nathan & Sarah, b. Mar. 9, 1763	LR18	35
Samuell, s. Jackin, b. Mar. 10, 1675/6	LR1	137
Samuel, Jr., s. Sam[ue]l & Abigail, b. Aug. 24, 1749	LR9	2-Ind
Samuel, s. Denton & Elizabeth, b. Mar. 6, 1768	LR19	8
Sarah, d. John, Jr., b. Dec. [ ], 1667	LR1	51
Sarah, d. John, Sr., m. James BENEDICT, May 10, 1676	LR1	111
Sarah, d. Jackin, b. Sept. 15, 1678	LR1	137
Sarah, m. Nathan WILLIAMS, Apr. [ ], 1761	LR18	21
Sarah, d. Stephen & Mary, b. Sept. 11, 1765	LR19	6
Sarah, d. Abraham & Eliza, b. Jan. 2, 1772	LR19	3
Sarah, d. John & Sarah, b. July 11, 1775	LR19	7
Sarah, d. Isaiah & Sarah, b. Mar. 3, 1776	LR18	16
Sarah, d. Elias & Elizabeth, b. Mar. 5, 1777	LR18	16
Sarah, d. Silas & Sarah, b. Aug. 4, 1784	LR19	7
Sarah, w. Silas, d. July 18, 1787	LR19	7
Sarah, m. James MEAD, Nov. 7, 1792	LR18	44
Sarah, w. John, d. Jan. 15, 1795	LR19	7
Sarah, m. Ebenezer CROFOOT, Jr., Sept. 3, 1795	LR18	26
Sarah, m. Zachariah Whitman FITCH, Feb. 20, 1796	LR18	32
Sherman, s. Daniel & Esther, b. Apr. [ ], 1781	LR19	1
Sherman, s. Isaiah & Sarah, b. Aug. 20, 1782; d. [ ]	LR18	16
Silas, s. Stephen & Mary, b. Apr. 7, 1762	LR19	6
Silas, m. Sarah OLMSTED, (2nd w.), May 1, 1788	LR19	7
Silas, s. Silas & Sarah, b. May 10, 1789	LR19	7
Stephen, m. Mary BENEDICT, Dec. 2, 1757	LR19	6
Stephen, s. Stephen & Molly, b. June 6, 1769	LR19	6
Susanna, d. Stephen & Mary, b. Apr. 17, 1776	LR19	6
Susanna, d. Silas & Sarah, b. Sept. 26, 1796	LR19	7
Tho[ma]s, s. Jakin, b. Jan. 17, 1672	LR1	51
Thomas, m. Elissabeth PARDIE, d. George, of New Haven, Dec. 25, 1679	LR1	137
Thomas, m. Mary BETTS, May 18, 1747	LR18	38
William, s. Abraham & Eliza, b. [ ], 1770; d. [ ]	LR19	3
William, 2nd, s. Abraham & Elizabeth, b. Jan. [ ], 1778; d. [ ]	LR19	3
William, 3rd, s. Abraham & Eliza, b. Jan. 1, 1786	LR19	3
William D., m. Louisa L. BETTS, this day [dated Jan. 24, 1847], by Edwin Hall	1	33
Zillah, d. Isaiah & Sarah, b. Mar. 30, 1786; d. [ ]	LR18	16
GRIFFETH, GRIFFITH, Betsey, Mrs. of Norwalk, m. Nathaniel GILBERT, of Weston, May 5, 1825, by Sylvester Eaton	1	7
Betsey, m. Frederick HURLBUTT, b. of Norwalk, Jan. 7, 1827, by Sylvester Eaton	1	9
Elizabeth, m. Isaac BETTS, Oct. 14, 1753	LR19	4
Henry E., d. May 15, 1848, ae 4	1	50
Lucinda, m. Ira N. CROSSMAN, b. of Norwalk, Dec. 24, 1826, by Sylvester Eaton	1	9
Mary, m. Truman B. DICKINSON, Nov. 1, 1829, by Henry Benedict	1	12

NORWALK VITAL RECORDS 55

	Vol.	Page
GRIFFETH, GRIFFITH, (cont.),		
Thomas E., s. Thomas B., merchant, ae 36 & Mary A., ae 25, b. Jan. 10, 1848	1	43
GRUMMON, GRUMON, GRUMMAN, GUMMON, Abigial, m. Alven HYATT, Sept. 16, 1779	LR18	33
Achsah, d. Isaac & Betsey, b. Jan. 24, 1793	LR18	31
Betty, d. Sam[ue]l & Elisa[beth], b. Oct. 6, 1757	LR4	15
Elizabeth, [w. Samuel], d. Sept. 15, 1795	LR4	15
Hannah, d. Thomas & Deborah, b. June 5, 1777	LR18	42
Henry, s. Isaac & Betsey, b. May 4, 1790	LR18	31
Isaac, m. Betsey **SELLECK**, Dec. 16, 1784	LR18	31
Jeremiah, m. 2nd w. Hannah **FITCH**, Oct. 27, 1785	LR18	20
Jeremiah, m. Sabre **STUART**, Mar. 4, 1772	LR18	20
Jeremiah, s. Jeremiah & Sabre, b. Oct. 21, 1774	LR18	20
Jeremiah, s. Jeremiah, d. Nov. 8, 1795	LR18	20
Joel, of Wilton, m. Margaret **JENNINGS**, of Norwalk, Mar. 17, 1844, by Rev. H. Husted	1	29
Joel Keeler, s. Jeremiah & Sabre, b. July 23, 1780; d. Jan. 7, 1784	LR18	20
John, m. Sarah **NASH**, Jan. 15, 1767	LR18	19
John, s. John & Sarah, b. Oct. 22, 1772	LR18	19
Katharine, [w. Samuel, Jr.], d. [ ]	LR4	15
Lewis, s. Jeremiah & Sabre, b. Nov. 4, 1772	LR18	20
Lucretia, d. Jeremiah & Sabre, b. Aug. 22, 1782	LR18	20
Lucy, d. Jeremiah & Hannah, b. July 23, 1794	LR18	20
Mary, d. Sam[ue]l [& Rebeckah], b. Oct. 20, 1729	LR4	8a
Polly, d. Isaac & Betsey, b. Nov. 21, 1785	LR18	31
Rebeckah, m. David **COMSTOCK**, [ ]	LR19	5
Rebeckah, d. Sam[ue]l [& Rebeckah], b. Sept. 24, 1727	LR4	8a
Sabre, w. Jeremiah, d. Apr. 14, 1785	LR18	20
Sabra, d. Isaac & Betsey, b. Feb. 13, 1788	LR18	31
Samuel, Jr., m. Katharine **BENEDICT**, d. Tho[ma]s, [ ]	LR4	15
Samuel, late of Fairfield, m. Rebeckah **BETTS**, d. Daniel, of Norwalk, Jan. 10, 1721/2	LR4	8a
Samuel, 1st s. Sam[ue]l [& Rebeckah], b. May 8, 1725	LR4	8a
Samuel, m. Elizabeth **KEELER**, d. Capt. Sam[ue]l, Dec. 2, 1750	LR4	15
Samuel, eldest s. Sam[ue]l & Elisa[beth], b. Mar. 21, 1761; d. June 1, 1761	LR4	15
Samuel, 2nd s. Sam[ue]l & Elisa[beth], b. Aug. 23, 1764	LR4	15
Samuel, Jr., d. about June 15, 1791. "Was drowned near Long Island shore"	LR4	15
Samuel, d. June 11, 1804	LR4	15
Samuel Edwin, s. Sam[ue]l & Katherine, b. June 3, 1790	LR4	15
Sarah, d. Sam[ue]l [& Rebeckah], b. Oct. 28, 1722	LR4	8a
Sarah, d. Sam[ue]l & Elisa[beth], b. Jan. 15, 1756	LR4	15
Sarah, d. John & Sarah, b. Feb. 19, 1777	LR18	19
Sarah, d. Thomas & Deborah, b. May 15, 1780	LR18	42
Seth, of Wilton, m. Eliza **FILLOW**, of Norwalk, Oct. 19, 1823, by Sylvester Eaton	1	5
Susan Ann, m. Abel **WHITLOCK**, b. of Norwalk, Jan. 25, 1847, by Ira Abbott	1	33
Sylvester, m. Betsey Ann **MOORE**, Nov. 16, 1845, by Edwin Hall	1	31
Thankfull, d. John, of Fairfield, m. Ephraim **LOCKWOOD**, Oct. 30, 1734,	LR4	10

	Vol.	Page
GRUMMON, GRUMON, GRUMMAN, GUMMON, (cont.),		
Thomas, s. Thomas [& Rebeckah], b. Aug. 22, 1731	LR4	8a
Thomas, m. Deborah **DEOLF**, Aug. 27, 1772	LR18	42
Uri Smith, s. Jeremiah & Sabre, b. May 16, 1778	LR18	20
William, s. Thomas & Deborah, b. Mar. 20, 1774	LR18	42
William, s. Isaac & Betsey, b. July 28, 1795	LR18	31
William, of Clinton, N.Y., m. Sarah **MALLORY**, Oct. 22, 1846, by Edwin Hall	1	33
GUIRE, GUYER, Mary, m. William **FITCH**, May 6, 1784	LR18	32
Mary, m. William Henry **BENEDICT**, b. of Norwalk, Nov. 22, 1837, by James Knox	1	22
Thaddeus Burr, m. Esther May **BENTON**, b. of Norwalk, Sept. 27, 1836, by James Knox	1	21
HAITE, [see under **HOYT**]		
HALL, Hannah, d. Richard, of New Haven, m. Thomas **FITCH**, Jr., of Norwalk, Sept. 4, 17[ ]	LR4	6
Isaac P., m. Henrietta **GIBBS**, Nov. 16, 1834, by Edwin Hall	1	19
James M., of Wallingford, m. Catharine Esther **STREET**, of Norwalk, Feb. 13, 1831, by Rev. Daniel S. Wright	1	14
Julia, of Norwalk, m. [ ] **ALLEN**, of Bridgeport, Nov. 16, 1828, by Rev. R. Sherwood	1	11
Sally, m. Lewis **WHITNEY**, Jan. 1, 1811	LR19	11
Thomas, of Mamaroneck, N.Y., m. Mary Jane **LEWIS**, of Norwalk, Nov. 6, 1836, by Rev. Davis Stocking	1	21
HALLOCK, HALLECK, Amelia, m. Mezia **RAYMOND**, Mar. 22, 1835, by Rev. Luther Mead	1	19
Henry W., s. William W., hatter, ae 28 & Harriet, ae 26, b. Sept. 8, 1847	1	43
William, m. Ruth **BYXBEE**, Aug. 20, 1812	LR19	11
HAMILTON, Cornelia A., of New Canaan, m. Charles E. **COMSTOCK**, of Norwalk, May 25, 1845, by Rev. Z. K. Hawley	1	30
HANDES, Thomas H., d. Jan. 19, 1848, ae 1 y.	1	49
HANFORD, Abigail, d. Theophilus [& Kezia], b. Nov. 11, 1763	LR19	1
Abijah, s. Stephen & Phebe, b. Aug. 27, 1774	LR18	42
Abijah, m. Hannah **WARREN**, May 19, 1796	LR18	43
Albert, s. Charles & Ruth, b. Oct. 26, 1807	LR19	11
Allexander, s. Theophilus [& Kezia], b. Nov. 21, 1767	LR19	1
Andrew, s. Daniel & Susannah, b. Aug. 18, 1775; d. Oct. 16, 1776	LR18	19
Andrew, s. Daniel & Susannah, b. Dec. 9, 1779	LR18	19
Ann, d. Elnathan & Sarah, b. Sept. 22, 1726	LR9	3
Ann, m. James **FITCH**, s. James, Oct. [ ], 1746	LR18	13
Ann Platt, m. Josiah Hanford **FITCH**, Jan. 21, 1791	LR19	3
Anne, m. Aaron **COMSTOCK**, Nov. 24, 1774	LR18	27
Anne, d. Levi & Polly, b. Aug. 27, 1794	LR18	18
Bartlet, m. Hannah **RAYMOND**, May 6, 1798	LR18	45
Betsey, d. Phinehas & Betty, b. Mar. 15, 1785	LR18	21
Betty, d. Moses & Mercy, b. Aug. 13, 1780	LR18	45
Betty, d. Levi & Polly, d. Mar. 27, 1797	LR18	18
Catharine, d. Elna[than] & Sarah, b. July 26, 1750	LR9	3
Charles, s. John & Mahitable, b. Dec. 3, 1785	LR18	23
Charles, m. Ruth **SEYMORE**, Jan. 14, 1807	LR19	11
Comstock, m. Julia Ann **MERVINE**, Jan. 1, 1826, at the house of Edwin Hoyt, by Rev. R. Sherwood	1	8
Daniel, s. Hezekiah & Deborah, b. June 15, 1744	LR19	4

	Vol.	Page
HANFORD, (cont.),		
Daniel, m. Susannah **PLATT**, Jan. 9, 1773	LR18	19
Daniel, d. Apr. 12, 1797	LR18	19
Daniel, s. Abijah & Hannah, b. May 24, 1797	LR18	43
Daniel, m. Caroline **SMITH**, b. of Norwalk, June 27, 1827, by S. Haight	1	10
David, s. Elna[than] & Sarah, b. May 3, 1746	LR9	3
David, s. Moses & Mercy, b. Sept. 2, 1785	LR18	45
David, s. Stephen & Phebe, b. July 16, 1786	LR18	42
David, s. Hezekiah & Sarah, b. Aug. 31, 1788	LR18	26
Debbey, d. Daniel & Susannah, b. Apr. 19, 1784	LR18	19
Deborah, d. Hezekiah & Deborah, b. Sept. 27, 1746	LR19	4
Deborah, d. Eben[eze]r & Lucretia, b. Nov. 21, 1793	LR18	18
Dennis, m. Hannah Sophia **RAYMOND**, b. of Norwalk, Oct. 8, [1825], by Sylvester Eaton	1	8
Ebenezer, s. Theophilus [& Kezia], b. Oct. 1, 1757	LR19	1
Ebenezer, 2nd, m. Lucretia **HANFORD**, Apr. 2, 1780	LR18	18
Ebenezer, m. Hannah **HANFORD**, Jan. 22, 1784	LR19	0
Ebenezer, s. Levi & Polly, b. Nov. 8, 1789	LR18	18
Edward, s. Daniel & Suannah, b. Mar. 3, 1774	LR18	19
Eleazer, s. Tho[ma]s, b. Sept. 15, 1670	LR1	51
Eleazer, m. [ ], Dec. [ ], 1745	LR19	5
Eliphalet, s. Sam[ue]l & Elizabeth, b. June 27, 1769; d. Oct. 26, 1796	LR18	1
Elisha, s. Sam[ue]l & Elizabeth, b. Aug. 10, 1778	LR18	1
Eliza, d. Stephen & Phebe, b. Sept. 21, 1796	LR18	42
Eliza, d. Charles & Ruth, b. May 14, 1811	LR19	11
Eliza, m. Joseph **STEBBINS**, Oct. 15, 1829, by Henry Benedict	1	12
Elissabeth, d. Tho[ma]s, b. Jan. 9, 1666	LR1	51
Elizabeth, d. Hezekiah & Deborah, b. Feb. 27, 1762	LR19	4
Elizabeth, d. Hezekiah & Sarah, b. Aug. 31, 1780	LR18	26
Elizabeth, d. Levi & Polly, b. Jan. 26, 1785	LR18	18
Elizabeth, d. Sam[ue]l & Elisa[beth], b. May 8, 1786	LR18	1
Elizabeth, d. Nehemiah & Sarah, b. July 10, 1796	LR18	29
Elnathan, s. Tho[ma]s, b. Oct. 11, 1672	LR1	51
Elnathan, s. Elnathan & Sarah, b. Nov. 7, 1731	LR9	3
Elnathan, m. Mrs. Hannah **BARTLETT**, d. John Bartlett, Sept. 1, 1752	LR9	3
Elnathan, s. John & Mahetable, b. Jan. 8, 1766; d. Jan. 17, 1772	LR18	23
Elnathan, s. Hezekiah & Sarah, b. Aug. 15, 1785	LR18	26
Enoch, s. Stephen & Phebe, b. Jan. 10, 1777	LR18	42
Esther, d. Theophilus [& Kezia], b. Mar. 27, 1760	LR19	1
Esther, d. Phinehas & Betty, b. Mar. 29, 1787	LR18	21
Eunice, d. Eleazer, m. Josiah **WHITNE**, Oct. 30, 1729	LR4	8
Eunice, d. John & Mahetable, b. Dec. 13, 1763	LR18	23
Eunice, m. Joseph **JESUP**, Oct. 18, 1790	LR18	20
Fitch, s. Stephen & Phebe, b. Apr. 8, 1779	LR18	42
George Oglevie, s. Nehemiah & Sarah, b. Mar. 25, 1792	LR18	29
Grace, d. Hezekiah & Deborah, b. Oct. 5, 1765	LR19	4
Grace, m. Hezekiah **BETTS**, Oct. 1, 1785	LR18	41
Hannah, d. Tho[ma]s, b. June 28, 1665	LR1	51
Hannah, Mrs., d. Rev. Thomas Hanford, m. Joseph **PLATT**, s. Dea. [ ], Jan. 26, 1703	LR2-3	90
Hannah, d. Rev. Thomas, decd., m. Joseph **PLATT**, Jan. 26, 1703/4	LR4	2
Hannah, d. Elna[than] & Sarah, b. Mar. 8, 1728/9	LR9	3
Hannah, w. [Thomas], d. Dec. 28, 1745, ae 77 y. 5 d.	LR1	51

58   BARBOUR COLLECTION

	Vol.	Page
HANFORD, (cont.),		
Hannah, d. Stephen & Phebe, b. May 26, 1772	LR18	42
Hannah, m. Ebenezer HANFORD, Jan. 22, 1784	LR19	0
Harvey, s. Nehemiah & Sarah, b. June 23, 1790	LR18	29
Henrietta, d. Lewis, b. Apr. 23, 1797	LR19	5
Henry, s. Eben[eze]r & Lucretia, b. Dec. 22, 1784	LR18	18
Henry, s. Nehemiah & Sarah, b. Mar. 22, 1794	LR18	29
Hezekiah, m. Deborah HOYT, Oct. 7, 1743	LR19	4
Hezekiah, s. Hezekiah & Deborah, b. July 24, 1753	LR19	4
Hezekiah, Jr., m. Sarah FITCH, Nov. 6, 1774	LR18	26
Holly, [child Samuel & Elizabeth], b. Aug. 29, 1782	LR18	1
Huldah, d. John & Mahitable, b. Mar. 7, 1776	LR18	23
Isaac, s. Elna[than] & Sarah, b. Oct. 19, 1736	LR9	3
Isaac, s. John & Mahitable, b. May 2, 1780; d. June 3, 1786	LR18	23
Jabez, s. Phinehas & Betty, b. May 12, 1782	LR18	21
James, s. Elna[than] & Sarah, b. Sept. 10, 1741	LR9	3
John, s. Elna[than] & Sarah, b. Feb. 13, 1738/9	LR9	3
John, m. Mehitable COMSTOCK, Oct. 28, 1762	LR18	23
John, s. John & Mahitable, b. Feb. 16, 1778; d. Sept. 27, 1783	LR18	23
John, Jr., m. Sarah WEED, Dec. 28, 1790	LR18	37
John Mead, s. Levi & Polly, b. June 29, 1787	LR18	18
Joseph Platt, s. Daniel & Susannah, b. Aug. 23, 1777; d. Sept. 15, 1778	LR18	19
Joseph Platt, s. Daniel & Susannah, b. Apr. 17, 1782	LR18	19
Josiah, s. Hezekiah & Deborah, b. Dec. 12, 1757; d. July [ ]	LR19	4
Julia, d. John & Mahitable, b. Sept. 7, 1790; d. Oct. 27, 1791	LR18	23
Katharine, d. Thomas, m. John RAYMOND, Jr., Dec. 24, 1719	LR4	8
Katharine, m. Eliakim SMITH, Mar. [ ], 1759	LR18	14
Kezia, d. Theophilus [& Kezia], b. Oct. 15, 1765	LR19	1
Levi, m. Polly MEAD, Aug. [ ], 1782	LR18	18
Levi, s. Levi & Polly, b. Feb. 15, 1792	LR18	18
Lewis, m. [ ], Nov. 15, 1787	LR19	5
Lucretia, m. Ebenezer HANFORD, 2nd, Apr. 2, 1780	LR18	18
Lucretia, d. Eben[eze]r & Lucretia, b. May 20, 1790	LR18	18
Lydia, d. Hezekiah & Deborah, b. May 27, 1759	LR19	4
Lydia, d. Lewis, b. Nov. 3, 1788	LR19	5
Mariah, d. Nehemiah & Sarah, b. Apr. 3, 1788	LR18	29
Maria, d. John & Sarah, b. Oct. 2, 1793	LR18	37
Martin, s. Moses & Mercy, b. July 18, 1775	LR18	45
Mary, d. Tho[ma]s, b. Nov. 30, 1663	LR1	51
Mary, d. Elna[than] & Sarah, b. Apr. 18, 1748	LR9	3
Mary, d. [Elnathan & Sarah], d. Nov. 27, 1750	LR9	3
Mary, d. John & Mahitable, b. June 8, 1782	LR18	23
Mary Hyatt, d. Eben[eze]r & Lucretia, b. Jan. 12, 1796	LR18	18
Mary Scott, d. Joseph P., Jr., shoemaker, ae 30 & Jane, ae 27, b. Nov. 5, 1847	1	40
Mehetabel, d. Hezekiah & Deborah, b. Oct. 7, 1755; d. July [ ]	LR19	4
Mercy, d. Moses & Mercy, b. Mar. 3, 1778	LR18	45
Moses, m. Mercy KELLOGG, Oct. 1, 1761	LR18	45
Moses, s. Moses & Mercy, b. July 1, 1767	LR18	45
Nancy, d. Charles & Ruth, b. Sept. 17, 1809; d. May 14, 1810	LR19	11
Nathan, s. Moses & Mercy, b. July 19, 1770	LR18	45
Nathan, s. Phinehas & Betty, b. Feb. 18, 1776	LR18	21
Nathan, m. Molly ST. JOHN, Oct. 7, 1795	LR19	7

	Vol.	Page

HANFORD, (cont.),
Nathan J., m. Maria **CASTLE**, Apr. 20, 1824, at the house of wid. Mervine, by Rev. R. Sherwood	1	6
Nehemiah, m. Sarah **SMITH**, May 5, 1781	LR18	29
Noah, s. Lewis, b. Jan. 5, 1793	LR19	5
Noah, s. Eleazer, b. Jan. 15, 17[ ]	LR19	5
Phebe, d. Stephen & Phebe, b. Dec. 17, 1788	LR18	42
Phinehas, m. Betty **ADDAMS**, Sept. [ ], 1775	LR18	21
Polly, d. Stephen & Phebe, b. June 20, 1781	LR18	42
Polly, d. Levi & Polly, b. Feb. 5, 1783	LR18	18
Polly, m. Isaac **BETTS**, Jr., Nov. 23, 1783	LR18	14
Polly, Mrs., m. Ira **HOYT**, b. of Norwalk, Apr. 7, 1822, by Sylvester Eaton	1	3
Rebeckah, d. Nehemiah & Sarah, b. Jan. 17, 1782	LR18	29
Rebeckah, m. Joseph **DENNIS**, Jan. 2, 1802	LR19	9
Rhoda, m. Aaron **ADDAMS**, Mar. 4, 1784	LR18	31
Ruth, m. Asa **BENEDICT**, b. of Norwalk, Dec. 19, 1830, by Henry Benedict	1	14
Sally, d. Stephen & Phebe, b. Mar. 12, 1784	LR18	42
Sally, w. Thaddeus, d. Dec. 10, 1798	LR18	45
Sally, of Norwalk, m. John B. **BENNETT**, of Saugatuck, Nov. 13, 1825, at St. Pauls Church, by Rev. R. Sherwood	1	8
Sally St. John, d. Thadd[eus] & Sally, b. Nov. 27, 1798	LR18	45
Samuell, s.Tho[ma]s, b. Apr. 22, 1674	LR1	51
Samuel, s. Hezekiah & Deborah, b. Jan. 7, 1748; d. July [ ]	LR19	4
Samuel, m. Elizabeth [ ], Mar. 5, 1761	LR18	1
Samuel, s. Sam[ue]l & Elizabeth, b. Apr. 25, 1765	LR18	1
Sam[ue]l, s. Hezekiah & Sarah, b. Mar. 31, 1775	LR18	26
Sam[ue]l St. John, s. John & Mahitable, b. July 1, 1772; d. July 11, 1778	LR18	23
Sarah, d. Rev. Thomas, m. Samuell **COMSTOCK**, s. Christopher, Dec. 27, 1705	LR4	1
Sarah, d. Elna[than] & Sarah, b. July 29, 1734	LR9	3
Sarah, d. Eleazer, decd., of Norwalk, m. John **DARROW**, late of New London, Oct. 30, 1735	LR4	13
Sarah, d. Eliazer, b. Aug. 6, 1746	LR19	5
Sarah, w. Elna[than], d. Dec. 17, 1751	LR9	3
Sarah, d. Theophilus [& Kezia], b. Sept. 16, 1754	LR19	1
Sarah, m. David **MOREHOUSE**, Apr. 23, 1761	LR18	20
Sarah, d. John & Mahitable, b. May 9, 1770	LR18	23
Sarah, d. Sam[ue]l & Eliza, b. July 2, 1771	LR18	1
Sarah, d. Nehemiah & Sarah, b. Nov. 18, 1783	LR18	29
Sarah, m. Samuel **CARTER**, July 14, 1789	LR18	37
Seth, s. Moses & Mercy, b. Mar. 28, 1783	LR18	45
Stephen, m. Phebe **FITCH**, [ ], 1771	LR18	42
Stephen, s. Sam[ue]l & Elizabeth, b. Dec. 28, 1773	LR18	1
Susanna, d. Hezekiah & Deborah, b. Oct. 7, 1768	LR19	4
Thaddeus, s. Moses & Mercy, b. Nov. 1, 1772	LR18	45
Thadd[eu]s, s. Eben[eze]r & Lucretia, b. Nov. 21, 1780	LR18	18
Thaddeus, m. Sally **ST. JOHN**, Oct. 4, 1797	LR18	45
Theophilus, m. Kezia [ ], [ ]	LR19	1
Theophilus, s. Tho[ma]s, b. Aug. 29, 1662	LR1	49
Theophilus, 3rd, s. Theophilus [& Kezia], b. Jan. 26, 1753	LR19	1
Theophilus B., m. Polly **WHITLOCK***, Sept. 27, 1796		

60   BARBOUR COLLECTION

	Vol.	Page
HANFORD, (cont.),		
*(WHILLOCK?)	LR18	14
Thomas, Rev., m. wid. Mary INCE, Oct. 22, 1661, at New Haven	LR1	49
Thomas, s. Tho[ma]s, b. July 18, 1668; d. June 18, 1743 in the 76th y. of his age	LR1	51
Thomas, s. Elna[than] & Sarah, b. Dec. 31, 1743	LR9	3
Thomas, s. Nehemiah & Sarah, b. Jan. 26, 1786	LR18	29
Thomas C., m. Harriet BETTS, Mar. 25, 1832, by Edwin Hall	1	16
Timothy Hathele (?), s. Theophilus [& Kezia], b. Dec. 9, 1755	LR19	1
Uriah, s. John & Mahitabele, b. July 4, 1768	LR18	23
William, s. Eben[eze]r & Lucretia, b. Oct. 18, 1782	LR18	18
William, s. John & Mahitable, b. Nov. 11, 1787	LR18	23
William, m. Julia Ann GREGORY, b. of Norwalk, Feb. 19, 1825, by Rev. H. Humphreys	1	9
Zalmon, s. Stephen & Phebe, b. May 26, 1791	LR18	42
HANLEY, HANLY, [see also **HAWLEY**], Abigail, Mrs., d. Rev. Thomas Hanley, of Ridgefield, m. Peter **LOCKWOOD**, Sept. 8, 1737	LR4	12
Ezra, m. Sally **PLATT**, Apr. 23, 1832, by Edwin Hall	1	16
Marquis D. F., m. Abigail Jane **KNAPP**, Oct. 20, 1831, by Henry Benedict	1	15
Susan, m. Frederick **FOOT**, b. of Norwalk, Apr. 30, 1831, by T. F. Davis	1	15
HARRIS, Ann T., m. Benjamin A. **ROUSSEAU**, b. of Norwalk, Nov. 8, 1835, in St. Pauls Church, by Rev. B. Judd	1	20
Margaret, m. Hezekiah **WHITNE**, on or about Jan. 3, 1732/3, by Moses Dickinson	LR4	12
Sally, of Momoroneck, m. Zalmon **ADAMS**, of Norwalk, Mar. 6, 1822, at the house of Aaron Adams, by Rev. R. Sherwood	1	3
HART, Charles, m. Harriet E. **KNAPP**, Dec. 4, 1832, by Edwin Hall	1	16
HARTSHORN, Samuell, s. Jonathan, late of New London, b. Apr. 24, 1717	LR4	5
HASSELBACK, Henry, of Lancaster, Pa., m. Eliza **McNEAL**, of Norwalk, Nov. 28, 1826, by Rev. E. W. Hooker, of Green Farms	1	10
HAWKINS, Electa, d. Joseph & Rhuhama, b. Aug. 15, 1801	LR18	35
John, m. Hannah **SEELEY**, b. of Bedford, N.Y., this day, [dated Nov. 30, 1837], by Edwin Hall	1	22
John Wesley, s. Joseph & Rhuhama, b. Mar. 29, 1798	LR18	35
Joseph, m. Rhuhama **ROCKWELL**, Oct. 15, 1789	LR18	35
Joseph Brewster, s. Joseph & Rhuhama, b. Apr. 1, 1791	LR18	35
Matildia, d. Joseph & Rhumama, b. Sept. 26, 1792	LR18	35
Ruth Ann, d. Joseph & Rhuhama, b. Jan. 4, 1799	LR18	35
Sally, d. Joseph & Rhuhama, b. Sept. 18, 1794	LR18	35
Zacharia, s. Joseph & Rhuhama, b. Sept. 25, 1796	LR18	35
HAWLEY, [see also **HANLEY**], Abigail*, Mrs., d. Rev. Thomas Hawley, of Ridgefield, m. Peter **LOCKWOOD**, Sept. 8, 1737 *(Arnold Copy has "Abigail HANLEY")	LR4	12
Ellen, m. Reuben **BETTS**, Mar. 25, 1778	LR18	32
Hannah, m. Nathaniel **BENEDICT**, Jan. 31, 1763	LR18	26
Sally, of Salem, m. Daniel **REED**, of Norwalk, Oct. 4, 1797	LR18	7
Sarah, m. Aaron **OLMSTED**, June 17, 1792	LR19	0
HAYDEN, Phebe, m. Isaac **ARNOLD**, 2nd, Nov. 9, 1786	LR18	28
HAYES, HAYS, HAIES, Allene, d. James, b. Aug. 5, 1718	LR4	4
Anne, m. James **HURLBUTT**, Mar. 18, 1781	LR19	5
Consents*, d. Silas & Rhuhama, b. Jan. 21, 1798 *(Currence?)	LR18	20

	Vol.	Page
HAYES, HAYS, HAIES, (cont.),		
Currence*, d. Silas & Rhuhama, b. Jan. 21, 1798 *(Consents?)	LR18	20
Eleonora J., d. Sept. 10, 1847, ae 2 y.	1	50
Elijah, s. James [& Rhoda], b. Feb. 5, 1737/8	LR4	12
Elizabeth, d. [Isaac], b. May 23, 1708	LR4	2
Elizabeth, d. James, b. Feb. 15, 1712	LR4	4
Elizabeth, wid. Samuel, d. Nov. 3, 1729	LR4	8a
Eunis, d. Isaac, b. May 2, 1702	LR4	2
Eunice, d. James, b. Jan. 21, 1704/5	LR4	4
George, m. Eliza **BENNETT**, b. of Bridgeport, Oct. 31, 1844, by John A. Weed, J.P.	1	29
Isaick, s. Samuell, b. Aug. 27, 1682	LR1	137
Isaac, m. Elizabeth **SHERWOOD**, d. Isaac, of Fairfield, July 10, 1701	LR4	2
Isaac, s. Isaac, b. Mar. 23, 1706	LR4	2
Isaac, Sr., d. Jan. 5, 1711/12	LR4	2
James, m. Mary **ALLEN**, d. Thomas, decd., of Burlington, N.J., Apr. 1, 1703	LR4	4
James, s. James, b. June 25, 1710	LR4	4
James, Jr., m. Rhoda **HAYT**, d. Caleb, Dec. 29, 1734	LR4	12
James, s. James & Rhoda, b. Feb. 7, 1739/40	LR4	12
Jemimah*, s. Isaac, b. Feb. 1, 1704 *("Jeremiah" in Hall's Hist.)	LR4	2
Jemimah*, [d. Isaac], b. Apr. 20, 1707 *("Jeremiah" in Hall's Hist.)	LR4	2
Jeremiah, see under Jemimah		
Jesse, s. John & Hannah, b. May 29, 1767; d. Feb. 21, 1769	LR18	29
John, s. James & Rhoda, b. Apr. 19, 1742	LR4	12
John, m. Hannah **BEERS**, Apr. 2, 1766	LR18	39
Mary, d. James, b. June 1, 1706	LR4	4
Nathaniell, s. James, b. Mar. 20, 1708	LR4	4
Rachel, d. James, b. Mar. 4, 1711	LR4	4
Rhoda, d. John & Hannah, b. Jan. 21, 1770	LR18	39
Rhoda, m. Noah **SMITH**, Jan. 11, 1790	LR18	39
Samuell, s. Isaac, b. Oct. 31, 1710	LR4	2
Samuell, s. James, b. Oct. 29, 1716	LR4	4
Samuel, s. James [& Rhoda], b. Mar. 25, 1735/6	LR4	12
Sarah, d. Samuell, b. Sept. 19, 1673	LR1	137
Thomas, s. James, b. Jan. 31, 1714/15	LR4	4
HAYNES, HANES, Elizabeth, d. William, m. John **BARTLETT**, Feb. 20, 1706	LR4	3
William, of Paulding, N.Y., m. Eliza M. **SMITH**, of Norwalk, Nov. 23, 1828, by Rev. Dan[ie]l Dekenne	1	11
HAYT, [see under **HOYT**]		
HECOX, [see also **HITCHCOCK**], Hannah, m. Timothy **KEELER**, Apr. 15, 1757	LR18	47
HEIGHTS, Antoinette, m. Thomas **WHITLOCK**, Aug. 20, 1826, at the house of Mr. Mervine, by Rev. R. Sherwood	1	9
HEINS, [see also **HINE**], Mary, d. William, wool sorter, ae 29 & Caroline, ae 27, b. Oct. 24, 1847	1	41
HENDRICK, Andrew, s. Nathan & Abigail, b. July 3, 1793	LR18	40
Betsey, d. Nathan & Abigail, b. June 9, 1782	LR18	40
Charles, s. Nathan & Abigail, b. Dec. 4, 1797	LR18	40
Hannah, m. Abijah **ST. JOHN**, Oct. 2, 1793	LR18	19
Hezekiah, s. Nathan & Abigail, b. Oct. 21, 1786	LR18	40
Louisa, of Westport, m. Riley **NASH**, of Norwalk, Jan. 18, 1846, by		

BARBOUR COLLECTION

	Vol.	Page
HENDRICK, (cont.),		
W. C. Hoyt	1	31
Nancy, d. Nathan & Abigail, b. June 9, 1795	LR18	40
Nathan, m. Abigail **ELWOOD**, Nov. 4, 1778	LR18	40
Nathaniel, m. Anna **GODFRY**, June 15, 1781	LR18	31
Samuel, s. Nathan & Abigail, b. Dec. 13, 1779	LR18	40
William, s. Nathan & Abigail, b. Apr. 9, 1789	LR18	40
HENNERY, Mary, d. Francis, m. Ebenezer **CAMFIELD**, s. Samuell, Mar. 24, 1693/4	LR1	238
HICKENS, Ame*, d. Tho[mas], decd., formerly of Stamford, m. James **JUPP**, Jan. 2, 1682 *(Anie?)	LR1	137
HICKOOK, [see under **HICKOX, HECOX**]		
HICKOX, HICKOOK, HICKISS, [see also **HITCHCOCK & HECOX**],		
Albert, s. Jesse & Betsey, b. July 23, 1797	LR18	39
Barzillai, d. Seth & Kezia, b. Sept. 29, 1797	LR18	25
Carter, m. Leah **TAYLOR**, Mar. 3, 1764	LR17	218
Carter, s. Noah & Betsey, b. Jan. 9, 1788	LR18	35
Eliaseph, s. John & Lydia, b. Jan. 31, 1767; d. June 11, 1768	LR18	25
Eliaseph, s. John & Lydia, b. May 30, 1777; d. Oct. 19, 1777	LR18	25
Esther, m. Daniel **GREGORY**, May 19, 1763	LR19	1
Esther, d. Noah & Betsey, b. Sept. 30, 1792	LR18	35
Harriet, d. Noah & Betsey, b. Nov. 15, 1795	LR18	35
Huldah, d. John & Lydia, b. Nov. 1, 1757	LR18	25
Jesse, s. John & Lydia, b. Nov. 4, 1769	LR18	25
Jesse, m. Betsey **HOYT**, Nov. 24, 1791	LR18	39
John, m. Lydia **KELLOGG**, Mar. 29, 1757	LR18	25
John, s. John & Lydia, b. Sept. 24, 1759; d. Sept. 7, 1776	LR18	25
John, s. Jesse & Betsey, b. Nov. 27, 1792	LR18	39
John, m. Rachel **BARBER**, of Danbury, Feb. 2, 1831, by Henry Benedict	1	15
Leah*, m. as 2nd w. John **BETTS**, Jan. 10, 1773 *(Arnold copy has "Leah **WICHON**")	LR9	2-Ind
Leah, [formerly w. Carter, m. John **BETTS**, Jan. 10, 1773	LR17	218
Lucretia, d. Noah & Betsey, b. Mar. 19, 1786	LR18	35
Lydia, d. John & Lydia, b. Jan. 2, 1762	LR18	25
Mary Ann, m. Edwin **ELLS**, b. of Norwalk, Aug. 15, 1830, in St. Pauls Church, by Rev. Henry S. Attwater	1	13
Milleson, d. John & Lydia, b. Sept. 4, 1780	LR18	25
Noah, m. Betsey **HURLBUTT**, Sept. 1, 1785	LR18	35
Peninah, d. John & Lydia, b. Feb. 15, 1778	LR18	25
Peninah, d. Seth & Keziah, b. Oct. 23, 1795	LR18	25
Phebe, d. Seth & Kezia, b. Oct. 23, 1799	LR18	25
Rachel Benedict, d. John & Lydia, b. July 31, 1771	LR18	25
Sally, d. Noah & Betsey, b. Aug. 16, 1790	LR18	35
Sarah, m. Job **LOCKWOOD**, Jan. 12, 1791	LR18	16
Seth, s. John & Lydia, b. Jan. 6, 1764; d. Mar. 6, 1773	LR18	25
Seth, s. John & Lydia, b. Sept. 22, 1773	LR18	25
Seth, m. Kezia **HAYT**, Apr. 1, 1795	LR18	25
Thomas Starr, of Danbury, m. Harriet **LAKE**, of Norwalk, Jan. 1, 1826, by Sylvester Eaton	1	8
-----, m. Stephen **CAMP**, Sept. 27, 1792	LR18	31
HILL, Rebeckah, d. William & Elizabeth [sic]*, b. Apr. 3, 1780 *(probably Esther]	LR18	12

	Vol.	Page
HILL, (cont.),		
Rebecca Isaacs, d. Asa, dentist, ae 32 & Susan, ae 28, b. Oct. 3, 1847	1	42
Ruhama, d. Capt. John, of Westerly, R.I., m. John **BELDEN,** May 9, 1728	LR4	11
William, m. Esther **WASSON,** Apr. 30, 1779	LR18	12
HILLCON (?), Lucinda J., m. Walter **HUNTER,** this day [Apr. 23, 1848], by Edwin Hall	1	35
HIND, Elizabeth, m. Abijah **SEYMORE,** Sept. 29, 1782	LR19	1
HINE, [see also **HEINS**], Newton, m. Abigail **CONLEY,** Dec. 23, 1827, by Rev. Henry Stead	1	10
HINMAN, Martha, m. Ebenezer **RAYMOND,** Oct. 24, 1771	LR19	7
HITCHCOCK, [see also **HICKOX & HECOX**], Hannah, m. Nathan **NASH,** Mar. 1, 1767	LR18	37
Sarah, m. John **SANSON,** Nov. 3, 1788	LR18	9
HODGES, Angeline, m. William S. **ATHERTON,** b. of Norwalk, Sept. 27, 1846, by W. C. Hoyt	1	33
Billy, s. Job & File, b. [ ]	LR19	2
James, s. Job & File, b. July 17, 1784	LR19	2
Job, m. File **ROBINSON,** Jan. [ ], 1783	LR19	2
Nancy, d. Job & File, b. Nov. [ ], 1786	LR19	2
Polly, d. Job & File, b. [ ]	LR19	2
Sarah, ae 16, b. Weston, res. Norwalk, m. Charles B. **FEAR,** hatter, ae 20, b. New Jersey, res. Bridgeport, July 23, 1848, by Rev. D. Wilson	1	47
Suckey, d. Job & File, b. July 28, 1796	LR19	2
HOLEBROOK, Ruth, d. Abel, m. Thomas **PERSON,** Jr., of Darby, Feb. 22, 172[ ] (1727/8?)	LR4	6
HOLLY, Rebecca, m. Philo **PRICE,** Feb. 21, 1819	LR19	12
HOLMES, Amelia, m. William **GIBSON** (colored) this day [dated Oct. 13, 1844], by Edwin Hall	1	29
HOTCHKISS, Eliza P., of Norwalk, m. Noah S. **DAY,** of Norwalk, Jan. 27, 1846, by W. C. Hoyt	1	31
HOUSIN, Joseph H., m. Mary C. **SUTERMINSTEE,** b. of Kingston, N.Y., June 27, 1844, by Harvey Husted	1	29
HOVEY, Margaret M., m. Amzi **CAMP,** b. of Norwalk, Feb. 10, 1824, by Sylvester Eaton	1	6
HOYT, HAITE, HAYT, (see also **HYATT**), Aaron, s. John & Ruth, b. Sept. 2, 1784	LR18	14
Abigall, d. Zerubabell, b. Feb. 2, 1675	LR1	52
Abigail, d. Elijah & Abigail, b. Oct. 1, 1776	LR18	33
Abigail Hays, d. Samuel & Hannah, b. Mar. 13, 1802	LR19	12
Abraham, see under Abraham **ST. JOHN**		
Adah, m. Seth **FINCH,** Oct. 23, 1765	LR18	28
Almiry, d. Goold & Sarah, b. Sept. 4, 1796	LR18	31
Alvina, d. Benajah & Rhoda, b. July 21, 1800	LR19	9
Andrew, s. Elijah & Abigail, b. Dec. 4, 1768	LR18	33
Ann M., d. Ira F., hatter, ae 25 & Mary, ae 23, b. Mar. 31, 1848	1	45
Anna, d. Ezra [& Phebe], b. Feb. 7, 1732/3	LR4	10
Annah, d. Matthew & Mary, b. July 22, 1761	LR18	45
Anna, d. Jonathan & Hannah, b. May 23, 1773	LR18	36
Anner, m. Abraham **ST. JOHN,** Sept. 23, 1779	LR18	3
Anna, d. Asa & Ruth, b. Oct. 26, 1784	LR18	2
Anna, m. George **RAYMOND,** Nov. 15, 1785	LR18	1

64   BARBOUR COLLECTION

	Vol.	Page
HOYT, HAITE, HAYT, (cont.),		
Ansel, s. Ebenezer & Mary, b. Feb 28, 1791	LR18	16
Anson, s. Thomas & Mary, b. Jan. 4, 1793	LR18	30
Asa, s. Nathan & Elizabeth, b. Aug. 23, 1744	LR18	7
Asa, m. Ruth **KELLOGG**, Oct. 26, 1766	LR18	2
Asa, s. Asa & Ruth, b. Feb. 28, 1772	LR18	2
Benajah, s. Caleb, b. Dec. 8, 1708	LR4	3
Benajah, s. Elijah & Abigail, b. May 28, 1780	LR18	33
Benajah, m. Rhoda **HOYT**, Nov. 4, 1799	LR19	9
Betsey, d. John & Ruth, b. Feb. 8, 1789	LR18	14
Betsey, d. Justus & Elizabeth, b. June 26, 1791	LR18	31
Betsey, m. Jesse **HICKOX**, Nov. 24, 1791	LR18	39
Betty, d. Nathan & Elizabeth, b. June 16, 1751	LR18	7
Buckingham St. John, s. James A., merchant, ae 40 & Elizabeth, ae 34, b. June 8, 1848	1	38
Caleb, s. Zerrubabell, b. Mar. 23, 1701	LR2-3	76
Caleb, m. wid. Mehitabel **BLACKLEY**, Feb. 25, 1707/8	LR4	3
Caleb, Jr., m. Ruth **BOWTON**, d. Samuel, of Danbury, May 16, 1750	LR4	3
Caleb, d. Apr. 11, 1755	LR4	3
Charles, s. Isaac & Mary, b. June 9, 1791	LR18	38
Charles, m. Eliza **HOYT**, Sept. 17, 1822, at the house of Eben[eze]r D. Hoyt, by Rev. R. Sherwood	1	3
Charles, of Brooklyn, N.Y., m. Mary **HOYT**, of Norwalk, June 3, 1833, by Bishop Charles P. McIlvaine, of Ohio. Witnesses James J. Hoyt, Mrs. James J. Hoyt, b. of New York City	1	17
Cha[u]ncy, s. Matthew & Mary, b. Feb. 17, 1795; d. Apr 8, 1797	LR18	45
Clarinda, d. Sam[ue]l & Mary, b. Feb. 3, 1798	LR18	11
Cornelia, d. Walter & Grace, b. Nov. 5, 1791	LR18	14
Daniell, s. Zerrubabell, b. Jan. 1, 1699	LR2-3	76
Daniel, s. Eben[eze]r & Elisa, b. Jan. 22, 1732/3	LR9	1
Daniel, Jr., m. Sarah **BENNEDICK**, d. Ens. Thomas, Sr., Apr. 28, 1735	LR4	12
Daniel, s. Daniel & Sarah, b. May 18, 1736	LR4	12
Daniel, s. Dan[ie]l & Sarah, b. Feb. 27, 1759	LR4	12
Daniel, m. Esther **PRICE**, Nov. 15, 1820, by Rev. R. Sherwood	1	1
David, s. Caleb, b. Dec. 3, 1710	LR4	3
David, m. Ruth **LOCKWOOD**, d. Joseph, of Norwalk, Jan. 5, 1735/6	LR4	10
Deborah, d. John, b. Dec. 28, 1679	LR1	112
Deborah, m. Hezekiah **HANFORD**, Oct. 7, 1743	LR19	4
Deborah, d. Timothy & Sarah, b. Apr. 6, 1777	LR19	3
Deborah, m. Henry **CHICHESTER**, June 1, 1784	LR18	36
Dinah, d. Elijah & Mary, b. Jan. 7, 1762	LR18	33
Dinah, d. Timothy & Sarah, b. Sept. 23, 1781	LR19	3
Ebenezer, m. Mary **ST. JOHN**, Nov. 25, 1778	LR18	16
Ebenezer, s. Ebenezer & Mary, b. Oct. 15, 1788	LR18	16
Ebenezer D., s. Gould & Elizabeth, b. Aug. 3, 1776	LR18	13
Edwin, m. Eliza **SMITH**, Mar. 4, [1821], in St. Pauls Church, by Rev. R. Sherwood	1	1
Eli, s. Asa & Ruth, b. Apr. 30, 1787	LR18	2
Elijah, m. Mary **RAYMOND**, June 13, 1757	LR18	33
Elijah, s. Elijah & Mary, b. Mar. 12, 1766	LR18	33
Elijah, m. Abigail **BISHOP**, (2nd w.), Feb. 18, 1768	LR18	33
Eliza, d. Jona[tha]n & Hannah, b. Aug. 12, 1777	LR18	36
Eliza, m. Charles **HOYT**, Sept. 17, 1822, at the house of Eben[eze]r D.		

NORWALK VITAL RECORDS 65

	Vol.	Page
HOYT, HAITE, HAYT, (cont.),		
Hoyt, by Rev. R. Sherwood	1	3
Elissabeth, d. Walter, m. Samuell **SENTION**, Sept. [ ], 1663	LR1	52
Elizabeth, d. Daniel & Sarah, b. June 17, 1744	LR4	12
Elizabeth, m. Moses **BYXBEE**, Jan. 26, 1764	LR18	14
Elizabeth, d. Justus & Elizabeth, b. Aug. 24, 1774	LR18	31
Elizabeth, w. Nathan, d. Feb. 22, 1783	LR18	7
Elizabeth, d. Thomas & Mary, b. Aug. 4, 1787	LR18	30
Elizabeth, d. Joseph, m. Samuel **RAYMOND**, Jr., b. of Norwalk,		
[ ]	LR4	9
Elnathan, s. Jonathan & Sarah, b. Sept. 5, 1794	LR18	14
Elsey, d. Ebenezer & Mary, b. July 19, 1794	LR18	16
Ephraim, s. Matthew & Mary, b. May 2, 1775	LR18	45
Esther, d. Isaac & Phebe, b. Sept. 19, 1765	LR18	30
Esther, d. Asa & Ruth, b. Nov. 9, 1769	LR18	2
Esther, d. Gould & Elizabeth, b. Oct. 14, 1773	LR18	13
Esther, d. Matthew & Mary, b. Dec. 14, 1778	LR18	45
Esther, d. John & Ruth, b. May 10, 1787	LR18	14
Esther, m. Moses **GREGORY**, Feb. 22, 1789	LR18	4
Esther, s. Job & An[n]ah, b. Aug. 21, 1796	LR18	9
Esther, d. June 15, 1848, ae 48	1	50
Esther M., m. Jesse **LEWIS**, b. of Norwalk, Jan. 20, 1845, by Harvey Husted	1	29
Eunice, d. Nathan & Elizabeth, b. July 18, 1742	LR18	7
Eunice, d. Elijah & Abigail, b. May 1, 1774	LR18	33
Eunice, d. Isaac & Phebe, b. Dec. 27, 1775	LR18	30
Eunice B., m. James M. **QUINTARD**, Nov. 16, 1834, by Edwin Hall	1	19
Ezra, m. Phebe **BENEDICK**, d. Dea. John, Apr. 4, 1731	LR4	10
Ezra, s. Ezra [& Phebe], b. Mar. 14, 1734/5	LR4	10
Ezra, s. Walter & Grace, b. July 17, 1789	LR18	14
Ezra, m. Lucretia **SMITH**, Nov. 30, 1820, by Sylvester Eaton	1	1
Fitch, s. Justus & Elizabeth, b. Jan. 26, 1779	LR18	31
Francis, s. Asa & Ruth, b. July 19, 1774	LR18	2
Francis, m. Angenette **SMITH**, b. of Norwalk, Oct. 26, 1825, by Sylvester Eaton	1	8
George A., fisherman, ae 18, res. Norwalk, m. Emma Ann **SMITH**, ae 17, res. Norwalk, Jan. 13, 1848, by P. W. Weyman	1	47
George Anson, s. Job & An[n]ah, b. Oct. 19, 1793	LR18	9
Gould, m. Elizabeth **DIMON**, June 13, 1765	LR18	13
Goold, s. Justus & Elizabeth, b. May 28, 1766	LR18	31
Gould, s. Gould & Elizabeth, b. Nov. 16, 1769	LR18	13
Goold, m. Sarah **REED**, May 15, 1786	LR18	31
Grace, d. Nathan & Elizabeth, b. Sept. 24, 1763	LR18	7
Grace, m. Walter **HAYT**, Aug. 16, 1786	LR18	14
Grace, d. Walter & Grace, b. June 25, 1797	LR18	14
Grace, m. Seth **SMITH**, b. of Norwalk, Oct. 8, 1823, by Sylveser Eaton	1	5
Grace, d. Nov. 16, 1847, ae 84	1	49
Hannah, d. Walter, m. Judah **GRIGGORIE**, Oct. 20, 1664	LR1	52
Hannah, d. Zerubbabell, m. Jospeh **WHITNE**, July 6, 1704	LR4	2
Hannah, d. Nathan & Elizabeth, b. Apr. 23, 1759	LR18	7
Hannah, d. Jonathan, b. Oct. 9, 1771	LR18	36
Hannah, d. Elijah & Abigail, b. July 13, 1778	LR18	33
Hannah, d. Justus & Elizabeth, b. May 2, 1784	LR18	31

HOYT, HAITE, HAYT, (cont.).

	Vol.	Page
Hannah, d. Isaac & Mary, b. Jan. 16, 1789	LR18	38
Hannah, m. Hezekiah JENNINGS, Nov. 27, 1795	LR18	36
Hannah, d. Stephen & Polly, b. Dec. 28, 1796	LR18	31
Hannah, m. Lewis RAYMOND, b. of Norwalk, Dec. 5, 1821, by Sylvester Eaton	1	2
Hannah, m. Seth D. ADDIS, Apr. 26, 1835, by Rev. Luther Mead	1	19
Hannah Eliza, d. Sam[ue]l & Hannah, b. July 15, 1812	LR19	12
Harriet, d. Goold & Sarah, b. Apr. 16, 1790	LR18	31
Harriet, d. Sam[ue]l & Hannah, b. Mar. 4, 1810	LR19	12
Harriet A., m. James M. HOYT, Nov. 13, 1834, by Rev. Luther Mead	1	18
Harvey, s. Jonathan & Hannah, b. Aug. 21, 1787	LR18	36
Harvey, s. Samuel & Mary, b. Dec. 29, 1796	LR18	11
Harvey E., Capt., m. Deborah Ann GRAY, Oct. 29, 1827, by Rev. R. Sherwood	1	10
Henry, s. Asa & Ruth, b. May 11, 1767	LR18	2
Henry, of Norwalk, m. Charlotte FINCH, of Wilton, Apr. 13, [1823], in St. Pauls Church, by Rev. R. Sherwood	1	5
Henry Comley, s. Samuel & Hannah, b. Apr. 15, 1804	LR19	12
Hettee, d. Timothy & Sarah, b. Mar. 23, 1783	LR19	3
Hiram, m. Catharine WARREN, Feb. 3, 1833, by Edwin Hall	1	17
Hulda, d. Samuel & Mary, b. Apr. 13, 1792	LR18	11
Ira, s. Thomas & Mary, b. Feb. 21, 1790	LR18	30
Ira, m. Mrs. Polly HANFORD, b. of Norwalk, Apr. 7, 1822, by Sylvester Eaton	1	3
Isaac, s. David [& Ruth], b. Sept. 28, 1736	LR4	10
Isaac, m. Phebe MOTT, Dec. 25, 1760	LR18	30
Isaac, m. Mary RAYMOND, June 30, 1776	LR18	38
Isaac, laborer, b. New York, res. Norwalk, b. June 30, 1848, ae 48	1	50
Isaac James, s. Isaac & Mary, b. Dec. 20, 1782	LR18	38
Isabel, d. Timothy & Sarah, b. Feb. 2, 1769	LR19	3
Isabel, m. Elind DeFOREST, Apr. 29, 1791	LR18	47
Israel, s. Justus & Elizabeth, b. May 22, 1772	LR18	31
Jackan*, s. Timothy & Sarah, b. June 28, 1761 *(Jachin?)	LR19	3
James, s. Elijah & Mary, b. Nov. 22, 1759; d. May [ ], 1777	LR18	33
James, s. Isaac & Mary, b. Jan. 11, 1777; d. Feb. 1, 1778	LR18	38
James, s. Asa & Ruth, b. Dec. 5, 1779	LR18	2
James, m. Ellen DASON, b. of Norwalk, Apr. 4, 1836, by Rev. Davis Stocking	1	20
James M., m. Harriet A. HOYT, Nov. 13, 1834, by Rev. Luther Mead	1	18
Jane, m. Elisha CRANE, b. of Norwalk (colored), Mar. 29, 1821, by Rev. Sylvester Eaton	1	1
Jerry, s. Goold & Sarah, b. June 28, 1792	LR18	31
Job, s. Nathan & Elizabeth, b. Sept. 3, 1765	LR18	7
Job, m. Anah RAYMOND, Aug. 4, 1785	LR18	9
Joel, s. Timothy & Sarah, b. Oct. 29, 1770	LR19	3
John, m. Mary LINDALL, d. Dea. Henry, decd., of New Haven, Sept. 14, 1666	LR1	49
John, s. John, b. June 21, 1669	LR1	49
John, s. Timothy & Sarah, b. Jan. 3, 1779	LR19	3
John, m. Ruth GREGORY, June 5, 1783	LR18	14
Jonathan, m. Hannah [ ], Feb. 17, 1770	LR18	36
Jonathan, s. Jonathan & Hannah, b. May 7, 1775	LR18	36

NORWALK VITAL RECORDS 67

	Vol.	Page
HOYT, HAITE, HAYT, (cont.),		
Jonathan, m. Sarah **MIDDLEBROOK**, Apr. 14, 1793	LR18	14
Joseph B., s. Timothy & Sarah, b. Sept. 6, 1775	LR19	3
Joseph W., m. Jane **CAMERON**, b. of Norwalk, Feb. 2, 1824, by Sylvester Eaton	1	6
Joseph Warren, m. Sarah Ann **LOCKWOOD**, b. of Norwalk, Feb. 26, [1828], by Rev. Thomas Robbins	1	11
Josiah, m. Polly **WARING**, June 18, 1797	LR18	21
Josiah & w. Polly, had child, b. Dec. 31, 1797	LR18	21
Justus, m. Elizabeth **FITCH**, May 29, 1765	LR18	31
Justus, s. Justus & Elizabeth, b. Mar. 10, 1788	LR18	31
Kezia, m. Seth **HICKOX**, Apr. 1, 1795	LR18	25
Leek*, s. Justus & Elizabeth, b. June 23, 1768 *(Luke?)	LR18	31
Lewis, s. Asa & Ruth, b. June 24, 1782	LR18	2
Lewis S., m. Almira **JELLIFF**, b. of Norwalk, Sept. 25, 1822, by Sylvester Eaton	1	4
Lewis Stebbins, s. Ebenezer & Mary, b. Aug. 21, 1798	LR18	16
Liffe, s. Matthew & Mary, b. Aug. 15, 1780	LR18	45
Lockwood, s. Isaac & Phebe, b. Aug. 18, 1771	LR18	30
Lois, d. Timothy & Sarah, b. Apr. 15, 1772	LR19	3
Lucretia, d. Job & An[n]ah, b. Apr. 24, 1790	LR18	9
Luke*, s. Justus & Elizabeth, b. June 23, 1768 *(Arnold copy has "Leek")	LR18	31
Lydia, d. Isaac & Phebe, b. Nov. 7, 1774	LR18	30
Maria, d. Goold & Sarah, b. Aug. 5, 1794	LR18	31
Maria, b. Wilton, res. Norwalk, d. July 6, 1848, ae 48	1	49
Mary, d. John, b. Sept. 1, 1677	LR1	111
Mary, d. Nathan & Elizabeth, b. Oct. 27, 1756	LR18	7
Mary, w. Elijah, d. June 12, 1766	LR18	33
Mary, d. Matthew & Mary, b. Apr. 30, 1769	LR18	45
Mary, d. Elijah & Abigail, b. Apr. 6, 1770	LR18	33
Mary, d. Timothy & Sarah, b. Jan. 27, 1774	LR19	3
Mary, m. Thomas **HAYT**, Apr. 9, 1778	LR18	30
Mary, d. Thomas & Mary, b. June 30, 1784	LR18	30
Mary, d. Isaac & Mary, b. Dec. 28, 1787	LR18	38
Mary, m. Andrew **MESNARD**, Jan. 1, 1797	LR18	47
Mary, of Norwalk, m. Henry **PARMELEE**, of Killingworth, Dec. 20, 1821, by Sylvester Eaton	1	2
Mary, of Norwalk, m. Charles **HOYT**, of Brooklyn, N.Y., June 3, 1833, by Bishop Charles P. McIlvaine, of Ohio. Witnesses James J. Hoyt, Mrs. James J. Hoyt, b. of New York	1	17
Mary Ann, d. Sam[ue]l & Hannah, b. June 26, 1806	LR19	12
Mary Ann, of Norwalk, m. David **WHITLOCK**, of Wilton, Feb. 27, 1828, by Aaron W. Whitney	1	11
Mary J., m. John W. **TAYLOR**, Mar. 20, 1832, by Tho[ma]s F. Davis	1	15
Matthew, m. Mary **LOCKWOOD**, Jan. 2, 1761	LR18	45
Matthew, s. Matthew & Mary, b. Feb. 18, 1772	LR18	45
Matthew, Jr., m. Mary **KEELER**, Nov. 14, 1793	LR18	45
Mehitabell, [w. Caleb], d. Mar. 21, 1755	LR4	3
Mercy, d. Matthew & Mary, b. Aug. 17, 1765	LR18	45
Moses, s. Justus & Elizabeth, b. July 15, 1776	LR18	31
Munson, s. Gould & Elizabeth, b. Mar. 17, 1781	LR18	13
Nancy, d. Isaac & Mary, b. Apr. 24, 1785; d. Dec. 25, 1793	LR18	38

68   BARBOUR COLLECTION

	Vol.	Page
HOYT, HAITE, HAYT, (cont.),		
Nancy, d. Justus & Elizabeth, b. July 26, 1793	LR18	31
Nancy, d. Walter & Grace, b. July 25, 1794	LR18	14
Nathan, m. Elizabeth **LOCKWOOD**, Apr. 9, 1741	LR18	7
Nathan, s. Nathan & Elizabeth, b. Aug. 17, 1754	LR18	7
Nathan, m. Sarah **BISHOP**, of Stamford, Feb. last day, 1784	LR18	7
Nathan, s. Job & An[n]ah, b. Mar. 2, 1788	LR18	9
Nathaniell, s. John, b. July 27, 1683	LR1	138
Nathaniel, s. John & Ruth, b. May 1, 1797	LR18	14
Nehemiah, s. Daniel & Sarah, b. July 25, 1740	LR4	12
Nelse*, s. Job & An[n]ah, b. Jan 6, 1799 *(Nelson)	LR18	9
Netus, s. Samuel & Mary, b. Nov. 20, 1794; d. Feb. 17, 1797	LR18	11
Orelia, m. Henry **CHAMBERS**, Jan. 17, 1828, by Aaron W. Whitney	1	10
Phebe, d. Isaac & Phebe, b. Aug. 29, 1769	LR18	30
Phebe, d. Matthew & Mary, b. Oct. 4, 1773; d. Feb. 8, 1774	LR18	45
Phebe, d. Mathew & Mary, b. Feb. 21, 1777	LR18	45
Phebe A., m. Henry B. **JENNINGS**, of Greens Farms, this day [dated Oct. 5, 1846], by Edwin Hall	1	33
Phineas, s. Daniel & Sarah, b. Apr. 11, 1742	LR4	12
Polly, d. Justus & Elizabeth, b. July 1, 1781	LR18	31
Polly, d. Jonathan & Hannah, b. July 26, 1782	LR18	36
Polly, d. Stephen & Polly, b. May 4, 1795	LR18	31
Polly Keeler, d. Matthew & Mary, b. Dec. 16, 1798	LR18	45
Rachel, d. Dan[ie]ll & Sarah, b. Sept. 3, 1738	LR4	12
Rachel, d. Elijah & Mary, b. Aug. 6, 1764; d. May [ ], 1765	LR18	33
Ralph, of Darien, m. Mary **RAYMOND**, of Norwalk, Mar. 14, 1824, by Sylvester Eaton	1	6
Rebecca, of Norwalk, m. Wil[l]i[a]m **SMALL**, of New York, June 16, 1836, by James Knox, Int. Pub.	1	20
Rhoda, d. Dea. Zerubbabel, m. John **KEELER**, Jr., Apr. 19, 1710	LR4	2
Rhoda, d. Caleb, m. James **HAYS**, Jr., Dec. 29, 1734	LR4	12
Rhoda, m. Benajah **HOYT**, Nov. 4, 1799	LR19	9
Richard, s. Isaac & Mary, b. July 26, 1793; d. Nov. 26, 1794	LR18	38
Ruth, d. Nathan & Elizabeth, b. Jan. 17, 1748	LR18	7
Ruth, d. Caleb & Ruth, b. July 29, 1753	LR4	3
Ruth, w. Caleb, d. Apr. 9, 1755	LR4	3
Ruth, d. Timothy & Sarah, b. Oct. 2, 1762	LR19	3
Ruth, d. Asa & Ruth, b. Feb. 21, 1777	LR18	2
Ruth, d. John & Ruth, b. June 16, 1799	LR18	14
Sally, d. Isaac & Mary, b. Mar. 11, 1778; d. Dec. 2, 1793	LR18	38
Sally, m. John **RAYMOND**, Feb. 13, 1791	LR18	30
Sally, d. John & Ruth, b. Apr. 25, 1791	LR18	14
Sally, m. Greenwood **LEWIS**, Aug. 12, 1832, by Edwin Hall	1	16
Samuell, s. John, b. Oct. 17, 1672	LR1	50
Samuel, s. Nathan & Elizabeth, b. Aug. 14, 1761	LR18	7
Samuel, s. Elijah & Abigail, b. June 19, 1772	LR18	33
Samuel, s. Thomas & Mary, b. Nov. 11, 1778	LR18	30
Samuel, s. Matthew & Mary, b. May 4, 1782	LR18	45
Samuel, s. Job & An[n]ah, b. Mar. 23, 1786	LR18	9
Samuel, m. Mary **WEED**, Oct. 20, 1790	LR18	11
Samuel, m. Hannah **JESSUP**, Mar. 4, 1801	LR19	12
Sarah, d. Nathan & Elizabeth, b. Nov. 12, 1746	LR18	7
Sarah, d. Daniel & Sarah, b. Apr. 25, 1749	LR4	12

	Vol.	Page
HOYT, HAITE, HAYT, (cont.),		
Sarah, d. Caleb & Ruth, b. Dec.19, 1752	LR4	3
Sarah, d. Timothy & Sarah, b. July 28, 1764	LR19	3
Sarah, d. Jona[tha]n & Hannah, b. July 25, 1779	LR18	36
Sarah, d. Thomas & Mary, b. Jan. 23, 1797	LR18	30
Seth, s. Jonathan & Hannah, b. Nov. 11, 1784; d. Dec. 26, 1783	LR18	36
Seymore, s. Timothy & Sarah, b. July 1, 1767	LR19	3
Squire Middlebrook, s. Jonathan & Sarah, b. Dec. 11, 1796	LR18	14
Stephen, s. Isaac & Phebe, b. Oct. 25, 1761	LR18	30
Stephen, s. Justus & Elizabeth, b. Apr. 22, 1770	LR18	31
Stephen, s. Ebenezer & Mary, b. Sept. 17, 1786	LR18	16
Stephen, m. Polly **CARTER**, May 20, 1794	LR18	31
Sukey, d. John & Ruth, b. Feb. 7, 1795	LR18	14
Thaddeus, s. Ezra [& Phebe], b. Apr. 28, 1737	LR4	10
Thaddeus, s. Matthew & Mary, b. Nov. 21, 1763	LR18	45
Thankful, d. Matthew & Mary, b. Mar. 4, 1767	LR18	45
Thomas, s. John, b. Jan. 5, 1674	LR1	111
Thomas, s. Daniel & Sarah, b. Dec. 24, 1752	LR4	12
Thomas, s. Gould & Elizabeth, b. Feb. 26, 1767	LR18	13
Thomas, m. Mary **HAYT**, Apr. 9, 1778	LR18	30
Thomas, s. Thomas & Mary, b. Feb. 5, 1782	LR18	30
Thomas, Jr., m. Elizabeth **PHILLIPS**, Jan. 5, 1793	LR18	2
Timothy, s. David [& Ruth], b. May 29, 1739	LR4	10
Timothy, m. Sarah **BENEDICT**, Feb. 4, 1761	LR19	3
Walter, m. Grace **HAYT**, Aug. 16, 1786	LR18	14
Walter Benjamin, s. Walter & Grace, b. June 10, 1787	LR18	14
William, s. Elijah & Mary, b. Apr. 12, 1758	LR18	33
William Carpenter, s. Sam[ue]l & Hannah, b. Feb. 19, 1808	LR19	12
William D., of New York, m. Elizabeth **CORNWELL**, of Norwalk, Dec. 20, 1837, by Rev. Edward Reynoll, of Westport	1	22
William Henry, s. Goold & Sarah, b. Dec. 18, 1788	LR18	31
W[illia]m L., of New York, m. Mary J. A. **GREGORY**, of Norwalk, July 6, 1837, by Rev. Israel S. Dickenson	1	21
Zerubabell, had d. Abigall, b. Feb. 2, 1675	LR1	52
HUBBELL, HUBBLE, Abraham, s. Zadock & Mary, b. Jan. 8, 1786	LR18	25
Anne, m. Jehiel **KEELER**, Mar. 3, 1793	LR19	2
Bettey, d. Zadock & Mary, b. Nov. 20, 1791	LR18	25
Charlotte, d. Zadock & Mary, b. Jan. 13, 1782	LR18	25
David, of Otsego, N.Y., m. Sarah W. **RAYMOND**, of Norwalk, July 17, 1825, by Noble W. Thomas, Elder	1	7
David B., m. Sarah A. **MEAD**, b. of Stepney, Dec. 25, 1846, by W. C. Hoyt	1	33
Elizabeth, d. Augustus, laborer, ae 23 & Catharine, ae 23, b. Mar. 6, 1848	1	43
Elizabeth, d. Mar. 8, 1848, ae 2 d.	1	50
George, s. Zadoc & Mary, b. Mar. 30, 1794	LR18	25
Lorenzo, m. Ann **CAMP**, Apr. 14, 1835, by Edwin Hall	1	19
Mary, m. Zadock **HUBBELL**, Oct. 23, 1778	LR18	25
Sally, d. Zadock & Mary, d. Apr. 20, 1794	LR18	25
Sarah, d. Zadock & Mary, b. Jan. 26, 1788	LR18	25
Sukey, d. Zadock & Mary, b. Oct. 22, 1779	LR18	25
Sukey, d. Zadock [& Mary], d. Apr. 8, 1794	LR18	25
Sukey, 2nd, d. Zadock & Mary, b. Jan. 5, 1797	LR18	25

	Vol.	Page
HUBBELL, HUBBLE, (cont.),		
Uraney, d. Zadock & Mary, b. Feb. 17, 1784	LR18	25
Zadock, m. Mary **HUBBELL,** Oct. 23, 1778	LR18	25
HULIN, George H., Rev. of Weston, m. Harriet **MALLORY,** of Norwalk, Sept. 23, 1833, by Edwin Hall	1	17
HULL, Eleazer, s. Josiah [& Hannah], b. Dec. 29, 1728; d. Mar. 28, 1729	LR4	11
Eleazer, s. Josiah [& Hannah], b. July 31, 1734	LR4	11
Hannah, d. Josiah [& Hannah], b. Apr. 7, 1730	LR4	11
Josiah, m. Hannah **PRINDLE,** d. Eleazer, decd., of Milford, July 27, 1727	LR4	11
Josiah, s. Josiah [& Hannah], b. June 19, 1732	LR4	11
HUNTER, Abby L., of Norwalk, m. Joel **BENTON,** of South Salem, N.Y., [Mar.] 18, [1827], at her father's house, by Ebenezer Platt	1	10
John B., of New York, m. Lucinda **COMSTOCK,** of Norwalk, Mar. 1, 1829, in St. Pauls Church, by Rev. R. Sherwood	1	11
Moses H., of West Springfield, Mass., m. Catharine **DIMLY,** of Norwalk, Nov. 24, 1844, by James J. Woolsey	1	30
Walter, m. Lucinda J. **HILLCON** (?), this day [Apr. 23, 1848], by Edwin Hall	1	35
William H., ae 25, b. Chester, Mass., res. Norwalk, m. Lucinda J. **KILLIM,** ae 18, b. New Canaan, res. Norwalk, Apr. 23, 1848, by Rev. Edwin Hall	1	46
HURD, Delia, m. Chauncey **WILCOX,** b. of Norwalk, Apr. 27, 1823, by Sylvester Eaton	1	4
HURLBUTT, Abraham, m. Martha **MOREHOUSE,** Nov. 9, 1796	LR18	28
Alathea, m. Samuel M. **COLEY,** b. of Norwalk, Nov. 28, 1830, by Rev. John Noyes, Weston	1	14
Anna, d. Daniel & Esther, b. Mar. 8, 1766; d. June 28, 1767	LR18	28
Anna, d. Daniel & Esther, b. Apr. 6, 1774	LR18	28
Anna, d. Joseph & Sally, b. Feb. 17, 1780; d. June 17, 1779* *(1780?)	LR18	18
Anna, 2nd, d. Joseph & Sally, b. July 23, 1784	LR18	18
Belden, s. Daniel & Esther, b. Nov. 14, 1783	LR18	28
Bethia, d. Dan[ie]l & Esther, b. June 15, 1791	LR18	28
Betsey, d. Daniel & Esther, b. June 27, 1769	LR18	28
Betsey, m. Noah **HICKOX,** Sept. 1, 1785	LR18	35
Charles, s. James & Anna, b. Dec. 4, 1788; d. Aug. 4, 1791	LR19	5
Charles, s. Taylor & Betty, b. Sept. 24, 1794	LR19	6
Charles, Col., m. Nancy **TAYLOR,** b. of Norwalk, Oct. 9, 1825, by Sylvester Eaton	1	7
Charlotte, d. James & Anna, b. Feb. 13, 1791	LR19	5
Clarry, [twin with Joel], d. Joseph & Sally, b. Feb. 7, 1787	LR18	18
Daniel, m. Naomi **STUART,** Mar. 9, 1758	LR18	28
Daniel, m. Esther **PATRICK,** Mar. 20, 1765	LR18	28
Daniel, s. Daniel & Esther, b. Feb. 11, 1772	LR18	28
Dudley, s. Joseph & Sally, b. May 16, 1797	LR18	18
Edward, s. James & Anna, b. June 19, 1786	LR19	5
Esther, d. Dan[ie]l & Esther, b. Apr. 3, 1776	LR18	28
Foster, s. Joseph & Sally, b. Oct. 12, 1777	LR18	18
Frederick, m. Betsey **GRIFFETH,** b. of Norwalk, Jan. 7, 1827, by Sylvester Eaton	1	9
Ginne, d. Dan[ie]l & Esther, b. May 27, 1786	LR18	28
Hannah, d. Daniel & Naomi, b. July 25, 1761	LR18	28

NORWALK VITAL RECORDS 71

	Vol.	Page
HURLBUTT, (cont.),		
Harriet, d. John & Anna, b. July 23, 1795	LR18	30
Henry, s. James & Anna, b. July 4, 1795	LR19	5
Isaac, s. James & Anna, b. Jan. 18, 1782	LR19	5
James, m. Anne **HAYS**, Mar. 18, 1781	LR19	5
Joel, [twin with Clarry], s. Joseph & Sally, b. Feb. 7, 1787	LR18	18
John, s. Daniel & Esther, b. Oct. 14, 1778	LR18	28
John, m. Anna **ADDAMS**, Nov. 29, 1791	LR18	30
John P., of Wilton, m. Mary Esther **GREGORY**, of Poplor Plains, Norwalk, Oct. 21, 1832, by Rev. Nicholas Gregory, at Poplor Plains, Norwalk	1	15
Joseph, m. Sally **LEWIS**, Aug. 9, 1772	LR18	18
Lewis, s. Joseph & Sally, b. Oct. 24, 1773	LR18	18
Lewis, s. Lewis & Molly, b. Feb. 9, 1777* *(Probably 1797)	LR18	25
Lewis, m. Molly **SCRIBNER**, Dec. 14, 1796	LR18	25
Lottie, d. Joseph & Sally, b. May 3, 1789	LR18	18
Luke*, d. Joseph & Sally, b. Mar. 24, 1795 *(Sukey)	LR18	18
Mary, d. Dan[ie]l & Esther, b. Mar. 27, 1781	LR18	28
Mary, d. Taylor & Betty, b. Feb. 21, 1797	LR19	6
Mary, of Norwalk, m. Platt **PEARSELL**, of Fairfield, Jan. 22, 1826, by Sylvester Eaton	1	8
Millison, m. Peter **ADDAMS**, Mar. 17, 1784	LR18	40
Milleson, d. James & Anna, b. Jan. 2, 1798	LR19	5
Nancy, d. James & Anna, b. Feb. 25, 1793	LR19	5
Nancy Penfield Hays, d. James & Anna, b. Dec. 18, 1784; d. Aug. 3, 1785	LR19	5
Naomi, w. Daniel, d. July [ ], 1764	LR18	28
Orastia, d. Joseph & Sally, b. May 13, 1782	LR18	18
Polly, d. Joseph & Sally, b.May 1, 1793	LR18	18
Rebeckah, d. John & Anna, b. July 24, 1797	LR18	30
Ruth, d. Daniel & Naomi, b. Dec. 18, 1758	LR18	28
Sally, d. Joseph & Sally, b. Aug. 26, 1775	LR18	18
Sally, d. John & Anna, b. Mar. 25, 1794	LR18	30
Sally, d. Abraham & Martha, b. July 14, 1797	LR18	28
Sarah, m. John **STUART**, Dec. 1, 1779	LR18	18
Sarah, d. Dan[ie]l & Esther, b. Dec. 30, 1788	LR18	28
Sukey*, d. Joseph & Sally, b. Mar. 24, 1795 *(Luke)	LR18	18
Taylor, m. Betty **BENNETT**, Dec. 5, 1793	LR19	6
Walter, s. Joseph & Sally, b. May 17, 1791	LR18	18
William, s. John & Anna, b. Feb. 22, 1793	LR18	30
HUSTED, Morris, s. Thaddeus & Abigail, b. Feb. 13, 1795; d. Mar. 30, 1796	LR18	18
Morris, 2nd, s. Thaddeus & Abigail, b. June 2, 1797	LR18	18
Nancy, d. Thaddeus & Abigail, b. Jan. 12, 1786	LR18	18
Polly, d. Thaddeus & Abigail, b. Jan. 15, 1783	LR18	18
Samuel, s. Thaddeus & Abigail, b. Apr. 26, 1792	LR18	18
Thaddeus, m. Abigail **SEYMORE**, Jan. 24, 1782	LR18	18
Thaddeus, s. Thaddeus & Abigail, b. Jan. 29, 1790	LR18	18
Thomas Seymore, s. Thaddeus & Abigail, b. Mar. 6, 1784; d. Sept. 28, 1785	LR18	18
Thomas Seymore, s. Thaddeus & Abigail, b. Feb. 6, 1788	LR18	18
HYATT, HYAT, [see also **HOYT**], Aaron, s. Alven & Abigail, b. July 30, 1780	LR18	33
Abigail, d. Eben[eze]r & Elisa, b. Oct. 8, 1737	LR9	1

	Vol.	Page
HYATT, HYAT, (cont.),		
Abigail, m. John **EVERSLY**, Nov. [ ]	LR18	30
Almira, m. Isaac **NORTHROP**, Mar. 14, 1830, by Henry Benedict	1	13
Alvan, s. Thomas & Hannah, b. Nov. 19, 1751	LR19	7
Alven, m. Abigail **GRUMMAN**, Sept. 16, 1779	LR18	33
Angeline, m. John **BROWN**, May 29, 1831, by Henry Benedict	1	15
Ann, d. Eben[eze]r & Elisa, b. Nov. [ ], 1735	LR9	1
Anson, s. Gilbert & Polly, b. Aug. 3, 1797	LR18	21
Asahel, s. Stephen & Elizabeth, b. Feb. 23, 1793	LR19	6
Betsey, d. Thomas & Hannah, b. Mar. 8, 1757	LR19	7
Charity, m. Joshua **SHALLHURN**, Dec. 28, 1828, by Aaron W. Whitney	1	11
Charry, d. Stephen & Elizabeth, b. Feb. 16, 1795	LR19	6
Christiana, m. William **WILSON**, b. of Norwalk, May 26, 1822, by Sylvester Eaton	1	3
Daniel, m. Mary **EVERSLY**, Feb. [ ], 1771	LR18	21
Daniel, m. 2nd w. Polly **LOCKWOOD**, June 12, 1780	LR18	21
David, s. Stephen & Elizabeth, b. Oct. 21, 1790	LR19	6
Deborah, d. Eben[eze]r & Elisa, b. Aug. 3, 1739	LR9	1
Ebenezer, s. Eben[eze]r & Elisa, b. Feb. 1, 1726/7	LR9	1
Ebenezer, s. Isaac & Esther, b. Jan. 23, 1785	LR19	4
Elizabeth, d. Eben[eze]r & Elizabeth, b. June 6, 1718	LR9	1
Elizabeth, m. David **WHITNEY**, May 11, 1741	LR18	27
Esther, d. Isaac & Esther, b. Apr. 2, 1783	LR19	4
George, s. Alven & Abigail, b. Oct. 29, 1793	LR18	33
Gershom, s. Eben[eze]r & Elisabeth, b. Apr. 27, 1742	LR9	1
Gilbert, s. Thomas & Hannah, b. May 3, 1771	LR19	7
Gilbert, m. Polly **CROFOOT**, July 10, 1794	LR18	21
Hannah, d. Eben[eze]r & Elisa, b. Mar. 7, 1731	LR9	1
Hannah, [d. Ebenezer & Elisa], d. Jan. 28, 1739/40	LR9	1
Hannah, [twin with Rebecca], d. Eben[eze]r & Elizabeth, b. July 1, 1744; d. Jan. 7, 1744/5	LR9	1
Hannah, d. Gilbert & Polly, b. July 19, 1795	LR18	21
Isaac, m. Esther **PLATT**, Oct. 10, 1781	LR19	4
Isabel, m. Joseph **LOCKWOOD**, Oct. 31, 1774	LR18	5
Jabez Gregory, of Norwalk, m. Rebecca **BROWN**, of Saugatuck, Feb. 11, 1827, by Sylvester Eaton	1	10
Jane, d. John & Jane, b. June 26, 1795; d. Sept. 3, 1796	LR18	7
Jesse, s. Alven & Abigail, b. June 5, 1784	LR18	33
John, s. Eben[eze]r & Elizabeth, b. July 15, 1720	LR9	1
John, m. Jane **WHITE**, Oct. 9, 1794	LR18	7
John W., s. John & Jane, b. June 29, 1797	LR18	7
Mary, d. Eben[eze]r & Elisa, b. Jan. 16, 1724/5	LR9	1
Mary, [w. Daniel], d. Feb. 19, 1773	LR18	21
Phebe, m. Hutton **SMITH**, Aug. 2, 1779	LR19	4
Platt, s. Isaac & Esther, b. Dec. 5, 1791	LR19	4
Polly, d. Alven & Abigail, b. Jan. 24, 1782	LR18	33
Rebecka, d. Thomas, b. Oct. beginning, 1678	LR1	111
Rebecca, [twin with Hannah], d. Eben[eze]r & Elizabeth, b. July 1, 1744	LR9	1
Sally, d. Isaac & Esther, b. Dec. 23, 1794	LR19	4
Sally, d. Alven & Abigail, b. Sept. 4, 1795	LR18	33
Samuel, s. Thomas & Hannah, b. Mar. 20, 1759	LR19	7
Sarah, d. Thomas, decd., m. James **BENNEDICK**, Apr. 7, 1709	LR4	1

	Vol.	Page
HYATT, HYAT, (cont.),		
Sarah, d. Eben[eze]r & Elisa, b. June 15, 1722	LR9	1
Silas Price, s. Stephen & Elizabeth, b. Apr. 16, 1796	LR19	6
Stephen, s. Thomas & Hannah, b. May 28, 1761	LR19	7
Stephen, m. Elizabeth **WHITLOCK**, Dec. 14, 1785	LR19	6
Susanna, d. Thomas & Hannah, b. July 12, 1763	LR19	7
Thomas, m. Mary **SENTION**, d. Mathias, about Nov. 10, 1677	LR1	111
Thomas, s. Eben[eze]r & Elisa, b. May 25, 1729	LR9	1
Thomas, m. Hannah **SCRIBNER**, Apr. 3, 1748	LR19	7
William, m. Elizabeth Jane **LOCKWOOD**, b. of Norwalk, Jan. 3, 1830, by Oliver Sykes	1	12
INCE, Mary, wid., m. Rev. Thomas **HANDFORD**, Oct. 22, 1661, at New Haven	LR1	49
INGERSON, INGASON, Deborah, m. Isaac **DeFOREST**, Dec. 1, 1784	LR19	1
Jerusha, m. Lewis **McGILL**, Jan. 27, 1833, by Edwin Hall	1	16
IRVING, George, of Bedford, N.Y., m. Lydia L. **WARREN**, of Norwalk, Mar. 8, 1846, by W. C. Hoyt	1	31
ISAACS, Benjamin, s. Ralph & Mary, b. Sept. 19, 1737	LR4	0
Benjamin, s. Isaac & Susanna, b. July 17, 1778	LR18	9
Charles, s. Isaac & Susanna, b. June 7, 1795	LR18	9
Charles, m. Rebecca **BETTS**, Nov. 11, 1815	LR19	12
Easther, d. Ralph & Mary, b. July 19, 1730	LR4	0
Grace, d. Ralph & Mary, b. June 10, 1743	LR4	0
Isaac, s. Ralph & Mary, b. July 19, 1732	LR4	0
Isaac Scudder, m. Susanna **ST. JOHN**, June 6, 1777	LR18	9
John, s. Isaac & Susanna, b. Sept. 21, 1799	LR18	9
John, m. Elizabeth Ann **ST. JOHN**, Oct. 7, 1821, in St. Pauls Church, by Rev. R. Sherwood	1	2
Mary, d. Ralph & Mary, b. Sept. 27, 1728	LR4	0
Ralph, m. Mrs. Mary Rumsey, d. Benjamin **RUMSEY**, of Fairfield, Mar. 7, 1725/6	LR4	0
Ralph, s. Ralph & Mary, b. June 4, 1741	LR4	0
Samuel, s. Ralph & Mary, b. Jan. 16, 1726/7	LR4	0
Sarah, d. Ralph & Mary, b. Aug. 31, 1735	LR4	0
Susan, d. Charles & Rebecca, b. Mar. 28, 1819	LR19	12
William, s. Isaac & Susanna, b. Nov. 5, 1788	LR18	9
JACKSON, Ann, m. Henry **SELLECK** (colored), Nov. 25, 1829, by Henry Benedict	1	12
Margaretta, of New Rochelle, N.Y., m. William S. **BENTON**, of Norwalk, Dec. 9, 1837, by James Knox	1	22
Sarah, m. John **NASH**, [ ], 1736	LR18	43
JAMES, Allethia, d. Peter & Mercy, b. Feb. 15, 1765	LR18	9
Daniel, s. Peter & Mary, b. Sept. 10, 1773	LR18	9
Daniel, m. Anna **KELLOGG**, Jan. 18, 1798	LR18	36
Edward, s. Peter & Mary, b. Mar. 9, 1779	LR18	9
Jemimy, s. Peter & Mary, b. Mar. 23, 1771	LR18	9
Jemmy, m. Elizabeth **CAMP**, Jan. 24, 1798	LR18	37
Mercy, m. Aaron **KEELER**, May 20, 1781	LR18	12
Nelson, s. Jemmy & Eliza[beth], b. Oct. 19, 1798	LR18	37
Peter, s. Peter & Mary, b. Jan. 12, 1767	LR18	9
Ruth, m. Stephen **ABBOTT**, Mar. 7, 1780	LR18	33
Sally, d. Dan[ie]l & Anna, b. Aug. 27, 1798	LR18	36
Sarah, d. Peter & Mary, b. Dec. 7, 1768	LR18	9

74   BARBOUR COLLECTION

	Vol.	Page
JAMES, (cont.),		
William, s. Peter & Mary, b. Feb. 7, 1777	LR18	9
William K., s. Daniel & Anna, b. Sept. 15, 1800	LR18	36
JARVIS, Abraham, s. Hezekiah & Mary, b. Mar. 26,1770; d. Dec. 13, 1776	LR18	41
Abraham, s. Hezekiah & Sarah, b. Aug. 23, 1781	LR18	41
Amelia, d. Hezekiah & Sarah, b. Nov. 27, 1790	LR18	41
Ann, d. Nathan & Ann, b. Oct. 5, 1758	LR18	34
Betsey, b. Sept. 10, 1762, at Norwalk; m. Jacob **OSBORN,** of Salem, Westchester County, [ ]	LR19	10
Betty, d. Nathan & Ann, b. Sept. 10, 1761	LR18	34
Catharine, m. Joseph **FAIRWEATHER,** [ ], 1782	LR18	33
Charles, s. Hezekiah & Sarah, b. Mar. 28, 1785	LR18	41
Elbert, d. Jan. 21, 1848, ae 9 m.	1	49
Elijah, s. Hezekiah & Mary, b. Mar. 18, 1772	LR18	41
Elizabeth, m. Peter **WHITE,** [ ], 1739	LR18	22
Esther, d. Nathan & Ann, b. Aug. 27, 1775	LR18	34
Esther, m. Samuel **WHITE,** Jr., June 21, 1795	LR18	22
Frances Fairweather, of Darien, m. Alva **WEED,** Aug. 20, 1823, in St. Pauls Church, by Rev. R. Sherwood	1	5
Frederic Sanford, s. Nathan & Betsey, b. Nov. 24, 1803	LR19	9
Hannah, d. William [& Hannah], b. Sept. 27, 1725	LR4	9
Hannah, d. William [& Hannah], b. Nov. 23, 1727	LR4	9
Hannah, d. Nathan & Ann, b. Feb. 25, 1780	LR18	34
Hannah, d. Melancton & Polly, b. Oct. 9, 1798	LR18	11
Hezekiah, m. Mary **NASH,** Oct. 9, 1767, by Rev. James Leaming	LR18	41
Hezekiah, m. 2nd w. Sarah **NASH,** Dec. 13, 1778, by Mr. Leaming	LR18	41
James, s. Hezekiah & Mary, b. Sept. 16, 1776; d. Nov. 23, 1777	LR18	41
Joseph, s. William [& Hannah], b. Feb. 17, 1723/4	LR4	9
Levina, d. Hezekiah & Sarah, b. Oct. 31, 1788	LR18	41
Mary, d. Nathan & Ann, b. June 11, 1765	LR18	34
Mary, w. Hezekiah, d. Mar. 25, 1778	LR18	41
Mary, d. Hezekiah & Sarah, b. May 13, 1793	LR18	41
Mary Ann, m. Samuel **CHURCH,** b. of Norwalk, this day [1830], in St. Pauls Church, by Rev. Henry S. Attwater	1	14
Melancton Bryant, m. Polly **SMITH,** Sept. 24, 1797	LR18	11
Millison, d. Benajah, of Long Island, m. Abraham **CAMP,** May 16, 1764	LR9	1-Ind
Nathan, m. Ann **KELLOGG,** Jan. [ ], 1757	LR18	34
Nathan, s. Nathan & Ann, b. June 19, 1773	LR18	34
Nathan, Jr., m. Betsey **SANFORD,** Nov. 16, 1802	LR19	9
Nelson, m. Elosia **GRAY,** Sept. 8, 1822, by Rev. Aaron Hunt	1	4
Noah, s. Hezekiah & Mary, b. July 22, 1768	LR18	41
Sally, d. Melancton & Polly, b. Feb. 25, 1800	LR18	11
Samuel, s. Nathan & Ann, b. Sept. 16, 1768	LR18	34
Samuel, s. Hezekiah & Sarah, b. Oct. 9, 1779	LR18	41
Sarah, d. William [& Hannah], b. Dec. 27, 1730; d. June 6, 1732	LR4	9
Sarah, d. William [& Hannah], d. June 6, 1732	LR4	9
Sarah, d. Hezekiah & Mary, b. Apr. 18, 1783	LR18	41
Stephen, s. Hezekiah & Mary, b. Nov. 13, 1774	LR18	41
William, m. Hannah **FORWARD,** d. Joseph, of Danbury, Mar. 27, 1723	LR4	9
William, s. Nathan & Ann, b. June 12, 1771	LR18	34
William, s. Hezekiah & Sarah, b. Feb. 29, 1796	LR18	41
JELLIFF, JELLEFF, Aaron, s. William & Huldah, b. May 15, 1775	LR18	23

	Vol.	Page
JELLIFF, JELLEFF, (cont.),		
Alma, d. Joseph & Phebe, b. Nov. 3, 1797	LR19	2
Almira, m. Lewis S. **HOYT**, b. of Norwalk, Sept. 25, 1822, by Sylvester Eaton	1	4
Benjamin, s. James & Lydia, b. Dec. 14, 1790	LR19	6
Betsey, d. Sturgis, b. Oct. 2, 1798	LR19	5
Charles, s. James & Lydia, b. Jan. 10, 1801	LR19	6
Curtis Beach, s. James & Lydia, b. Sept. 12, 1788	LR19	6
David, s. William & Huldah, b. Apr. 8, 1788	LR18	23
Emmy, of Norwalk, m. Thomas P. **PLATT**, of Waterbury, Sept. 4, 1825, at Saugatuck, by Rev. R. Humphreys	1	7
Esther, m. Asa **SINBROW**, b. of Saugatuck, Nov. 27, 1825, by Rev. Humphrey Humphreys	1	8
Goold, s. William & Huldah, b. Sept. 27, 1790	LR18	23
Hannah, m. James **DAVIS**, [ ], 1786	LR19	2
Hezekiah, s. William & Huldah, b. July 8, 1780	LR18	23
Hiram, s. William & Huldah, b. Oct. 13, 1796	LR18	23
Isaac, s. James & Lydia, b. Oct. 8, 1786	LR19	6
James, m. Lydia **BLACKLY**, Jan. 29, 1783	LR19	6
James, s. James & Lydia, b. Jan. 7, 1795	LR19	6
Joseph, m. Phebe **NASH**, July 31, 1796	LR19	2
Laura, m. Joseph **FILLOW**, b. of Norwalk, Oct. 11, 1821, by Sylvester Eaton	1	2
Lydia, d. James & Lydia, b. July 26, 1784	LR19	6
Maria, m. Charles **QUINTARD**, b. of Norwalk, May 3, 1821, by Rev. Sylvester Eaton	1	1
Polly, d. William & Huldah, b. Oct. 14, 1785	LR18	23
Polly, m. Silliman **ADAMS**, Nov. 9, [1828], by Henry Benedict	1	12
Rachel, d. William & Huldah, b. Jan. 4, 1793	LR18	23
Sturges, s. William & Huldah, b. Sept. 12, 1777	LR18	23
Sturges, m. [ ], Oct. 14, 1796	LR19	5
Susan, m. Benjamin **FILLOW**, b. of Norwalk, Nov. 9, 1834, by Rev. Noble W. Thomas	1	18
Willliam, m. Huldah [ ], Dec. 7, 1771	LR18	23
William, s. William & Huldah, b. Oct. 29, 1772	LR18	23
Zalmon, s. William & Huldah, b. Mar. 10, 1783	LR18	23
JENNINGS, Anna, d. Jacob & Grace, b. Apr. 15, 1776	LR18	45
Charlotta, d. Jacob & Grace, b. Aug. 31, 1781	LR18	45
Clarrissa, d. Jacob & Grace, b. Oct. 16, 1770	LR18	45
Elizabeth, d. Isaac & Eliza[beth], b. Oct. 14, 1797	LR18	45
Grace, d. Jacob & Grace, b. Nov. 20, 1765	LR18	45
Hannah F., d. George W., barber, ae 47 & Mary E., ae 37, b. Feb. 16, 1848	1	42
Henry B., of Greens Farms, m. Phebe A. **HOYT**, this day, [dated Oct. 5, 1846], by Edwin Hall	1	33
Hezekiah, m. Hannah **HAYT**, Nov. 27, 1795	LR18	36
Isaac, s. Jacob & Grace, b. June 20, 1773	LR18	45
Isaac, m. Elizabeth **SAMISS**, Feb. 26, 1796	LR18	45
Isaac Parker, s. Jacob & Grace, b. Aug. 26, 1764; d. Dec. 23, 1764	LR18	45
Jacob, m. Grace **PARKER**, Jan. 14, 1762	LR18	45
Jacob, s. Jacob & Grace, b. Apr. 22, 1779	LR18	45
James H., m. Harriet **TAYLOR**, Nov. 2, 1828, by Aaron W. Whitney	1	11
Lurana, d. Jacob & Grace, b. Oct. 11, 1786	LR18	45

	Vol.	Page
JENNINGS, (cont.),		
Lydia, d. Jacob & Grace, b. Nov. 26, 1762	LR18	45
Lydia, m. Abijah **MEAD**, July 20, 1788	LR18	48
Margaret, of Norwalk, m. Joel **GUMMON**, of Wilton, Mar. 17, 1844, by Rev. H. Husted	1	29
Sally, d. Jacob & Grace, b. Feb. 8, 1784	LR18	45
Sally, m. John **McCLEUR**, Mar. 16, 1806	LR19	11
Sally Ann, m. William **CLARK**, b. of Norwalk, Nov. 22, 1821, by Sylvester Eaton	1	2
Seth, s. Jacob & Grace, b. July 8, 1768	LR18	45
Seth, [s. Jacob & Grace], d. Apr. 18, 1795	LR18	45
Tenty, m. Esther Mary **BROWN**, b. of Norwalk, [Jan.] 11, [1830], in St. Pauls Church, by Rev. R. Sherwood	1	12
Zalmon, s. Hezekiah & Hannah, b. Sept. 26, 1796	LR18	36
JESSUP, JESUP, Blackleach, m. Abigail **RAYMOND**, Feb. 27, 1790	LR18	21
Charles, s. Joseph & Susa, b.Oct. 26, 1781	LR18	20
Charles, s. Joseph [& Susa], d. May 24,1796	LR18	20
Charles C., m. Hannah H. **SEYMORE**, this day [dated Sept.29, 1845], by Edwin Hall	1	30
Ebenezer, of Wilton, m. Polly **FILLOW**, of Norwalk, Sept. 13, 1821, by Heze[kiah] Ripley, V.D.M.	1	2
Egbert, s. Charles C., hatter, ae 26 & Hannah, ae 23, b. Mar. 20, 1848	1	43
Elizabeth, d. Blackleach & Abigail, b. July 26, 1797	LR18	21
Hannah, m. Samuel **HOYT**, Mar. 4, 1801	LR19	12
John, s. Joseph & Eunice, b. Apr. 6, 1794	LR18	20
John, s. Joseph [& Eunice], d. Nov. 10, 1796	LR18	20
Joseph, m. Susa **BETTS**, Oct. 19, 1780	LR18	20
Joseph, m. 2nd w. Eunice **HANFORD**, Oct. 18, 1790	LR18	20
Lydia, d. Blackleach & Abigail, b. Oct. 11, 1792	LR18	21
Mary, d. Blackleach & Abigail, b. Apr. 18, 1791	LR18	21
Orilla, d. Blackleach & Abigail, b. June 1, 1796	LR18	21
Sarah Stebben Hanford, d. Joseph & Eunice, b. Feb. 3, 1797	LR18	20
Susa, w. Joseph, d. Jan. 4, 1790	LR18	20
William, s. Blackleach & Abigail, b. July 26, 1794	LR18	21
JOCELYN, Ann M., m. Frances E. **QUINTARD**, b. of Norwalk, Oct. 20, 1844, by Rev. Harvey Husted	1	29
JOHNSON, Alflinda, m. John **WASSON**, May 11, 1834, by E. Hall	1	19
Chancey, m. Polly **GREGORY**, Mar. 13, 1794	LR18	35
Elias, m. Harriett **REED**, b. of Norwalk, Nov. 25, 1835, by Rev. Davis Stocking	1	20
Elizabeth, d. Feb. 20, 1848, ae 23	1	49
George, s. Chancey & Polly, b. Feb. 14, 1795	LR18	35
George M., leather dresser, ae 26, b. England, res. Norwalk, m. Mary J. **VOSBOUGH**, ae 27, b. New York, res. Norwalk, Dec. 1, 1847, by Rev. Nicholas White	1	46
Leonard R., of Danbury, m. Eliza **BEERS**, Dec. 1, 1844, by Harvey Husted	1	29
Mary E., of Norwalk, m. Benjamin L. **REED**, of Sharon, Apr. 10, 1836, by Rev. Davis Stocking	1	20
Phebe, mantua maker, d. June 30, 1848, ae 48	1	50
Raymond, m. Julia **RAYMOND**, b. of Norwalk, [Mar.] 8, [1827], at the house of Mr. Raymond, by Ebenezer Platt, of Darien	1	10
Sally, d. Chancey & Polly, b. Jan. 8, 1797	LR18	35

NORWALK VITAL RECORDS 77

	Vol.	Page
JONES, Anah, d. Elijah & Hannah, b. May 12, 1774	LR19	4
Anson, s. Elijah & Hannah, b. Oct. 31, 1796	LR19	4
Asa, s. Elijah & Hannah, b. Jan. 9, 1790	LR19	4
Betsey, d. Elijah & Hannah, b. Mar. 23, 1772	LR19	4
Betsey, m. Daniel ST. JOHN, Dec. 26, 1795	LR19	4
Elijah, m. Hannah RAYMOND, Sept. 8, 1771	LR19	4
Elijah, s. Elijah & Hannah, b. July 26, 1786	LR19	4
Hannah, d. Elijah & Hannah, b. Sept. 8, 1775; d. Nov. 9, 1775	LR19	4
Hannah, 2nd, d. Elijah & Hannah, b. Oct. 15, 1778	LR19	4
Henry, s. Elijah & Hannah, b. Apr. 4, 1794	LR19	4
Joel, s. Elijah & Hannah, b. Jan. 31, 1788	LR19	4
John, of Wilton, m. Mary E. THORP, of Norwalk, Oct. 11, 1831, by Henry Benedict	1	15
Lydia, d. Elijah & Hannah, b. Oct. 9, 1782	LR19	4
Martha, d. Elijah & Hannah, b. June 30, 1781	LR19	4
Mary, d. Elijah & Hannah, b. Mar. 11, 1798	LR19	4
Nancy, d. Elijah & Hannah, b. Nov. 11, 1776; d. Sept. 22, 1777	LR19	4
Nancy, m. James TAYLOR, b. of Norwalk, Nov. 19, 1832, by Rev. John Lovejoy	1	16
Phebe, d. Elijah & Hannah, b. Mar. 28, 1784	LR19	4
Philo, s. Elijah & Hannah, b. June 25, 1791	LR19	4
Rachel, m. Peter ST. JOHN, Jr., July 8, 1793	LR18	15
Rinaldo, child of Hiram C., shoe-maker, ae 41 & Lucretia, ae 41, b. June 4, 1848	1	40
Sarah, m. Samuel FAIRCHILD, Nov. 15, 1754; d. May 23, 1755	LR18	39
Sarah, d. Elijah & Hannah, b. Oct. 19, 1792	LR19	4
Simeon, s. Elijah & Hannah, b. Apr. 27, 1773	LR19	4
JOYCE, Horace T., potter, d. May 2, 1848, ae 34	1	50
JUDD, Eunice, d. John, decd., of Farmington, m. John ABBOT, May 11, 1724	LR4	13
JUPP, James, m. Ame HICKENS, d. Tho[mas], decd., formerly of Stamford, Jan. 2, 1682	LR1	137
KEELER, KEEILER, Aaron, s. James & Abigail, b. Dec. 7, 1758	LR19	0
Aaron, m. Mercy JAMES May 20, 1781	LR18	12
Abiah, m. Phinehas SMITH, Nov. 2, 1786	LR18	38
Abigail, d. John [& Rhoda], b. Mar. 27, 1711/12	LR4	2
Ami, d. Luke & Jemima, b. May 7, 1797	LR18	46
Ami, [ ]	LR18	46
Anna, d. Phinehas & Mary, b. Oct. 8, 1771	LR18	46
Anna, d. Thomas & Anna, b. Jan. 5, 1784	LR18	28
Anne, m. Noah NASH, Mar. 10, 1791	LR18	43
Anne, d. Stephen & Margaret, b. Jan. 9, 1792	LR13	1
Benedict, s. Matthew & Annah, b. June 5, 1780	LR19	8
Benjamin, s. Timothy & Hannah, b. Aug. 1, 1771	LR18	47
Betsey, d. Matthew & Annah, b. Sept. 11, 1788	LR19	8
Betty, m. Aaron GREGORY, June 25, 1772	LR18	5
Burr, of Ridgefield, m. Mary Esther NASH, of Norwalk, May 4, 1826, at the house of George Nash, by Rev. R. Sherwood	1	9
Caroline, d. Thomas & Anna, b. Mar. 20, 1789	LR18	28
Chancy, s. Isaac & Abigail, b. Nov. 19, 1796	LR18	46
Charles, s. Sam[ue]l & Ann, b. Apr. 4, 1789	LR18	8
Daniel, s. Matthew & Annah, b. June 21, 1772	LR19	8
David, s. James & Abigail, b. Jan. 7, 1761	LR19	0

KEELER, KEEILER, (cont.),

	Vol.	Page
David, s. Isaac & Deborah, b. Aug. 9, 1786	LR18	40
Edwin, s. Isaac & Deborah, b. Sept. 22, 1795	LR18	40
Elijah, m. Naomi GREGORY, Jan. 20, 1778	LR19	1
Elijah, s. Elijah & Naomi, b. Jan. 5, 1782	LR19	1
Elissabeth, d. John, b. Mar. 19, 1679/80	LR1	112
Elizabeth, d. Samuel & Sarah, b. Apr. 20, 1722	LR4	4
Elizabeth, d. Capt. Sam[ue]l, m. Samuel GRUMAN, Dec. 2, 1750	LR4	15
Elizabeth, d. Stephen & Margaret, b. Jan. 31, 1786	LR13	1
Erastus, s. Thomas & Anna, b. Mar. 27, 1787; d. July 4, 1794	LR18	28
Esther, d. Stephen & Sarah, b. Dec. 25, 1771	LR18	47
Esther, d. Matthew & Annah, b. Nov. 27, 1773	LR19	8
Esther, [d. Stephen & Sarah], d. Mar. 6, 1787	LR18	47
Esther, [twin with Jenny], d. Stephen & Hannah, b. Dec. 9, 1789	LR18	8
Esther, d. Isaac & Abigail, b. Oct. 18, 1790	LR18	46
Esther, m. Jonathan RIGGS, Jan. 1, 1792	LR18	3
George, s. Thomas & Anna, b. Feb. 1, 1791	LR18	28
Hannah, d. Samuel & Sarah, b. Oct. 18, 1725	LR4	4
Hannah, d. Capt. Sam[ue]l, m. Nehemiah BENEDICT, Dec. 17, 1751	LR4	9
Hannah, d. Tim[othy] & Hannah, b. Feb. 24, 1762	LR18	47
Hannah, d. Matthew & Annah, b. Jan. 24, 1776	LR19	8
Hannah, m. Daniel DUNNING, Sept. 26, 1786	LR19	4
Harvey, m. Betsey NEWCOMB, b. of Norwalk, Jan. 9, 1825, by Sylvester Eaton	1	7
Henrietta, d. Isaac & Deborah, b. June 25, 1792	LR18	40
Henry, s. Thomas & Anna, b. Sept. 2, 1770	LR18	28
Hiram, s. John & Ruth, b. Sept. 4, 1794	LR18	46
Isaac, s. Stephen & Sarah, b. Oct. 12, 1766	LR18	47
Isaac, s. Thomas & Anna, b. Nov. 15, 1775	LR18	28
Isaac, m. Deborah WHITNEY, Sept. 26, 1781	LR18	40
Isaac, 3rd, m. Abigail BAXTER, Dec. 17, 1789	LR18	46
James, m. Abigail MEAD, Mar. 14, 1758	LR19	0
James, s. Thomas & Anna, b. Feb. 18, 1773	LR18	28
James, s. Aaron & Mercy, b. Apr. 20, 1787	LR18	12
James H., m. Matilda STEVENSON, b. of Norwalk, Sept. 8, 1822, by Sylvester Eaton	1	3
James S., m. Nancy KECHAM, b. of Norwalk, Sept. 5, 1824, by Sylvester Eaton	1	7
Jasper Sears, s. Thomas & Anna, b. May 8, 1781	LR18	28
Jehiel, m. Anne HUBBELL, Mar. 3, 1793	LR19	2
Jenny, [twin with Esther], d. Stephen & Hannah, b. Dec. 9, 1789	LR18	8
Jeremiah, s. James & Abigail, b. Sept. 7, 1762	LR19	0
Jeremiah, m. Molly WESTCOOT, Jan. 5, 1785	LR18	47
Jeremiah, of Ridgefield, m. Hannah SMITH, of Norwalk, Oct. 25, 1825, by Sylvester Eaton	1	8
Jeremiah P., m. Sally Ann RAYMOND, Oct. 28, 1832, by Edwin Hall	1	16
Jeremiah P., farmer, b. Stamford, res. Norwalk, d. May 11, 1848, ae 44	1	51
Jesse E., of Ridgefield, m. Mary P. RAYMOND, of Norwalk, Feb. 26, 1834, by Edwin Hall	1	18
John, s. Ralph, decd., formerly of Norwalk, m. Hittabill ROCKWELL, d. John, formerly of Stamford, June 18, 1679	LR1	112
John, s. John, b. Dec. 26, 1682	LR1	137
John, Jr., m. Rhoda HAYT, d. Dea. Zerubbabel, Apr. 19, 1710	LR4	2

KEELER, KEEILER, (cont.),

	Vol.	Page
John, s. Stephen & Sarah, b. Aug. 8, 1768	LR18	47
John, s. Stephen & Hannah, b. Dec. 29, 1776	LR18	8
John, s. Aaron & Mercy, b. June 29, 1784	LR18	12
John, m. Ruth ROSCO, May 8, 1792	LR18	46
Joseph, s. Sam[ue]l & Ann, b. Oct. 18, 1786	LR18	8
Launclot, s. Isaac & Deborah, b. Oct. 2, 1788	LR18	40
Laura, m. Corine LOCKWOOD, b. of Norwalk, Jan. 3, 1826, by Rev. Origin P. Holecomb	1	8
Lewis, s. Thomas & Anna, b. Aug. 14, 1768	LR18	28
Lewis, s. Luke & Jemima, b. June 1, 1794	LR18	46
Lockwood, s. Stephen & Hannah, b. Sept. 9, 1778	LR18	8
Lucy, d. Stephen & Hannah, b. Apr. 27, 1782	LR18	8
Luke, s. Phinehas & Mary, b. Feb. 15, 1770	LR18	46
Luke, 2nd, m. Jemima BENEDICT, May 20, 1783* (correction, the 8 in 1783 is crossed out and handwritten next to date is [1793], in original manuscript)	LR18	46
Margaret, d. Stephen & Margaret, b. Jan. 29, 1780	LR13	1
Mariah, d. Aaron & Mercy, b. Mar. 23, 1792	LR18	12
Martha, d. Stephen & Margaret, b. July 16, 1783	LR13	1
Mary, d. Samuel & Sarah, b. Jan. 29, 1718/19	LR4	4
Mary, m. John LOCKWOOD, Apr. 27, 1746	LR18	10
Mary, d. James & Abigail, b. Mar. 6, 1772	LR19	0
Mary, w. Phinehas, d. May 7, 1774	LR18	46
Mary, m. Joseph ROCKWELL, Jr., [ ], 1785	LR19	6
Mary, d. Stephen & Hannah, b. July 22, 1787	LR18	8
Mary, m. Aaron DUNNING, Nov. 15, 1787	LR19	0
Mary, m. Matthew HOYT, Jr., Nov. 14, 1793	LR18	45
Mary P., d. Stephen & Margaret, b. Jan. 20, 1781	LR13	1
Matthew, s. Samuel & Sarah, b. Mar. 14, 1716	LR4	4
Matthew, Jr., m. Annah BENEDICT, Dec. [ ], 1769	LR19	8
Matthew, s. Stephen & Margaret, b. Sept. 13, 1797	LR13	1
Mehitable, d. John, m. Joseph BLACKLEY, Oct. 14, 1703	LR4	3
Mercy, d. James & Abigail, b. Jan. 14, 1775	LR19	0
Mercy, m. Samuel OLMSTED, 5th, Nov. 12, 1795	LR18	26
Nancy, d. Stephen & Hannah, b. Aug. 11, 1780	LR18	8
Nathan, s. Aaron & Mercy, b. May 20, 1782	LR18	12
Phebe, m. Lemuel DeFOREST, Dec. 26, 1751; d. Jan. 10, 1790	LR18	16
Phebe Baxter, d. Phinehas & Rebeckah, b. Mar. 9, 1779	LR18	46
Phinehas, m. Mary CAMP, May 11, 1769	LR18	46
Phinehas, m. Rebeckah MEAD, July 9, 1775	LR18	46
Rebecka, d. Ralph, decd., m. James PICKITT, July 17, 1673	LR1	50
Rebeckah, d. Samuel [& Rebeckah], b. Oct. 28, 1708	LR4	4
Rebeckah, w. Samuel, d. Mar. 20, 1709	LR4	4
Rebeckah, d. Samuel [& Rebeckah], d. Apr. 7, 1709	LR4	4
Rebeckah, d. Samuel & Sarah, b. Aug. 27, 1729	LR4	4
Rebeckah, m. James SEYMORE, Feb. 13, 1774	LR18	35
Rhoda, m. Isaac CAMP, Sept. 17, 1769	LR13	1
Roxey, d. Stephen & Hannah, b. Apr. 1, 1794	LR18	8
Ruth, d. Elijah & Naomi, b. [ ] 14, 1778	LR19	1
Sally, d. Matthew & Annah, b. Jan. 26, 1771; d. Aug. 13, 1796	LR19	8
Sally Lewis, d. Thomas & Anna, b. Oct. 21, 1793	LR18	28
Samuell, s. Ralph, formerly of Norwalke, decd., m. Sarah SENTION, d.		

BARBOUR COLLECTION

	Vol.	Page
KEELER, KEEILER, (cont.),		
Mark, Mar. 10, 1681/2	LR1	137
Samuel, Jr., m. Rebeckah BENNEDICK, d. James, of Danbury, Jan. 18, 1704/05	LR4	4
Samuel, s. Samuel [& Rebeckah], b. Jan. 14, 1705/6	LR4	4
Samuel, m. Sarah BETTS, d. Thomas, Dec. 11, 1712	LR4	4
Samuel, d. Aug. 8, 1763	LR4	4
Samuel, s. Matthew & Annah, b. June 4, 1778	LR19	8
Samuel, m. wid. Ann THACHER, b. Mar. 3, 1783	LR18	8
Samuel, s. Samuel & Ann, b. Mar. 17, 1792	LR18	8
Sarah, d. Ralph, m. Nathan OLMSTED, s. James, Dec. 17, 1702	LR1	247
Sarah, d. Samuel & Sarah, b. Jan. 1, 1714	LR4	4
Sarah, d. Tim[othy] & Hannah, b. Sept. 17, 1765	LR18	47
Sarah, d. Stephen & Hannah, b. Apr. 26, 1774	LR18	8
Sarah, m. Benjamin AYRES, Apr. 15, 1776	LR18	47
Sarah, m. Allen CLENTON, Oct. 21, 1787	LR19	2
Sarah, d. John & Ruth, b. Apr. 1, 1793	LR18	46
Sarah, d. Elijah & Naomi, b. Aug. 8, 1794	LR19	1
Sarah, d. Stephen & Margaret, b. Apr. 14, 1795	LR13	1
Seth, s. Aaron & Mercy, b. May 17, 1795	LR18	12
Stephen, m. Sarah BURCHARD, Nov. 25, 1765	LR18	47
Stephen, m. Hannah MARVINE, June 15, 1773	LR18	8
Stephen, d. May 6, 1774	LR18	47
Stephen, s. Timothy & Hannah, b. June 27, 1776	LR18	47
Stephen, of Norwalk, m. Margaret PYNCHON, of Fairfield, Apr. 28, 1779, by Rev. Andrew Eliot	LR13	1
Stephen, s. Stephen & Margaret, b. Jan. 10, 1789	LR13	1
Thaddeus Mead, s. Phinehas & Rebeckah, b. Apr. 16, 1786	LR18	46
Thomas, m. Anna SQUIRE, Oct. 18, 1767	LR18	28
Thomas, s. Thomas & [Anna], b. Oct. 4, 1778	LR18	28
Timothy, m. Hannah HECOX, Apr. 15, 1757	LR18	47
Uriah, s.Timothy & Hannah, b. Mar. 19, 1760	LR18	47
William, s. Isaac & Deborah, b. Oct. 27, 1782	LR18	40
William, m. Betty RAYMOND, Nov. 30, 1796	LR18	3
KELLOGG, KELLOGGE, KELOGG, Aaron, s. Enos & Lydia, b. Feb. 10, 1775	LR18	35
Aaron, s. Enos & Lydia, d. Sept. 15, 1776	LR18	35
Abigail, d. Sam[ue]l, b. Jan. 19, 1712/13	LR4	3
Abigail, d. Samuel & Elizabeth, b. Jan. 27, 1778	LR18	42
Andrew, s. Stephen & Lydia, b. Sept. 29, 1784	LR18	32
Ann, d. John [& Ann], b. Mar. 16, 1734/5	LR4	10
Ann, m. Nathan JARVIS, Jan. [ ], 1757	LR18	34
Anna, d. Epenetus & Rebeckah, b. Nov. 28, 1778	LR18	44
Anna, m. Daniel JAMES, Jan. 18, 1798	LR18	36
Anne, m. Jerry SMITH, Oct. 23, 1791	LR18	29
Benjamin, s. Joseph [& Mary], b. Sept. 26, 1717	LR4	5
Betsey, d. Epenetus & Rebeckah, b. Apr. 26, 1782	LR18	44
Betsey Ann, d. Esek & Maria, b. Dec. 16, 1811; d. Jan. 20, 1812	LR19	11
Catharine E., of Norwalk, m. William A. LOCKWOOD, of Stamford, this day [Feb. 14, 1848], by Edwin Hall	1	35
Catharine E., res. Norwalk, m. William A. LOCKWOOD, blacksmith, b. New Canaan, res. Stamford, Feb. 14, 1848, by Rev. Edwin Hall	1	47
Charles, s. Jarvis & Mercy, b. June 17, 1800	LR19	10

	Vol.	Page
KELLOGG, KELLOGGE, KELOGG, (cont.),		
Charles, m. Eliza **MERVINE**, Feb. 28, 1830, by Henry Benedict	1	12
Charlotte, d. Jarvis & Mercy, b. Feb. 15, 1811	LR19	10
Daniel, m. Bridget **BOWTON**, d. John, [ ], 1655	LR1	52
Danniell, [s. Danniell], b. May 7, 1671	LR1	52
David, s. Joseph & Mary, b. Sept. 28, 1715	LR4	5
David, m. Judeth **RAYMOND**, d. Daniel, Feb. 28, 1733/4	LR4	12
Deborah, d. Eliaseph [& Rachel], b. Apr. 20, 1749	LR4	9
Eliaseph, m. Rachel **BENNEDICK**, d. Ens. Thomas, June 13, 1734	LR4	9
Eliaseph, s. Eliaseph [& Rachel], b. Sept. 8, 1745	LR4	9
Elissabeth, d. Danniell, b. Aug. [ ], 1666	LR1	52
Elizabeth, d. Joseph [& Sarah], b. Oct. 5, 1703	LR4	5
Eliza[beth], w. Jarvis, d. Nov. 15, 1778	LR18	29
Elizabeth, d. Jarvis & Elizabeth, b. Feb. 25, 1785	LR18	29
Elizabeth, d. Stephen & Lydia, b. Feb. 19, 1795	LR18	32
Elizabeth, m. Benjamin **LOCKWOOD**, Feb. 9, 1803	LR19	11
Enos, m. Lydia **FITCH**, Mar. 10, 1774	LR18	35
Epenetus, s. Sam[ue]l, b. June 26, 1719	LR4	3
Epenetus, m. Rebeckah **RICHARDS**, Sept. 16, 1773	LR18	44
Epenetus, s. Epenetus & Rebeckah, b. Apr. 24, 1774; d. Jan. 23, 1775	LR18	44
Epenetus, 2nd, s. Epenetus & Rebeckah, b. Oct. 1, 1780	LR18	44
Esek, s. Stephen & Lydia, b. Nov. 21, 1786	LR18	32
Eseck, m. Maria **OSBORN**, Mar. 24, 1811	LR19	11
Esther, d. Eliaseph [& Rachel], b. Oct. 23, 1741	LR4	9
Esther, d. Enos & Lydia, b. Jan. 12, 1778; d. Apr. 25, 1779	LR18	35
Esther, 2nd, d. Enos & Lydia, b. Oct. 30, 1779	LR18	35
Ezra, s. John [& Ann], b. Apr. 3, 1731	LR4	10
Ezra, s. Epenetus & Rebeckah, b. Oct. 15, 1789	LR18	44
Gideon, s. Sam[ue]l, b. Dec. 5, 1717	LR4	3
Hannah, d. Joseph [& Sarah], b. Aug. 1, 1712	LR4	5
Hannah, d. Enos & Lydia, b. May 29, 1784	LR18	35
James Selleck, s. Jarvis & Mercy, b. Nov. 17, 1792	LR19	10
Jarvis, m. Elizabeth **SMITH**, Jan. 10, 1760	LR18	29
Jarvis, s. Jarvis & Elizabeth, b. Apr. 20, 1768	LR18	29
Jarvis, m. 2nd w. Hannah **MEEKER**, Nov. 28, 1781	LR18	29
Jarvis, m. Mercy **SELLECK**, Feb. 19, 1792	LR19	10
Jemima, d. Stephen & Lydia, b. Mar. 21, 1793	LR18	32
Jemima, m. William **OSBORN**, Apr. 3, 1814	LR19	12
Jeremiah, s. John & Sarah, b. Apr. 30, 1765	LR18	13
Joannah, d. Eliaseph [& Rachel], b. May 27, 1735	LR4	9
John, m. Ann **COLEY**, d. Samuel, of Fairfield, Jan. 1, 1729/30	LR4	10
John, s. John [& Ann], b. May 25, 1737	LR4	10
John, d. Apr. 17, 1740	LR4	10
John, m. Sarah **SMITH**, May 29, 1764	LR18	13
John, m. 2nd w. Sarah **BISHOP**, Apr. 16, 1774	LR18	13
John, s. Epenetus & Rebeckah, b. Apr. 24, 1784	LR18	44
John, m. Sally **KELLOGG**, b. of Norwalk, Oct. 19, 1823, by Sylvester Eaton	1	5
Jonathan Waring, s. Samuel & Elizabeth, b. Apr. 7, 1780	LR18	42
Joseph, m. Sarah **PLUM**, d. John, of Milford, Nov. 25, 1702	LR4	5
Joseph, s. Joseph [& Sarah], b. Sept. 26, 1707	LR4	5
Joseph, m. wid. Mary **LYON**, Oct. 10, 1712	LR4	5
Joseph, s. David & Judeth, b. Mar. 23, 1741/2	LR4	12

KELLOGG, KELLOGGE, KELOGG, (cont.),

	Vol.	Page
Joseph, s. Epenetus & Rebeckah, b. Dec. 5, 1775; d. Aug. 29, 1779	LR18	44
Josiah, s. John & Sarah, b. June 6, 1769	LR18	13
Josiah, s. Stephen & Lydia, b. May 20, 1780	LR18	32
Judeth, d. David & Judeth, b. Aug. 23, 1739	LR4	12
Laura, d. Jarvis & Mercy, b. May 28, 1803	LR19	10
Lois, m. Benjamin WHITNEY, Jan. 3, 1757	LR18	8
Lidiah, d. Sam[ue]l, b. Oct. 30, 1715	LR4	3
Lidia, d. Eliaseph [& Rachel], b. Mar. 26, 1740	LR4	9
Lydia, m. John HICKOX, Mar. 29, 1757	LR18	25
Lydia, d. Stephen & Lydia, b. Nov. 19, 1782	LR18	32
Margaret Emily, d. Esek & Maria, b. Nov. 7, 1813	LR19	11
Mariah, d. Stephen & Lydia, b. Oct. 21, 1788	LR18	32
Martin, s. Sam[ue]l, b. Mar. 23, 1711	LR4	3
Martin, s. Jarvis & Mercy, b. July 3, 1808	LR19	10
Martin, m. Jane GRAY, Oct. 15, 1828, by Henry Benedict	1	12
Mary, d. Daniell, b. Feb. [ ], 1661	LR1	52
Mary, d. Sam[ue]l, b. Jan. 29, 1708	LR4	3
Mary, d. John [& Ann], b. Jan. 22, 1732/3	LR4	10
Mary, d. David & Judeth, b. Sept. 23, 1734	LR4	12
Mary, d. Samuel & Elizabeth, b. Dec. 31, 1775; d. May 2, 1779	LR18	42
Mary, d. Samuel & Elizabeth, b. Apr. 10, 1782	LR18	42
Mary Francis, of Norwalk, m. William Henry WHEELER, of New Canaan, Sept. 11, 1845, at the house of Eseck Kellogg, by Rev. W[illia]m Cooper Mead	1	30
Melissan, d. Eliaseph [& Rachel], b. Mar. 23, 1746/7	LR4	9
Mercy, m. Moses HANFORD, Oct. 1, 1761	LR18	45
Nathan, s. Stephen & Lydia, b. Dec. 26, 1790	LR18	32
Olivia, d. Jarvis & Elizabeth, b. Jan. 30, 1782	LR18	29
Phebe, d. Epenetus & Rebeckah, b. Dec. 1, 1787	LR18	44
Polly, d. Epenetus & Rebeckah, b. Mar. 4, 1792	LR18	44
Rachell, d. Daniell, b. Feb. [ ], 1663	LR1	52
Rachel, d. Joseph [& Sarah], b. July 15, 1710	LR4	5
Rachel, d. Joseph, decd., m. William REED, Nov. 28, 1729	LR4	9
Rachel, d. David & Judeth, b. Apr. 17, 1737	LR4	12
Rachel, d. Eliaseph [& Rachel], b. Apr. 25, 1737; d. Nov. 30, 1738	LR4	9
Rachel, d. Eliaseph [& Rachel], b. Dec. 3, 1738	LR4	9
Rebeckah, d. Enos & Lydia, b. Mar. 16, 1787	LR18	35
Rebecca, m. Daniel COMSTOCK, May 7, 1812	LR19	11
Rhoda, d. John & Sarah, b. Dec. 6, 1777	LR18	13
Rhoda, d. Epenetus & Rebeckah, b. Jan. 16, 1786	LR18	44
Ruth, m. Asa HAYT, Oct. 26, 1766	LR18	2
Sally, d. Jarvis & Mercy, b. Dec. 3, 1794; d. Aug. 14, 1796	LR19	10
Sally, m. John KELLOGG, b. of Norwalk, Oct. 19, 1823, by Sylvester Eaton	1	5
Samuell, s. Daniell, b. Feb. 19, 1673	LR1	52
Samuell, m. Sarah PLATT, d. Dea. John, Sept. 6, 1704	LR4	3
Samuell, s. Sam[ue]l, b. Dec. 23, 1706	LR4	3
Samuel, m. Elizabeth WARING, May 30, 1771	LR18	42
Samuel, s. Samuel & Elizabeth, b. June 21, 1772	LR18	42
Sarah, d. Daniell, b. Feb. [ ], 1659	LR1	52
Sarah, d. Sam[ue]ll, b. Sept. 26, 1705	LR4	3
Sarah, d. Joseph [& Sarah], b. Apr. 5, 1706	LR4	5

	Vol.	Page
KELLOGG, KELLOGGE, KELOGG, (cont.),		
Sarah, w. Joseph, d. Aug. 19, 1712	LR4	5
Sarah, d. Jarvis & Elizabeth, b. Mar. 15, 1766	LR18	29
Sarah, m. Robert **WASSON**, Nov. 11, 1770	LR18	3
Sarah, w. John, d. Sept. 8, 1773	LR18	13
Sarah, d. John & Sarah, b. May 27, 1775	LR18	13
Sarah, d. Epenetus & Rebeckah, b. May 30, 1777	LR18	44
Sarah, d. Jarvis & Mercy, b. July 19, 1796	LR19	10
Seth, s. John [& Ann], b. Feb. 8, 1739/40	LR4	10
Seth, s. Samuel & Elizabeth, b. Dec. 29, 1773	LR18	42
Stephen, m. Lydia **BOUTON**, Nov. 24, 1778	LR18	32
Stephen, s. Stephen & Lydia, b. Apr. 27, 1797	LR18	32
Susanna, m. David **NASH**, Apr. 23, 1767	LR18	32
Thomas, s. Eliaseph [& Rachel], b. Aug. 1, 1743	LR4	9
KELON, Charles, m. Margaret **VOX**, b. of Norwalk, May 16, 1830, by Absolom Day	1	13
KENWORTHY, Mary F., b. New Canaan, res. Norwalk, d. Apr. 17, 1848, ae 3	1	50
KERR, Sarah A., m. Thaddeus S. **REED**, b. of Norwalk, June 27, 1847, by Ezra D. Kinney	1	34
KETCHUM, KETCHAM, KECHAM, Ann Eliza, m. D. Gales **CARTER**, b. of New York, Apr. 13, 1824, in St. Pauls Church, by Rev. R. Sherwood	1	6
Joseph, m. Mercy **LINDALL**, d. Dea. [ ], formerly of New Haven, Apr. 3, 1679	LR1	112
Lydia, d. Sam[ue]ll, m. John **BETTS**, Jr., Feb. 17, 1765	LR9	Ind-2
Nancy, m. James S. **KEELER**, b. of Norwalk, Sept. 5, 1824, by Sylvester Eaton	1	7
Nathaniell, s. Joseph, b. Feb. 19, 1681	LR1	112
Nathaniell, m. Sarah **WAKELING**, d. Deliverence, decd., of Stratford, [June 12, 1710]	LR4	2
Nathaniel, s. Nathaniel, b. Mar. 17, 1710/11	LR4	2
Rebeckah, d. Edw[ar]d, decd., of Stratford, m. Tho[ma]s **TAYLOR**, Feb. 14, 1677	LR1	50
Sarah, d. Joseph, b. Jan. 23, 1679	LR1	112
KILLIM, Lucinda J., ae 18, b. New Canaan, res. Norwalk, m. William H. **HUNTER**, ae 25, b. Chester, Mass., res. Norwalk, Apr. 23, 1848, by Rev. Edwin Hall	1	46
KINNER, Chadwick, m. Betsey **GREGORY**, Mar. 8, 1821, at the house of wid. Gregory, by Rev. R. Sherwood	1	1
KNAPP, Abigail Jane, m. Marquis D. F. **HANLEY**, Oct. 20, 1831, by Henry Benedict	1	15
Allice, d. Nathan & Sarah, b. May 3, 1792	LR18	16
Anna, d. Nathan & Sarah, b. Oct. 15, 1802	LR18	16
Bethiah*, d. Epenetus & Mary, b. Jan. 9, 1777; d. Oct. 11, 1793 *(Arnold copy has "Thier")	LR18	20
Catharine, m. Samuel J. **BYXBEE**, b. of Norwalk, May 11, 1846, by Z. K. Hawley	1	32
Charles, s. Epenetus & Mary, b. Mar. 27, 1779	LR18	20
Edwin E., m. Charlotte A. **AKIN**, of Norwalk, [Nov.] 3, [1844], by John Ellis	1	29
Elizabeth, m. Alonzo C. **ARNOLD**, Nov. 23, 1834, by Edwin Hall	1	18
Elizabeth, of Norwalk, m. Francis **SHIELDS**, of New York City, Nov.		

	Vol.	Page
KNAPP, (cont.),		
3, 1847, by Z. K. Hawley	1	35
Elizabeth, ae 23, res. Norwalk, m. Francis H. **SHIELDS**, merchant, ae 28, b. Dublin, res. New York, Nov. 3, 1847, by Rev. Z. K. Hawley	1	47
George W., s. Edwin E., cotton manufacturer, ae 27 & Charlotte A., ae 21, b. Oct. 6, 1847	1	41
Hannah, d. Epenetus & Mary, b. Mar. 21, 1781	LR18	20
Harriet E., m. Charles **HART**, Dec. 4, 1832, by Edwin Hall	1	16
Jerusha, m. Asa **SMITH**, Jan. 16, 1792	LR18	9
Mary, d. Nathan & Sarah, b. July 31, 1800	LR18	16
Mary Ann, m. Jeremiah T. **BROOKS**, b. of Norwalk, Mar. 8, 1846, by W. C. Hoyt	1	31
Nathan, s. Nathan & Sarah, b. Feb. 22, 1797	LR18	16
Phebe, m. John **PUTMAN***, this day [Feb. 11, 1813], by T. Hayes, J.P. *(**PITMAN**?)	LR19	10
Rebeckah, of Norwalk, m. Jesse **LYON**, of Salem, N.Y., Oct. 14, 1804, by Rev. Moses Mather	LR19	10
Sarah, m. Eliphalet **ST. JOHN**, Oct. 2, 1793	LR18	24
Sarah, d. Nathan & Sarah, b. Nov. 6, 1794	LR18	16
Thier*, d. Epenetus & Mary, b. Jan. 9, 1777; d. Oct. 11, 1793 *(Bethia?)	LR18	20
William S., m. Laura **SELLECK**, b. of Norwalk, Feb. 18, 1846, by W. C. Hoyt	1	31
KNIGHT, Abigail Ann, d. Jonathan & Ann, b. July 24, 1805	LR18	2
James Gale, s. Jonathan & Ann, b. June 3, 1800	LR18	2
Jonathan, Dr., m. Ann **FITCH**, Oct. 11, 1781	LR18	2
Jonathan, s. Jonathan & Ann, b. Sept. 4, 1789	LR18	2
KNOX, Hugh, s. Rev. Dr. Hugh, b. Dec. 19, 1781, on the Island of St. Croix. Sent by his guardian to Rev. Matthias Burnett, in Norwalk	LR18	12
KNOZER, Theodore, of Bordeaux, m. Hannah **ST. JOHN**, of Norwalk, Oct. 7, 1822, at the house of David St. John, by Rev. Reuben Sherwood	1	4
LaCOST, Michael, Rev. of New York, m. Mrs. Hannah **BROWN**, of Norwalk, May 3, 1847, by Z. K. Hawley	1	34
LAKE, Charles C., m. Thomas(?) S. **BROWN**, Sept. 27, 1837, by Edwin Hall (Both male names)	1	22
Harriet, of Norwalk, m. Thomas Starr **HICKOOK**, of Danbury, Jan. 1, 1826, by Sylvester Eaton	1	8
LAMBERT, David, of Norwalk, m. Susannah **BILL**, d. John, of Lebanon, Feb. 1, 1726	LR4	8a
David, Jr., m. Susanna **ROGERS**, Dec. 17, 1769	LR18	12
David Rogers, s. David & Susanna, b. Dec. 8, 1772	LR18	12
Elizabeth, d. David [& Susannah], b. Feb. 17, 1727/8	LR4	8a
Elizabeth, d. David, m. Peter **LOCKWOOD**, Jan. 1, 1750/1	LR4	12
Elizabeth, d. David & Susanna, b. Feb. 3, 1771	LR18	12
Esther, d. David & Susanna, b. Apr. 14, 1780	LR18	12
Henry Bill, s. David & Susanna, b. Mar. 8, 1777	LR18	12
John James, s. David & Susanna, b. June 18, 1787	LR18	12
Julia Maria, d. David & Susanna, b. Apr. 25, 1792	LR18	12
Lurany, d. David & Susanna, b. Jan. 22, 1775	LR18	12
Samuel Fitch, s. David & Susanna, b. Dec. 25, 1784	LR18	12
Sarah Susanna, d. David & Susanna, b. June 16, 1782	LR18	12
LAMBSON, Ann, m. Samuel **BELDEN**, Mar. 9, 1774	LR18	8
LAMER, James, wool manufacturer, ae 28 & w. Abby J., ae 36, had a child b. June 10, 1848	1	43

	Vol.	Page
LANE, John, s. Dennis, laborer, ae 35 & Mary, ae 26, b. Aug. 18, 1847	1	38
LARKINS, Joshua, of Windham, N.Y., m. Ann Eliza **CAMP**, of Norwalk, Mar. 26, 1826, in St. Pauls Church, by Rev. R. Sherwood	1	9
LARRANA*, Esther, m. William **LONG**, Feb. 9, 1792 *(correction, the last A is crossed out. CE, is written above with arrow drawn down to **LAWRENCE**, handwritten in original manuscript)	LR18	24
LATHAM, Elizabeth, d. John, m. Samuel **RICHARDS**, Mar. 4, 1714	LR4	9
LAWRENCE, Aaron, m. Polly **POOL**, Oct. 8, 1799	LR19	1
Charles, s. Aaron & Mary, b. Aug. 4, 1795	LR19	1
Mary Ann, d. Aaron & Polly, b. Dec. 12, 1800	LR19	1
LEE, LEES, [see also **LEEDS**], Anson, of Ridgefield, m. Eliza **NASH**, of Norwalk, Nov. 25, 1830, by Henry Benedict	1	14
Deborah, d. [Sergt.] William, b. Aug. [ ], 1687	LR1	238
Deborah, d. Lieut. William, m. John **SCRIVENER**, Mar. 9, 1709/10	LR4	3
Enos, s. Sergt. William, b. Aug. 21, 1705	LR2-3	74
Joseph, s. [Sergt.] William, b. Apr. [ ], 1690	LR1	238
Mehittabell, d. [Sergt.] William, b. July [ ], 1692	LR1	238
Phebe, d. William, m. Seth **MARVINE**, [ ]	LR9	3-Ind
Rebeca, d. Sergt. William, b. Sept. [ ], 1682	LR1	238
William, s. Sergt. William, b. Jan. 20, 1707	LR2-3	74
LEEDS, [see also **LEE**], Elizabeth, d. Joseph & Martha, b. Oct. 22, 1789	LR18	36
Martha, m. Joseph **SILLIMAN**, Nov. 23, 1785	LR18	36
Sarah, m. David **COMSTOCK**, Dec. 29, 1774	LR18	16
LEES, [see under **LEE** & **LEEDS**]		
LEMEBURGH, Ann Eliza, of Norwalk, m. Richard E. **COLTON**, of Buffalo, N.Y., Aug. 30, 1830, in St. Pauls Church, by Rev. Henry S. Attwater	1	13
LEONARD, Edward S., s. Charles T., merchant, ae 25 & Emily, ae 25, b. Dec. 19, 1847	1	39
Hiram, of Windsor, Mass., m. Margaret **STEPHENS**, of Fairfield, Sept. 13, 1830, by Rev. Oliver E. Amerman	1	13
William H., m. Jan[e] **FILER**, b. of Huntington, L.I., Oct. 7, 1833, by Edwin Hall	1	18
LEOPOLD, Peter, m. Elizabeth **NASH**, Dec. 10, 1820, by R. Sherwood	1	1
LEWIS, Amelia, of Huntington, m. Thomas **FITCH**, Dec. 28, 1790	LR19	5
Greenwood, m. Sally **HOYT**, Aug. 12, 1832, by Edwin Hall	1	16
Jesse, m. Esther M. **HOYT**, b. of Norwalk, Jan. 20, 1845, by Harvey Husted	1	29
Mary Jane, of Norwalk, m. Thomas **HALL**, of Mamaroneck, N.Y., Nov. 6, 1836, by Rev. Davis Stocking	1	21
Sally, m. Joseph **HURLBUTT**, Aug. 9, 1772	LR18	18
William K., merchant, ae 28 & w. Sarah C., ae 25, had child b. July 17, 1848	1	38
William R., m. Sarah C. **MALLORY**, Aug. 19, 1844, by Edwin Hall	1	29
LINDHALL, Mary, d. Dea. Henry, decd., of New Haven, m. John **HAITE**, Sept. 14, 1666	LR1	49
Mercy, d. Dea. [ ], formerly of New Haven, m. Joseph **KETCHAM**, Apr. 3, 1679	LR1	112
Rebeckah, d. Dea. [ ], formerly of New Haven, m. John **FITCH**, s. Tho[mas], Sr., Dec. 3, 1674	LR1	112
LINESBURY, Maria, m. Samuel **SMITH**, b. of Norwalk, Jan. 9, 1837, by Rev. Davis Stocking	1	21
LITTLE, James, s. [John & Sarah], b. Dec. 22, 1735	LR4	11

	Vol.	Page
LITTLE, (cont.),		
John, m. Sarah **BOULT**, d. John, Apr. 14, 1735	LR4	11
LOCKWOOD, LOCKWOODE, Abigail, d. Eliphalet, b. Oct. 17, 1716	LR4	4
Abigail, d. Peter[& Abigail], b. Oct. 17, 1738	LR4	12
Abigail, w. Peter, d. June 6, 1749	LR4	12
Abigail, d. Eliphalet & Susanna, b. July 15, 1776; d. Nov. 16, 1794	LR18	36
Abigail, w. James, d. Mar. 24, 1789	LR18	44
Abigail, d. Job & Sarah, b. Oct. 13, 1791	LR18	16
Alfred, s. Ephraim & Sarah, b. May 1, 1795; d. May 22, 1796	LR18	24
Alfred, s. Eben[eze]r & Mary, b. May 6, 1797	LR18	44
Angeline, of Norwalk, m. Thomas **GREEN**, of Bridgeport, Apr. 23, 1837, by Rev. Davis Stocking	1	21
Anna, d. David & Martha, b. July 28, 1786	LR19	4
Asa, s. James & Phebe, b. Feb. 10, 1772; d. Jan. 11, 1774	LR18	44
Asa, s. Eben[eze]r & Mary, b. May 24, 1788	LR18	44
Benjamin, s. Eben[eze]r & Mary, b. Sept. 18, 1777	LR18	44
Benjamin, m. Elizabeth **KELLOGG**, Feb. 9, 1803	LR19	11
Benjamin, s. Benj[ami]n & Elizabeth, b. Sept. 10, 1808	LR19	11
Betsey, d. Hezekiah & Cate, b. Feb. 15, 1782	LR18	29
Buckingham St. John, s. Elip[hale]t & Susanna, b. Dec. 23, 1774	LR18	36
Catharine J., d. July 3, 1848, ae 19	1	49
Charles, s. Eben[eze]r & Mary, b. Jan. 24, 1782	LR18	44
Charles L., tailor, ae 22, New York, res. Norwalk, m. Catharine **CORNWALL**, ae 19, res. Norwalk, Sept. 13, 1847, by Rev. W. C. Mead	1	46
Charlotte, of Norwalk, m. Leonard **BRADLEY**,of New Haven, June 9, 1825, by Sylvester Eaton	1	7
Corine, m. Laura **KEELER**, b. of Norwalk, Jan. 3, 1826, by Rev. Origin P. Holecomb	1	8
Damaris, d. Eliphelitt, b. Nov. 7, 1701	LR2-3	74
Damaris, d. Eliphelet, b. Nov. 7, 1701	LR4	4
Damaris, d. Eliphalet, m. John **BETTS**, s. John, Apr. 17, 1722	LR4	6
Daniell, s. Ephraim, b. Aug. 13, 1668	LR1	49
Daniell, s. Joseph, b. Dec. 5, 1716	LR4	1
David, m. Martha **TROWBRIDGE**, Aug. 6, 1777	LR19	4
David, s. David & Martha, b. Aug. 8, 1778	LR19	4
David, s. James & Abigail, b. Jan. 31, 1782	LR18	44
David, d. July 6, 1789	LR19	4
Dorothy, d. Peter & Abigail, b. Dec. 7, 1747; d. June 23, 1750	LR4	12
Ebenezer, m. Mary **GODFREY**, May 23, 1776	LR18	44
Ebenezer, s. Eben[eze]r & Mary, b. Nov. 3, 1783	LR18	44
Edwin, s. Eben[eze]r & Mary, b. Sept. 8, 1799	LR18	44
Edwin, m. Emily **OLMSTED**, Aug. 2, 1832, by Edwin Hall	1	16
Elias, s. Ephraim & Sarah, b. May 15, 1773	LR18	24
Elias, [s. Ephraim & Sarah], d. Feb. 9, 1778	LR18	24
Elias, s. Ephraim & Sarah, b. Oct. 15, 1778	LR18	24
Eliphalett, s. Ephraim, b. Feb. 27, 1675	LR1	52
Eliphelitt, s. Ephraim, m. Mary **GOLD**, d. John, of Stamford, Oct. 11, 1699	LR2-3	74
Eliphalet, s. Ephraim, m. Mary **GOLD**, d. John, of Stamford, Oct. 11, 1699	LR4	4
Eliphalet, s. Eliphalet, b. June 22, 170[ ]	LR4	4
Eliphalet, had s. [ ], b. Nov. 28, 1703; d. Dec. 20, 1703	LR4	4

	Vol.	Page
LOCKWOOD, LOCKWOODE, (cont.),		
Eliphalet, s. Eliphalet, d. Oct. 17, 1734	LR4	4
Eliphalet, s. Peter & Abigail, b. Oct. 17, 1741	LR4	12
Eliphalet, m. Susanna **ST. JOHN**, June 8, 1766	LR18	36
Eliphalet, s. Eliphalet & Susanna, b. Dec. 17, 1778	LR18	36
Elip[hale]t, had negroes Rose, d. Dorcas, b. May 9, 1798 & Mary, d. Dorcas, b. Oct. 1, 1801	LR18	36
Eliphalet, Sr., d. Mar. 19, 1814	LR18	36
Elizabeth, d. Joseph, b. May 23, 1721	LR4	1
Elizabeth, m. Nathan **HAYT**, Apr. 9, 1741	LR18	7
Elizabeth, d. Stephen & Sarah, b. Mar. 24, 1791	LR18	33
Elizabeth, d. Nehemiah & Mary, b. Jan. 24, 1797	LR18	24
Elizabeth Jane, m. William **HYATT**, b. of Norwalk, Jan. 3, 1830, by Oliver Sykes	1	12
Ephraim, m. Merie **SENTION**, d. Mathias, Sr., June 8, 1665	LR1	49
Ephraim, s. Ephraim, b. May 1, 1673	LR1	112
Ephraim, s. Joseph, b. Aug. 23, 1708	LR4	1
Ephraim, m. Thankfull **GRUMON**, d. John, of Fairfield, Oct. 30, 1734	LR4	10
Ephraim, m. Sarah **SLAWSON**, Mar. 7, 1770	LR18	24
Ephraim, m. 2nd w. Sarah **WARING**, Oct. 26, 1788	LR18	24
Esther, m. Joseph **EVERET**, Nov. [ ], 1773	LR18	40
Esther, d. Ephraim & Sarah, b. Mar. 1, 1788	LR18	24
Esther, d. Stephen & Sarah, b. July 13, 1797	LR18	33
Esther, of Norwalk, m. Stephen **SAUNDERS**, (Rev.), of South Salem, N.Y., May 5, 1823, by Sylvester Eaton	1	4
Fanny, d. Jos[eph] & Isabel, b. June 29, 1784	LR18	5
Frederick, s. Benj[amin] & Elizabeth, b. Nov. 30, 1803	LR19	11
George, s. Stephen & Sarah, b. July 29, 1793	LR18	33
Hannah, d. Eliphalet, b. July 28, 1700	LR4	4
Hannah, d. Eliphelitt, b. July 28, 1700	LR2-3	74
Hannah, 2nd d. of that name of Eliphalet, b. July 12, 1712	LR4	4
Hannah, d. Eliphalet, b. July 16, 1712	LR4	4
Hannah, d. James [& Lidia], b. Oct. 23, 1713	LR4	5
Hannah, 2nd, [d. Eliphalet], d. Oct. 27, 1713	LR4	4
Hannah, d. Peter & Abigail, b. Sept. 23, 1743	LR4	12
Hannah, d. John & Mary, b. June 23, 1757	LR18	10
Hannah, d. Hezekiah & Cate, b. Jan. 12, 1777	LR18	29
Hannah, d. [Samuel & Jemima], b. June 22, 1779	LR17	217
Hannah, m. James **SMITH**, Sept. 14, 1780	LR18	23
Hannah, m. James **RICHARDS**, Apr. 4, 1793	LR19	2
Hannah, d. Job & Sarah, b. July 1, 1793	LR18	16
Harriet, d. Joseph & Rebeckah, b. May 6, 1804	LR19	11
Harry, s. [Samuel & Jemima], b. Sept. 18, 1790	LR17	217
Henry, s. Stephen & Sarah, b. May 11, 1795	LR18	33
Hezekiah, m. Cate **SEYMORE**, Jan. 25, 1776	LR18	29
Hooker St. John, s. Eliphalet & Susanna, b. Apr. 8, 1782	LR18	36
Isaac, s. Joseph & Mary, b. Dec. 24, 1726	LR4	8a
James, m. wid. Eliza **RICHARDS**, d. Nathan **WARING**, [ ]	LR18	44
James, s. Ephraim, b. Apr. 21, 1683	LR1	138
James, m. Lydia **SMITH**, d. Samuell, Oct. 23, 1707	LR4	1
James, m. Lidia **SMITH**, d. Samuel, Oct. 23, 1707	LR4	5
James, s. James [& Lidia], b. Dec. 20, 1714	LR4	5
James, m. Phebe **LOCKWOOD**, d. Jos., Dec. 30, 1767	LR18	44

LOCKWOOD, LOCKWOODE, (cont.),

	Vol.	Page
James, m. Abigail DeFOREST, d. Lem[ue]l, Nov. 9, 1774	LR18	44
James, s. James & Abigail, b. Nov. 22, 1784	LR18	44
James, s. Eben[eze]r & Mary, b. Apr. 26, 1791	LR18	44
James, s. Joseph & Rebeckah, b. Sept. 19, 1806	LR19	11
James D., s. James & Phebe, b. May 1, 1770; d. June 8, 1773	LR18	44
Jemima, m. Samuel LOCKWOOD, [ ], 1774	LR17	217
Jesse, s. [Samuel & Jemima], b. June 16, 1783	LR17	217
Job, s. James [& Lidia], b. July 13, 1718	LR4	5
Job, s. James & Phebe, b. Sept.13, 1768	LR18	44
Job, m. Sarah HICKOK, Jan. 12, 1791	LR18	16
John, s. Ephraim, b. Mar. 19, 1665/6	LR1	49
John, s. Eliphalet, b. Jan. 8, 1707/8	LR4	4
John, s. Eliphalet, d. Dec. 12, 1719	LR4	4
John, s. James [& Lidia], b. Feb. 8, 1719/20	LR4	5
John, m. Mary KEELER, Apr. 27, 1746	LR18	10
John, s. David & Martha, b. May 25, 1784	LR19	4
John, 2nd, m. Sarah SMITH, May 20, 1797	LR19	4
Joseph, s. Ephraim, b. Apr. 1, 1680	LR1	112
Joseph, m. Mary WOOD, d. John, of Stamford, Aug. 14, 1707	LR4	1
Joseph, s. Joseph, b. Nov. 23, 1710	LR4	1
Joseph, 3rd, m. Rachel MALLORY, Mar. 2, 1758	LR9	3-Ind
Joseph, m. Isabel HYATT, Oct. 31, 1774	LR18	5
Joseph, s. Joseph & Isabel, b. Oct. 2, 1778	LR18	5
Joseph, s. Eben[eze]r & Mary, b. Dec. 22, 1792	LR18	44
Joseph, s. Eben[eze]r & Mary, d. Aug. 23, 1794	LR18	44
Joseph, Jr., m. Rebeckah SEYMORE, Oct. 5, 1800	LR19	11
Joseph Mallory, [s. Joseph & Rachel], b. Dec. 23, 1758	LR9	3-Ind
Lambert, s. Peter & Eliza, b. Dec. 14, 1753; d. [ ], ae 18 d.	LR4	12
Lemuel D., s. James & Abigail, b. Apr. 11, 1779; d. May 7, 1779	LR18	44
Lewis, s. Hezekiah & Cate, b. Feb. 25, 1780	LR18	29
Lydia, d. James, b. Dec. 17, 1710	LR4	1
Lidiah, d. James [& Lidiah], b. Dec.17, 1710; d. June 18, 1712	LR4	5
Lidiah, d. James [& Lidiah], b. Jan. 10, 1716/17	LR4	5
Lydia, d. John & Mary, b. May 22, 1751	LR18	10
Lydia, m. Hezekiah RAYMOND, Oct. 19, 1769	LR18	3
Marcy, d. Eliphalet, b. Apr. 11, 1709	LR4	4
Marcey, d. Eliphalet, d. Oct. 1, 1712	LR4	4
Maria, m. George QUINTARD, b. of Norwalk, Mar. 12, 1834, by Rev. Nicholas White	1	19
Mary, d. Eliphalet, b. Nov. 4, 1702	LR4	4
Mary, d. Eliphelitt, b. Nov. 4, 1704	LR2-3	74
Mary, d. Joseph, b. Mar. 7, 1719/20	LR4	1
Mary, m. Nathaniel BENEDICT, Oct. 25, 1738	LR18	26
Mary, d. Eph[rai]m & Thankfull, b. Mar. 3, 1741/2	LR4	10
Mary, d. Peter & Abigail, b. Aug. 31, 1745	LR4	12
Mary, d. John & Mary, b. Dec. 18, 1748	LR18	10
Mary, m. Matthew HOYT, Jan. 2, 1761	LR18	45
Mary, m. Jedediah BROWN, Nov. 13, 1768	LR18	13
Mary, d. Eben[eze]r & Mary, b. Nov. 12, 1779; d. Feb. 9, 1794	LR18	44
Mary, of Norwalk, m. Sienas CARR, of Bridgeport, Nov. 30, 1830, by by Rev. Henry S. Attwater	1	14
Mary B., m. Henry BENEDICT, b. of Norwalk, Sept. 1, 1823, by		

NORWALK VITAL RECORDS 89

	Vol.	Page
LOCKWOOD, LOCKWOODE, (cont.),		
Sylvester Eaton	1	5
Mary M., d. Stephen D., carpenter, ae 33 & Mary E., ae 29, b. Aug. 7, 1848	1	41
Munson, s. Benj[amin] & Elizabeth, b. Feb. 13, 1806	LR19	11
Nathan, s. Ephraim & Sarah, b. May 9, 1775	LR18	24
Nathaniel, s. Eben[eze]r & Mary, b. Sept. 12, 1785	LR18	44
Nehemiah, s. Eph[rai]m & Thankfull, b. May 18, 1740	LR4	10
Nehemiah, s. Ephraim & Sarah, b. Jan. 23, 1771	LR18	24
Nehemiah, m. Mary **WARING**, Dec. 17, 1795	LR18	24
Northrop, s. [Samuel & Jemima], b. Jan. 5, 1786	LR17	217
Peter, s. Eliphalet, b. Mar. 16, 1710/11	LR4	4
Peter, m. Mrs. Abigail **HAWLEY***, d. Rev. Thomas Hawley, of Ridgefield, Sept. 8, 1737 *(Arnold copy has "**HANLEY**")	LR4	12
Peter, m. Elizabeth **LAMBERT**, d. David, Jan. 1, 1750/1	LR4	12
Phebe, d. Jos., m. James **LOCKWOOD**, Dec. 30, 1767	LR18	44
Phebe, w. James, d. Mar. 5, 1773	LR18	44
Phebe, d. James & Elizabeth, b. Jan. 29, 1791	LR18	44
Polly, d. [Samuel & Jemima], b. Sept. 4, 1777	LR17	217
Polly, m. Daniel **HYAT[T]**, June 12, 1780	LR18	21
Polly, d. Eben[eze]r & Mary, b. Aug. 18, 1795	LR18	44
Polly, d. Job & Sarah, b. Sept. 28, 1795	LR18	16
Polly, m. Jared **AYES**, Feb. 20, 1800	LR19	9
Polly Betts, d. Stephen & Sarah, b. Apr. 17, 1799	LR18	33
Ralph, s. Stephen & Sarah, b. July 9, 1787	LR18	33
Ruth, d. Joseph, b. July 17, 1714	LR4	1
Ruth, d. Joseph, m. David **HAYT**, Jan. 5, 1735/6	LR4	10
Ruth, d. David & Martha, b. Jan. 9, 1790	LR19	4
Ruth, m. John **BOLT**, [ ]	LR18	44
Sally, d. Hezekiah & Cate, b. July 27, 1784	LR18	29
Sally, m. Daniel **WESTCOAT**, Nov. 13, 1794	LR19	4
Sally Ann, d. Eben[eze]r & Mary, b. Oct. 18, 1802	LR18	44
Samuel, s. James [& Lidia], b. Nov. 30, 1721	LR4	5
Samuel, m. Jemima **LOCKWOOD**, [ ], 1774	LR17	217
Samuel, s. [Samuel & Jemima], b. June 15, 1781	LR17	217
Samuel, s. James & Abigail, b. Apr. 30, 1786; d. May 8, 1786	LR18	44
Sarah, d. Ephraim, b. Nov. 3, 1670	LR1	49
Sarah, d. Ephraim, m. John **PLATT**, Jr., b. of Norwalk, May [ ], 1696	LR2-3	176
Sarah, d. Daniel, decd., m. John **TAYLOR**, Jr., Nov. 6, 1723	LR4	14
Sarah, d. Joseph & Mary, b. Nov. 28, 1723; d. Feb. 1, 1726	LR4	8a
Sarah, d. Ephraim [& Thankfull], b. July 23, 1735	LR4	10
Sarah, d. John & Mary, b. Oct. 5, 1754	LR18	10
Sarah, m. Ozias **MERVINE**, Nov. 26, 1761	LR18	19
Sarah, d. Stephen & Sarah, b. Dec. 9, 1782	LR18	33
Sarah, d. Ephraim & Sarah, b. Mar. 18, 1783	LR18	24
Sarah, w. Ephraim, d. Mar. 1, 1788	LR18	24
Sarah, d. James & Elizabeth, b. Oct. 28, 1793	LR18	44
Sarah, m. George **ST. JOHN**, b. of Norwalk, Feb. 14, 1826, by Sylvester Eaton	1	8
Sarah, of Norwalk, m. Pudy **SHERWOOD**, of Bedford, N.Y., Mar. 5, 1834, by Rev. Nicholas White	1	19
Sarah Ann, m. Joseph Warren **HOYT**, b. of Norwalk, Feb. 26, [1828], by Rev. Thomas Robbins	1	11

	Vol.	Page
LOCKWOOD, LOCKWOODE, (cont.),		
Silas Clark, s. David & Martha, b. Jan. 19, 1782	LR19	4
Stephen, m. Sarah BETTS, Apr. 14, 1782	LR18	33
Stephen, s. Stephen & Sarah, b. June 1, 1789	LR18	33
Susanna, d. Eliphalet & Susanna, b. Apr. 1, 1767; d. [ ], ae 3 m.	LR18	36
Susanna, 2nd, d. Elip[hale]t & Susanna, b. May 28, 1771; d. Dec. 18, 1793	LR18	36
Susanna, m. Thomas Fitch THACHER, Mar. 28, 1790	LR18	19
Thankfull, m. James BENEDICT, May 25, 1763	LR18	38
Thankfull, d. [Samuel & Jemima], b. Nov. 1, 1775	LR17	217
Thankfull, m. Ebenezer AYRES, Nov. 6, 1794	LR18	41
Thomas St. John, m. Hannah WHITLOCK, Feb. 14, 1802	LR19	9
Timothy L., d. Jan. 28, 1848, ae 6 m.	1	50
William, s. Eliphalet & Susanna, b. May 12, 1768	LR18	36
Willliam, s. Joseph & Isabel, b. July 23, 1780	LR18	5
William, m. Hannah SELLECK, Dec. 31, 1796	LR18	36
William, s. Will[ia]m & Hannah, b. Oct. 1, 1797	LR18	36
William, d. Nov. 10, 1797	LR18	5
William, s. Joseph & Rebeckah, b. June 29, 1801	LR19	11
William, 3rd, m. Dorinda M. COLLINS, b. of Norwalk, Nov. 27, 1822, by Sylvester Eaton	1	4
William A., of Stamford, m. Catharine E. KELLOGG, of Norwalk, this day [Feb. 14, 1848], by Edwin Hall	1	35
William A., blacksmith, b. New Canaan, res. Stamford, m. Catharine E. KELLOGG, res. Norwalk, Feb. 14, 1848, by Rev. Edwin Hall	1	47
W[illia]m R., farmer, ae 25, res. Norwalk, m. Mary ROBERTS, ae 19, b. New York, res. Norwalk, Jan. 19, 1848, by Rev. M. Hatfield	1	48
LONG, Betsey, d. William & Esther, b. Jan. 9, 1796	LR18	24
Hiram, s. William & Esther, b. Sept. 3, 1798	LR18	24
Sally, d. William & Esther, b. Sept. 2, 1793	LR18	24
William, m. Esther LARRANA*, Feb. 9, 1792 (correction, the last A is crossed out. CE is handwritten below in original manuscript)	LR18	24
LORD, Sam[ue]l, of Tomson, N.Y., m. Charry BENNETT, of Saugatuck, Mar. 5, 1825, by Heze[kiah] Ripley, V.D.M.	1	7
LYMAN, Ellen, m. Thaddeus BETTS, Nov. 4, 1789, by Rev. Jonathan Edwards, [of] New Haven	LR18	39
LYNESBURY, Theodore, m. Abba AKIN, b. of Norwalk, May 3, 1846, by W. C. Hoyt	1	32
LYNNBURGH, Emily, d. Feb. 14, 1848, ae 3	1	50
LYON, LION, Ann, m. Ebenezer ABBOTT, Nov. 3, 1730	LR4	0
Esther, m. Selleck BURR, of Fairfield, Nov. 10, 1833, by Edwin Hall	1	18
Jesse, of Salem, N.Y., m. Rebeckah KNAP, of Norwalk, Oct. 14, 1804, by Rev. Moses Mather	LR19	10
Martha, m. W[illia]m BURK, Nov. 29, 1837, by Edwin Hall	1	22
Mary, wid., m. Joseph KELOGG, Oct. 10, 1712	LR4	5
McANIFFE, Charles, m. Margaret BARRY, b. of Ireland, Apr. 29, 1790, by Rev. Sam[ue]ll Spraggs, of Elizabeth Town, N.J.	LR16	1
Charles, s. Charles & Margaret, b. June 13, 1793	LR16	1
Katharine, d. Charles & Margaret, b. Jan. 4, 1791	LR16	1
McCARTHEY, Peter, m. Betsey SAUNDERS, b. of Norwalk, Dec. 1, 1844, by Z. K. Hawley	1	29
McCLUER, McCLEUR, John, m. Sally JENNINGS, Mar. 16, 1806	LR19	11
William, s. John & Sally, b. Feb. 11, 1807	LR19	11

	Vol.	Page
McCUMIN, Thomas, m. Esther P. DISBROW, b. of Norwalk, Feb. 28, 1836, by Rev. Davis Stocking	1	21
McGILL, Lewis, m. Jerusha INGASON, Jan. 27, 1833, by Edwin Hall	1	16
McGUYER, George, m. Delia RAYMOND, Mar. 22, 1835, by Rev. Luther Mead	1	19
MACKIE, John T., m. Julia WOOD, b. of New York, July 21, 1832, by Edwin Hall	1	16
Mary, m. Robert GAY, July 23, 1837, by Edwin Hall	1	22
McLAUGHLIN, Rosanna, d. Peter, laborer, ae 36 & Ellen, ae 24, b. Apr. 20, 1848	1	42
W[illia]m, s. Farrell, laborer, ae 38 & Margaret, ae 35, b. Dec. 16, 1847	1	42
McLEAN, Hugh, m. Angeline FITCH, b. of Norwalk, Apr. 2, 1822, by Sylvester Eaton	1	3
Margaret, m. Joshua BOUTON, Nov. 17, 1784	LR18	44
McNAB, Anne, d. Allexander, b. July [ ], 1779	LR18	35
Betsey, d. Alexander, b. [ ], 1776	LR18	35
Christiana, d. Allexander, b. Mar. [ ], 1788	LR18	35
Cornelius, d. Aug. 5, 1848, ae 67	1	49
John, s. Allexander, b. Sept. [ ], 1781	LR18	35
McNEAL, Eliza, of Norwalk, m. Henry HASSELBACK, of Lancaster, Pa., Nov. 28, 1826, by Rev. E. W. Hooker, of Greens Farms	1	10
MALLORY, Alfred, s. Lewis & Anna, b. Nov. 8, 1796	LR18	19
Anna, d. Jan. 3, 1848, ae 75	1	50
Charles, s. Lewis & Anna, b. Dec. 2, 1793	LR18	19
Charles, m. Henrietta BETTS, b. of Norwalk, Nov. 24, 1822, by Sylvester Eaton	1	4
Eliza, m. Nelson ADAMS, May 24, [1829], by Henry Benedict	1	12
Harriet, of Norwalk, m. Rev. George H. HULIN, of Weston, Sept. 23, 1833, by Edwin Hall	1	17
James H., of Fairfield, m. Delia Ann SMITH, Dec. 2, 1832, by Edwin Hall	1	16
Lewis, m. Anna SEYMORE, Feb. 20, 1793	LR18	19
Mary, m. George L. CABLE, b. of Norwalk, Aug. 14, 1825, by Sylvester Eaton	1	7
Mary E., m. Algernon E. BEARD, b. of Norwalk, [May] 3, [1828], by E. Platt, Darien, at the house of Lewis Mallory	1	11
Polly, m. Aaron BOUTON, Jan. 15, 1794	LR18	34
Polly, m. Ichabod BRANARD, Sept, 22, 1798	LR19	9
Rachel, m. Joseph LOCKWOOD, 3rd, Mar. 2, 1758	LR9	3-Ind
Sally, m. Aaron BENEDICT, June 2, 1796	LR18	37
Sarah, m. William GRUMMAN, of Clinton, N.Y., Oct. 22, 1846, by Edwin hall	1	33
Sarah C., m. William R. LEWIS, Aug. 19, 1844, by Edwin Hall	1	29
MALTBY, Elizabeth, m. Thaddeus BETTS, May 15, 1754, by Rev. Noah Wells, of Stamford	LR18	39
MARTIN, Rebecca, m. Seth TAYLOR, July 8, 1832, by Edwin hall	1	16
MARVIN, MARVEN, MARVINE, [see also MERVINE & MERWIN], Abigaill, d. Math[ew], Sr., m. John BOWTON, b. of Norwalk, Jan. 1, 1656	LR1	49
Ann, d. John & Rachel, b. Sept. 7, 1741	LR4	11
Benjamin, s. John [& Rachel], b. Mar. 14, [1727/8]; d. Mar. 17, 1727/8	LR4	11
David, s. John, b. Aug. 24, 1711	LR4	1
Elihu, s. John, b. Oct. 10, 1719	LR4	1

MARVIN, MARVEN, MARVINE, (cont.),

	Vol.	Page
Elihu, s. Seth & Phebe, b. June 8, 1756	LR9	3-Ind
Elisabeth, d. Matthew, m. Joseph PLATT, Nov. 6, 1700	LR2-3	73
Elizabeth, d. Matthew, m. Joseph PLATT, Nov. 6, 1700	LR4	2
Elizabeth, 1st d. John, b. Oct. 23, 1713	LR4	1
Ellen, d. Seth & Phebe, b. Mar. 20, 1752	LR9	3-Ind
Hanniah, d. Math[ew], m. Tho[ma]s SEAMER, s. Rich[ar]d, b. of Norwalk, Jan. [ ], 1653	LR1	49
Hannah, d. John & Rachel, b. Dec. 4, 1722	LR4	11
Hannah, m. Stephen KEELER, June 15, 1773	LR18	8
Homer A., s. Charles, laborer, ae 31 & Louisa, ae 27, b. Apr. 26, 1848	1	42
John, s. Matthew, b. Sept. 2, 1678; m. Mary BEERS, d. James, of Fairfield, Mar. 22, 1704	LR4	1
John, 1st s. John, b. July 22, 1705	LR4	1
John, m. Rachel SAINT JOHN, d. Matthias, Apr. 27, 1721	LR4	11
Joseph, s. John & Rachel, b. May 29, 1724	LR4	11
Mary, 2nd d. Jno, b. Dec. 29, 1716	LR4	1
Mary, w. John, d. Apr. 17, 1720	LR4	1
Moses, s. Seth & Phebe, b. Aug. 25, 1754	LR9	3-Ind
Nathan, s. John, b. Mar. 4, 1707	LR4	1
Rachel, d. John & Rachel, b. Dec. 24, 1725; d. Dec. 26, 1725	LR4	11
Rachel, d. John & Rachel, b. Mar. 27, 1728/9	LR4	11
Sarah, d. Mat[hew], m. Thomas BETTS, Jr., s. Thomas, Sr., Jan. 13, 1680	LR1	138
Sarah, d. John & Rachel, b. May 18, [1733]; d. May 21, 1733	LR4	11
Seth, 3rd, s. John, b. July 13, 1709	LR4	1
Seth, m. Phebe LEE, d. William, [ ]	LR9	3-Ind
Seth, s. Seth & Phebe, b. Dec. 21, 1749	LR9	3-Ind

MATHER, Hannah, m. Charles SELLECK, June 2, 1796 — LR18 18

	Vol.	Page
Joseph B., of Darien, m. Susan S. RICHARDS, of Norwalk, Apr. 15, 1846, by Ezra D. Kinney, Bishop of Darien	1	32
Sarah, m. Noyes RICHARDS, Apr. 4, 1798	LR19	8

MEAD, Aaron, s. Matthew & Phebe, b. Sept. 6, 1776; d. Sept. 20, 1779 — LR18 38

	Vol.	Page
Abigail, m. James KEELER, Mar. 14, 1758	LR19	0
Abijah, m. Lydia JENNINGS, July 20, 1788	LR18	48
Azor, m. Susanna FITCH, Dec. 2, 1779	LR19	2
Charlotte, d. Abijah & Lydia, b. Dec. 13, 1794	LR18	48
David, s. Matthew & Phebe, b. Sept. 3, 1770	LR18	38
Deborah, m. Thaddeus BETTS, Jr., May 10, 1763	LR18	29
Eliza, m. Nathan SANFORD, Jan. 10, 1789	LR18	47
Elizabeth, d. Matthew & Phebe, b. Aug. 7, 1764	LR18	38
George, s. Abijah & Lydia, b. Jan. 30, 1791	LR18	48
Henophan*, s. Matthew & Phebe, b. June 12, 1779 *(Xenophon?)	LR18	38
James, s. Matthew & Phebe, b. July 5, 1766	LR18	38
James, m. Sarah GREGORY, Nov. 7, 1792	LR18	44
John, m. Elizabeth OLMSTED, Mar. 19, 1789	LR18	40
Joseph Elmore, s. John & Elizabeth, b. June 12, 1796	LR18	40
Lucinda, d. James & Sarah, b. Feb. 28, 1793	LR18	44
Lucy, m. Caleb COMSTOCK, Nov. 10, 1786	LR18	2
Lydia, d. Abijah & Lydia, b. Apr. 10, 1789	LR18	48
Matthew, m. Phebe WHELPLY, Feb. 7, 1760	LR18	38
Matthew, s. Matthew & Phebe, b. Jan. 27, 1773	LR18	38
Molly, d. Matthew & Phebe, b. Nov. 23, 1760; d. Mar. 16, 1774	LR18	38

NORWALK VITAL RECORDS 93

	Vol.	Page
MEAD, (cont.),		
Orinda, d. James & Sarah, b. Feb. 28, 1797	LR18	44
Polly, m. Levi HANFORD, Aug. [ ], 1782	LR18	18
Rebeckah, m. Phinehas KEELER, July 9, 1775	LR18	46
Rosel, s. Matthew & Phebe, b. July 15, 1784	LR18	38
Sarah A., m. David B. HUBBELL, b. of Stepney, Dec. 25, 1846, by W. C. Hoyt	1	33
Susa, d. Matthew & Phebe, b. June 6, 1768	LR18	38
Thaddeus, s. Matthew & Phebe, b. Oct. 11, 1762	LR18	38
Thaddeus, m. Eunice ST. JOHN, May 4, 1783	LR18	47
Thomas Rockwell, s. John & Elizabeth, b. Mar. 22, 1794	LR18	40
Xenophon*, s. Matthew & Phebe, b. June 12, 1779 *(Arnold copy has "Henophan")	LR18	38
MECHER, [see under MEEKER]		
MECKIN, James, of Newark, N.J., m. Mary MORGAN, of Westport, Apr. 2, 1848, by Jacob Shaw	1	35
MEEKER, MECHER, Aaron, of Fairfield, m. Abigail SAUNDERS, of Norwalk, Jan. 4, 1827, by Rev. R. Sherwood	1	9
Eunice, m. Thomas RAYMOND, Mar. 1, 1797	LR18	43
George R., m. Eliza H. ALLEN, Sept. 17, 1845, by James J. Woolsey	1	30
Hannah, m. Jarvis KELLOGG, Nov. 28, 1781	LR18	29
Josephine, d. George, laborer, ae 33 & Harriet, ae 30, b. Oct. 18, 1847	1	43
Rebecca Jane, of Norwalk, m. W[illia]m C. SCHENCK, of New York, May 27, 1846, by James J. Woolsey	1	32
MELASH, Amanda, of Norwalk, m. Phillip S. BROWN, of New York, Nov. 2, 1834, by Edwin Hall	1	18
MELLON, James, m. Rebecca FITCH, b. of Norwalk, Jan. 13, 1822, by Sylvester Eaton	1	3
MERRELL, MERRELLS, Lydia, m. Matthew WILCOX, Jan. 11, 1835, by Luther Mead	1	19
Peter, s. Jason, potter, ae 42 & Sarah, ae 38, b. [ ]	1	38
Peter, d. [ ], ae 1 d.	1	49
Thomas, merchant, ae 43 & Sarah Ann, ae 39, had child b. June 3, 1848	1	39
Valentine, m. Fanny BENTON, b. of Norwalk, Sept. 18, 1831, by Rev. Daniel J. Wright	1	15
MERVINE, [see also MARVIN & MERWIN], Abby Ann, m. Burr SMITH, of Westport, Nov. 19, 1837, by Edwin Hall	1	22
Abigail, d. Stephen & Lois, b. Feb. 20, 1784	LR18	20
Asa, s. Ozias & Sarah, b. Oct. 18, 1778	LR18	19
Barnabus, m. Molly ADDAMS, Mar. 21, 1764	LR18	23
Barnabus, Jr., s. Barnabus & Mary, b. Dec. 4, 1764	LR18	23
Barnabus, m. Mabel TUTTLE, (2nd w.) Jan. 16, 1773	LR18	23
Barnabus, Jr., m. Hannah RICHARDS, Apr. 27, 1797	LR18	10
Betsey, d. Barnabus & Mabel, b. Dec. 1, 1779	LR18	23
Betsey, d. Stephen & Lois, b. Dec. 24, 1785	LR18	20
Betty, d. Samuel & Deborah, b. Jan. 12, 1743; d. Feb. 7, 1794	LR18	19
Charles, s. Ozias & Sarah, b. Feb. 21, 1786	LR18	19
Clark, s. Ozias & Sarah, b. Oct. 13, 1776	LR18	19
David M., m. Mary TAYLOR, b. of Norwalk, Jan. 8, 1826, by Sylvester Eaton	1	8
Deborah, w. Samuel, d. Sept. 11, 1756	LR18	19
Eliza, m. Charles KELLOGG, Feb. 28, 1830, by Henry Benedict	1	12
Elizabeth, d. Ozias & Sarah, b. Nov. 24, 1766	LR18	19

94 BARBOUR COLLECTION

	Vol.	Page
MERVINE, (cont.),		
Esther, d. Samuel & Deborah, b. Aug. 22, 1736	LR18	19
Esther, m. James FITCH, Dec. 30, 1769	LR18	13
Esther, d. Ozias & Sarah, b. June 12, 1770	LR18	19
George, Dr., of Rochester, N.Y., m. Agnes PLATT, of Norwalk, Apr. 21, 1824, at the house of Joseph Platt, by Rev. R. Sherwood	1	6
Hannah, d. Ozias & Sarah, b. Oct. 7, 1764	LR18	19
Hannah, d. Stephen & Lois, b. May 7, 1775	LR18	20
Harriet, m. Henry SMITH, Mar. 25, 1832, by Rev. Edwin Hall	1	16
James, s. Ozias & Sarah, b. Dec. 11, 1774	LR18	19
James, [s. Ozias & Sarah], d. Nov. 11, 1776	LR18	19
Joseph Lockwood, s. Ozias & Sarah, b. Dec. 31, 1772	LR18	19
Julia, d. Matthew & Nancy, b. Sept. 27, 1795	LR18	17
Julia Ann, m. Comstock HANFORD, Jan. 1, 1826, at the house of Edwin Hoyt, by Rev. R. Sherwood	1	8
Lois, w. Stephen, d. Aug. 8, 1795	LR18	20
Lucy, b. Apr. 26, 1750	LR18	34
Mary, d. Apr. 24, 1787	LR18	43
Mary, m. Nathaniel BROTHERTON, Nov. 25, 1830, by Henry Benedict	1	14
Matthew, m. Nancy ST. JOHN, Apr. 7, 1792	LR18	17
Molly, m. Josiah RAYMOND, Nov. 5, 1765	LR18	43
Molly, d. Barnabus & Mary, b. Dec. 25, 1765	LR18	23
Molly, w. Barnabus, d. Apr. 5, 1771	LR18	23
Molly, m. Joseph PLATT, June 5, 1787	LR19	2
Nancy, d. Matthew & Nancy, b. Sept. 11, 1797	LR18	17
Nathan, s. Barnabus & Mary, b. May 23, 1767	LR18	23
Ozias, m. Sarah LOCKWOOD, Nov. 26, 1761	LR18	19
Ozias, s. Ozias & Sarah, b. Feb. 10, 1763	LR18	19
Phebe, d. Stephen & Lois, b. Aug. 29, 1780	LR18	20
Polly, d. Ozias & Sarah, b. June 9, 1781	LR18	19
Polly, d. Samuel & Ann, b. July 24, 1793	LR18	23
Rachel, m. Stephen MERVINE, Dec. 19, 1795	LR18	20
Rebeckah, d. Samuel & Deborah, b. May 19, 1738	LR18	19
Rebeckah, d. Barnabus & Mary, b. Mar. 18, 1769	LR18	23
Sally, d. Barnabus & Mabel, b. Aug. 7, 1774	LR18	23
Samuel, m. Deborah CLARK, Nov. 25, 1735	LR18	19
Samuel, s. Samuel & Deborah, b. Apr. 17, 1740	LR18	19
Samuel, s. Barnabus & Mabel, b. Oct. 27, 1783	LR18	23
Samuel, Jr., m. Ann BURR, June [ ], 1792	LR18	23
Samuel Sturges, s. Samuel & Ann, b. June 24, 1797	LR18	23
Sarah, b. Mar. 26, 1748	LR18	34
Sarah, d. Ozias & Sarah, b. June 21, 1768	LR18	19
Sarah, m. Samuel BURRELL, Nov. 27, 1785	LR18	32
Silas, s. Ozias & Sarah, b. Mar. 1, 1784	LR18	19
Stephen, m. Lois DISBROW, Feb. 20, 1770	LR18	20
Stephen, m. 2nd w. Rachel MERVINE, Dec. 19, 1795	LR18	20
William, m. Amanda RAYMOND, Apr. 4, 1830, by Henry Benedict	1	13
MESNARD, Andrew, m. Mary HOYT, Jan. 1, 1797	LR18	47
Eric, s. Andrew & Mary, b. Oct. 16, 1797	LR18	47
METCOCK, Grace, m. Lewis BUTLER, b. of Norwalk (colored), Feb. 8, 1826, by Sylvester Eaton	1	8
METRASH, METROSH, Ezekiel, b. Nov. 15, 1792	LR17	218

	Vol.	Page
METRASH, METROSH, (cont.),		
Jane, m. Francis **WHITE** (colored), this day [dated June 6, 1846], by Edwin Hall	1	32
MIDDLEBROOK, Aaron, s. Samuel & Mary, b. Aug. 12, 1781	LR18	26
Abijah, s. Summers & Susanna, b. Sept. 8, 1786	LR19	2
Anna, d. Summers & Susanna, b. Nov. 21, 1788	LR19	2
Charles, s. Matthew & Betsey, b. Jan. 1, 1811	LR19	11
Charles Chara, s. Sam[ue]l & Mary, b. Mar. 20, 1794	LR18	26
Daniel, s. Samuel & Mary, b. Nov. 24, 1778	LR18	26
Elizabeth, d. Samuel & Mary, b. Apr. 2, 1771	LR18	26
Elizabeth, m. Waters **PELLETT,** Feb. 6, 1792	LR18	27
Esther, m. Ebenezer **ABBOTT,** Feb. 11, 1768	LR18	34
George, s. Summers & Susanna, b. Mar. 6, 1792	LR19	2
George Beal, s. Matthew & Betsey, b. Sept. 30, 1806	LR19	11
Hannah, m. Eliakim **SMITH,** Jr., Jan. 14, 1790	LR18	14
Henritta, d. Sam[ue]l & Mary, b. June 21, 1791	LR18	26
Jonathan, s. Summers & Susanna, b. Sept. 17, 1794	LR19	2
Lewis, s. Samuel & Mary, b. Apr. 10, 1786	LR18	26
Lydia, m. Eliakim **SMITH,** May 5, 1777	LR18	14
Mary, m. Samuel **MIDDLEBROOK,** Nov. 16, 1769	LR18	26
Matthew, s. Summers & Susanna, b. Nov. 10, 1781	LR19	2
Matthew, m. Betsey **ABBOTT,** Oct. 13, 1805	LR19	11
Nathan, s. Samuel & Mary, b. Sept. 14, 1773	LR18	26
Nathan, m. Ruth **WHITLOCK,** May 21, 1797	LR18	26
Phebe, of Wilton, m. Edward **NOYES,** of New Canaan (colored), July 5, 1821, by Sylvester Eaton	1	2
Polly Betsey, d. Samuel & Mary, b. Jan. 24, 1784	LR18	26
Sally, d. Samuel & Mary, b. Sept. 1, 1788; d. Aug. 22, 1792	LR18	26
Samuel, m. Mary **MIDDLEBROOK,** Nov. 16, 1769	LR18	26
Samuel, s. Samuel & Mary, b. Nov. 3, 1776	LR18	26
Sarah, m. Benjamin **DENTON,** [ ], 1782	LR19	8
Sarah, m. Jonathan **HAYT,** Apr. 14, 1793	LR18	14
Sarah, d. Summers & Susanna, b. Apr. 1, 1798	LR19	2
Summers, m. Susanna **BEAL,** Jan. 23, 1781	LR19	2
William, s. Summers & Susanna, b. Jan. 29, 1784	LR19	2
MILES, Deborah, w. Joseph, late of New Milford, d. Feb. 5, 1758	LR4	0
MILLARD, Abraham, of Wilton, m. Abigail **FILLOW,** of Norwalk, Oct. 17, 1823, by Sam[ue]l Gorham	1	5
MILLER, Charles, s. Phinehas & Anna, b. Aug. 27, 1797	LR16	2
Mary Ann, d. Phinehas & Anna, b. Feb. 23, 1802	LR16	2
Phinehas, Dr., m. Mrs. Anna **BROOKS,** b. of Norwalk, this day, [Dec. 29, 1796], by Abner Benedict	LR16	2
MILLS, Abby, of Norwalk, m. Seth **MILLS,** of Greens Farms, Feb. 19, 1824, by Sylvester Eaton	1	6
Betsey, d. Joseph & Amelia, b. Nov. 3, 1794	LR18	15
John, b. Darien, res. Norwalk, d. July 30, 1848, ae 60	1	51
Lydia, d. Samuell, Jr., decd., of Greenwich, m. Ebenezer **FITCH,** Dec. 20, 1750	LR4	0
Mary E., d. Thomas, laborer, ae 27 & Harriet, ae 25, b. July 23, 1848	1	41
Nancy, b. Darien, res. Darien, d. Oct. 25, 1847, ae 29	1	51
Seth, of Greens Farms, m. Abby **MILLS,** of Norwalk, Feb. 19, 1824, by Sylvester Eaton	1	6
William, m. Eliza **ARCHAR,** Oct. 13, 1833, by Edwin Hall	1	18

	Vol.	Page
MINOR, Lucretia, m. William E. **BEARDSLEE**, Aug. 28, 1836, by Rev. Luther Mead	1	21
MITCHELL, MITCHEL, Betsey, d. Justus & Patty, b. Aug. 28, 1781	LR18	30
Chaney, s. Justus & Patty, b. June 25, 1786	LR18	30
Justus, Rev., m. Mrs. Patty **SHERMAN**, Sept. 7, 1780	LR18	30
Minot, s. Justus & Patty, b. Sept. 24, 1784	LR18	30
Samuel J., s. James, butcher, ae 27 & Sally, ae 30, b. Nov. 25, 1847	1	42
Sherman, s. Justus & Patty, b. July 2, 1782	LR18	30
MOORE, MORE, Betsey Ann, m. Sylvester **GUMMAN**, Nov. 16, 1845, by Edwin Hall	1	31
Cornelius L., m. Mary Ann **SYRES**, b. of Norwalk, Dec. 8, 1845, by W. C. Hoyt	1	31
Leyard Lyon, s. Cornelius L., merchant, ae 31, New Town, N.Y. & Mary Ann, ae 25, New Town, N.Y., b. Aug. 22, 1847	1	43
Nathan S., of New York, m. Esther M. **ALDRICH**, of Norwalk, Feb. 8, 1846, by W. C. Hoyt	1	31
Sarah Ann, of Norwalk, m. Henry E. **BODWELL**, of New York, Mar. 19, 1826, by Noble W. Thomas, Elder	1	9
MOREHOUSE, Aaron, s. David & Sarah, b. May 2, 1783	LR18	20
Ann, m. Elias **STURGES**, Nov. 5, 1783	LR19	6
Anna, d. David & Sarah, b. July 17, 1766	LR18	20
Charity, m. John **PLATT**, Sept. 3, 1758	LR18	14
David, m. Sarah **HANFORD**, Apr. 23, 1761	LR18	20
David, s. David & Sarah, b. Nov. 28, 1764	LR18	20
Esther, d. David & Sarah, b. Feb. 15, 1768; d. May 8, 1789	LR18	20
Hanford, s. David & Sarah, b. Nov. 4, 1773; d. Oct. 23, 1794	LR18	20
Hannah, d. David & Sarah, b. Oct. 27, 1781	LR18	20
Isaac, s. David & Sarah, b. Aug. 1, 1778	LR18	20
Laura, m. Marvin **RAYMOND**, Mar. 3, 1831, by Tho[ma]s F. Davis	1	14
Lettee, d. David & Sarah, b. Dec. 14, 1784	LR18	20
Lydia, d. David & Sarah, b. Dec. 25, 1776	LR18	20
Martha, m. Abraham **HURLBUTT**, Nov. 9, 1796	LR18	28
Noah, s. David & Sarah, b. May 5, 1775	LR18	20
Noah, m. Hannah **GREGORY**, Mar. 9, 1797	LR18	42
Olive, m. Isaac **STUART**, Dec. 25, 1771	LR18	33
Polly, d. David & Sarah, b. Apr. 26, 1787	LR18	20
Rhoda, d. David & Sarah, b. Dec. 23, 1769	LR18	20
Sally, m. Thomas M. **RAYMOND**, b. of Norwalk, June 2, 1833, by Rev. C. A. Boardman, of Saugatuck	1	17
Samuel, s. David & Sarah, b. Mar. 29, 1762	LR18	20
Sarah, d. David & Sarah, b. July 26, 1763	LR18	20
Sarah, m. James **OLMSTED**, Jan. 14,1789	LR19	0
MORGAN, Cloe, d. Ezekiel & Sarah, b. Nov. 26, 1795	LR18	35
Curtis, s. Zalmon & Mary, b. July 5, 1798	LR18	46
Dolly, d. James & Mary, b. Sept. 14, 1784; d. Apr. 7, 1796	LR18	38
Ezekiel, s. James & Mary, b. Feb. 4, 1772	LR18	38
Ezekiel, m. Sarah **WHITLOCK**, May 2, 1793	LR18	35
Harriet, d. Ezekiel & Sarah, b. Aug. 22, 1794	LR18	35
James, m. Mary **OSBORN**, Jan. 13, 1770	LR18	38
Jeremiah, s. John & Joanna, b. Nov. 5, 1772	LR19	8
Joanna, d. John & Joanna, b. July 5, 1768	LR19	8
Joel, s. James & Mary, b. June 7, 1776	LR18	38
John, m. Joanna **BANKS**, about Dec. 20, 1757	LR19	8

NORWALK VITAL RECORDS 97

	Vol.	Page
MORGAN, (cont.),		
John, s. John & Joanna, b. Apr. 15, 1766; d. June 28, 1798	LR19	8
Joseph, s. John & Joanna, b. July 7, 1761	LR19	8
Mary, d. James & Mary, b. Mar. 10, 1779	LR18	38
Mary, m. Belden **SCOTT**, May 10, 1797	LR19	1
Mary, of Westport, m. James **MECKIN**, of Newark, N. J., Apr. 2, 1848, by Jacob Shaw	1	35
Molly, d. John & Joanna, b. Aug. 25, 1770; d. Dec. 14, 1771	LR19	8
Molly, 2nd, d. John & Joanna, b. June 15, 1778; d. July 16, 1778	LR19	8
Polly, d. Zalmon & Mary, b. June 4, 1794	LR18	46
Ruth, d. John & Joanna, June 1, 1759	LR19	8
Sarah, d. John & Joanna, b. Oct. 11, 1763	LR19	8
Sarah, d. Zalmon & Mary, b. Apr. 26, 1791	LR18	46
Stephen, s. James & Mary, b. July 8, 1781	LR18	38
Thaddeus Rockwell, s. Zalmon & Mary, b. July 30, 1796	LR18	46
William, s. James & Mary, b. Aug. 20, 1774	LR18	38
Zalmon, s. James & Mary, b. June 27, 1770	LR18	38
Zalmon, m. Mary **ROCKWELL**, Dec. 29, 1790	LR18	46
Zalmon, s. Zalmon & Mary, b. Oct. 19, 1792	LR18	46
MOTT, Betsey, d. Reuben & Phebe, b. Apr. 23, 1776	LR19	7
Clarrissa, d. William & Lettice, b. May 1, 1788	LR18	20
Grace, d. Reuben & Phebe, b. July 14, 1766	LR19	7
Jesse, s. Reuben & Phebe, b. Dec. 17, 1764	LR19	7
Lettice, d. William & Lettice, b. Feb. 14, 1784	LR18	20
Phebe, m. Isaac **HAYT**, Dec. 25, 1760	LR18	30
Polly, d. William & Lettice, b. Dec. 28, 1777	LR18	20
Reuben, m. Phebe **TUTTLE**, Sept. 26, 1763	LR19	7
Sarah, d. Reuben & Phebe, b. June 30, 1769	LR19	7
Sarah, m. David **BOLT**, [ ]	LR18	6
Stephen, s. Reuben & Phebe, b. Oct. 24, 1771	LR19	7
William, s. William & Lettice, b. Feb. 28, 1780	LR18	20
MUNROE, Amos, s. David, b. May 9, 1704	LR2-3	72
Bethiah, d. David, b. Aug. 5, 1711	LR2-3	72
Christian, d. David, b. Apr. [ ], 1699	LR2-3	72
Elissabeth, d. David, b. Aug. [ ], 1693	LR2-3	72
Experience, d. David, b. Feb. 9, 1702	LR2-3	72
Lavinah, d. David, b. Jan. 31, 1707	LR2-3	72
Martha, d. David, b. May [ ], 1696	LR2-3	72
Mary, d. David, b. Feb. [ ], 1690	LR2-3	72
Solomon, s. David, b. Jan. 31, 1705	LR2-3	72
Susanna, d. David, Feb. 12, 1700	LR2-3	72
MURRY, Charles, s. Daniel & Hannah, Apr. 14, 1793	LR19	8
Daniel, m. Hannah **NASH**, Dec. 11, 1785	LR19	8
Daniel, s. Daniel & Hannah, b. Mar. 27, 1786	LR19	8
John Nash, s. Daniel & Hannah, b. July 5, 1789	LR19	8
Rhuama, d. Daniel & Hannah, b. June 8, 1791	LR19	8
William, s. Daniel & Hannah, b. Sept. 19, 1787	LR19	8
NASH, Aaron, s. John & Abigail, b. July 9, 1762	LR18	43
Abijah, s. John & Abigail, b. May 15, 1766	LR18	43
Abijah, m. Elizabeth **BEARS**, Aug. 22, 1791	LR19	4
Amelia, d. Jonathan & Amy, b. Feb. 3, 1794	LR18	41
Amelia A., b. Westport, res. Westport, d. Mar. 9, 1848, ae 18	1	49
Amy, d. Jonathan & Amy, b. July 25, 1793	LR18	41

BARBOUR COLLECTION

	Vol.	Page
NASH, (cont.),		
Anna, d. John & Sarah, b. Mar. 6, 1737	LR18	43
Anna, d. Bela & Sarah, b. June 10, 1789	LR19	3
Anson, s. Israel & Katherine, b. June 22, 1798	LR18	22
Arnott A., child of Roswell, mariner, ae 30 & Elizabeth M., ae 30, b. Jan. 10, 1848	1	43
Bela, m. Sarah GILBERT, Apr. 8, 1780	LR19	3
Bela, m. Betsey WILLIAMS, (2nd w.), May 8, 1795	LR19	3
Betsey, m. Joseph ST. JOHN, Nov. 15, 1792	LR18	33
Clark, s. Noah & Anne, b. Oct. 19, 1796	LR18	43
Cornelius, m. Charlotte WHITE (colored), this day [dated Nov. 19, 1846], by Edwin Hall	1	33
Daniel, s. Micajah & Mary, b. Dec. 2, 1747	LR18	33
Daniel, s. Nathan & Hannah, b. Nov. 13, 1767	LR18	37
David, m. Susanna KELLOGG, Apr. 23, 1767	LR18	32
David, m. 2nd w. Rachel BATES, July 19, 1772	LR18	32
David W., of Norwalk, m. Eliza A. PLATT, of Ridgefield, Sept. 30, 1844, by Rev. Harvey Husted	1	29
Edward, s. John, b. July 21, 1710	LR4	2
Eliza, of Norwalk, m. Anson LEE, of Ridgefield, Nov. 25, 1830, by Henry Benedict	1	14
Eliza, m. Allen RENAND, b. of Norwalk, Apr. 20, 1834, by Rev. Nicholas White	1	19
Elizabeth, d. David & Susanna, b. Feb. 23, 1768	LR18	32
Elizabeth, m. Isaac CAMP, Jr., Dec. 21, 1788	LR18	48
Elizabeth, m. Peter LEOPOLD, Dec. 10, 1820, by R. Sherwood	1	1
Esther, d. John & Sarah, b. Feb. 10, 1751	LR18	43
Francis E., child of Cornelius, laborer, black, ae 24 & Charlotte, black, ae 26, b. Aug. 25, 1847	1	39
Hannah, d. John & Sarah, b. Feb. 18, 1753	LR18	43
Hannah, d. Nathan & Hannah, b. May 5, 1783	LR18	37
Hannah, m. Daniel MURRY, Dec. 11, 1785	LR19	8
Hannah, d. Bela [& Sarah], b. Oct. 16, 1780; d. Apr. 17, 1791	LR19	3
Hannah, m. Nath[anie]l STREET, Sept. 1, 1793	LR18	21
Hannah, m. Nath[anie]l JARVIS, Sept. 1, 1793	LR18	22
Hannah, d. Jonathan & Amy, b. Aug. 24, 1796	LR18	41
Henry K., m. Rebeckah RAYMOND, b. of Norwalk, Aug. 14, 1825, by Sylvester Eaton	1	7
Israel, m. Katerine RIDER, Feb.11, 1796	LR18	22
Jacob, s. David & Susanna, b. June 30, 1770	LR18	32
Jacob, s. David & Susanna, b. Nov. 19, 1791	LR18	32
James, s. Nathan & Hannah, b. July 30, 1775	LR18	37
Jane, m. Nathaniel Jarvis STREET, Apr.11, 1781	LR18	21
Jane, m. Nathaniel Jarvis STREET, Apr. 11, 1781	LR18	22
Jared, s. Bela & Sarah, b. July 1, 1787	LR19	3
Jedediah, s. John & Sarah, b. Dec. 31, 1739	LR18	43
Jesse, s. Micajah & Mary, b. July 21, 1745	LR18	33
John, m. Mary BARBY, d. Thomas, of Fairfield, May 1, 1684	LR4	2
John, s. Jno, b. Dec. 25, 1688	LR4	2
John, Jr., m. Abigail BLAKELEY, d. Ebenezer, of New Haven, May 19, 1709	LR4	2
John, s. John, b. Dec. 23, 1713	LR4	2
John, m. Sarah JACKSON, [ ], 1736	LR18	43

NASH, (cont.),

	Vol.	Page
John, s. John & Sarah, b. Jan. 6, 1741	LR18	43
John, m. Abigail **PERSONS**, (2nd w.), Nov. 4, 1758	LR18	43
John Lewis, s. George, merchant, ae 24 & Mary Jane, ae 22, b. Dec. 20, 1847	1	42
John Mervine, s. Nathan & Hannah, b. Sept. 10, 1787	LR18	37
Jonathan, m. Amy **RAYMOND**, Dec. 8, 1792	LR18	41
Jonathan, m. Jemimah **BUTLER**, Dec. 25, 1821, by Benj[ami]n Isaacs, J.P.	1	2
Joseph, s. Nathan & Hannah, b. Mar. 21, 1780	LR18	37
Keeler, s. Noah & Anne, b. Aug. 22, 1791	LR18	43
Lucinda Keeler, d. Noah & Anne, b. Feb. 6, 1793	LR18	43
Maria, d. Israel & Katherine, b. Mar. 7, 1797	LR18	22
Mariah, m. Lewis **PATRICK**, May 8, 1823, at the house of George Nash, by Rev. R. Sherwood	1	5
Maria, of Norwalk, m. Harvey **TODD**, of Pound Ridge, N.Y., July 6, 1825, by Noble W. Thomas, Elder	1	7
Mary, w. John, d. Sept. 11, 1711	LR4	2
Mary, d. John, d. Apr. 27, 1712	LR4	2
Mary, m. Hezekiah **JARVIS**, Oct. 9, 1767, by Rev. James Leaming	LR18	41
Mary, d. Nathan & Hannah, b. Feb. 22, 1769	LR18	37
Mary Esther, of Norwalk, m. Burr **KEELER**, of Ridgefield, May 4, 1826, at the house of George Nash, by Rev. R. Sherwood	1	9
Mary L., d. Hiram, laborer, ae 35 & Sarah, ae 38, b. Feb. 24, 1848	1	38
Micajah, m. Mary **SCRIBNER**, Oct. 9, 1744	LR18	33
Moses, s. John & Sarah, b. Feb. 19, 1753; d. May 11, 1768	LR18	43
Nancy, m. Jared **PATCHEN**, Aug. 31, 1797	LR18	31
Nancy, m. Edwin **TAYLOR**, Nov. 27, 1832, by Edwin Hall	1	16
Nathan, s. Jno, b. Jan. 26, 1692/3	LR4	2
Nathan, m. Hannah **HITCHCOCK**, Mar. 1, 1767	LR18	37
Nathan, s. Nathan & Hannah, b. May 17, 1773	LR18	37
Noah, s. John & Abigail, b. Oct. 15, 1764	LR18	43
Noah, m. Anne **KEELER**, Mar. 10, 1791	LR18	43
Phebe, m. Joseph **JELLEFF**, July 31, 1796	LR19	2
Phila, d. John & Sarah, b. Sept. 28, 1749	LR18	43
Polly, d. John & Abigail, May 2, 1759	LR18	43
Polly, d. Bela & Sarah, b. June 4, 1793	LR19	3
Polly, d. Noah & Anne, b. June 10, 1795	LR18	43
Polly, d. James & Huldah, b. Oct. 7, 1805	LR18	3
Polly, m. Charles **BOUTON**, b. of Norwalk, Dec. 13, 1821, by Sylvester Eaton	1	2
Rachel, d. John & Abigail, b. July 21, 1768	LR18	43
Rhuamah, d. John & Sarah, b. Sept. 8, 1747	LR18	43
Riley, of Norwalk, m. Louisa **HENDRICK**, of Westport, Jan. 18, 1846, by W. C. Hoyt	1	31
Sally, d. Bela & Sarah, b. Mar. 22, 1785	LR19	3
Samuel, s. Micajah & Mary, b. Feb. 5, 1750	LR18	33
Samuel, s. Nathan & Hannah, b. Sept. 26, 1777	LR18	37
Sarah, d. John & Sarah, b. Oct. 5, 1745	LR18	43
Sarah, w. John, d. Apr. 11, 1758	LR18	43
Sarah, m. John **GRUMMON**, Jan. 15, 1767	LR18	19
Sarah, m. Hezekiah **JARVIS**, Dec. 13, 1778, by Mr. Leaming	LR18	41
Sarah, m. Silas **ST. JOHN**, May 1, 1782	LR18	49

NASH, (cont.),

	Vol.	Page
Sarah, w. Bela, d. Dec. 28, 1794	LR19	3
Selina, m. William SEELEY, Nov. 9, 1823, by Rev. Eli Deniston	1	5
Sukey, d. Jonathan & Amy, b. Dec. 9, 1797	LR18	41
Susanna, w. David, d. Dec. 19, 1771	LR18	32
Thomas, s. Nathan & Hannah, b. Feb. 23, 1771	LR18	37
Thomas, m. Eliza GREEN, Aug. 3, [1820], by Rev. R. Sherwood	1	1
William, s. Bela [& Sarah], b. Feb. 7, 1783	LR19	3
William, s. Nathan & Hannah, b. June 10, 1786; d. June 31, 1786 [sic]	LR18	37

NASON, William W., of Great Falls, N.H., m. Susan BIGELOW, formerly of Ashland, Mass., now of Norwalk, this day, [dated Apr. 18, 1847], by Edwin hall   1   34

NEAL, Mary, m. Asahel RAYMOND, Apr. 22, 1784   LR18   5

NEWCOMB, Betsey, m. Harvey KEELER, b. of Norwalk, Jan. 9, 1825, by Sylvester Eaton   1   7

Jesse, m. Angeline ALLEN, b. of Norwalk, Jan. 7, 1827, by Sylvester Eaton   1   9

Mary E., ae 19, res. Norwalk, m. George W. AKIN, shoemaker, ae 24, res. Norwalk, Jan. 19, 1848, by Rev. Edwin Hall   1   46

Mary Esther, m. George W. AKIN, this day [Jan. 19, 1848], by Edwin Hall   1   35

NEWKIRK (?), Mary Cannon, m. Jonathan CAMP, Jr., Jan. 11, 1826, at the house of wid. R. Cannon, by Rev. R. Sherwood   (Perhaps "Mary CANNON, of Norwalk")   1   8

NICHOLS, Joseph, s. Joseph, b. May 21, 1734   LR4   5

William, m. Mary Ann SPAULDING, Aug. 7, 1833, by Edwin Hall   1   17

NORTHAM, Joseph Draper, s. Stephen T. & Hannah, b. Nov. 26, 1820   LR19   11

NORTHROP, Isaac, m. Almira HYATT, Mar. 14, 1830, by Henry Benedict   1   13

NOYES, Edward, of New Canaan, m. Phebe MIDDLEBROOKS, of Wilton, (colored), July 5, 1821, by Sylvester Eaton   1   2

O'BRIAN, John, s. Patrick & Polly, b. Oct. 29, 1787   LR19   11

O'CONNELL, John, s. John, laborer, ae 40 & Jehile, ae 30, b. Jan. 18, 1848   1   43

O'CONNOR, William, s. James, laborer, ae 47 & Margaret, ae 40, b. July 11, 1848   1   43

ODELL, Eleanor, m. Louis P. FILLOW, b. of Norwalk, [Apr.] 15, [1847], by James J. Woolsey   1   34

OGDEN, Amelia, m. Joseph STURGES, Nov. 28, 1790   LR18   35

Mary, wid., m. John FINCH, Dec. 3, 1778   LR18   24

Mary, m. Gregory THOMAS, May 8, 1788   LR18   40

OGLEVIE, Betsey, m. Thomas BELDEN, Jr., Dec. 24, 1795   LR18   8

OLMSTED, OLMSTEAD, Aaron, s. James & Sarah, b. Mar. 4, 1770   LR19   0

Aaron, s. Darius & Esther, b. Mar. 3, 1776   LR18   18

Aaron, m. Sarah HAWLEY, June 17, 1792   LR19   0

Alfred, s. James & Sarah, b. Nov. 5, 1789   LR19   0

Ann, m. Thomas SEYMORE, May 3, 1785   LR19   1

Azor, s. James & Sarah, b. Mar. 5, 1763; d. Sept. [ ], 1777   LR19   0

Betsey, d. Reuben & Hannah, b. Jan. 20, 1788   LR18   33

Charles, s. Reuben & Hannah, b. May 24, 1785   LR18   33

Charles, s. Darius & Esther, b. Nov. 6, 1791   LR18   18

Darius, m. Esther GREGORY, Sept. 10, 1775   LR18   18

David, s. John [& Mary], b. Feb. 6, 1724   LR4   11

David, s. Darius & Esther, b. Feb. 2, 1779   LR18   18

Edwin, merchant, ae 24 & w. Rebecca G., ae 20, had child b. July 13,

OLMSTED, OLMSTEAD, (cont.),

	Vol.	Page
1848	1	38
Elias Stuart, s. Joseph & Eunice, b. June 7, 1784	LR18	40
Elizabeth, d. Lieut. John, decd., m. Henry **WHITNEY**, June 14, 1710	LR4	3
Elizabeth, d. Joseph & Eunice, b. Nov. 5, 1773	LR18	40
Elizabeth, m. John **MEAD**, Mar. 19, 1789	LR18	40
Emily, m. Edwin **LOCKWOOD**, Aug. 2, 1832, by Edwin Hall	1	16
Esther, d. Joseph & Eunice, b. Apr. 19, 1776; d. May 22, 1783	LR18	40
Esther, d. Joseph & Eunice, b. July 30, 1782	LR18	40
Esther, d. Darius & Esther, b. June 19, 1785	LR18	18
Esther, d. Reuben & Hannah, b. Feb. 28, 1795	LR18	33
Hannah, d. Sam[ue]l & Anne, b. Feb. 12, 1779	LR18	26
Hawley, s. James & Sarah, b. Dec. 17, 1793	LR19	0
Hezekiah, s. Joseph & Eunice, b. Apr. 5, 1770; d. Apr. 7, 1770	LR18	40
Hezekiah, 2nd, s. Joseph & Eunice, b. Apr. 13, 1771	LR18	40
Hezekiah, m. Hannah [ ], Dec. 17, 1793	LR18	40
Ichabod, s. John [& Mary], b. June 14, 1733	LR4	11
Isaac, s. James & Sarah, b. Jan. 22, 1759; d. Dec. 30, 1795	LR9	0
James, s. Capt. Richard, m. Phebe **BARLOW**, d. Thomas, of Fairfield, May 1, 1673	LR1	155
James, s. James, b. Aug. 17, 1675	LR1	247
James, m. Sarah **TROWBRIDGE**, Sept. 11, 1754	LR19	0
James, s. James & Sarah, b. Apr. 4, 1755	LR19	0
James, m. Sarah **MOREHOUSE**, (2nd w.), Jan. 14, 1789	LR19	0
Jane, m. Thaddeus B. **CURTIS**, of Stratford, this day [dated Nov. 19, 1846], by Edwin Hall	1	33
John, s. James, b. Aug. 14, 1692	LR1	247
John, m. Mary **BENEDICT**, d. Thomas, July 17, 1673	LR1	50
John, m. Mary **SMALL**, d. Robert, (transient), Feb. 29, 1717/18 [sic]	LR4	11
John, s. John [& Mary], b. Mar. 29, 1729	LR4	11
Joseph, s. James, b. Mar. 10, 1677/8	LR1	247
Joseph, m. Eunice **STUART**, June [ ], 1769	LR18	40
Lewis, s. Samuel & Mercy, b. Feb. 25, 1797	LR18	26
Lyddia, d. Nathan, decd., m. Mathew **FITCH**, Dec. 7, 1738	LR4	14
Marillus, s. Samuel & Rachel, b. Oct. 15, 1797	LR18	26
Mary, d. Lieut. John, m. Thomas **REED**, May 9, 1694	LR4	3
Mary, m. James **FILLIO**, Feb. 8, 1759	LR19	6
Mary, d. Darius & Esther, b. Jan. 12, 1783	LR18	18
Mary, m. Elijah **FITCH**, Jr., May 30, 1793	LR18	31
Miles N., of Bridgeport, m. Mary **YOUNG**, of Norwalk, Sept. 1, 1833, by Edwin Hall	1	17
Nancy, d. Joseph & Eunice, b. Apr. 10, 1779; d. Aug. 5, 1795	LR18	40
Nancy, d. Hezekiah & Hannah, b. Nov. 2, 1797	LR18	40
Nathan, s. James, b. Apr. 27, 1678; m. Sarah **KEELER**, d. Ralph, Dec. 17, 1702	LR1	247
Nathan, s. Nathan, b. Dec. 4, 1703	LR2-3	76
Noah, s. Samuel & Anne, b. Oct. 3, 1786	LR18	26
Phebe, d. John [& Mary], b. Aug. 5, 1720	LR4	11
Polly, d. Nov. 19, 1847, ae 51	1	49
Priscilla, m. Isaac **GREGORY**, Jr., Apr. 12, 1789	LR19	1
Ruben, s. John [& Mary], b. Apr. 5, 1722	LR4	11
Reuben, b. July 22, 1763; m. Hannah **BASS**, Nov. 18, 1784	LR18	33
Rufus Keeler, s. Samuel & Mercy, b. Oct. 27, 1799	LR18	26

	Vol.	Page
OLMSTED, OLMSTEAD, (cont.),		
Ruth, m. Samuel **GATES**, Nov. 24, 1758	LR19	3
Sally, m. Uriah **GILBERT**, b. of Norwalk, June 25, 1836, by Rev. John Lovejoy	1	20
Samuell, s. James, b. May 30, 1683	LR1	247
Samuel, 2nd, m. Anne **DUNNING**, Nov. 25, 1773	LR18	26
Samuel, s. Samuel & Anne, b. Dec. 17, 1774	LR18	26
Samuel, 5th, m. Mercy **KEELER**, Nov. 12, 1795	LR18	26
Samuel, 4th, m. Rachel **ST. JOHN**, Mar. 16, 1797	LR18	26
Samuel E., merchant, ae 24, b. Wilton, res. Norwalk, m. Rebecca G. **CAMP**, ae 19, res. Norwalk, Oct. 4, 1847, by Rev. W. C. Mead	1	46
Sarah, d. Lieut. John, m. Jonathan **ABBOTT**, June 5, 1696	LR4	1
Sarah, d. James & Sarah, b. Nov. 14, 1767	LR19	0
Sarah*, d. Samuel & Anne, b. July 27, 1776; d. Aug. 2, 1777 *(Called "Sarah **DUNNING**" in the death record)	LR18	26
Sarah, w. James, d. Jan. 14, 1788	LR19	0
Sarah, m. Silas **GREGORY**, May 1, 1788	LR19	7
Sarah Ann, m. Dr. Ralph **THATCHER**, of Brookport, N.Y., this day, [dated Jan. 27, 1845], by Edwin Hall	1	29
Seth, s. James & Sarah, b. Mar. 29, 1765	LR19	0
Seth, s. Reuben & Hannah, b. July 23, 1792	LR18	33
Seymore, s. Hezekiah & Hannah, b. Oct. 21, 1796	LR18	40
Seymore, s. Hezekiah & Hannah, d. Oct. 29, 1796	LR18	40
Silas, s. Darius & Esther, b. Dec. 5, 1780	LR18	18
Silvanus, s. John [& Mary], b. Nov. 25, 1718	LR4	11
Small, s. John [& Mary], b. Mar. 2, 1727/8	LR4	11
Stephen, s. Samuel & Anne, b. Dec. 7, 1780	LR18	26
Stephen, s. Reuben & Hannah, b. June 10, 1790	LR18	33
Stephen, s. John & Elizabeth, b. Aug. 1, 1791	LR18	40
Zalmon, m. Betsey M. **CAMP**, Oct. 5, 1810	LR19	12
ONDERDONK, Maria, of New York, m. William **TITUS**, this day [dated Feb. 2, 1845], by Edwin Hall	1	30
OSBORN, Charles, s. Jacob & Betsey, b. Aug. 17, 1792	LR19	10
Eliza Ann, d. Jacob & Betsey, b. Apr. 26, 1802	LR19	10
Eliza Ann, m. Jacob **DAUCHY**, Sept. 16, 1821, in St. Pauls Church, by Rev. R. Sherwood	1	2
Frederick, s. Jacob & Betsey, b. Sept. 12, 1785, at Amenia	LR19	10
Frederic, [s. Jacob & Betsey], d. Aug. 30, 1803, at Albany	LR19	10
George, s. Jacob & Betsey, b. Nov. 21, 1797	LR19	10
George, s. Jacob & Betsey, d. Jan. 10, 1798	LR19	10
George Ogilvie, s. Jacob & Betsey, b. Feb. 23, 1795; d. Mar. 3, 1796	LR19	10
Jacob, b. Sept. 20, 1757, at Salem, Westchester County; m. Betsey **JARVIS**, [ ]	LR19	10
Jacob, d. Oct. 13, 1814	LR19	10
Lewis, s. Jacob & Betsey, b. Jan. 26, 1783	LR19	10
Lois, m. Ebenzer **GREGORY**, Jr., Feb. 29, 1784	LR19	3
Maria, d. Jacob & Betsey, b. May 26, 1788, at Wilton	LR19	10
Maria, m. Eseck **KELLOGG**, Mar. 24, 1811	LR19	11
Mary, m. James **MORGAN**, Jan. 13, 1770	LR18	38
William, s. Jacob & Betsey, b. June 9, 1790, at Wilton	LR19	10
William, m. Jemima **KELLOGG**, Apr. 3, 1814	LR19	12
OSGOOD, Irene, d. Robert H., merchant, ae 30 & Harriet J., ae 30, b. June 5, 1848	1	40

	Vol.	Page
PALMER, PAMER, Judeth, d. Ephraim, of Greenwich, m. Samuell RAYMOND, Apr. 1, 1696	LR2-3	73
William, of Ridgefield, Conn., m. Abby Jane **WILSON**, of Norwalk, Mar. 7, 1836, by Rev. Davis Stocking	1	20
PARDIE, Elissabeth, d. George, of New Haven, m. Thomas **GREGORIE,** Dec. 25, 1679	LR1	137
PARKER, Daniel P., of Rochester, N.Y., m. Caroline **RICHARDS**, of Norwalk, Feb. 4, 1828, at the house of Fitch Richards, by Ebenezer Platt, Darien	1	10
Grace, m. Jacob **JENNINGS,** Jan. 14, 1762	LR18	45
John, s. Will[ia]m & Mary, b. July 6, 1722	LR4	5
John D., of Norwalk, m. Coziah **CRANE**, of Wilton, June 5, 1831, in St. Pauls Church, by Rev. Jackson Kemper (colored)	1	15
Mary, d. Will[ia]m & Mary, b. Nov. 5, 1724	LR4	5
William, m. wid. Mary **ROCKWELL**, Oct. 22, 1717	LR4	5
William, s. Will[ia]m & Mary, b. Oct. 7, 1720	LR4	5
PARMELEE, PERMALEE, Henry, of Killingworth, m. Mary **HOYT**, of Norwalk, Dec. 20, 1821, by Sylvester Eaton	1	2
John, m. Betsey **DOWNS**, b. of Norwalk, Feb. 9, 1823, by Sylvester Eaton	1	4
PARROT, PERRET, Abraham, s. John [& Eunice], b. July 26, 1732	LR4	11
Elizabeth, d. John [& Eunice,], b. Jan. 11, 1724/5	LR4	11
Elizabeth, d. John, m. John **STONE**, Feb. 21, 1754	LR4	0
Eunice, w. John, d. Mar. 30, 1735/6	LR4	11
Hannah, d. John [& Eunice], b. Sept. 5, 1726	LR4	11
John, m. Eunice **STEWART**, d. Ens. James, Mar. 4, 1723/4	LR4	11
John, s. John [& Eunice], b. May 20, 1728	LR4	11
Mary, d. John [& Eunice], b. Sept. 8, 1835* *(Probably intended for "1735")	LR4	11
Sarah, d. John [& Eunice], b. Sept. 21, 1730	LR4	11
[PARSON], [see under **PERSON**]		
PARTRICH, Harriet, of Westport, m. Flavius **CLARK**, of Norwalk, Nov. 21, 1844, by James J. Woolsey	1	30
PATCHEN, Jared, m. Nancy **NASH**, Aug. 31, 1797	LR18	31
PATRICK, Abel, s. John [& Bethia], b. Apr. 15, 1757	LR19	5
Ann, d. John [& Bethia], b. June 9, 1759	LR19	5
Charles, state proprietor, d. Aug. 4, 1848, ae 51	1	50
Deborah, d. John & [Bethia], b. June 3, 1773	LR19	5
Deborah, m. Thomas **BROWN**, July 3, 1825, by Rev. R. Sherwood	1	7
Elizabeth, of Norwalk, m. Julius **PIKE**, of Fairfield, Apr. 7, 1822, in St. Pauls Church, by Rev. R. Sherwood	1	3
Esther, d. John [& Bethia], b. Nov. [ ], 1749	LR19	5
Esther, m. Daniel **HURLBUTT**, Mar. 20, 1765	LR18	28
James, s. John [& Bethia], b. Sept. 18, 1751	LR19	5
Jared, b. May 12, 1779	LR19	6
John, m. Bethia [ ], [ ], 1740	LR19	5
John, s. John [& Bethia], b. June 29, 1741	LR19	5
John, s. Sam[ue]l & Mabel, b. Nov. 14, 1796	LR18	29
John, m. Cilena **CAMP**, b. of Norwalk, Sept. 8, 1822, by Sylvester Eaton	1	3
John, farmer, d. Sept. 2, 1847, ae 50	1	49
John Henry, s. Harry, farmer, ae 29 & Betsey, ae 46, b. May 30, 1848	1	39
John Henry, d. May 30, 1848, ae [ ]	1	49

	Vol.	Page
PATRICK, (cont.),		
Lewis, m. Mariah NASH, May 8, 1823, at the house of George Nash, by Rev. R. Sherwood	1	5
Noah, s. John [& Bethia], b. May 30, 1755	LR19	5
Noah, m. [ ], 1774	LR19	5
Noah, had s. [ ], b. Sept. 22, 1775; d. [ ], 1786	LR19	5
Richard, s. John [& Bethia], b. Mar. 29, 1743	LR19	5
Samuel, s. John [& Bethia], b. Feb. 14, 1761	LR19	5
Samuel, m. Mabel BAKER, Feb. 5, 1795	LR18	29
Stephen, s. John [& Bethia], b. Jan. 14, 1745	LR19	5
Susanna, d. John [& Bethia], b. Apr. 25, 1753	LR19	5
-----, m. Betsey BARNES, Sept. 10, 1832, by Edwin Hall	1	16
PEACK, [see under PECK]		
PEARSELL, Platt, of Fairfield, m. Mary HURLBUTT, of Norwalk, Jan. 22, 1826, by Sylvester Eaton	1	8
PEASE, Clark, of Bridgeport, m. Mary J. BUSH, of Norwalk, Oct. 7, 1844, by James J. Woolsey	1	30
PECK, PEACK, Jane, m. William E. WALTON, b. of Stepney, Dec. 25, 1846, by W. C. Hoyt	1	33
John, m. Esther RAYMOND, Aug. 6, 1797	LR18	6
John, of New York, m. Fanny GIBBS, of Norwalk, July 7, 1836, by James Knox. Int. Pub.	1	20
Mary, d. Sam[ue]ll, Jr. of Greenwich, [b.] May 12, 1716; m. Nathan REED, Dec. 22, 1737	LR4	14
PELLETT, Charlotte, d. Waters & Elizabeth, b. Jan. 2, 1798	LR18	27
Mary, d. Waters & Elizabeth, b. Mar. 10, 1796	LR18	27
Sally, d. Waters & Elizabeth, b. Jan. 19, 1794	LR18	27
Waters, m. Elizabeth MIDDLEBROOK, Feb. 6, 1792	LR18	27
PENNOYER, PENOYER, Charity, m. Ebenezer TUTTLE, Feb. 9, 1765	LR18	43
Francis Whitney, s. George G., hatter, ae 25 & Myra E., ae 28, b. June 7, 1848	1	41
George, of Danbury, m. Myra C. WHITNEY, of Norwalk, this day, [June 1, 1845, dated], by Edwin hall	1	30
Harvey, m. Mary Ann RAYMOND, b. of Norwalk, [June] 4, [1828], at the house of Elias Raymond, by E. Platt, Darien	1	11
PERCIVAL, Frances, physician, b. East Haddam, res. West Hartford; d. Feb. 5, 1848, ae 72	1	50
PERRY, Esther, m. John CANNON, Dec. 1, 1750	LR18	48
PERSON, Abigail, d. Stephen, of Darby, m. James SAINT JOHN, Mar. 30, 1738	LR4	5
Abigail, m. John NASH, Nov. 4, 1758	LR18	43
Hannah, d. Tho[ma]s & Ruth, b. Jan. 13, 172[ ]	LR4	6
Mehetebel, d. Tho[ma]s & Ruth, b. Dec. 3, 172[ ]	LR4	6
Nathan, s. Tho[ma]s & Ruth, b. Nov. 27, 173[ ]	LR4	6
Ruth, w. Tho[ma]s, d. Oct. 14, 173[ ]	LR4	6
Thomas, Jr., of Darby, m. Ruth HOLEBROOK, d. Abel, Feb. 22, 172[ ]	LR4	6
Tho[ma]s, m. wid. Elizabeth THOMAS, Mar. 7, 173[ ]	LR4	6
Timothy, s. Tho[ma]s & Ruth, b. Nov. 7 173[ ]	LR4	6
PHILLIPS, Ebenezer, m. Mary BENEDICT, Jan. 17, 1782	LR18	4
Elizabeth, m. Thomas HAYT, Jr., Jan. 5, 1793	LR18	2
Elizabeth, d. Eben[eze]r & Mary, b. July 9, 1798	LR18	4
Esther, d. Eben[eze]r & Mary, b. Mar. 5, 1787; d. Feb. 12, 1788	LR18	4
Esther, 2nd, d. Eben[eze]r & Mary, b. Apr. 17, 1788	LR18	4

	Vol.	Page
PHILLIPS, (cont.),		
Sally, d. Eben[eze]r & Mary, b. Dec. 11, 1790	LR18	4
Salome, m. Edmond **TUTTLE**, Nov. 18, 1788	LR18	18
PHINNEY, Allenson Fisher, s. Isaac & Rhoda, b. Dec. 21, 1794	LR17	218
Isaac, m. Rhoda **CAMP**, Nov. 21, 1793	LR17	218
Sally, d. Isaac & Rhoda, b. Sept. 23, 1797	LR17	218
PICKETT, PICKITT, Anna, d. Ezra & Elizabeth, b. Dec. 4, 1771	LR18	28
Deborah, d. James [& Deborah], b. Oct. 3, 1734	LR4	6
Deborah, [twin with Ebenezer], d. Ezra & Eliza[beth], b. June 15, 1773; d. June 18, 1789	LR18	28
Ebenezer, [twin with Deborah], s. Ezra & Eliza[beth], b. June 15, 1773; d. Dec. 3, 1792	LR18	28
Elizabeth, d. James, b. Nov. 2, 1680	LR1	138
Elizabeth, d. Ezra & Elizabeth, b. Jan. 14, 1769; d. Apr. 25, 1782	LR18	28
Elizabeth, m. Isaac **QUINTARD**, Nov. 13, 1793	LR18	8
Esther, d. James [& Deborah], b. Nov. 14, 1730	LR4	6
Esther, d. Ezra & Elizabeth, b. Mar. 1, 1765; d. May 18, 1783	LR18	28
Ezra, s. James & Deborah, b. July 12, 1740	LR4	6
Ezra, m. Elizabeth **BENEDICT**, Mar. 30, 1761	LR18	28
Ezra, s. Ezra & Elizabeth, b. June 27, 1761	LR18	28
Hannah, d. Ezra & Elizabeth, b. Aug. 13, 1775	LR18	28
Hannah, m. Jacob **ARNOLD**, July 20, 1782	LR19	1
Henry, s. Ezra & Elizabeth, b. Nov. 30, 1777	LR18	28
James, m. Rebecka **KEALER**,d. Ralph, decd., July 17, 1673	LR1	50
James, s. James, b. May 11, 1674	LR1	52
James, m. Deborah **STEWART**, d. Ens. James, Apr. 14, 1726	LR4	6
James, 1st s. James [& Deborah], b. Apr. 24, 1732	LR4	6
John, s. James, b. Sept. 16, 1675	LR1	138
John, 2nd s. James [& Deborah], b. Sept. 6, 1737	LR4	6
John, s. Ezra & Elizabeth, b. Feb. 5, 1767; d. June 20, 1778	LR18	28
Rebecka, d. John, of Stratford, m. James **SENTION**, Dec. last day, 1673	LR1	50
Rebekah, m. Samuel **WHITE**, Jan. [ ], 1781	LR18	22
Samuel, s. James, b. Mar. 30, 1682/3	LR1	138
Sarah, d. James, d. Apr. 12, 1678	LR1	138
Sarah, d. James [& Deborah], b. Sept. 12, 1728	LR4	6
Sarah, wid., m. Peter **WHITE**, [ ], 1762	LR18	22
Sarah, m. Daniel **CHURCH**, Oct. 16, 1768	LR18	10
Stephen, s. Ezra & Elizabeth, b. Feb. 27, 1763	LR18	28
PIKE, Julius, of Fairfield, m. Elizabeth **PATRICK**, of Norwalk, Apr. 7, 1822, in St. Pauls Church, by Rev. R. Sherwood	1	3
PITMAN, John, see under John **PUTMAN**		
PLATT, Abigail, d. John, b. Feb. 12, 1706/7	LR2-3	176
Abigail, m. Jabez **SANDERS**, Aug. 1, 1753	LR18	41
Agnes, of Norwalk, m. Dr. George **MERVINE**, of Rochester, N.Y., Apr. 21, 1824, at the house of Joseph Platt, by Rev. R. Sherwood	1	6
Amanda, m. Samuel **COMSTOCK**, 2nd, Dec. 14, 1845, by Edwin Hall	1	31
Ann, d. Sam[ue]l & Ann, b. Feb. 6, 1781	LR18	15
Ann, w. Sam[ue]l, d. Feb. 20, 1781	LR18	15
Anna, d. John & Charity, b. Feb. 12, 1761 [sic]	LR18	14
Betty, d. Sam[ue]l & Ann, b. Nov. 27, 1773	LR18	15
Bryant, Capt., of Long Island, N.Y., m. Mary Jane **BYXBEE**, of Norwalk, Mar. 3, 1833, by Rev. John Lovejoy	1	17
Charity, w. John, d. Apr. 15, 1795	LR18	14

	Vol.	Page
PLATT, (cont.),		
Daniel, m. Mary **BETTS**, d. Thaddeus & Elizabeth, [ ]	LR18	39
Eliza A., of Ridgefield, m. David W. **NASH**, of Norwalk, Sept. 30, 1844, by Rev. Harvey Husted	1	29
Elizabeth, d. John, Jr., b. June 11, 1699	LR2-3	176
Elizabeth, d. Joseph, b. Dec. 2, 1701	LR2-3	73
Elizabeth, d. Joseph, b. Dec. 2, 1701	LR4	2
Elizabeth, w. Joseph, d. Apr. 9, 1703	LR4	2
Elizabeth, m. Samuel **FITCH**, July 2, 1750	LR18	31
Esther, d. Samuel & Ann, b. Aug. 11, 1763	LR18	15
Esther, m. Timothy **FITCH**, June 8, 1764	LR18	42
Esther, d. John & Charity, b. Nov. 12, 1772	LR18	14
Esther, m. Isaac **HAYTT**, Oct. 10, 1781	LR19	4
Hannaih, d. Richard, of Milford, m. Christopher **COMSTOCKE**, Oct. 6, 1663	LR1	50
Hannah, d. John, b. Dec. 15, 1674	LR1	52
Hannah, d. Joseph, b. Oct. 29, 1704	LR4	2
Hannah, d. Joseph, b. Oct. 30, 1704	LR2-3	76
Hannah, d. John & Charity, b. Apr. 30, 1761	LR18	14
Hannah, d. Sam[ue]l & Ann, b. May 24, 1771	LR18	15
Henry, s. Jabez, b. Feb. 8, 1795	LR19	2
Jabez, s. Sam[ue]l & Ann, b. Nov. 22, 1761	LR18	15
Jane, d. Jabez, b. Feb. 13, 1790	LR19	2
John, s. John, b. June [ ], 1664	LR1	50
John, Jr., m. Sarah **LOCKWOOD**, d. Ephraim, b. of Norwalk, May [ ], 1696	LR2-3	176
John, s. John, b. Apr. 2, 1702	LR2-3	176
John, Sr., d. Nov. 6, 1705	LR2-3	72
John, m. Charity **MOREHOUSE**, Sept. 3, 1758	LR18	14
John, s. Samuel & Ann, b. Dec. 17, 1777	LR18	15
Jonathan, s. John & Charity, b. Apr. 14, 1775	LR18	14
Joseph, s. John, b. Feb. 14, 1672	LR1	51
Joseph, s. Dea. John. b.Feb. 14, 1672/3	LR4	2
Joseph, m. Elisabeth **MARVIN**, d. Matthew, Nov. 6, 1700	LR2-3	73
Joseph, m. Elizabeth **MARVEN**, d. Matthew, Nov. 6, 1700	LR4	2
Joseph, s. Dea. [ ], m. Mrs. Hannah **HANFORD**, d. Rev. Thomas Hanford, Jan. 26, 1703	LR2-3	90
Joseph, m. Hannah **HANFORD**, d. Rev. Thomas, decd., Jan. 26, 1703/4	LR4	2
Joseph, s. Joseph, b. Sept. 9, 1710	LR4	2
Joseph, s. Samuel & Ann, b. June 25, 1765	LR18	15
Joseph, m. Molly **MERVINE**, June 5, 1787	LR19	2
Joseph, m. Mary **RICHARDS**, b. of Norwalk, May 27, 1824, at the house of Barnabus Mervine, by Rev. R. Sherwood	1	6
Josiah, s. John, b. Dec. 28, 1667	LR1	50
Josiah, s. John, Jr., b. Nov. 6, 1704	LR2-3	72
Justus, 1st child Sam[ue]l & Ann, b. Dec. 4, 1757; d. Aug. 22, 1764	LR18	15
Justus, s. Samuel & Ann, b. Sept. 10, 1768	LR18	15
Laura, m. Lemuel H. **BRONSON**, Feb. 13, 1831, by A. W. Whitney	1	14
Mary, d. John, b. May 1, 1683	LR1	138
Mary, w. Daniel, d. Feb. 3, 1782	LR18	39
Nancy, d. John, Jr., b. Jan. 6, 1690	LR1	158
Polly, m. Charles **TOWNSEND**, b. of Norwalk, Jan. 6, 1827, by Rev. E. W. Hooker, of Greens Farms	1	10

	Vol.	Page
PLATT, (cont.),		
Rebeckah, d. Samuell [& Rebeckah], b. Apr. 9, 1713	LR4	3
Sally, d. Jabez, b. Jan. 12, 1788	LR19	2
Sally, m. Ezra **HANLEY,** Apr. 23, 1832, by Edwin Hall	1	16
Samuel, s. John, b. Jan. 26, 1670	LR1	50
Samuell, m. Rebeckah **BENNEDICK,** d. Samuel, of Danbury, June 18, 1712	LR4	3
Samuel, d. Dec. 4, 1713	LR4	3
Samuel, m. Ann **RAYMOND,** Mar. 2, 1757	LR18	15
Sarah, d. John, b. May 21, 1678	LR1	111
Sarah, d. John, Jr., b. Mar. 30, 1697	LR2-3	176
Sarah, d. Dea. John, m. Samuell **KELLOGG,** Sept. 6, 1704	LR4	3
Sarah, d. John & Charity, b. Sept. 4, 1759	LR18	14
Sukey, d. John & Charity, b. June 17, 1770	LR18	14
Susan Jane, d. David, carpenter, ae 29 & Elizabeth, ae 28, b. Aug. 5, 1847	1	39
Susannah, m. Daniel **HANFORD,** Jan. 9, 1773	LR18	19
Thomas P., of Waterbury, m. Emmy **JELLIFF,** of Norwalk, Sept. 4, 1825, at Saugatuck, by Rev. R. Humphreys	1	7
William, s. Joseph & Polly, b. July 23, 1788	LR19	2
PLUMB, PLUM, Ann, m. Abraham **WHITNEY,** Dec. 23, 1750	LR18	47
Melissa, of Milford, m. Abba S. **ALLEN,** of Fairfield, Aug. 2, 1829, by Rev. E. Washburn	1	12
Sarah, d. John, of Milford, m. Joseph **KELOGG,** Nov. 25, 1702	LR4	5
POLLY, William, m. Mary Jane **ATTWATER,** b. of Norwalk, Nov. 13, 1836, by Rev. Davis Stocking	1	21
POOL, Polly, m. Aaron **LAWRENCE,** Oct. 8, 1799	LR19	1
POPE, Charles, m. Judeth **SMITH,** d. Robert, Dec. 3, 1749	LR9	3-Ind
Joanna, d. Charles & Judeth, b. Apr. 24, 1754	LR9	3-Ind
Sarah, d. Charles & Judeth, b. May 21, 1751	LR9	3-Ind
POWERS, POWER, Andres, m. Deborah **COMSTOCK,** Nov. 2, 1797	LR18	18
Sally, m. Enoch **ST. JOHN,** Mar. 19, 1790	LR18	34
PRICE, David, m. Rachel **SMITH,** Mar. 2, 1778	LR18	23
David, m. Susanna **SANDON,** (2nd w.), Mar. 30, 1785	LR18	23
David, s. David & Susanna, b. July 22, 1793	LR18	23
Esther, m. Daniel **HOYT,** Nov. 15, 1820, by Rev. R. Sherwood	1	1
Eunice, d. David & Rachel, b. Dec. 29, 1782	LR18	23
Hampton B., of New York, m. Harriet **CHAPMAN,** of Norwalk, Oct. 17, 1831, by Henry Benedict	1	15
Justice, s. David & Rachel, b. Nov. 14, 1778	LR18	23
Mary E., m. W[illia]m W. **BOUTON,** b. of Norwalk, Mar. 29, 1847, by James J. Woolsey	1	34
Philo, m. Rebecca **HOLLY,** Feb. 21, 1819	LR19	12
Rachel, w. David, d. Nov. 17, 1784	LR18	23
Susanna, d. Mar. 2, 1848, ae 84	1	50
PRINDLE, Ann, d. Samuel, b. Aug. 4, 1725	LR4	8
Esther, d. Samuel, b. Feb. 1, 1718/19, at New Haven	LR4	8
Hannah, d. Eleazer, decd., of Milford, m. Josiah **HULL,** July 27, 1727	LR4	11
Joseph, s. Sam[ue]l, b. July 17, 1730	LR4	8
Moses, s. Sam[ue]l, b. Dec. 20, 1727	LR4	8
[**PURCELL**], [see under **PEARSELL**]		
PUTMAN*, John, m. Phebe **KNAP,** this day, [Feb. 11, 1813], by T. Hayes, J.P. *(Pitman?)	LR19	10

	Vol.	Page
PYNCHON, Margaret, of Fairfiled, m. Stephen **KEELER**, of Norwalk, Apr. 28, 1779, by Rev. Andrew Eliot	LR13	1
QUINTARD, Ann, d. Isaac & Elizabeth, b. Feb. 25, 1796	LR18	8
Anson, s. Evart & Hannah, b. Jan. 2, 1795	LR18	8
Charles, m. Maria **JELLEFF**, b. of Norwalk, May 3, 1821, by Rev. Sylvester Eaton	1	1
Eli S., s. Aaron & Polly, b. Mar. 21, 1820	LR19	9
Eliza, m. Oscar **WEED**, b. of Norwalk, Nov. 6, 1837, by Jame Knox	1	22
Evart, m. Hannah **RAYMOND**, Nov. 10, 1790	LR18	8
Frances E., m. Ann M. **JOCELYN**, b. of Norwalk, Oct. 20, 1844, by Rev. Harvey Husted	1	29
George, m. Maria **LOCKWOOD**, b. of Norwalk, Mar. 12, 1834, by Rev. Nicholas White	1	19
Harriet F., d. Nov. 26, 1847, ae 6 m.	1	49
Henry, cabinet maker, d. Oct. 12, 1847, ae 40	1	49
Isaac, m. Elizabeth **PICKET**, Nov. 13, 1793	LR18	8
James, potter, d. Feb. 29, 1848, ae 61	1	50
James M., m. Eunice B. **HOYT**, Nov. 16, 1834, by Edwin Hall	1	19
Rebeckah, m. Horace **TAYLOR**, June 2, 1824, by William Bonney, New Canaan	1	6
Susanna, d. Evart & Hannah, b. Nov. 18, 1791	LR18	8
William A., m. Mary **DINGEE**, b. of Norwalk, Apr. 17, 1822, by Sylvester Eaton	1	3
RAYMOND, RAIMENT, Aaron, m. Hannah **WICKS**, Oct. 27, 1784	LR18	17
Abigail, d. Paul & Eliza[beth], b. May 31, 1783	LR18	5
Abigail, m. Blackleach **JESUP**, Feb. 27, 1790	LR18	21
Abigail, d. John & Ruth, b. July 30, 1797	LR18	36
Abraham, s. Thomas [& Sarah], b. Oct. 4, 17[ ]	LR4	8a
Alfred, s. George & Anna, b. July 23, 1786; d. June 21, 1789	LR18	1
Allenson, s. Nath[anie]l & Dolly, b. Nov. 23, 1791	LR18	27
Almena, d. Asahel & Mary, b. Apr. 29, 1797	LR18	5
Almira E., d. Nov. 1, 1847, ae 1 y.	1	50
Amanda, m. William **MERVINE**, Apr. 4, 1830, by Henry Benedict	1	13
Amelia, d. Nap[thali] & Rebeckah, b. Oct. 21, 1790	LR18	11
Amelia, d. John & Sally, b. Apr. 17, 1796	LR18	30
Amy, m. Jonathan **NASH**, Dec. 8, 1792	LR18	41
Ann, m. Samuel **PLATT**, Mar. 2, 1757	LR18	15
Ann, m. Gilbert **ALLEN**, b. of New York City, Sept. 12, 1824, by Sylvester Eaton	1	6
Anna, d. Gershom & Abigail, b. Sept. 2, 1760	LR18	5
An[n]ah, d. Nath[anie]l & Rebeckah, b. Nov. 8, 1767	LR18	9
Anah, m. Nathaniel **BENEDICT**, Jr., Jan. 6, 1768	LR18	34
An[n]ah, m. Job **HAYT**, Aug. 4, 1785	LR18	9
Annah, m. Hopkins **BYXBEE**, Jan. 19, 1786	LR18	10
Anna, d. Nap[thali] & Rebeckah, b. Oct. 20, 1790	LR18	11
Anah, d. Moses & Rebeckah, b. July 1, 1793	LR18	30
Anna, m. Samuel **BEARS**, Dec. 10, 1794	LR19	6
Anna, d. Moses & Rebeckah, b. Aug. 28, 1795	LR18	30
Anson, s. Gershom & Mary, b. Apr. 11, 1794; d. Nov. 1, 1794	LR18	10
Asa, s. Hezekiah & Lydia, b. Dec. 20, 1783	LR18	3
Asael, s. John, b. Sept. 22, 1707	LR4	1
Asahel, m. Mary **NEAL***, Apr. 22, 1784 *(correction **NEAL** is crossed out. "HALL (Col. Rogers), Aug. 31, 1926" handwritten		

NORWALK VITAL RECORDS 109

	Vol.	Page
RAYMOND, RAIMENT, (cont.), in margin of original manuscript)	LR18	5
Azuba, d. Gershom & Abigail, b. Mar. 25, 1758	LR18	5
Azubah, m. Nathaniel SELLECK, Mar. 26, 1778	LR18	13
Benjamin, s. Thomas [& Sarah], b. Jan. 23, 17[ ]	LR4	8a
Benjamin, s. Benjamin & Rebec[kah], b. Mar. 7, 1733	LR9	1
Benjamin, s. Hezekiah & Lydia, b. Apr. 27, 1789	LR18	3
Betsey, d. Ebenezer & Martha, b. May 28, 1772	LR19	7
Betsey, d. Aaron & Hannah, b. Jan. 13, 1790	LR18	17
Bettey, d. Uriah & Esther, b. Dec. 19, 1773	LR18	34
Betty, m. William KEELER, Nov. 30, 1796	LR18	3
Charles, s. Nath[anie]l & Dolly, b. Nov. 20, 1784	LR18	27
Charles, s. Asahel & Mary, b. Jan. 26, 1791	LR18	5
Charles Jarvis, s. Esther, b. Jan. 23, 1794 (Perhaps the son of Uriah & Esther as it follows the record of their children)	LR18	34
Charlotte, of Norwalk, m. Hiram BROWN, of New Canaan, Feb. 3, 1828, at the house of wid. Mary Raymond, by Ebenezer Platt, Darien	1	10
Clarissa, d. Nap[thali] & Rebeckah, b. July 14, 1794	LR18	11
Clarry, d. Josiah & Molly, b. Jan. 10, [ ]; d. [ ]	LR18	43
Clarry, 2nd, d. Josiah & Molly, b. Jan. 10, 177[ ]; d. [ ]	LR18	43
Comfort, s. Thomas [& Sarah], b. July 15, 17[ ]	LR4	8a
David, s. Thomas [& Sarah], b. Feb. 3, 1715	LR4	8a
David, s. Thomas [& Sarah], b. Mar. 27, 172 [ ]	LR4	8a
David, s. Thomas [& Sarah], d. May 31, 172[ ]	LR4	8a
David, s. Thomas [& Sarah], d. Sept. 6, 17[ ], ae about 7 w.	LR4	8a
Deborah, d. Moses & Rebeckah, b. May 22, 1783	LR18	30
Delia, d. Nath[anie]l & Dolly, b. Dec. 9, 1793	LR18	27
Delia, m. George McGUYER, Mar. 22, 1835, by Rev. Luther Mead	1	19
Ebenezer, m. Martha HINMAN, Oct. 24, 1771	LR19	7
Edward, s. Gershom & Abigail, b. Feb. 20, 1755	LR18	5
Edward, m. Deborah WHITING, Dec. 9, 1783	LR18	10
Eli, s. Uriah & Esther, b. Jan. 18, 1788	LR18	34
Eliakim, s. Samuel [& Elizabeth], b. Feb. 20, 1720	LR4	9
Eliakim, m. Hannah STREET, d. Nathaniel, Nov. 27, 1740	LR9	4-Ind
Eliakim, m. Hanna STREET, Nov. 27, 1740	LR18	3
Eliakim, s. Eliakim & Hannah, b. Nov. 2, 1747	LR9	4-Ind
Eliakim, s. Eliakim & Hannah, b. Nov. 2, 1747	LR18	3
Eliakim, s. Nath[anie]l & Dolly, b. May 29, 1782	LR18	27
Elias, s. Paul & Elizabeth, b. Jan. 16, 1779	LR18	5
Elija, s. John, b. Nov. 7, 1709	LR4	1
Eliza, m. John D. RAYMOND, Nov. 7, 1830, by Henry Benedict	1	14
Elizabeth, d. Sergt. John, b. Aug. 22, 1697	LR2-3	176
Elizabeth, d. John, b. Aug. 22, 1697	LR4	1
Elizabeth, d. Joshua [& Elizabeth], b. Mar. 21, 1721/2	LR4	10
Elizabeth, d. Sam[ue]l [& Elizabeth] b. July 9, 1728	LR4	9
Elizabeth, d. John [& Katherine], b. Mar. 10, 1730/1	LR4	8
Elizabeth, [d. John & Katherine], b. Apr. 18, 1731	LR4	8
Elizabeth, d. John [& Katherine], b. June 28, 1734; d. Dec. 19, 1734	LR4	8
Elizabeth, d. Eliakim & Hannah, b. Dec. 20, 1743	LR18	3
Elizabeth, d. Eliakim & Hannah, b. Dec. 21, 1743	LR9	4-Ind
Elizabeth, d. Paul & Eliza[beth], b. Apr. 18, 1777	LR18	5
Elnathan, s. Nath[anie]l & Dolly, b. Apr. 23, 1789	LR18	27

110   BARBOUR COLLECTION

	Vol.	Page
RAYMOND, RAIMENT, (cont.),		
Emma, of Norwalk, m. Fin **WILCOX**, of New Haven, Apr. 5, 1846, by James J. Woolsey	1	32
Ephraim, s. Samuell, b. Sept. 9, 1701	LR2-3	73
Esther, d. Eliakim & Hannah, b. Feb. 13, 1757	LR18	3
Esther, d. Uriah & Esther, b. Jan. 28, 1770; d. Feb. 1, 1770	LR18	34
Esther, 2nd, d. Uriah & Esther, b. Apr. 5, 1771	LR18	34
Esther, w. Moses, d. June 2, 1775	LR18	30
Esther, d. Moses & Rebeckah, b. Oct. 19, 1779	LR18	30
Esther, m. Hezekiah **ROGERS**, Mar. 9, 1781	LR18	33
Esther, m. Matthias **ST. JOHN**, Jr., Apr. 4, 1784	LR18	34
Esther, m. John **PECK**, Aug. 6, 1797	LR18	6
Esther, d. Edson, carpenter, ae 38 & Polly, ae 31, b. May 24, 1848	1	42
Esther Mary, d. George & Anna, b. Apr. 21, 1791	LR18	1
Fanny, of Norwalk, m. Belden **REED**, of Salsbury, Oct. 2, 1826, by Rev. Daniel Smith, of Stamford	1	9
Francis, s. Hezekiah & Lydia, b. Sept. 13, 1786	LR18	3
George, s. Eliakim & Hannah, b. Jan. 1, 1759	LR18	3
George, m. Anna **HAYT**, Nov. 15, 1785	LR18	1
George, m. Ann **CRAN***, b. of Norwalk, Jan. 9, 1837, by Rev. Davis Stocking *(Perhaps "**CROW**")	1	21
George A., m. Huldah **FINCH**, b. of Norwalk, Dec. 9, 1827, by Rev. John Lovejoy. Witness Josiah Gregory	1	10
George Alfred, s. George & Anna, b. May 31, 1794	LR18	1
George Anson, s. Josiah & Molly, b. Aug. 25, 1785	LR18	43
George W., m. Josephine **REED**, b. of Norwalk, May 6, 1844, by Harvey Husted	1	29
Gershom, s. John [& Katherine], b. Jan. 18, 1724/5	LR4	8
Gershom, m. Abigail **TAYLOR**, Apr. 12, 1749	LR18	5
Gershom, s. Gershom & Abigail, b. Nov. 13, 1762	LR18	5
Gershom, Jr., m. Mary **WHITING**, Jan. 4, 1787	LR18	10
Gershom, s. Gershom & Mary, b. Jan. 29, 1791	LR18	10
Grace, [twin with Mary], d. Uriah & Esther, b. Apr. 12, 1781; d. May 5, 1781	LR18	34
Hannah, d. Sergt. John, b. July 22, 1700	LR2-3	176
Hannah, d. John, b. July 22, 1700	LR4	1
Hannah, d. Capt. John, m. Nathaniel **FINCH**, Nov. 24, 172[ ]	LR4	6
Hannah, d. John [& Katharine], b. Aug. 31, 1732	LR4	8
Hannah, d. Eliakim & Hannah, b. Nov. 21, 1745	LR18	3
Hannah, d. Eliakim & Hannah, b. Nov. 21, 1745	LR9	4-Ind
Hannah, d. Capt. John, m. Thomas **BENEDICT**, 3rd, Jan. 4, 1758, by Rev. Moses Dickinson	LR13	2
Hannah, m. Lemuel **BROOKS**, Sept. 19, 1764	LR18	4
Hannah, d. Josiah & Molly, b. Sept. 12, 1767	LR18	43
Hannah, d. Nath[anie]l & Rebeckah, b. June 6, 1770	LR18	9
Hannah, m. Elijah **JONES**, Sept. 8, 1771	LR19	4
Hannah, d. Nath[aniel] & Dolly, b. Oct. 26, 1772	LR18	27
Hannah, d. Paul & Elizabeth, b. Feb. 25, 1785	LR18	5
Hannah, m. Daniel **WEED**, Mar. 12, 1787	LR18	49
Hannah, m. Evart **QUINTARD**, Nov. 10, 1790	LR18	8
Hannah, w. Eliakim, d. Mar. 19, 1795	LR18	3
Hannah, d. Aaron & Hannah, b. Oct. 28, 1795	LR18	17
Hannah, d. George & Anna, b. Sept. 17, 1796	LR18	1

	Vol.	Page
RAYMOND, RAIMENT, (cont.),		
Hannah, m. Philo **BETTS**, Oct. 12, 1797	LR18	25
Hannah, m. Bartlet **HANFORD**, May 6, 1798	LR18	45
Hannah, m. Samuel **BROOKS**, Mar. 29, [1829], by Henry Benedict	1	12
Hannah Sophia, m. Dennis **HANFORD**, b. of Norwalk, Oct. 8, [1825], by Sylvester Eaton	1	8
Harriet, d. Uriah & Esther, b. July 29, 1790	LR18	34
Harriet, d. George & Anna, b. Sept. 30, 1792	LR18	1
Harriet, d. John & Ruth, b. Jan. 29, 1799	LR18	36
Harriet A., d. Charles T., hatter, ae 30 & Harriet, ae 29, b. Jan. 15, 1848	1	43
Harry, s. Nath[anie]l & Dolly, b. Jan. 29, 1787	LR18	27
Henry, s. Eliakim & Hannah, b. Oct. 28, 1762	LR18	3
Henry, s. Henry, silversmith, ae 44 & Catharine E., ae 33, b. Feb. 6, 1848	1	43
Hester, d. May 26, 1848, ae 3 d.	1	50
Hezekiah, m. Lydia **LOCKWOOD**, Oct. 19, 1769	LR18	3
Hezekiah, s. Hezekiah & Lydia, b. Feb. 13, 1775	LR18	3
Hezekiah, m. Mary B. **SEELEY**, Mar. 30, 1835, by Rev. Luther Mead	1	19
Hiram, s. Asahel & Mary, b. Apr. 2, 1794	LR18	5
Isaac, s. Moses & Rebeckah, b. Sept. 5, 1789	LR18	30
Isaac S., of Bedford, m. Sally **FINNEY**, of Norwalk, [Mar.] 5, [1826], in St. Pauls Church, by Rev. R. Sherwood	1	9
Jabez, s. John, b. Apr. 1, 1705	LR4	1
Jabez, s. Josiah & Molly, b. May 11, 1779	LR18	43
Jabez, s. Josiah & Molly, b. June 28, [ ]; d. [ ]	LR18	43
James, s. Thomas [& Sarah], b. Dec. 5, 171[ ]	LR4	8a
James, s. Joshua [& Elizabeth], b. Oct. 2, 1729	LR4	10
James, s. Hezekiah & Lydia, b. Apr. 29, 1777	LR18	3
Jane, m. Isaac **BENEDICT**, Oct. 13, 1773	LR18	39
Jane, m. John **BENEDICT**, Jr., Apr. 4, 1793	LR18	6
Jesse, s. John [& Katharine], b. July 10, 1729	LR4	8
John, m. Mary **BETTS**, d. Tho[ma]s, Dec. 10, 1664	LR1	49
John, s. John, b. Sept. 9, 1665	LR1	49
John, Jr., m. Elizabeth **SENSION**, d. Samuell, Mar. 7, 1690	LR1	182
John, Jr., m. Elizabeth **ST. JOHN**, d. Samuell **SENTION**, alias **SAINT JOHN**, Mar. 7, 1690	LR4	1
John, Jr., m. Elisabeth **SENSION**, d. Samuell, Mar. 7, 1690	LR1	184
John, s. John, b. May 7, 1693	LR4	1
John, s. John, Jr. [& Elizabeth], b. May 19, 1693	LR1	182
John, s. John, Jr., b. May 19, 1693	LR1	184
John, Jr., m. Katharine **HANFORD**, d. Thomas, Dec. 24, 1719	LR4	8
John, s. John [& Katharine], b. Oct. 8, 1720	LR4	8
John, s. Paul & Elizabeth, b. June 15, 1781; d. Aug. 6, 1782	LR18	5
John, m. Sally **HAYT**, Feb. 13, 1791	LR18	30
John, 3rd, m. Ruth **WARING**, Dec. 12, 1794	LR18	36
John D., m. Eliza **RAYMOND**, Nov. 7, 1830, by Henry Benedict	1	14
John Lockwood, s. Hezekiah & Lydia, b. July 22, 1770	LR18	3
John Taylor, s. Paul & Elizabeth, b. Dec. 7, 1791; d. Oct. 8, 1793	LR18	5
Joseph, m. Betsey **BYXBEE**, b. of Norwalk, [Sept.] 15, [1822], by Absolom Day	1	4
Joseph H., mason, ae 22, res. Norwalk, m. Harriet A. **DIBBLE**, ae 20, b. Bedford, N.Y., res. Norwalk, Oct. 31, 1847, by Rev. Daniel Smith	1	47
Joshua, s. Samuell, b. Feb. 22, 1699	LR2-3	73

RAYMOND, RAIMENT, (cont.),

	Vol.	Page
Joshua, m. Elizabeth FITCH, d. Thomas, May 17, 1721	LR4	10
Joshua, s. Joshua [& Elizabeth], b. Sept. 12, 1738	LR4	10
Josiah, his negroes Ishmael, b. Apr. 18, 1762; Anna, w. Ishmael, b. Sept. 5, 1762; Nancy, d. Ishmael & Annah, b. Apr. 5, 1786; Charles, s. Ishmael & Annah, b. Oct. 15, 1788; Sally, d. Ishmael & Annah, b. Jan. 17, 1792 & Willliam Philver, s. Ishmael & Annah, b. Feb. 14, 1794	LR18	42
Josiah, m. Molly MERVINE, Nov. 5, 1765	LR18	42
Josiah, s. Josiah & Molly, b. Mar. 7, 1778	LR18	43
Josiah, on Sept. 8, 1795, set free his negro servant Ismael. Declared before Thadd Betts, J.P., Eliphalet Lockwood, J.P., Thomas Belden, Selectman	LR18	42
Judeth, d. Daniel, m. David KELLOGG, Feb. 28, 1733/4	LR4	12
Julia, m. Raymond JOHNSON, b. of Norwalk, [Mar.] 8, [1827], at the house of Mr. Raymond, by Ebenezer Platt, of Darien	1	10
Katharine, d. John [& Katharine], b. Oct. 31, 1721	LR4	8
Katharine, d. John [& Katharine], d. Mar. 23, 1726/7	LR4	8
Katharine, d. John [& Katharine], b. Apr. 13, 1727	LR4	8
Katharine, w. John, d. Feb. 2, 1740/1	LR4	8
Katharine, d. Gershom & Abigail, b. July 1, 1752	LR18	5
Lemuell, s. Sergt. John, b. Jan. 7, 1702	LR2-3	74
Lemuell, s. John, b. Jan. 7, 1702	LR4	1
Levina, d. Aaron & Hannah, b. Aug. 25, 1793	LR18	17
Lewis, s. Hezekiah & Lydia, b. Sept. 8, 1772	LR18	3
Lewis, s. Ebenezer & Martha, b. Feb. 15, 1774	LR19	7
Lewis, s. Gershom & Mary, b. June 4, 1796	LR18	10
Lewis, m. Jane WARREN, July 5, 1796	LR18	17
Lewis, m. Hannah HOYT, b. of Norwalk, Dec. 5, 1821, by Sylvester Eaton	1	2
Lewis, m. Eliza WARREN, b. of Norwalk, Dec. 7, 1821, by John Noyes, V.D.M.	1	1
Lotte, d. Edward & Deborah, b. Sept. 18, 1790	LR18	10
Lusettee, d. Nap[thali] & Rebeckah, b. June 7, 1796	LR18	11
Lydia, d. Hezekiah & Lydia, b. Sept. 9, 1781	LR18	3
Martha, d. Joshua [& Elizabeth], b. Jan. 5, 1734/5	LR4	10
Marvin, m. Laura MOREHOUSE, Mar. 3, 1831, by Tho[ma]s F. Davis	1	14
Mary, d. John, Jr., b. Mar. 5, 1694	LR1	184
Mary, d. John, b. Mar. 5, 1694	LR4	1
Mary, d. Capt. John, m. Nathaniel STREET, Nov. 25, 1719	LR4	12
Mary, d. John [& Katharine], b. June 17, 1723	LR4	8
Mary, d. Samuel, m. John BROWN, May 6, 1729	LR4	10
Mary, d. Eliakim & Hannah, b. May 13, 1755	LR18	3
Mary, m. Elijah HAYT, June 13, 1757	LR18	33
Mary, d. Uriah & Esther, b. Dec. 14, 1766	LR18	34
Mary, m. Isaac HOYT, June 30, 1776	LR18	38
Mary, [twin with Grace], d. Uriah & Esther, b. Apr. 12, 1781; d. Apr. 17, 1781	LR18	34
Mary, 2nd, d. Uriah & Esther, b. July 17, 1782	LR18	34
Mary, d. Paul & Eliza[beth], b. Apr. 11, 1794	LR18	5
Mary, d. Aaron & Hannah, b. Sept. 19, 1797	LR18	17
Mary, of Norwalk, m. Ralph HOYT, of Darien, Mar. 14, 1824, by Sylvester Eaton	1	6

	Vol.	Page
RAYMOND, RAIMENT, (cont.),		
Mary Ann, m. Harvey **PENNOYER**, b. of Norwalk, [June] 4, [1828], at the house of Elias Raymond, by E. Platt, Darien	1	11
Mary E., d. Charles L., farmer, ae 24 & Mary B., ae 20, b. Feb. 5, 1848	1	45
Mary Esther, of Norwalk, m. Cyrus **COOK**, of New York, Mar. 4, 1826, by Sylvester Eaton	1	8
Mary P., of Norwalk, m. Jesse E. **KEELER**, of Ridgefield, Feb. 26, 1834, by Edwin Hall	1	18
Medad, s. Asahel & Mary, b. Mar. 12, 1786	LR18	5
Meiza, m. Amelia **HALLOCK**, Mar. 22, 1835, by Rev. Luther Mead	1	19
Mervine, s. Josiah & Molly, b. Nov. 8, 1776	LR18	43
Moses, m. Esther **BENEDICT**, Nov. 20, 1774	LR18	30
Moses, m. 2nd w. Rebeckah **BOUTON**, Dec. 29, 1778	LR18	30
Nancy, d. Moses & Esther, b. Aug. 28, 1775	LR18	30
Nancy, d. Paul & Eliza, b. Oct. 9, 1787	LR18	5
Nancy, d. George & Anna, b. Mar. 13, 1789	LR18	1
Nancy, m. David **WHITNEY**, Jr., May 12, 1796	LR18	28
Naphtila*, s. Eliakim & Hannah, b. Mar. 26, 1764 *(Naphtali?)	LR18	3
Napthali*, m. Rebeckah **STEPHENS**, June 11, 1788 *(Naphtali?)	LR18	11
Nathaniel, s. Eliakim & Hannah, b. Sept. 9, 1749	LR9	4-Ind
Nathaniel, s. Eliakim & Hannah, b. Sept. 9, 1749; d. Jan. 2, 1751	LR18	3
Nath[anie]l, 2nd, s. Eliakim & Hannah, b. May 4, 1753	LR18	3
Nathaniel, m. Rebeckah **BENEDICT**, Feb. 17, 1762	LR18	9
Nathaniel, Jr., m. Dolly **WOOD**, Aug. 3, 1772	LR18	27
Nathaniel, s. Nath[anie]l & Dolly, b. Feb. 10, 1775	LR18	27
Nathaniel, s. Nath[anie]l & Rebeckah, b. Mar. 9, 1778	LR18	9
Nathaniel, m. 2nd w. wid. [ ] **SEYMORE**, Aug. 17, 1781	LR18	9
Nathaniel, m. Dinah **SMITH**, b. of Norwalk, Sept. 5, 1836, by James Knox	1	21
Nathaniel Street, s. Eliakim & Hannah, d. Jan. 2, 1752	LR9	4-Ind
Nehemiah, s. Nath[anie]l & Rebeckah, b. Jan. 5, 1776	LR18	9
Olive, d. Aaron & Hannah, b. Oct. 19, 1785	LR18	17
Oringe, d. Aaron & Hannah, b. Feb. 7, 1792; d. Feb. 18, 1792	LR18	17
Paul, s. Gershom & Abigail, b. June 28, 1750	LR18	5
Paul, m. Elizabeth **REED**, Jan. 11, 1776	LR18	5
Peggy, d. Moses & Rebeckah, b. Apr. 24, 1785; d. Mar. 16, 1787	LR18	30
Peggy, 2nd, d. Moses & Rebeckah, b. July 3, 1797	LR18	30
Philetus, s. Asahel & Mary, b. Aug. 22, 1792	LR18	5
Platt, s. Josiah & Molly, b. Dec. 3, 1775	LR18	43
Polly, d. Josiah & Molly, b. Sept. 9, 1766	LR18	43
Polly, d. Gershom & Mary, b. Sept. 28, 1787	LR18	10
Polly, d. Asahel & Mary, b. Oct. 30, 1788	LR18	5
Polly, d. Nap[thali] & Rebeckah, b. July 31, 1792	LR18	11
Polly, d. John & Ruth, b. Oct. 14, 1795	LR18	36
Rebeckah, d. Sam[ue]l [& Elizabeth], b. Apr. 27, 1722	LR4	9
Rebeckah, d. Benja[min] & Rebeckah, b. May 24, 1731	LR9	1
Rebeckah, d. Eliakim & Hannah, b. Aug. 3, 1741	LR18	3
Rebeckah, d. Eliakim & Hannah, b. Aug. 3, 1741	LR9	4-Ind
Rebeckah, d. Nath[anie]l & Rebeckah, b. Aug. 11, 1773	LR18	9
Rebeckah, d. Josiah & Molly, b. Aug. 29, 1773	LR18	43
Rebeckah, d. Nath[anie]l & Dolly, b. Apr. 11, 1777	LR18	27
Rebeckah, w. Nathaniel, d. Feb. 19, 1781	LR18	9
Rebeckah, d. Moses & Rebeckah, b. Sept. 25, 1781	LR18	30

	Vol.	Page
RAYMOND, RAIMENT, (cont.),		
Rebeckah, m. Robert **WASSON**, Jr., Apr. 30, 1797	LR18	3
Rebeckah, m. Henry K. **NASH**, b. of Norwalk, Aug. 14, 1825, by Sylvester Eaton	1	7
Ruth, m. Ebenezer **WHITNEY**, Dec. 19, 1771	LR18	27
Sally, d. Uriah & Esther, b. Feb. 22, 1776	LR18	34
Sally, d. Edw[ar]d & Deborah, b. June 18, 1786	LR18	10
Sally, d. Hezekiah & Lydia, b. Sept. 17, 1794	LR18	3
Sally Ann, m. Jeremiah P. **KEELER**, Oct. 28, 1832, by Edwin Hall	1	16
Samuel, Jr., m. Elizabeth **HAYT**, d. Joseph, b. of Norwalk, [ ]	LR4	9
Samuell, s. John, b. July 7, 1673	LR1	50
Samuell, m. Judeth **PAMER**, d. Ephraim, of Greenwich, Apr. 1, 1696	LR2-3	73
Samuell, s. Samuell, b. May 7, 1697	LR2-3	73
Samuel, s. Sam[ue]l [& Elizabeth], b. Dec. 11, 1724	LR4	9
Samuel B., s. Roswell A., farmer, ae 33 & Harriet W., ae 26, b. Jan. 15, 1848	1	40
Samuel Warren, s. Lewis & Jane, b. Mar. 5, 1797	LR18	17
Sarah, d. John, b. Nov. 12, 1711	LR4	1
Sarah, d. Joshua [& Elizabeth], b. July 6, 1727	LR4	10
Sarah, d. Benjamin & Rebecca, b. Sept. 10, 1729	LR9	1
Sarah, d. Nath[anie]l & Rebeckah, b. Mar. 10, 1763	LR18	9
Sarah, d. Thomas [& Sarah], d. June 3, 17[ ], ae about 5 m.	LR4	8a
Sarah W., of Norwalk, m. David **HUBBLE**, of Otsego, N.Y., July 17, 1825, by Noble W. Thomas, Elder	1	7
Seth, s. Benj[amin] & Rebeckah, b. Feb. 12, 1738/9	LR9	1
Simeon, s. Uriah & Esther, b. May 21, 1785	LR18	34
Socrates, s. Edward & Deborah, b. Aug. 4, 1784	LR18	10
Stephen, s. Joshua [& Elizabeth], b. Jan. 1, 1724/5	LR4	10
Stephen, m. Amelia **FITCH**, b. of Norwalk, June 22, 1825, by Sylvester Eaton	1	7
Street, s. Eliakim & Hannah, b. June 25, 1751	LR18	3
Street, s. Eliakim & Hannah, b. June 25, 1751	LR9	4-Ind
Street, [s. Eliakim & Hannah], d. Nov. 26, 1776	LR18	3
Street, s. Nathaniel & Dolly, b. Jan. 8, 1780	LR18	27
Susannah, d. Joshua [& Elizabeth], b. Aug. 28, 1732	LR4	10
Susanna, m. Joseph **BOUTON**, Aug. 25, 1748, by James Lockwood	LR9	1-Ind
Susanna, d. Nath[anie]l & Rebeckah, b. May 13, 1765	LR18	9
Susannah, d. Moses & Rebeckah, b. Aug. 14, 1791	LR18	30
Thankfull, d. Thomas [& Sarah], b. Oct. 24, 1719	LR4	8a
Thankful, m. Burwell **BETTS**, Nov. 1, 1740	LR19	8
Thomas, s. Thomas [& Sarah], b. Jan. 12, 17[ ]	LR4	8a
Thomas, m. Sarah **ANDREWS**, d. Abraham, decd., of Waterbury, Nov. 15, 17[ ]	LR4	8a
Thomas, s. Thomas [& Sarah], d. Dec. 3, 1712	LR4	8a
Thomas, s. Thomas [& Sarah, b. Nov. 17, 1720	LR4	8a
Thomas, m. Eunice **MECHER**, Mar. 1, 1797	LR18	43
Thomas, s. Josiah & Molly, b. Mar. 13. [ ]	LR18	43
Thomas M., m. Sally **MOREHOUSE**, b. of Norwalk, June 2, 1833, by Rev. C. A. Boardman, of Saugatuck	1	17
Uriah, m. Esther **BENEDICT**, Jan. 20, 1766	LR18	34
Uriah, s. Uriah & Esther, b. Sept. 1, 1778	LR18	34
Wait, m. Joseph **ROCKWELL**, Apr. 1, 1762	LR19	6
Waters, s. Hezekiah & Lydia, Sept. 29, 1779	LR18	3

NORWALK VITAL RECORDS 115

	Vol.	Page
RAYMOND, RAIMENT, (cont.),		
Whiting, s. Gershom & Mary, b. Feb. 25, 1789; d. Dec. 10, 1793	LR18	10
William Newton, of Bethany, Pa., m. Mary **CAMP**, of Norwalk, Apr. 18, 1830, by Henry Benedict	1	13
Zuriel, [s. John], b. Dec. 3, 1715	LR4	1
REED, Abigail, m. Bushnel **FITCH,** Nov. 12, 1754	LR19	0
Abigail, m. Moses C. **ELLS,** Nov. 1, 1769	LR18	41
Ann, d. John, Jr., b. Dec. 23, 1687	LR2-3	74
Ann, d. Thomas, b. July 6, 1706; d. Feb. 9, 1709/10	LR4	3
Ann, d. John, m. Eliakim **WAIRING,** Dec. 7, 1738	LR9	2
Ann, d. Nathan & Mary, b. Jan. 18, 1742/3	LR4	14
Anna, m. Josiah **THACHER,** Jr., Oct. 12, 1782	LR18	8
Basel, s. John & Abba, b. June 8, 1795	LR18	7
Belden, of Salsbury, m. Fanny **RAYMOND,** of Norwalk, Oct. 2, 1826, by Rev. Daniel Smith, of Stamford	1	9
Benjamin, m. Bethiah **WEED,** Apr. 25, 1765	LR18	7
Benjamin, s. Benjamin & Bethiah, b. Apr. 24, 1772	LR18	7
Benjamin L., of Sharon, m. Mary E. **JOHNSON,** of Norwalk, Apr. 10, 1836, by Rev. Davis Stocking	1	20
Benjamin Pierce, m. Betty **BOUTON,** Jan. 12, 1793	LR18	11
Bethia, d. Benjamin & Bethiah, b. May 22, 1766	LR18	7
Bethiah, w. Lieut. Eli, d. Sept. 1, 1776	LR13	2
Betsey, d. John & Abba, b. June 29, 1784	LR18	7
Betty, m. Olney **STONE,** Mar. 8, 1785	LR18	12
Clarry, d. Uriah & Hannah, b. May 1, 1794	LR19	1
Daniell, s. John, Jr., b. June 13, 1697	LR2-3	74
Daniel, s. Benjamin & Bethiah, b. Dec. 11, 1778	LR18	7
Daniel, of Norwalk, m. Sally **HAWLEY,** of Salem, Oct. 4, 1797	LR18	7
David, s. Nathan & Mary, b. Sept. 2, 1750	LR4	14
Ebenezer, s. Thomas [& Sarah], b. Apr. 3, 17[ ]	LR4	6
Ebenezer, s. Jesse & Mercy, b. Feb. 11, 1776	LR17	218
Ebenezer*, m. Elizabeth **SEELEY,** Oct. 9, 1803, *(Arnold copy has "Ebenezer **SMITH**")	LR19	12
Ebenezer, s. Ebenezer & Elizabeth, b. Apr. 12, 1815	LR19	12
Eleizer, s. John, Jr., b. June 6, 1695	LR2-3	74
Eli, s. Tho[mas] & Sarah, b. Sept. 23, 174[ ]	LR4	6
Eli, m. Bethiah [ ], Oct. 4, 1769	LR13	2
Eli, m. 2nd w. Amillia **SLAWSON,** d. Deliverance, Mar. 12, 1778	LR13	2
Eli, d. Mar. 23, 1810	LR13	2
Eli, m. Mary **DAY,** Aug. 18, 1824, by Noble W. Thomas, Elder	1	6
Elias, s. Thomas, b. Mar. 10, 1710/11	LR4	3
Elias, s. Nathan & Mary, b. Nov. 3, 1756	LR4	14
Elijah, s. Jesse & Mercy, b. Apr. 8, 1780	LR17	218
Elizabeth, d. John, Jr., b. Sept. 14, 1692	LR2-3	74
Elizabeth, d. Thomas, b. Oct. 7, 1703	LR4	3
Elizabeth, d. John, m. Jacob **GREEN,** Nov. 12, 1719	LR4	11
Elizabeth, d. Nathan & Mary, b. June 7, 1753	LR4	14
Elizabeth, m. Paul **RAYMOND,** Jan. 11, 1776	LR18	5
Elizabeth, d. Benjamin & Bethiah, b. June 3, 1776	LR18	7
Elizabeth, d. Ebenezer & Elizabeth, b. May 12, 1807	LR19	12
Elizabeth, m. Jesse Raymond **BETTS,** b. of Norwalk, Aug. 6, 1826, by Sylvester Eaton	1	9
Elizabeth, b. Darien, res. Norwalk, d. Feb. 17, 1848, ae 86	1	51

	Vol.	Page
REED, (cont.),		
Emma L., d. Sands, livery stable keeper, ae 35 & Mary Ann, ae 30, b. Aug. 16, 1847	1	43
Enos, s. Benjamin & Bethiah, b. Oct. 30, 1787	LR18	7
Eunice, d. Thomas, b. Feb. 26, 1696/7	LR4	3
Experience, d. John, Jr., b. Mar. 13, 1700	LR2-3	74
Hannah, d. Nathan & Mary, b. July 16, 1745	LR4	14
Hannah, d. Jesse & Mercy, b. Sept. 30, 1782	LR17	218
Harriett, m. Elias **JOHNSON**, b. of Norwalk, Nov. 25, 1835, by Rev. Davis Stocking	1	20
Janusett, m. Cornelia **DOWNS**, b. of Norwalk, Oct. 22, 1844, by Z. K. Hawley	1	29
Jesse, s. Thomas [& Sarah], b. July 29, 173[ ]	LR4	6
Jesse, m. Mercy **WEED**, Dec. 3, 1765	LR17	218
Jesse, s. Jesse & Mercy, b. Jan. 15, 1778	LR17	218
Jess Wyx*, s. Ebenezer & Elizabeth, b. Mar. 2, 1810 *(Janusett?)	LR19	12
John, Jr., of Norwalk, m. Elisabeth **TUTTLE**, d. John, of New Haven, Mar. 28, 1687	LR2-3	74
John, s. John, Jr., b. Feb. 24, 1689	LR2-3	74
John, s. Thomas, b. Aug. 7, 1701	LR4	3
John, m. Abba **WHITNEY**, July 6, 1775	LR18	7
John, s. John & Abba, b. Jan. 8, 1776; d. Nov. [ ], 1776	LR18	7
John, s. John & Abba, b. Nov. 1, 1778	LR18	7
John L., of Norwalk, m. Matilda **TRISTRUM**, of Darien, July 4, 1844, by Harvey Husted (Rev.)	1	29
Joseph, s. William [& Rachel], b. Oct. 30, 1731	LR4	9
Josephine, m. George W. **RAYMOND**, b. of Norwalk, May 6, 1844, by Harvey Husted	1	29
Mary, d. Thomas, b. May 2, 1695	LR4	3
Mary, d. John, m. David **TUTTLE**, Nov. 24, 1698	LR4	5
Mary, d. Nathan & Mary, b. July 17, 1740	LR4	14
Mary*, d. Ebenezer & Elizabeth, b. Jan. 9, 1808 *(SMITH?)	LR19	12
Mary E., m. James H. **BEERS**, b. of Norwalk, Sept. 3, 1847, by Jacob Shaw	1	34
Mary E., ae 17, res. Norwalk, m. James **BEERS**, shoemaker, ae 20, res. Norwalk, Sept. 3, 1847, by Rev. Jacob Shaw	1	48
Matthew, d. Dec. 4, 1797	LR18	2
Moses, s. John & Abba, b. Dec. 14, 1787	LR18	7
Nathan, s. Thomas, b. Aug. 13, 1713	LR4	3
Nathan, m. Mary **PECK**, d. Sam[ue]l, Jr., of Greenwich, Dec. 22, 1737	LR4	14
Nathan, s. Nathan & Mary, b. July 22, 1747 O.S.	LR4	14
Peter, s. Thomas [& Sarah], b. June 19, 173[ ]	LR4	6
Polly, m. Seth **SEYMORE**, Apr. 3, 1789	LR18	36
Sally, d. Uriah & Hannah, b. May 2, 1791	LR19	1
Samuell, s. John, Jr., b. Oct. 24, 1702	LR2-3	74
Sands*, s. Ebenezer & Elizabeth, b. Dec. 2, 1812 *("Sands SMITH"?)	LR19	12
Sarah, d. Thomas [& Sarah], b. Jan. 19, 174[ ]	LR4	6
Sarah, d. Benjamin & Bethiah, b. Mar. 31, 1770	LR18	7
Sarah, w. Thomas, d. Aug. 29, 1776	LR13	2
Sarah, m. Goold **HAYT**, May 15, 1786	LR18	31
Sarah, m. John **WOOLSEY**, Apr. 28, 1822, by William Fisher	1	3
Selleck, s. Jesse & Mercy, b. July 18, 1787	LR17	218
Selleck, s. Uriah & Hannah, b. July 25, 1796	LR19	1

	Vol.	Page
REED, (cont.),		
Stephen, s. Benjamin & Betty, b. Feb. 18, 1796	LR18	11
Stephen*, s. Ebenezer & Elizabeth, b. Dec. 22, 1805 *(Stephen **SMITH?**)	LR19	12
Temperence, d. Thomas, b. Oct. 16, 1708	LR4	3
Thaddeus S., m. Sarah A. **KERR**, b. of Norwalk, June 27, 1847, by Ezra D. Kinney	1	34
Thomas, m. Mary **OLMSTED**, d. Lieut. John, May 9, 1694	LR4	3
Thomas, s. Thomas, b. May 7, 1699	LR4	3
Thomas, s. Thomas [& Sarah], b. June 22, 17[ ]	LR4	6
Thomas, Jr., m. Sarah **BENNAM**, d. John, of West Haven, Oct. 2, 17[ ]	LR4	6
Thomas, d. Sept. 4, 1776	LR13	2
Uriah, m. Hannah **SELLECK**, May 27, 1790	LR19	1
Wilbur, s. Benjamin & Betty, b. Apr. 20, 1794	LR18	11
William, s. John, Jr., b. Nov. 16, 1708	LR4	2
William, m. Rachel **KELLOGG**, d. Joseph, decd., Nov. 28, 1729	LR4	9
William, s. William [& Rachel], b. Mar. 20, 1733/4	LR4	9
William, m. Nancy **AKIN**, b. of Norwalk, Apr. 14, 1833, by Edwin Hall	1	17
RELESQUIE, [see under **RESSEQUIE**]		
RENAND, Allen, m. Eliza **NASH**, b. of Norwalk, Apr. 20, 1834, by Rev. Nicholas White	1	19
RESSEQUIE, RESEQUIE, RELESQUIE, Abraham, s. Alexander, b. July 27, 1715	LR4	2
Alexander, m. Mrs. Sarah **BENTECON***, d. Peter Bentecon, of New York, Oct. 19, 1709 *(**BONTECOU?**)	LR4	2
Alexander, s. Alexander, b. Aug. 27, 1710	LR4	2
Isaac, s. Alexander, b. May 24, 1717	LR4	2
Jacob, s. Alexander, b. Aug. 14, 1719	LR4	2
James, s. Alexander, b. Nov. 6, 1713	LR4	2
Mary*, m. Thomas **COLE**, Nov. 28, 1779 *(Mary **RESSEGUIE?**)	LR18	24
Peter, s. Alexander, b. Dec. 9, 1711	LR4	2
Sarah, d. Alexander, b. July 12, 1721	LR4	2
Sarah, m. Seth **BOUTON**, Aug. 15, 1771	LR19	3
REU, Sarah Esther, d. Edward T., ship joiner, ae 26 & Mary J., ae 23, b. Dec. 24, 1847	1	41
REYNOLDS, RENNALDS, Bedeline, child of James, miller, ae 33 & Bridget, ae 28, b. Dec. 23, 1847	1	42
George B., of Stamford, m. Sally **BRADLEY**, of Norwalk, Apr. 12, 1829, in St. Pauls Church, by Rev. R. Sherwood	1	11
Judeth, d. John, of Greenwich, m. Samuell **BETTS**, Dec. 10, 1692	LR4	5
Lauretta C., d. Jacob, laborer, ae 38 & Laurinda, ae 37, b. Apr. 2, 1848	1	43
RICHARDS, Abigail, d. James & Hannah, b. Oct. 7, 1769	LR19	2
Abigail, d. Daniel & Elizabeth*, b. Mar. 6, 1782 *(Abigail?)	LR18	10
Anna, d. Dan[ie]l & Elizabeth*, b. July 10, 1772 [sic]; d. Sept. 27, 1776 *(Abigail?)	LR18	10
Anna, d. Daniel & Elizabeth*, b. Aug. 20, 1776 *(Abigail?)	LR18	10
Anson, s. Sam[ue]l & Mary, b. June 2, 1794	LR18	6
Caroline, of Norwalk, m. Daniel P. **PARKER**, of Rochester, N.Y., Feb. 4, 1828, at the house of Fitch Richards, by Ebenezer Platt, Darien	1	10
Daniel, s. Sam[ue]l [& Elizabeth], b. Mar. 19, 1734/5	LR4	9
Daniel, m. Abigail **WARING**, Dec. 31, 1761	LR18	10
Daniel, s. Daniel & Abigail, b. Oct. 7, 1762	LR18	10
Daniel, [s. Daniel & Abigail], d. Apr. 4, 1781	LR18	10

RICHARDS, (cont.),

	Vol.	Page
Edmond, s. James & Hannah, b. May 29, 1755	LR19	2
Eliza, wid., d. Nathaniel WARING, m. James LOCKWOOD, [ ]	LR18	44
Eliza A., m. William P. BYXBEE, b. of Norwalk, June 20, 1847, by Jacob Shaw	1	34
Elizabeth, d. Sam[ue]ll [& Elizabeth], b. May 25, 1729	LR4	9
Elizabeth, m. Gershom RICHARDS, Mar. 14, 1773	LR18	10
Elizabeth, d. Gershom & Elizabeth, b. Aug. 21, 1773; d. Oct. 14, 1773	LR18	10
Elizabeth, m. George TEMBY(?), Apr. 16, 1837, by Edwin Hall	1	21
Ezra, s. James & Hannah, b. Nov. 11, 1750	LR19	2
Gershom, m. Elizabeth RICHARDS, Mar. 14, 1773	LR18	10
Hannah, d. James & Hannah, b. Feb. 9, 1749; d. Oct. 28, 1750	LR19	2
Hannah, 2nd, d. James & Hannah, b. Mar. 6, 1753	LR19	2
Hannah, d. Gershom & Elizabeth, b. Sept. 14, 1774	LR18	10
Hannah, w. Isaac, d. Feb. 21, 1786	LR18	17
Hannah, w. James, d. Mar. 25, 1787	LR19	2
Hannah, 2nd w. James, d. Oct. 22, 1791	LR19	2
Hannah, m. Barnabus MERVINE, Jr., Apr. 27, 1797	LR18	10
Hannah B., d. Isaac & Hannah, b. July 18, 1780	LR18	17
Hannah Benedict, m. Samuel ST. JOHN, Mar. 1, 1798	LR18	46
Isaac, m. Hannah BENEDICT, Oct. 14, 1779	LR18	17
Isaac, s. Isaac & Hannah, b. Oct. 25, 1782	LR18	17
Isaac, m. 2nd w. Eunice TAYLOR, Dec. 7, 1786	LR18	17
Jacob, s. James & Hannah, b. Nov. [ ], 1757	LR19	2
James, s. Sam[ue]ll [& Elizabeth], b. Oct. 29, 1723	LR4	9
James, m. Hannah WARING, Oct. 28, 1743	LR19	2
James, s. James & Hannah, b. Dec. 9, 1744	LR19	2
James, m. Hannah GREGORY, (2nd w.), Apr. 8, 1789	LR19	2
James, m. 3rd w. Hannah LOCKWOOD, Apr. 4, 1793	LR19	2
Jesse, s. James & Hannah, b. July 24, 1762	LR19	2
John, s. Sam[ue]ll [& Elizabeth], b. Feb. 16, 1720/1	LR4	9
John L., m. Louisa SCRIBNER, b. of Norwalk, Sept. 14, 1846, by W. C. Hoyt	1	33
Lyman, m. Martha SCOFIELD, Nov. 26, 1829, by Henry Benedict	1	12
Mary, d. Sam[ue]l [& Elizabeth], b. Apr. 19, 1719	LR4	9
Mary, m. Joseph PLATT, b. of Norwalk, May 27, 1824, at the house of Barnabus Mervine, by Rev. R. Sherwood	1	6
Mercy, d. James & Hannah, b. Mar. 17, 1760	LR19	2
Moses, s. Sam[ue]l [& Elizabeth], b. Mar. 6, 1732/3	LR4	9
Nathaniell, d. Jan. 22, 1681	LR1	138
Nehemiah, s. James & Hannah, b. June 30, 1764	LR19	2
Noyes, m. Sarah MATHER, Apr. 4, 1798	LR19	8
Patty, d. Gershom & Elizabeth, b. July 9, 1788	LR18	10
Paul, s. Daniel & Elizabeth*, b. Mar. 26, 1767 [sic] *(Abigail?)	LR18	10
Rebeckah, m. Epenetus KELLOGG, Sept. 16, 1773	LR18	44
Rozimond, wid. of Nathaniell, d. Nov. 25, 1683	LR1	138
Rufus, s. Gershom & Elizabeth, b. Apr. 25, 1781	LR18	10
Ruth, d. Sam[ue]ll [& Elizabeth], b. Jan. 5, 1714/15	LR4	9
Sally, m. David TUTTLE, Dec. 6, 1789	LR18	34
Samuel, m. Elizabeth LATHAM, d. John, Mar. 4, 1714	LR4	9
Sam[ue]l, s. Sam[ue]l [& Elizabeth], b. Dec. 23, 1716	LR4	9
Samuel, m. Mary WEBB, Mar. 10, 1791	LR18	6
Samuel, s. Sam[ue]l & Mary, b. Nov. 11, 1791	LR18	6

	Vol.	Page
RICHARDS, (cont.),		
Samuel Fitch, s. Gershom & Eliza[beth], b. Oct. 1, 1777	L18	10
Sarah, s. [sic] Sam[ue]ll [& Elizabeth], b. June 24, 1727	LR4	9
Sarah, d. James & Hannah, b. Feb. 4, 1747	LR19	2
Sarah, d. Dan[ie]l & Elizabeth*, b. Mar. 21, 1774 *(Abigail?)	LR18	10
Sarah, d. Noyes & Sarah, b. Mar. 1, 1799	LR19	8
Stephen, s. Daniel & Abigail, b. Jan. 29, 1765; d. June 27, 1796	LR18	10
Susan S., of Norwalk, m. Joseph B. **MATHER**, of Darien, Apr. 15, 1846, by Ezra D. Kinney, Bishop, of Darien	1	32
Thankfull, d. Sam[ue]ll [& Elizabeth], b. June 5, 1731	LR4	9
Waters, s. Isaac & Hannah, b. Feb. 8, 1786	LR18	17
William, s. Daniel & Abigail, b. Dec. 10, 1769; d. Dec. 20, 1769	LR18	10
William, s. Daniel & Elizabeth*, b. June 26, 1779 *(Abigail?)	LR18	10
RIDER, Katerine, m. Israel **NASH**, Feb. 11, 1796	LR18	22
Louisa, m. James **BARNES**, Oct. 13, 1833, by Edwin Hall	1	18
RIGGS, Esther, d. Jonathan & Esther, b. Feb. 4, 1798	LR18	3
James, s. Jonathan & Esther, b. Apr. 13, 1794; d. Oct. 2, 1795	LR18	3
John Woodward, s. Jonathan & Esther, b. Jan. 29, 1796	LR18	3
Jonathan, m. Esther **KEELER**, Jan. 1, 1792	LR18	3
Julia, d. Jonathan & Esther, b. Jan. 5, 1793	LR18	3
ROBBINS, Mary Jane, d. Robert, leather dresser, ae 26 & Minerva, ae 23, b. July 11, 1848	1	40
ROBERTS, David, m. Jennie G. **ROBERTS**, Feb. 24, 1805	LR19	12
David Gidney, [s. David & Jennie G.], b. Apr. 24, 1816, [in New York]	LR19	12
Hiram, [s. David & Jennie G.], b. July 28, 1818	LR19	12
Jennie G., m. David **ROBERTS**, Feb. 24, 1805	LR19	12
Lucinda, [d. David & Jennie G.], b. Jan. 16, 1824	LR19	12
Mary, ae 19, b. New York, res. Norwalk, m. W[illia]m R. **LOCKWOOD**, farmer, ae 25, res. Norwalk, Jan. 19, 1848, by Rev. M. Hatfield	1	48
Sarah, d. [David & Jennie G.], b. Oct. 27, 1811, [in New York]	LR19	12
ROBINSON, File, m. Job **HODGES**, Jan. [ ], 1783	LR19	2
ROCKWELL, Abigail, wid. John, d. May 7, 1739	LR4	10
Clapp, s. Joseph & Wait, b. Jan. 4, 1763	LR19	6
Clapp Raymond, m. Catharine **BETTS**, May 17, [1829], by Henry Benedict	1	12
David S., of Ridgefield, m. Betsey **COMSTOCK**, of Norwalk, Mar. 18, 1833, by John Lovejoy	1	17
Elizabeth, d. Jonathan, b. May 7, 1702	LR2-3	73
Frederick, s. Joseph & Mary, b. May 15, 1786	LR19	6
Hittabill, d. John, formerly of Stamford, m. John **KEEILER**, s. Ralph, decd., formerly of Norwalk, June 18, 1679	LR1	112
Jabez, s. Thomas [& Sarah], b. Mar. 18, 1712	LR4	5
James, s. Joseph & Mary, b. Mar. 2, 1789	LR19	6
Jenny, d. Joseph & Mary, b. Jan. 5, 1798	LR19	6
John, s. Thomas [& Sarah], b. Jan. 9, 1709	LR4	5
John, m. Abigail **BELDEN**, d. William, Aug. 17, 1733	LR4	10
John, s. John [& Abigail], b. Sept. 3, 1734	LR4	10
John, d. May 25, 1737, at the Island of Statia	LR4	10
Jonathan, m. Abigail **CAMFIELD**, d. Samuell, Apr. last week, 1700	LR2-3	73
Joseph, m. Wait **RAYMOND**, Apr. 1, 1762	LR19	6
Joseph, s. Joseph & Wait, b. Dec. 8, 1765	LR19	6
Joseph, Jr., m. Mary **KEELER**, [ ], 1785	LR19	6

	Vol.	Page
ROCKWELL, (cont.),		
Justus Keeler, s. Joseph & Mary, b. Nov. 3, 1792	LR19	6
Maria, d. Joseph & Mary, b. Aug. 7, 1794	LR19	6
Mary, wid., m. William **PARKER**, Oct. 22, 1717	LR4	5
Mary, m. Zalmon **MORGAN**, Dec. 29, 1790	LR18	46
Rebeckah, m. Thomas **COMSTOCK**, Feb. 22, 1770	LR18	23
Rhuhama, m. Joseph **HAWKINS**, Oct. 15, 1789	LR18	35
Sarah, d. John, of Stamford, m. John **CRAMPTON**, Oct. 8, 1676	LR1	111
Sarah, d. Thomas [& Sarah], b. Oct. 21, 1704	LR4	5
Susan, m. Frederick S. **COOPER**, Mar. 16, 1834, by Rev. Amos Savage, Jr.	1	18
Thomas, m. Sarah **ROSCO**, d. John, Dec. 9, 1703	LR4	5
Thomas, s. Thomas [& Sarah], b. Dec. 13, 1708	LR4	5
Thomas, d. June [ ], 1712	LR4	5
Thomas, s. John [& Abigail], b. Aug. 27, 1736	LR4	10
Wait, w. Joseph, d. May 24, 1768	LR19	6
ROE, Charles, of Green Farms, m. Lucy **BRUSH**, of Norwalk, (colored), Nov. 24, 1835, by Sylvester Eaton	1	8
Fanny, d. Rev. Azel, of Woodbridge, N.H., m. Rev. Matthias **BURNETT**, June 30, 1793	LR18	12
ROGERS, Abigail, d. Uriah, b. Oct. 14, 1749	LR4	0
Charles, s. Hezekiah & Esther, b. Sept. 12, 1787	LR18	33
Charles, s. Hezekiah & Esther, d. Aug. 3, 1788	LR18	33
David, s. Uriah, b. Aug. 21, 1748	LR4	0
Delia, d. Hezekiah & Esther, b. Jan. 29, 1785	LR18	33
Esther, d. Uriah, b. Oct. 1, 1746	LR4	0
Hannah, d. Uriah, b. June 7, 1735	LR4	0
Hannah, m. Seth **WEEKS**, Nov. 7, 1773	LR18	15
Hezekiah, m. Esther **RAYMOND**, Mar. 9, 1781	LR18	33
James, s. Uriah, b. Sept. 5, 1742	LR4	0
John, s. Uriah, b. Nov. 3, 1744	LR4	0
Julia, m. Henry B. **DOWNS**, Apr. 19, 1846, by Z. K. Hawley	1	32
Lydia, d. Uriah, b. Dec. 15, 1737	LR4	0
Sally, d. Hezekiah & Esther, b. July 13, 1781	LR18	33
Susanna, m. David **LAMBERT**, Jr., Dec. 17, 1769	LR18	12
Uriah, s. Uriah, b. Dec. 17, 1739	LR4	0
William, s. Hezekiah & Esther, b. Mar. 16, 1783	LR18	33
ROSCO, Jemima, m. Jonathan **ABBOTT**, Apr. 18, 1765	LR17	218
Ruth, m. John **KEELER**, May 8, 1792	LR18	46
Sarah, d. John, m. Thomas **ROCKWELL**, Dec. 9, 1703	LR4	5
ROUSSEAU, Benjamin A., m. Ann T. **HARRIS**, b. of Norwalk, Nov. 8, 1835, in St. Pauls Church, by Rev. B. Judd	1	20
RUMBALL, Bethia, d. Tho[ma]s, of Stratford, m. Rob[er]t **STEWART**, June 13, 1661	LR1	51
RUMSEY, Hannah, d. Ens. Benjamin, m. James **DICKSON**, Dec. 8, 1709	LR4	4
Mary, Mrs., d. Benjamin Rumsey, of Fairfield, m. Ralph **ISAACS**, Mar. 7, 1725/6	LR4	0
ST. JOHN, SENSION, SENTION, Aaron, s. Nehemiah & Louis, b. Nov. 29, 1755	LR9	4-Ind
Aaron, m. Mercy **ST. JOHN**, Mar. 23, 1784	LR18	46
Aaron, s. Bennoni & Elizabeth, b. June 23, 1797	LR18	29
Abigail, d. James & Abigail, b. Jan. 1, 1743/4	LR4	5
Abigail, w. Addonijah, d. Feb. 26, 1786	LR18	15

NORWALK VITAL RECORDS 121

	Vol.	Page
ST. JOHN, SENSION, SENTION, (cont.),		
Abigail, d. Eliphalet & Sarah, b. July 16, 1794	LR18	24
Abijah, m. Hannah HENDRICK, Oct. 2, 1793	LR18	19
Abraham, m. Anner HAYT, Sept. 23, 1779	LR18	3
Abraham Weed, s. Benjamin & Dorcas, b. Feb. 2, 1799	LR18	41
Addonijah, m. Abigail WEED, June 13, 1780	LR18	15
Albert, s. Jesse & Anna, b. Aug. 20, 1797	LR18	13
Annah, d. Marke, b. Aug. 18, 1674	LR1	138
Anner, d. Abraham & Anner, b. July 8, 1781	LR18	3
Anah, d. Sam[ue]l & Gloriana, b. June 4, 1785	LR19	2
Benjamin, s. Hezekiah & Mary, b. May 22, 1791	LR18	47
Benjamin, m. Dorcas BOUTON, June 20, 1792, by Rev. Justus Mitchel	LR18	41
Benjamin Mead, s. Benjamin & Dorcas, b. Nov. 7, 1794	LR18	41
Bennoni, m. Elizabeth BURCHARD, Nov. 8, 1781	LR18	29
Betsey, d. Abraham & Anner, b. Jan. 20, 1790	LR18	3
Betty, d. Phinehas & Esther, b. Dec. 23, 1776	LR18	16
Betty, d. Hezekiah & Mary, b. Feb. 12, 1787	LR18	47
Betty, m. William BENEDICT, Jr., Dec. 31, 1795	LR18	4
Betty, d. Cook & Polly, b. Mar. 31, 1800	LR18	15
Burchard, s. Bennoni & Elizabeth, b. Jan. 1, 1784	LR18	29
Caleb, m. Mary SEALEY, Mar. 10, 1757	LR18	24
Caleb, s. Caleb & Mary, b. Nov. 11, 1764	LR18	24
Caleb Lorenzo, s. Eliphalet & Sarah, b. Jan. 30, 1796; d. Oct. 16, 1796	LR18	24
Chancy, s. Peter & Rachel, b. Apr. 12, 1794	LR18	15
Charles, s. Joseph & Betsey, b. Nov. 1, 1795	LR18	33
Charles C., m. Eunice CRAPO, Aug. 2, 1835, by Edwin Hall	1	19
Clarane, d. Hezekiah & Mary, b. Mar. 18, 1789	LR18	47
Clarissa, d. Silas & Sarah, b. Nov. 7, 1785	LR18	49
Cook, m. Polly SEYMORE, Dec. 23, 1796	LR18	15
Cornwall, s. Nehemiah & Louis, b. Mar. 2, 1768; d. Aug. 2, 1769	LR9	4-Ind
Cynthia, d. Aaron & Mercy, b. Mar. 8, 1790	LR18	46
Cyrus, s. Peter & Rachel, b. Sept. 30, 1799	LR18	15
Daniel, m. Betsey JONES, Dec. 26, 1795	LR19	4
Daniel Seymore, s. John & Nanna, b. Apr. 15, 1770; d. Jan. 8, 1771	LR19	9
Daniel Seymore, 2nd, s. John & Nanna, b. Sept. 16, 1773	LR19	9
Deborah, d. Hezekiah & Mary, b. Jan. 1, 1785	LR18	47
Deborah, d. Stephen & Deborah, b. Nov. 8, 1789	LR18	32
Deborah, w. Isaac, d. Sept. 14, 1792	LR18	49
Deborah, d. Hezekiah & Mary, d. June 9, 1797	LR18	47
Eben[eze]r, s. Nehemiah & Louis, b. Sept. 16, 1749	LR9	4-Ind
Ebenezer, s. Seth, b. Oct. 14, 1793	L19	9
Edward, s. Jessup, farmer, ae 44 & Sarah, ae 46, b. Jan. 5, 1848	1	39
Eleanor, d. John & Nanna, b. Nov. 11, 1778	LR19	9
Elflyda, d. John & Nanna, b. July 1, 1788	LR19	9
Elijah, s. Nehemiah & Louis, b. Feb. 26, 1758	LR9	4-Ind
Eliphalet, s. Caleb & Mary, b. Apr. 22, 1770	LR18	24
Eliphalet, s. John & Nanna, b. Feb. 4, 1781	LR19	9
Eliphalet, m. Sarah KNAPP, Oct. 2, 1793	LR18	24
Elissabeth, d. Marke, b. Dec. 16, 1656	LR1	138
Elissabeth, d. Sam[ue]l, b. Apr. [ ], 1673	LR1	52
Elizabeth, d. Samuell, m. John RAYMOND, Jr., Mar. 7, 1690	LR1	182
Elizabeth, d. Samuell, m. John RAYMOND, Jr., Mar. 7, 1690	LR1	184
Elizabeth, d. Samuel Sention alias Saint John, m. John RAYMOND, Jr.,		

	Vol.	Page
ST. JOHN, SENSION, SENTION, (cont.),		
Mar. 7, 1690	LR4	1
Elizabeth, d. Joseph, b. Feb. 6, 1706/7	LR4	1
Elizabeth, d. Caleb & Mary, b. Dec. 6, 1774; d. May 7, 1792	LR18	24
Elizabeth, d. Bennoni & Elizabeth, b. Aug. 1, 1795	LR18	29
Elizabeth Ann, m. John ISAACS, Oct. 7, 1821, in St. Pauls Church, by Rev. R. Sherwood	1	2
Ellen, [twin with Enos], d. Hezekiah & Mary, b. Jan. 30, 1783	LR18	47
Enoch, m. Seybbel SEYMORE, Nov. 17, 1788	LR18	34
Enoch, m. Sally POWERS, Mar. 19, 1790	LR18	34
Enoch Carter, s. Enoch & Sally, b. Mar. 7, 1791	LR18	34
Enos, [twin with Ellen], s. Hezekiah & Mary, b. Jan. 20, 1783	LR18	47
Esther, m. Jesse BENEDICT, Mar. 22, 1764	LR18	35
Esther, d. Josiah & Mary, b. Sept. 21, 1772; d. Sept. 3, 1796	LR18	12
Esther, d. Phinehas & Esther, b. Nov. 2, 1774; d. Sept. 26, 1776	LR18	16
Esther, m. Joseph CROFOOT, May 13, 1776	LR18	25
Esther, d. Phinehas & Esther, b. Sept. 21, 1783	LR18	16
Esther, d. Stephen & Deborah, b. Nov. 20, 1791	LR18	32
Esther, d. Matthias & Esther, b. Feb. 5, 1792	LR18	34
Esther, w. Matthias, d. Mar. 12, 1792	LR18	34
Esther, d. Joseph & Betsey, b. Jan. 5, 1794	LR18	33
Esther, d. Aaron & Mercy, b. Feb. 17, 1794	LR18	46
Eunice, d. Hezekiah & Mary, b. Dec. 2, 1778	LR18	47
Eunice, m. Thaddeus MEAD, May 4, 1783	LR18	47
Eunice Matilda, d. Isaac & Eunice, b. Mar. 12, 1797	LR18	49
Ezra, s. James & Abigail, b. Sept. 7, 1741	LR4	5
Ezra, m. Phebe WHITLOCK, Jan. 20, 1787	LR18	49
Frederick, s. William & Esther, b. Sept. 13, 1785	LR18	11
George, m. Sarah LOCKWOOD, b. of Norwalk, Feb. 14, 1826, by Sylvester Eaton	1	8
Gideon, s. Addonijah & Abigail, b. Aug. 31, 1783	LR18	15
Gideon, s. Addonijah & Abigail, d. Dec. 6, 1785	LR18	15
Hannah, d. Nehemiah & Louis, b. Feb. 12, 1745/6; d. Oct. 7, 1756	LR9	4-Ind
Hannah, d. Nehemiah & Louis, b. Sept. 4, 1760	LR9	4-Ind
Hannah, d. John & Nanna, b. Nov. 11, 1771	LR19	9
Hannah, m. Joseph EVERET, May 3, 1787	LR18	40
Hannah, d. Enoch & Sally, b. Nov. 12, 1796	LR18	34
Hannah, d. Stephen & Deborah, b. Feb. 11, 1797	LR18	32
Hannah, of Norwalk, m. Theodore KNOZER, of Bordeaux, Oct. 7, 1822, at the house of David St. John, by Rev. Reuben Sherwood	1	4
Henry, s. Isaac & Deborah, b. Oct. 26, 1766	LR18	49
Hezekiah, m. Mary WEED, Nov. 24, 1774	LR18	47
Hezekiah, s. Hezekiah & Mary, b. Dec. 28, 1776	LR18	47
Hiram, s. Abijah & Hannah, b. Mar. 25, 1797	LR18	19
Hooker, s. William & Esther, b. Jan. 30, 1792	LR18	11
Horatio Williams, s. Silas & Sarah, b. Dec. 23, 1787	LR18	49
Isaac, s. James & Abigail, b. Apr. 14, 1739	LR4	5
Isaac, m. Deborah GARNSEY, Jan. 15, 1761	LR18	49
Isaac, s. Isaac & Deborah, b. Dec. 1, 1764	LR18	49
Isaac, s. [Samuel] & Gloriana, b. Nov. 29, 1789; d. Sept. 9, 1793	LR19	2
Isaac, m. Eunice SMITH, (2nd w.), Mar. 13, 1796	LR18	49
James, m. Rebecka PICKITT, d. John, of Stratford, Dec. last day, 1673	LR1	50
James, m. Mary COMSTOCKE, d. Christopher, Dec. 18, 1693	LR1	50

ST. JOHN, SENSION, SENTION, (cont.),

	Vol.	Page
James, s. James, b. Oct. 11, 1696; m. Abigail PERSON, d. Stephen, of Darby, Mar. 30, 1738	LR4	5
James, s. Isaac & Deborah, b. Mar. 11, 1772	LR18	49
James, s. Bennoni & Elizabeth, b. Sept. 16, 1782	LR18	29
James, m. Mary ST. JOHN, Mar. 16, 1797	LR18	48
Jared, s. Silas & Sarah, b. July 27, 1791	LR18	49
Jarus Weed, s. Hezekiah & Mary, b. Oct. 6, 1796	LR18	47
Jemime, d. Eben[eze]r, m. Mathew FITCH, [ ]	LR4	14
Jesse, s. Josiah & Esther*, b. Nov. 7, 1774; d. Sept. 21, 1776 *(Arnold copy has "Mary")	LR18	12
Jesse, m. Anna WEED, Sept. 28, 1790	LR18	13
Jesse, s. Matthias & Esther, b. Jan. 6, 1794	LR18	34
Jesse, of Wilton, m. Rachel B. CAMP, of Norwalk, Mar. 18, 1830, by Herny Benedict	1	13
John, s. Nehemiah & Louis, b. Jan. 2, 1747/8	LR9	4-Ind
John, m. Nanna SEYMORE, Sept. 10, 1769	LR19	9
John W., s. John & Nanna, b. Mar. 21, 1776	LR19	9
Jonathan, s. Isaac & Deborah, b. Jan. 26, 1762	LR18	49
Joseph, s. Marke, b. Apr. [ ], 1664	LR1	138
Joseph, m. Sarah BETTS, d. Thomas, Mar. 5, 1695/6	LR4	1
Joseph, s. Joseph, b. Nov. 5, 1703	LR4	1
Joseph, s. Josiah & Mary, b. Sept. 22, 1769	LR18	12
Joseph, m. Betsey NASH, Nov. 15, 1792	LR18	33
Joseph Lewis, s. Joseph & Betsey, b. Dec. 14, 1797	LR18	33
Josiah, m. Mary FITCH, Dec. 27, 1768	LR18	12
Julia, d. John & Nanna, b. Oct. 6, 1792	LR19	9
Legrand, s. George, merchant, ae 43 & Eliza J., ae 36, b. Oct. 18, 1847	1	39
Lester, of Darien, m. Sally Ann TUTHILL, of Norwalk, Sept. 1, 1846, by Rev. Ezra D. Kinney, of Darien	1	32
Lewis, s. Bennoni & Elizabeth, b. Aug. 7, 1785; d. May 6, 1787	LR18	29
Lewis, 2nd, s. Bennoni & Elizabeth, b. Mar. 15, 1787	LR18	29
Lewis, s. Matthias & Esther, b. Mar. 25, 1787	LR18	34
Lewis Hiram, s. Silas & Sarah, b. June 5, 1793	LR18	49
Linus, s. Matthias & Esther, b. Apr. 20, 1790	LR18	34
Loes, d. Mark, b. May [ ], 1669	LR1	138
Loes, d. Mark, decd., of Norwalk, m. Samuell CARTER, of Norwalk, late of Deerfield, Jan. 25, 1705/6	LR2-3	76
Lydia, m. William SEYMORE, Jan. 6, 1757	LR18	7
Maria, d. Aaron & Mercy, b. Dec. 28, 1795	LR18	46
Mark, d. Aug. 12, 1693	LR4	1
Martha, d. Nehemiah & Louis, b. Nov. 14, 1751	LR9	4-Ind
Martha, d. James & Mary, b. Nov. 2, 1797	LR18	48
Mary, d. Mathias, m. Thomas HYATT, about Nov. 10, 1677	LR1	111
Mary, d. Joseph, b. Aug. 22, 1700	LR4	1
Mary, [w. James], d. Oct. 17, 1749, ae 76 y. 9 m.	LR1	50
Mary, m. Matthew BETTS, Apr. 12, 1750	LR18	48
Mary, d. Caleb & Mary, b. Jan. 17, 1761; d. July 2, 1774	LR18	24
Mary, m. Jabez GREGORY, Jan. 20, 1762	LR18	44
Mary, d. Stephen & Sarah, b. June 16, 1765	LR18	22
Mary, m. Ebenezer HAYT, Nov. 25, 1778	LR18	16
Mary, [twin with Sarah], d. Matthias & Esther, b. Nov. 14, 1785	LR18	34
Mary, d. Bennoni & Elizabeth, b. Nov. 27, 1788	LR18	29

ST. JOHN, SENSION, SENTION, (cont.),

	Vol.	Page
Mary, m. James ST. JOHN, Mar. 16, 1797	LR18	48
Mary, see also Merie		
Matthias, Jr., m. Esther RAYMOND, Apr. 4, 1784	LR18	34
Matthias, m. Esther ABBOTT, Nov. 2, 1792	LR18	34
Mehitabel, d. Aaron & Mercy, b. Feb. 19, 1792	LR18	46
Mercy, m. Aaron ST. JOHN, Mar. 23, 1784	LR18	46
Merie, d. Mathias, Sr., m. Ephraim LOCKWOODE, June 8, 1665	LR1	49
Molly, d. Hezekiah & Mary, b. Aug. 31, 1775	LR18	47
Molly, m. Nathan HANFORD, Oct. 7, 1795	LR19	7
Molly Cook, d. Addonijah & Abigail, b. Feb. 11, 1782	LR18	15
Moses, s. Bennoni & Elizabeth, b. Sept. 26, 1793	LR18	29
Nancy, d. John & Nanna, b. Sept. 13, 1784	LR19	9
Nancy, d. Josiah & Mary, b. Feb. 15, 1779	LR18	12
Nancy, d. Silas & Sarah, b. July 20, 1789	LR18	49
Nancy, m. Matthew MERVINE, Apr. 7, 1792	LR18	17
Nancy, d. Stephen & Deborah, b. Feb. 17, 1794	LR18	32
Nancy, d. Matthias & Esther, b. June 2, 1797	LR18	34
Naomi, d. Abraham & Anner, b. Jan. 28, 1792	LR18	3
Nathan, s. Phinehas & Esther, b. May 5, 1781	LR18	16
Nathan, s. Jesse & Anna, b. Mar. 8, 1793	LR18	13
Nehemiah, m. Louis CORNNELL, d. Paul, of New Haven, Dec. 8, 1743	LR9	4-Ind
Nehemiah, s. Nehemiah & Louis, b. Jan. 16, 1754	LR9	4-Ind
Noah, s. Samuel & Gloriana, b. May 12, 1782	LR19	2
Peter, Jr., m. Rachel JONES, July 8, 1793	LR18	15
Philo, s. Bennoni & Elizabeth, b. Dec. 7, 1791	LR18	29
Phinehas, m. Esther WHITNEY, Oct. 27, 1773	LR18	16
Phinehas, s. Phinehas & Esther, b. Nov. 30, 1778	LR18	16
Platt, s. Aaron & Mercy, b. Mar. 2, 1786	LR18	46
Polly, d. Josiah & Mary, b. Jan. 4, 1777; d. Apr. 19, 1777	LR18	12
Polly, d. Josiah & Mary, b. July 9, 1782	LR18	12
Polly, d. Abraham & Anner, b. Dec. 9, 1792	LR18	3
Polly, d. Abijah & Hannah, b. Dec. 11, 1794	LR18	19
Polly Betsey, d. Silas & Sarah, b. Apr. 5, 1796	LR18	49
Polly Esther, d. Willliam & Esther, b. Mar. 10, 1783	LR18	11
Polly Garnsey, d. Isaac & Deborah, b. Aug. 21, 1768	LR18	49
Rachel, d. Marke, b. June [ ], 1671	LR1	138
Rachel, d. Matthias, m. John MARVEN, Apr. 27, 1721	LR4	11
Rachel, m. Samuel OLMSTED, 4th, Mar. 16, 1797	LR18	26
Rebeckah, d. Dan[ie]l & Betsey, b. Mar. 19, 1797	LR19	4
Rhoda, d. Marke, b. Aug. 12, 1666	LR1	138
Rufus, s. Hezekiah & Mary, b. Aug. 11, 1793	LR18	47
Sally, d. Hezekiah & Mary, b. Sept. 30, 1780	LR18	47
Sally, d. Josiah & Mary, b. June 4, 1787	LR18	12
Sally, d. William & Esther, b. Aug. 12, 1788	LR18	11
Sally, m. Thaddeus HANFORD, Oct. 4, 1797	LR18	45
Sally, m. Justus Luke BURK, June 27, 1821, at the house of wid. Mary Esther St. John, by Rev. R. Sherwood	1	1
Sally Keeler, d. Seth, b. Sept. 28, 1795	LR19	9
Samuell, m. Elissabeth HAITE, d. Walter, Sept. [ ], 1663	LR1	52
Samuel, d. Jan. 14, 1685	LR1	114
Samuel, s. Isaac & Deborah, b. Apr. 7, 1775	LR18	49

ST. JOHN, SENSION, SENTION, (cont.),

	Vol.	Page
Samuel, m. Gloriana St. John **GREGORY**, July 5, 1780	LR19	2
Samuel, s. Sam[ue]l & Gloriana, b. Nov. 2, 1787	LR19	2
Samuel, d. Feb. 19, 1790	LR19	2
Samuel, s. Enoch & Sally, b. Aug. 25, 1793	LR18	34
Samuel, m. Hannah Benedict **RICHARDS**, Mar. 1, 1798	LR18	46
Sarah, d. Mark, b. Jan. 18, 1659	LR1	138
Sarah, d. Samuell, b. Jan. [ ], 1664	LR1	52
Sarah, d. Mark, m. Samuell **KEEILER**, s. Ralph, decd., formerly of Norwalke, Mar. 10, 1681/2	LR1	137
Sarah, d. Samuell, d. Jan. 5, 1685	LR1	114
Sarah, d. Joseph, b. June 13, 1697	LR4	1
Sarah, m. Nathan **GREGORY**, July 3, 1754	LR18	35
Sarah, d. Caleb & Mary, b. Nov. 18, 1767	LR18	24
Sarah, m. John **CANNON**, Jr., July [ ], 1777	LR18	2
Sarah, d. Samuel & Gloriana, b. June 20, 1783	LR19	2
Sarah, [twin with Mary], d. Matthias & Esther, b. Nov. 14, 1785	LR18	34
Sarah, d. Silas & Sarah, b. Sept. 8, 1786	LR18	49
Sarah, d. Aaron & Mercy, b. July 13, 1788	LR18	46
Seth, s. Nehemiah & Louis, b. June 12, 1764	LR9	4-Ind
Silas, s. Isaac & Deborah, b. Feb. 14, 1763	LR18	49
Silas, m. Sarah **NASH**, May 1, 1782	LR18	49
Smith, s. Peter & Rachel, b. Oct. 8, 1795	LR18	15
Stephen, m. wid. Sarah **BETTS**, Feb. [ ], 1764	LR18	22
Stephen, s. Stephen & Sarah, b. Oct. 9, 1772	LR18	22
Stephen, s. Addonijah & Abigail, b. Feb. 23, 1785	LR18	15
Stephen, m. Deborah **FINCH**, May 3, 1787	LR18	32
Stephen, s. Stephen & Deborah, b. Dec. 25, 1787	LR18	32
Stephen, 4th, m. Sarah **BETTS**, Jan. 4, 1797	LR18	15
Stephen Burlingham, s. W[illia]m & Esther, b. Oct. 3, 1779	LR18	11
Susan Virginia, of Norwalk, m. Charles **SHERRY**, of New York, May 5, 1829, in St. Pauls Church, by Rev. R. Sherwood	1	12
Susannah, d. Nehemiah & Louis, b. July 31, 1762	LR9	4-Ind
Susanna, m. Eliphalet **LOCKWOOD**, June 8, 1766	LR18	36
Susanna, m. Isaac Scudder **ISAACS**, June 6, 1777	LR18	9
Seybbel, w. Enoch, d. July 30, 1789	LR18	34
Thaddeus, s. Nehemiah & Louis, b. Sept. 10, 1744	LR9	4-Ind
Thadd[eus], Seymore, s. Cook & Polly, b. Nov. 25, 1797	LR18	15
Tho[ma]s, s. Sam[ue]ll, b. Oct. [ ], 1666	LR1	52
Thomas, s. Jesse & Anna, b. Mar. 2, 1795	LR18	13
Willliam, m. Esther **BELDEN**, Jan. 9, 1777	LR18	11
William, s. William & Esther, b. Aug. 28, 1777	LR18	11
William, b. Norwalk, res. New York, d. Aug. 10, 1848, ae 1	1	51

SAMISS, SAMMIS, Elizabeth, m. Isaac **JENNINGS**, Feb. 26, 1796

	Vol.	Page
	LR18	45
Nancy, m. Samuel Bates **SKIDMORE**, Apr. 22, 1810	LR19	10
Susanna, m. Nathan **BENEDICT**, May 6, 1795	LR18	6
William C., m. Julia **BURR**, Jan. 27, 1833, by Edwin Hall	1	16

SANDERS, SANDON, [see under SAUNDERS]
SANDON, [see under SAUNDERS]

SANFORD, Abigail, w. Nathan, d. Sept. 30, 1788

	Vol.	Page
	LR18	47
Betsey, m. Nathan **JARVIS**, Jr., Nov. 16, 1802	LR19	9
Chara, [child of Nathan & Elizabeth], b. Apr. 20, 1795	LR18	47
Huldah, m. Samuel **WHITE**, Nov. [ ], 1769	LR18	22

	Vol.	Page
SANFORD, (cont.),		
James, s. Nathan & Elizabeth, b. May 6, 1792	LR18	47
Nathan, m. Abigail **BENNETT**, Sept. 9, 1781	LR18	47
Nathan, m. Eliza **MEAD**, (2nd w.), Jan. 10, 1789	LR18	47
Nathan Platt, s. Nathan & Abigail, b. July 12, 1784	LR18	47
Polly, d. Nathan & Abigail, b. May [ ], 1792* *(Probably 1782)	LR18	47
Thaddeus, s. Nathan & Elizabeth, b. Oct. 10, 1790	LR18	47
SANSON, [see under **SAUNDERS** & **ST. JOHN**]		
SAUNDERS, SANDERS, SANDON, Aaron, s. Jabez & Abigail, b. Dec. 23, 1760	LR18	41
Abigail, of Norwalk, m. Aaron **MEEKER**, of Fairfield, Jan. 4, 1827, by Rev. R. Sherwood	1	9
Betsey, d. Jabez & Abigail, b. Apr. 17, 1775	LR18	41
Betsey, d. Tho[ma]s & Anna, b. Mar. 11, 1799	LR19	8
Betsey, m. Peter **McCARTHEY**, b. of Norwalk, Dec. 1, 1844, by Z. K. Hawley	1	29
Betty, d. John & Elizabeth, b. Aug. 30, 1753; d. Sept. 27, 1776	LR18	9
Billy, s. John & Elizabeth, b. Feb. 16, 1749	LR18	9
Charles, s. Holmes, b. Nov. 29, 1789	LR18	9
Elizabeth, d. John & Mary, b. May 20, 1781	LR18	17
Elizabeth*, w. John, d. June 15, 1788 *(Written "Elizabeth SANSON?")	LR18	9
Esther, d. John & Elizabeth, b. Apr. 18, 1761; d. Feb. 1, 1771	LR18	9
Esther, d. Jabez & Abigail, b. June 14, 1764	LR18	41
Fanny, m. Miles **CAPSTICK**, May 23, 1831, by Aaron W. Whitney	1	15
George Oglevie, s. Holmes, b. July 26, 1793	LR18	9
Hannah, d. John & Elizabeth, b. Aug. 27, 1758	LR18	9
Harvey, s. Holmes, b. Jan. 9, 1798	LR18	9
Holmes, s. John & Elizabeth, b. Aug. 23, 1763	LR18	9
Holmes*, m. [ ], Dec. 25, 1788 *(SANDERS)	LR18	9
Holmes, his negro, David **BRUNDERSON** & w. Ellen, had s. [ ], b. Nov. 27, 1806	LR19	10
Jabez, m. Abigail **PLATT**, Aug. 1, 1753	LR18	41
John, m. Elizabeth **CANE**, Nov. 23, 1747	LR18	9
John, s. John & Elizabeth, b. Apr. 19, 1751	LR18	9
John, Jr., m. Mary **FINCH**, Sept. 24, 1775	LR18	17
John*, m. Sarah **HITCHCOCK**, Nov. 3, 1788 *(Written "John SANSON")	LR18	9
Lydia Beach, d. Tho[ma]s & Anna, b. Apr. 16, 1796	LR19	8
Phebe, d. John & Elizabeth, b. Mar. 22, 1756	LR18	9
Platt, s. Jabez & Abigail, b. Dec. 14, 1756	LR18	41
Platt, s. Jabez & Abigail, d. Oct. 7, 1776	LR18	41
Platt, s. Thomas & Anna, b. Mar. 13, 1793	LR19	8
Polly, d. Jabez & Abigail, b. Mar. 30, 1762	LR18	41
Polly, d. John & Mary, b. Apr. 9, 1787	LR18	17
Sally, d. Holmes, b. June 8, 179[ ]	LR18	9
Samuel, s. Jabez & Abigail, b. Feb. 22, 1754	LR18	41
Samuel, s. Jabez & Abigail, b. May 16, 1767	LR18	41
Sarah, d. John & Elizabeth, b. Apr. 18, 1768; d. May 28, 1788	LR18	9
Sarah, d. Jabez & Abigail, b. Mar. 2, 1773	LR18	41
Stephen, s. John & Mary, b. Dec. 16, 1778; d. July 13, 1785	LR18	17
Stephen, s. John & Mary, b. Aug. 30, 1789	LR18	17
Stephen, Rev. of South Salem, N.Y., m. Esther **LOCKWOOD**, of		

	Vol.	Page
SAUNDERS, SANDERS, SANDON, (cont.),		
Norwalk, May 5, 1823, by Sylvester Eaton	1	4
Stephen, m. Sally **ARNOLD**, b. of Norwalk, Dec. 24, 1827, by Rev. E. W. Hooker, of Greens Farms	1	10
Susanna, d. John & Elizabeth, b. Jan. 29, 1766	LR18	9
Susana, d. Jabez & Abigail, b. July 28, 1769	LR18	41
Susanna, m. David **PRICE**, Mar. 30, 1785	LR18	23
Thomas, s. Jabez & Abigail, b. Dec. 28, 1758	LR18	41
Thomas, s. John & Mary, b. Mar. 3, 1776	LR18	17
Thomas, m. Anna **BLATCHELY**, Sept. 20, 1789	LR19	8
Thomas, s. Thomas & Anna, b. Dec. 11, 1790	LR19	8
William, s. Holmes, b. July 24, 1791	LR18	9
SCHENCK, W[illia]m C., of New York, m. Rebecca Jane **MEEKER,** of Norwalk, May 27, 1846, by James J. Woolsey	1	32
SCOFIELD, Alma Ann, m. John W. **WEBB,** b. of Norwalk, Sept. 9, 1832, by Rev. John Lovejoy	1	15
Elizabeth, d. James, of Stanford, m. Michael **WAIRING,** Apr. 26, 1744, by Stephen Buckingham. Witness James Raymond	LR9	4-Ind
Elizabeth, of Norwalk, m. John **WOOLSEY**, of Huntington, N.Y., Dec. 3, 1820, by John Noyes, V.D.M.	1	1
Martha, m. Lyman **RICHARDS**, Nov. 26, 1829, by Henry Benedict	1	12
Smith, of South Salem, N.Y., m. Polly **WEBB**, of Norwich*, Dec. 8, [1824], by Sylvester Eaton *(Norwalk?)	1	7
SCOTT, Aaron, s. William & Abigail, b. Apr. 22, 1768	LR18	41
Abigail, d. William & Abigail, b. June 8, 1766	LR18	41
Belden, s. William & Abigail, b. Dec. 22, 1773	LR18	41
Belden, m. Mary **MORGAN**, May 10, 1797	LR19	1
Daniell, s. William & Abigail, b. Mar. 24, 1759	LR18	41
Ezra, of New Canaan, m. Lucy Jane **TAYLOR,** of Norwalk, June 6, 1847, by Jacob Shaw	1	34
Ira, s. William & Abigail, b. Oct. 3, 1762	LR18	41
Ira, s. Belden & Mary, b. May 27, 1798	LR19	1
James, s. William & Abigail, b. Aug. 22, 1775	LR18	41
Jared, s. William & Abigail, b. Apr. 29, 1772; d. June 29, 1794	LR18	41
John, s. William & Abigail, b. Aug. 26, 1764	LR18	41
Moses, s. William & Abigail, b. Jan. 26, 1761	LR18	41
Thomas, s. Willliam & Abigail, b. Nov. 19, 1778	LR18	41
William, m. Abigail **BELDEN**, Jan. 1, 1757	LR18	41
William, s. William & Abigail, b. Dec. 25, 1757	LR18	41
SCRIBNER, SCRIVENER, Abigail, d. Matthew & Martha, b. Nov. 9, 1760	LR18	32
Abraham, s. Abraham & Sarah, b. June 28, 1745	LR18	31
Abraham, m. Mary **BOOTH**, (2nd w.), Apr. 15, 1793	LR18	31
Ann, d. Abraham & Sarah, b. Apr. 7, 1751	LR18	31
Benjamin, m. Hannah **CRAMPTON**, d. John, Mar. 5, 1679/80	LR1	111
Charles, s. Enoch & Betty, b. Mar. 24, 1793	LR18	45
Elijah, s. Matthew & Martha, b. June 25, 1753; d. Sept. 6, 1775	LR18	32
Elizabeth, d. Matthew & Martha, b. Dec. 10, 1763	LR18	32
Enoch, s. Matthew & Martha, b. Aug. 29, 1750	LR18	32
Enoch, m. Betty **BENEDICT**, Mar. 22, 1781	LR18	45
Esther, d. Abraham & Sarah, b. Aug. 3, 1763	LR18	31
Esther M., of Norwalk, m. Jacob **SLASON**, of Darien, Aug. 8, 1847, by Jacob Shaw	1	34
Esther M., ae 26, res. Norwalk, m. Jacob **SLAWSON**, farmer, ae 31, b.		

128   BARBOUR COLLECTION

	Vol.	Page
SCRIBNER, SCRIVENER, (cont.).		
Darien, res. Darien, Aug. 8, 1848, by Rev. Jacob Shaw	1	48
Ezra, s. Abraham & Sarah, b. June 19, 1761	LR18	31
George, s. Enoch & Betty, b. Mar. 11, 1788	LR18	45
Hannah, m. Thomas **HYATT**, Apr. 3, 1748	LR19	7
Harriet, m. Joseph B. **SCRIBNER**, Mar. 18, 1835, by Rev. Luther Mead	1	19
Jeremiah, s. Matthew & Martha, b. Dec. 15, 1755; d. Aug. 6, 1780	LR18	32
Jeremiah, s. Enoch & Betty, b. Feb. 19, 1782; d. July 30, 1794	LR18	45
John, m. Deborah **LEES**, d. Lieut. William, Mar. 9, 1709/10	LR4	3
Jonathan, s. Abraham & Sarah, b. Sept. 5, 1759	LR18	31
Joseph, s. Enoch & Betty, b. Oct. 30, 1796	LR18	45
Joseph B., m. Harriet **SCRIBNER**, Mar. 18, 1835, by Rev. Luther Mead	1	19
Kezia, d. Matthew & Martha, b. Jan. 20, 1758	LR18	32
Levi, s. Abraham & Sarah, b. June 28, 1753	LR18	31
Louisa, m. John L. **RICHARDS**, b. of Norwalk, Sept. 14, 1846, by W. C. Hoyt	1	33
Martha, d. Matthew & Martha, b. Feb. 20, 1748	LR18	32
Mary, d. John [& Deborah], b. Mar. 18, 1711	LR4	3
Mary, m. Micajah **NASH**, Oct. 9, 1744	LR18	33
Mary, d. Enoch & Betty, b. Sept. 15, 1785	LR18	45
Matthew, m. Martha **SMITH**, Nov. 10, 1742	LR18	32
Matthew, s. Matthew & Martha, b. Feb. 7, 1746	LR18	32
Molly, m. Lewis **HURLBUTT**, Dec. 14, 1796	LR18	25
Moses, s. Abraham & Sarah, b. June 30, 1757	LR18	31
Nathaniel, s. Matthew & Martha, b. Dec. 23, 1743	LR18	32
Rachel, d. Abraham & Sarah, b. Aug. 28, 1755	LR18	31
Rebeckah, d. John [& Deborah], b. Oct. 12, 1712	LR4	3
Rhoda, d. Abraham & Sarah, b. Oct. 18, 1748	LR18	31
Ruth, m. Daniel **WHITLOCK**, Nov. 21, 1771	LR18	27
Sally, d. Enoch & Betty, b. Sept. 14, 1790	LR18	45
Sarah, d. Abraham & Sarah, b. Oct. 15, 1746	LR18	31
Sarah, w. Abraham, d. July 17, 1788	LR18	31
Silas, s. Abraham & Sarah, b. Sept. 15, 1765	LR18	31
Tho[mas], s. Benjamin, b. Mar. 31, 1681	LR1	111
William, s. Enoch & Betty, b. June 14, 1783	LR18	45
SCRIVENER, [see under **SCRIBNER**]		
SCUDDER, Elizabeth, m. Job **BARTRAM**, Aug. 27, 1776	LR18	1
SEAMER, [see under **SEYMOUR**]		
SEARS, Ruth, m. Ebene[ze]r **CHURCH**, Nov. [ ], 1755	LR18	6
SECOY, Albert, m. Harriet **SHERWOOD**, Nov. 2, 1828, by Aaron W. Whitney	1	11
SEELEY, SEALEY, Abigail, m. David **SELLECK**, Feb. 12, 1822, by [ ], in Bedford	1	3
Elizabeth, m. Ebenezer **SMITH***, Oct. 9, 1803. *(**REED**? See births of children under "**REED**")	LR19	12
Hannah, m. John **HAWKINS**, b. of Bedford, N.Y., this day [dated Nov. 30, 1837], by Edwin Hall	1	22
Mary, m. Caleb **ST. JOHN**, Mar. 10, 1757	LR18	24
Mary B., m. Hezekiah **RAIMOND**, Mar. 30, 1835, by Rev. Luther Mead	1	19
Nancy, m. Legrand **CRANE**, b. of Norwalk, Aug. 12, 1832, by Aaron		

	Vol.	Page
SEELEY, SEALEY, (cont.),		
W. Whitney	1	12
William, m. Selina NASH, Nov. 9, 1823, by Rev. Eli Deniston	1	5
Wyse, of Darien, m. Charlotte CROSS, of Canaan, Sept. 11, 1832, by Rev. John Lovejoy	1	15
SELLECK, SELLECT, Ann, d. Nath[anie]l & Azubah, b. Aug. 14, 1783	LR18	13
Ann, m. Amos BARNES, Aug. 16, [1829], by Henry Benedict	1	12
Ann, of Norwalk, m. Henry TUIT*, of Bridgeport (colored), Aug. 27, 1846, by Edwin Hall *("TAIT?")	1	32
Ann L., d. Isaac, 2nd, clothier, ae 31 & Deborah, 2nd, ae 26, b. Aug. 27, 1847	1	45
Ann L., d. July 4, 1848, ae 10 m.	1	51
Anna, d. Jacob & Sarah, b. Oct. 7, 1782	LR18	28
Betsey, m. Isaac GRUMMAN, Dec. 16, 1784	LR18	31
Catharine, d. William E., farmer, ae 32, Darien & Fanny, ae 31, Norwalk, b. July 25, 1848	1	43
Charles, m. Hannah MATHER, June 2, 1796	LR18	18
Charles Grandeson, s. Charles & Hannah, b. Feb. 26, 1802	LR18	18
Charlotte, d. James & Sarah, b. Apr. 23, 1784	LR13	1
Charlotte, d. Nath[anie]l & Azubah, b. Feb. 28, 1789; d. June 10, 1789	LR18	13
Charlotte, d. James [& Sarah], d. Jan. 17, 1806, ae 20 y.	LR13	1
David, s. James & Sarah, b. June 1, 1779	LR13	1
David, s. Charles & Hannah, b. Apr. 9, 1797	LR18	18
David, m. Abigail SEELEY, Feb. 12, 1822, by [ ], in Bedford	1	3
Eliza, m. John BEDIENT, Apr. 13, 1835, by Rev. Luther Mead	1	19
Emelia, d. Cha[rle]s & Hannah, b. Dec. 13, 1809	LR18	18
Gilbert, s. James & Sally, b. Nov. 9, 1792	LR18	37
Hannah, d. James & Sarah, b. June 26, 1776	LR13	1
Hannah, d. Jacob & Sarah, b. Jan. 23, 1778	LR18	28
Hannah, m. Uriah REED, May 27, 1790	LR19	1
Hannah, m. James WARING, Sept. 3, 1795	LR18	21
Hannah, m. William LOCKWOOD, Dec. 31, 1796	LR18	36
Hannah, m. Nathaniel BENEDICT, Apr. 2, 1794	LR18	34
Hannah, d. Charles & Hannah, b. Aug. 8, 1799	LR18	18
Hannah, d. James & Sally, b. Oct. 5, 1805	LR18	37
Hannah, w. Uriah, d. May 2, 1812	LR18	46
Hannah, m. Samuel FROST, of West Farms, July 29, 1823, by Rev. Tho[ma]s S. Weeks, of West Farms	1	5
Henry, m. Ann JACKSON (colored), Nov. 25, 1829, by Henry Benedict	1	12
Hezekiah, s. James & Sarah, b. Jan. 14, 1766	LR13	1
Hezekiah, s. James & Sally, b. Sept. 13, 1795	LR18	37
Hezekiah, s. James [& Sarah], d. Jan. 2, 1801, ae 35 y.	LR13	1
Jacob, m. Sarah FITCH, May 2, 1776	LR18	28
Jacob, s. Jacob & Sarah, b. Oct. 5, 1780	LR18	28
James, m. Sarah WEED, Feb. 8, 1763	LR13	1
James, s. James & Sarah, b. Jan. 2, 1764	LR13	1
James, Jr., m. Sally GILBERT, Nov. 17, 1791	LR18	37
James, Jr., had negroes Tamar, b. Sept. 26, 1803 & Phillis, b. May 26, 1807	LR18	37
James, s. James & Sally, b. Nov. 19, 1808	LR18	37
James, Sr., d. Mar. 21, 1809, in the 67th y. of his age	LR13	1
Laura, m. William S. KNAPP, b. of Norwalk, Feb. 18, 1846, by W. C.		

BARBOUR COLLECTION

	Vol.	Page
SELLECK, SELLECT, (cont.),		
Hoyt	1	31
Lewis, s. Nath[anie]l & Azubah, b. Apr. 13, 1798	LR18	13
Lydia, d. Jacob & Sarah, b. Apr. 14, 1785	LR18	28
Mary, m. Jesse **TUTTLE**, Oct. 20, 1767	LR19	7
Mary, d. James & Sarah, b. June 12, 1770	LR13	1
Mary, d. James & Sarah, b. Aug. 29, 1781	LR13	1
Mary, d. James & Sally, b. Feb. 25, 1803	LR18	37
Mercy, m. Jarvis **KELLOGG**, Feb. 19, 1792	LR19	10
Moses M., s. Charles & Hannah, b. Mar. 8, 1807	LR18	18
Nancy, d. James [& Sarah], b. [ ]; d. Nov. 8, 1787	LR13	1
Nancy, d. Uriah & Hannah, b. July 6, 1806; d. Mar. 27, 1807	LR18	46
Nathaniel, m. Azubah **RAYMOND**, Mar. 26, 1778	LR18	13
Phebe, m. Thomas **COMSTOCK**, Feb. 1, 1776	LR18	23
Polly, d. Jacob & Sarah, b. Apr. 6, 1787	LR18	28
Polly, d. Nath[anie]l & Azubah, b. May 10, 1787	LR18	13
Polly, d. Charles & Hannah, b. Aug. 11, 1804	LR18	18
Raymond, s. Nath[anie]l & Azubah, b. July 11, 1779	LR18	13
Rhoda, m. John **BYXBEE**, Jr., Aug. 2, 1782	LR18	7
Samuel, s. Jacob & Sarah, b. May 24, 1791	LR18	28
Sarah, d. James & Sarah, b. Apr. 8, 1768	LR13	1
Sarah, w. James, d. Aug. 15, 1795	LR13	1
Sarah, d. James & Sally, b. Apr. 8, 1799	LR18	37
Sarah, d. James & [Sarah], d. Mar. 28, 1808, ae 40 y.	LR13	1
Sarah, w. James, d. July 25, 1810, ae 40 y.	LR18	37
Uriah, m. Hannah **SMITH**, May 18, 1784	LR18	46
William, s. James & Sarah, b. July 11, 1773	LR13	1
William, m. Charlotte **GREGORY**, May 2, 1811	LR19	11
Zalmon, s. Uriah & Hannah, b. Mar. 31, 1795	LR18	46
SENSION, [see under **SAINT JOHN**]		
SEYMOUR, SEAMER, SEYMORE, Abigail, d. Tho[ma]s, b. Jan. [ ], 1655	LR1	49
Abigail, d. Ezra & Abigail, b. Sept. 23, 1778	LR18	36
Abigail, m. Thaddeus **HUSTED**, Jan. 24, 1782	LR18	18
Abijah, m. Elizabeth **HIND**, Sept. 29, 1782	LR19	1
Abrah, b. [ ] 9, 1793	LR19	3
Alfred, s. Seth & Polly, b. Apr. 5, 1792	LR18	36
Allice, b. Feb. 14, 1791	LR19	3
Almyrah, m. Isaac **BOUTON**, Sept. 24, 1794	LR18	11
Andrew, s. Sam[ue]l & Anne, b. May 27, 1792	LR18	46
Anna, d. Thomas & Ann, b. Feb. 8, 1788	LR19	1
Anna, m. Lewis **MALLORY**, Feb. 20, 1793	LR18	19
Anne, d. Sam[ue]l & Anne, b. July 1, 1784	LR18	46
Bela, s. Abijah & Elizabeth, b. July 26, 1784	LR19	1
Belden, s. Willliam & Lydia, b. Nov. 14, 1771	LR18	7
Benjamin, s. W[illia]m & Lydia, b. May 28, 1774	LR18	7
Benjamin, s. Abijah & Elizabeth, b. Jan. 8, 1798	LR19	1
Betsey, b. Oct. 16, 1788	LR19	3
Betty, d. John & Rebeckah, b. Oct. 18, 1770	LR13	2
Betty, d. Ezra & Abigail, b. May 25, 1776	LR18	36
Betty*, d. Sam[ue]l & Anne, b. Mar. 20,1780 *(Arnold copy has "Billey")	LR18	46
Betty, m. William A. **CANNON**, Dec. 1, 1798, by Rev. W[illia]m Smith	LR19	9
Billey*, s. Sam[ue]l & Anne, b. Mar. 20, 1780 *("Betty" a dau", in		

NORWALK VITAL RECORDS

	Vol.	Page
SEYMOUR, SEAMER, SEYMORE, (cont.),		
Hall's Hist.)	LR18	46
Cate, m. Hezekiah **LOCKWOOD**, Jan. 25, 1776	LR18	29
Eliza Hyatt, d. Sam[ue]l & Anne, b. Aug. 19, 1797	LR18	46
Elissabeth, d. Tho[mas], b. Dec. [ ], 1673	LR1	52
Ezra, m. Abigail **WATERBURY**, Nov. 23, 1769	LR18	36
Ezra, s. Ezra & Abigail, b. Dec. 16, 1771	LR18	36
Hannah, d. Tho[mas], b. Dec. 12, 1654	LR1	49
Hannah, d. Tho[mas], m. Francis **BUSHENALL**, Oct. 12, 1675	LR1	111
Hannah, d. Ezra & Abigail, b. Apr. 8, 1770	LR18	36
Hannah, d. James & Rebeckah, b. Feb. 27, 1777; d. Nov. 27, 1778	LR18	35
Hannah, 2nd, d. James & Rebeckah, b. Apr. 11, 1779	LR18	35
Hannah, d. Sam[ue]l & Anne, b. Sept. 20, 1794	LR18	46
Hannah H., m. Charles C. **JESSUP**, this day [dated Sept. 29, 1845], by Edwin Hall	1	30
Harvey, s. Abijah & Elizabeth, b. July 12, 1788	LR19	1
Hawley, s. Ezra & Abigail, b. May 22, 1787	LR18	36
Henry, s. Ezra & Abigail, b. Dec. 25, 1773	LR18	36
Henry Betts, s. Jonathan & Hannah, b. May 18, 1787	LR18	42
James, m. Rebeckah **KEELER**, Feb. 13, 1774	LR18	35
James, s. Abijah & Elizabeth, b. June 6, 1791	LR19	1
Jarvis, s. James & Rebeckah, b. Mar. 16, 1775	LR18	35
John, s. John & Rebeckah, b. May 23, 1767	LR13	2
John, b. Nov. 20, 1786	LR19	3
John, s. Jonathan & Hannah, b. Oct. 14, 1793	LR18	42
John, s. James & Rebeckah, b. Feb. 24, 1796	LR18	35
John, m. Sallly **SMITH**, b. of Norwalk, Nov. 30, 1820, by Sylvester Eaton	1	1
Jonathan, s. John & Rebeckah, b. July 11, 1755	LR13	2
Jonathan, m. Hannah **BETTS**, [ ]	LR18	42
Josiah, s. William & Lydia, b. May [ ], 1766	LR13	2
Josiah, s. W[illia]m & Lydia, b. May 28, 1766	LR18	7
Levina, d. Ezra & Abigail, b. Apr. 30 1785	LR18	36
Lewis, s. Sam[ue]l & Anne, b. May 30, 1774	LR18	46
Lucretia, d. James & Rebeckah, b. Jan. 29, 1784	LR18	35
Lydia, d. William & Lydia, b. Feb. 28, 1763	LR18	7
Maria, d. Seth & Polly, b. Nov. 27, 1789	LR18	36
Mary, twin with Sarah, d. Tho[ma]s, b. Sept. [ ], 1658	LR1	49
Mary, m. Samuel **AYMOR**, of New York, Oct. 31, 1836, by Edwin Hall	1	21
Mawthewe, s. Tho[mas], b. May [ ], 1669	LR1	52
Mehetabel, d. Jonathan & Hannah, b. Nov. 30, 1789	LR18	42
Mercie, d. Tho[mas], b. Nov [ ], 1666	LR1	52
Mercy, d. William & Lydia, b. Feb. 27, 1769	LR18	7
Nancy, d. Ezra & Abigail, b. Mar. 10, 1781	LR18	36
Nanna, m. John **ST. JOHN**, Sept. 10, 1769	LR19	9
Patty, m. Levi **TAYLOR**, Feb. 12, 1761	LR19	5
Patty, d. John & Rebeckah, b. Feb. 11, 1773	LR13	2
Philander, b. Jan. 14, 1796	LR19	3
Polly, d. William & Lydia, b. Jan. 1, 1758	LR18	7
Polly, d. Sam[ue]l & Anne, b. Feb. 11, 1778	LR18	46
Polly, d. Abijah & Elizabeth, b. Mar. 10, 1782	LR19	1
Polly, d. James & Rebeckah, b. Dec. 31, 1792	LR18	35
Polly, m. Cook **ST. JOHN**, Dec. 23, 1796	LR18	15

132   BARBOUR COLLECTION

	Vol.	Page
SEYMOUR, SEAMER, SEYMORE, (cont.),		
Rebecka, d. Tho[mas], b. Jan. [ ], 1675	LR1	52
Rebeckah, d. John, m. Elijah **WHITNE**, July 6, 1734	LR4	11
Rebeckah, d. John & Rebeckah, b. Feb. 22, 1763	LR13	2
Rebeckah, d. James & Rebeckah, b. June 7, 1781	LR18	35
Rebeckah, d. Ezra & Abigail, b. Feb. 24, 1783	LR18	36
Rebeckah, m. Joseph **LOCKWOOD**, Jr., Oct. 5, 1800	LR19	11
Ruth, d. John & Rebeckah, b. Oct. 16, 1760	LR13	2
Ruth, d. James & Rebeckah, b. Apr. 2, 1787	LR18	35
Ruth, m. Charles **HANFORD**, Jan. 14, 1807	LR19	11
Sally, d. Sam[ue]l & Anne, b. June 6, 1787	LR18	46
Sally, d. Abijah & Elizabeth, b. Sept. 26, 1794	LR19	1
Samuel, s. John & Rebeckah, b. Oct. 20, 1758	LR13	2
Samuel, m. Anne **WHITNEY**, Feb. 7, 1774	LR18	46
Samuel, s. Sam[ue]l & Anne, b. Sept. 5, 1782	LR18	46
Samuel, s. Thomas & Ann, b. Sept. 2, 1785	LR19	1
Samuel, s. James & Rebeckah, b. July 30, 1789	LR18	35
Sarah, twin with Mary, d. Tho[ma]s. b. Sept. [ ], 1658	LR1	49
Sarah, d. John & Rebeckah, b. Mar. 1, 1765	LR13	2
Sarah, d. Jonathan & Hannah, b. Aug. 24, 1796	LR18	42
Seth, m. Polly **REED**, Apr. 3, 1789	LR18	36
Sophia, d. Sam[ue]l & Anne, b. Feb. 25, 1790	LR18	46
Seybbel, m. Enoch **ST. JOHN**, Nov. 17, 1788; d. July 30, 1789	LR18	34
Sybel, d. Ezra & Abigail, b. Nov. 18, 1790	LR18	36
Thaddeus, s. Sam[ue]l & Anne, b. June 4, 1776	LR18	46
Tho[ma]s, s.Tho[mas], b. Sept. [ ], 1660	LR1	49
Tho[ma]s, s. Rich[ar]d, of Norwalk, m. Hanniah **MARVIN**, d. Math[ew], of Norwalk, Jan. [ ], 1653	LR1	49
Thomas, m. Ann **OLMSTED**, May 3, 1785	LR19	1
William, m. Lydia **ST. JOHN**, Jan. 6, 1757	LR18	7
William, s. William & Lydia, b. Mar. 18, 1760	LR18	7
----, wid., m. Nathaniel **RAYMOND**, Aug. 17, 1781	LR18	9
----, m. [ ], Feb. 1, 1786	LR19	3
SHADBURN, Jacob, m. Isabella **CHAMPION**, of Savanna, Sept. 22, 1828, at St. Pauls Church, by Rev. R. Sherwood	1	11
SHALLHURN, Joshua, m. Charity **HYATT**, Dec. 28, 1828, by Aaron W. Whitney	1	11
SHEARRON, James, m. Rosanna **BRENNON**, b. of Norwalk, Apr. 12, 1845, by James J. Woolsey	1	30
SHELDON, Ann Eliza, m. W[illia]m **CRAN**, b. of Norwalk, Jan. 6, 1847, by Ezra D. Kinney	1	33
SHEPHERD, Sarah, d. Joseph, carriage-maker, ae 34 & Esther, ae 33, b. Apr. 4, 1848	1	38
SHERMAN, Azer, of Ridgebury, m. Mary **ALLEN**, of Norwalk, Mar. 26, 1823, by Sylvester Eaton	1	4
Betsey, d. Taylor & Eliza, b. Dec. 7, 1791	LR18	1
Charles Robert, s. Taylor & Eliza, b. Sept. 26, 1788	LR18	1
Dan[ie]ll, s. Taylor & Eliza, b. Mar. 28, 1790	LR18	1
James Minot, [twin with William Gould], s. Roger Minot & Betsey, b. Oct. 18, 1799	LR18	2
Patty, Mrs., m. Rev. Justus **MITCHEL**, Sept. 7, 1780	LR18	30
Roger Minot, m. Betsey **GOULD**, Dec. 19, 1796	LR18	2
William Gould, [twin with James Minot], s. Roger Minot & Betsey, b.		

	Vol.	Page
SHERMAN, (cont.),		
Oct. 18, 1799	LR18	2
SHERRY, Charles, of New York, m. Susan Virginia **ST. JOHN,** of Norwalk, May 5, 1829, in St. Pauls Church, by Rev. R. Sherwood	1	12
SHERWOOD, Edward, m. Lucinda **BENNETT,** Apr. 18, 1836, by Rev. Chauncey Wilcox, of North Greenwich	1	20
Elizabeth, d. Isaac, of Fairfield, m. Isaac **HAYES,** July 10, 1701	LR4	2
Elizabeth, d. Lieut. Isaac, of Fairfield, m. Stephen **BUCKINGHAM,** Jr., of Norwalk, Feb. 24, 1728/9	LR4	8
Elizabeth, m. Denton **GREGORY,** Jan. 18, 1752	LR19	8
Harriet, m. Albert **SECOY,** Nov. 2, 1828, by Aaron W. Whitney	1	11
Pudy (?), of Bedford, N.Y., m. Sarah **LOCKWOOD,** of Norwalk, Mar. 5, 1834, by Rev. Nicholas White	1	19
SHIELDS, SHEILDS, Francis, of New York City, m. Elizabeth **KNAPP,** of Norwalk, Nov. 3, 1847, by Z. K. Hawley	1	35
Francis H., merchant, ae 28, b. Dublin, res. New York, m. Elizabeth **KNAPP,** ae 23, res. Norwalk, Nov. 3, 1847, by Rev. Z. K. Hawley	1	47
SHUTE, Bettey, m. John **WILSON,** b. Aug. 26, 1792	LR18	44
SILLIMAN, Anna, d. Joseph & Martha, b. Oct. 23, 1795	LR18	36
Elisha, s. Joseph & Martha, b. Dec. 22, 1793	LR18	36
Joseph, m. Martha **LEEDS,** Nov. 23, 1785	LR18	36
Joseph, s. Joseph & Martha, b. Aug. 13, 1786	LR18	36
Samuel C., m. Dinah **COMSTOCK,** June 28, 1792	LR18	16
Samuel C., d. Feb. 14, 1795	LR18	16
Sam[ue]l Cook, s. Joseph & Martha, b. Jan. 11, 1792	LR18	36
William, s. Joseph & Martha, b. Jan. 17, 1788	LR18	36
SINBROW, Asa, m. Esther **JELLIFF,** b. of Saugatuck, Nov. 27, 1825, by Rev. Humphrey Humphreys	1	8
SKIDMORE, SKIDMAN, Joseph, s. Samuel & Nancy, b. Nov. 20, 1811	LR19	10
Samuel Bates, m. Nancy **SAMMIS,** Apr. 22, 1810	LR19	10
William E., s. Joseph, house painter, ae 33 & Mary, ae 26, b. Oct. 28, 1847	1	42
SKINNER, Mary F., m. Alexander **ALDRICH,** b. of Norwalk, Dec. 28, 1845, by W. C. Hoyt	1	31
SKRIVENER, [see under **SCRIBNER**]		
SLAWSON, SLASON, Amillia, d. Deliverance, m. Eli **REED,** Mar. 12, 1778	LR13	2
Jacob, of Darien, m. Esther M. **SCRIBNER,** of Norwalk, Aug. 8, 1847, by Jacob Shaw	1	34
Jacob, farmer, ae 31, b. Darien, res. Darien, m. Esther M. **SCRIBNER,** ae 26, res. Norwalk, Aug. 8, 1848, by Rev. Jacob Shaw	1	48
Mary, m. David **WESTCOOT,** Sept. [ ], 1739	LR19	6
Nancy, m. Joseph **BYXBEE,** Jan. 7, 1787	LR18	11
Sarah, m. Ephraim **LOCKWOOD,** Mar. 7, 1700	LR18	24
SMALL, Wil[l]i[a]m, of New York, m. Rebecca **HOYT,** of Norwalk, June 16, 1836, by James Knox. Int. Pub.	1	20
SMIBERT, Jane, d. James, leather dresser, ae 30 & Catharine, ae 29, b. Feb. 19, 1848	1	39
SMITH, Abraham, s. Robert & Judeth, b. May 17, 1734	LR4	13
Alexander, [s. Edward & Esther], b. Mar. 7, 1817	LR19	10
Andrew, s. Hutton & Phebe, b. Oct. 22, 1788	LR19	4
Angenette, m. Francis **HOYT,** b. of Norwalk, Oct. 26, 1825, by Sylvester Eaton	1	8

	Vol.	Page
SMITH, (cont.),		
Anna, m. Nathaniel **FITCH**, Nov. 11, 1790	LR18	16
Antoinette, d. Orrin, farmer, ae 23 & Ann, ae 23, b. July 7, 1848	1	39
Asa, m. Jerusha **KNAP[P]**, Jan. 16, 1792	LR18	9
Asa, s. Asa & Jerusha, b. Oct. 1, 1798	LR18	9
Asa E., m. Ann M. **BROWN**, b. of Norwalk, Sept. 11, 1823, by Sylvester Eaton	1	5
Betsey A., of Norwalk, m. John W. **BENTON**, of New Canaan, Nov. 14, 1830, by Henry Benedict	1	14
Betty, d. Daniel & Eunice, b. July 12, 1779	LR18	34
Betty, m. Absolom **DAY**, Feb. 14, 1792	LR18	11
Burr, of Westport, m. Abby Ann **MERVINE**, Nov. 19, 1837, by Edwin Hall	1	22
Caroline, m. Daniel **HANFORD**, b. of Norwalk, June 27, 1827, by S. Haight	1	10
Caroline, m. Stephen **WILCOX**, Aug. 4, 1835, by Rev. Davis Stocking	1	20
Chapman, m. Treny **SMITH**, Oct. 6, 1810	LR19	12
Charles, m. Eunice **GREEN**, Jan. 22, 1793	LR18	30
Charles M., s. Francis, hatter, ae 22 & Rebecca, ae 22, b. Dec. 28, 1847	1	43
Clarissa, d. Eliakim & Hannah, b. Mar. 6, 1795	LR18	14
Cynthia, d. David & Mary, b. Dec. 13, 1788	LR18	37
Daniel, m. Eunice **GREEN**, Oct. 13, 1778	LR18	34
David, m. Mary **BLACKLEY**, Nov. 23, 1783	LR18	37
David, s. David & Mary, b. Sept. 3, 1792	LR18	37
David, s. David & Mary, d. July 21, 1794	LR18	37
David A., m. Anna **FILLOW**, b. of Norwalk, Dec. 9, 1827, by Rev. John Lovejoy. Witness Josiah Gregory	1	10
Delia Ann, m. James H. **MALLORY**, of Fairfield, Dec. 2, 1832, by Edwin Hall	1	16
Dinah, m. Nathaniel **RAYMOND**, b. of Norwalk, Sept. 5, 1836, by James Knox	1	21
Ebenezer, m. Elizabeth **BARTLETT**, d. John, b. of Norwalk, June 2, 1729	LR4	8
Ebenezer*, m. Elizabeth **SEELEY**, Oct. 9, 1803 *(Perhaps "Ebenezer REED". See births of children under "REED")	LR19	12
Ebenezer*, s. Ebenezer & Elizabeth, b. Apr. 12, 1815 *(Ebenezer REED?)	LR19	12
Ebenez[er] Hyatt, s. Hutton & Phebe, b. Mar. 8, 1780	LR19	4
Edward, m. Esther Benedict, May 22, 1811, at New York City, by Rev. Mr. How	LR19	10
Edward James, s. Edward & Esther, b. Sept. 16, 1814	LR19	10
Eliakim, m. Katharine **HANFORD**, Mar. [ ], 1759	LR18	14
Eliakim, s. Eliakim & Katharine, b. Feb. 19, 1765	LR18	14
Eliakim, m. 2nd w. Lydia **MIDDLEBROOKS**, May 5, 1777	LR18	14
Eliakim, Jr., m. Hannah **MIDDLEBROOKS**, Jan. 14, 1790	LR18	14
Eliza, d. David & Mary, b. July 22, 1797	LR18	37
Eliza, m. Edwin **HOYT**, Mar. 4, [1821], in St. Pauls Church, by Rev. R. Sherwood	1	1
Eliza M., of Norwalk, m. William **HANES**, of Paulding, N.Y., Nov. 23, 1828, by Rev. Dan[ie]l DeKenne	1	11
Elissabeth, d. Richard, m. John **WHITNEY**, Mar. 19, 1674/5	LR1	52
Elizabeth, m. Jarvis **KELLOGG**, Jan. 10, 1760	LR18	29
Elizabeth, m. Thomas **BETTS**, Mar. 19, 1782	LR18	38

NORWALK VITAL RECORDS 135

	Vol.	Page
SMITH, (cont.),		
Elizabeth*, d. Ebenezer & Elizabeth, b. May 12, 1807 *(Elizabeth REED?)	LR19	12
Emeline, of Westport, m. Isaac BLACK, July 9, 1848, by Buel Goodsell. Int. Pub.	1	35
Emeline, ae 18, b. New York, res. Norwalk, m. Isaac BLACK, laborer, ae 25, b. Long Island, res. Norwalk, July 9, 1848, by Rev. Benj[amin] Goodsell	1	46
Emma Ann, ae 17, res. Norwalk, m. George A. HOYT, fisherman, ae 18, res. Norwalk, Jan. 13, 1848, by P. W. Weyman	1	47
Enoch, s. Eliakim & Katharine, b. Dec. 29, 1759	LR18	14
Ephraim, s. Ebenezer [& Elizabeth], b. Mar. 24, 1730	LR4	8
Esther M., m. Henry BYINGTON, Jan. 1, 1829, by Henry Benedict	1	12
Eunice, m. Samuel BOUTON, Mar. 1, 1787	LR18	11
Eunice, m. Isaac ST. JOHN, Mar. 13, 1796	LR18	49
Ezra, s. Jerry & Anne, b. June 24, 1794	LR18	29
Fanny, d. Eliakim & Hannah, b. Oct. 12, 1797	LR18	14
Fountain, s. Robert & Judeth, b. Mar. 2, 1725	LR4	13
Francis, s. Eliakim & Lydia, b. Apr. 25, 1792	LR18	14
Francis, m. Jane FILLOW, b. of Norwalk, Jan. 20, 1847, by Ira Abbott	1	33
George W., mariner, ae 19, res. Norwalk, m. Susan CARR, ae 22, b. Westport, res. Westport, Apr. 30, 1848, by Rev. Jacob Shaw	1	47
Hannah, m. Silas BETTS, June 22, 1780	LR18	27
Hannah, m. Uriah SELLECK, May 18, 1784	LR18	46
Hannah, d. Eliakim & Hannah, b. Nov. 13, 1790	LR18	14
Hannah, d. Noah & Rhoda, b. July 5, 1791; d. Dec. 27, 1791	LR18	39
Hannah, d. Hutton & Phebe, b. Mar. 10, 1798	LR19	4
Hannah, of Norwalk, m. Jeremiah KEELER, of Ridgefield, Oct. 25, 1825, by Sylvester Eaton	1	8
Harriet, d. Peter* & Abiah, b. June 8, 1795 *(Probably "Phinehas")	LR18	38
Henry, s. Peter & Esther, b. Dec. 20, 1778	LR18	45
Henry, s. David & Mary, b. Dec. 4, 1785	LR18	37
Henry, s. Edw[ard] & Esther, b. July 24, 1821	LR19	10
Henry, m. Harriet MERVINE, Mar. 25, 1832, by Rev. Edwin Hall	1	16
Henry W., m. Elizabeth CAMP, b. of Norwalk, Feb. 29, 1824, by Sylvester Eaton	1	6
Huldah, of Norwalk, m. Abel DOWN, of Weston, Apr. 13, 1828, by Rev. Henry Stead	1	11
Hutton, m. Phebe HYATT, Aug. 2, 1779	LR19	4
Isabel, m. Jesse TUTTLE, Jan. 14, 1792	LR19	7
Isabella F., d. Nelson, shoemaker, ae 26 & Susan, ae 20, b. June 22, 1848	1	41
Isaiah, s. Ebenezer [& Elizabeth], b. Oct. 25, 1734	LR4	8
James, s. Robert & Judeth, b. Nov. 14, 1726	LR4	13
James, m. Hannah LOCKWOOD, Sept. 14, 1780	LR18	23
James, s. James & Hannah, b. July 5, 1785	LR18	23
James Davis, s. Hutton & Phebe, b. Feb. 16, 1793	LR19	4
Jane Gordon, d. Edw[ar]d & Esther, b. July 29, 1819	LR19	10
Jedediah, s. Eben[eze]r [& Elizabeth], b. Sept. 5, 1732	LR4	8
Jerry, m. Anne KELLOGG, Oct. 23, 1791	LR18	29
Jesse, shoe-maker, ae 47 & w. Amanda, ae 39, had child b. June 23, 1848	1	45
Jesswyx (?), s. Ebenezer & Elizabeth, b. Mar. 2, 1810 *(Perhaps		

SMITH, (cont.),

	Vol.	Page
"Jessups **REED**"?)	LR19	12
Joel, s. Hutton & Phebe, b. Mar. 12, 1784	LR19	4
John Dockwood, s. James & Hannah, b. Nov. 5, 1787	LR18	23
John M., Rev., m. Amanda **DAY**, Nov. 19, 1820, by Rev. Laban Clark	1	1
Josiah, s. Eliakim & Katharine, b. May 1, 1775	LR18	14
Judah, m. Reuben **BARTO**, Apr. 10, 1780	LR19	0
Judeth, d. Robert & Judeth, b. Aug. 21, 1728	LR4	13
Judeth, d. Robert, m. Charles **POPE**, Dec. 3, 1749	LR9	3-Ind
Julia, m. William **WEEKS**, Jr., this day [dated Jan. 11, 1847], by Edwin Hall	1	33
Katharine, d. Eliakim & Katharine, b. Mar. 12, 1762; d. Nov. 18, 1791	LR18	14
Katharine, w. Eliakim, d. [ ]	LR18	14
Lewis, s. Eliakim & Lydia, b. Oct. 30, 1784	LR18	14
Lewis, m. Sally Ann **BIXBEE**, Dec. 23, 1830, by Henry Benedict	1	14
Louisa M., d. Henry, farmer, ae 40 & Rhoda, ae 40, b. Mar. 4, 1848	1	40
Lucretia, d. Hutton & Phebe, b. Sept. 19, 1790	LR19	4
Lucretia, d. Eliakim & Hannah, b. Apr. 8, 1793	LR18	14
Lucretia, m. Ezra **HOYT**, Nov. 30, 1820, by Sylvester Eaton	1	1
Lucretia Harriet, d. Charles & Eunice, b. Mar. 4, 1795	LR18	30
Lydia, d. Samuell, m. James **LOCKWOOD**, Oct. 23, 1707	LR4	1
Lidia, d. Samuel, m. James **LOCKWOOD**, Oct. 23, 1707	LR4	5
Maria, d. Daniel & Eunice, b. Apr. 8, 1788	LR18	34
Martha, m. Matthew **SCRIBNER**, Nov. 10, 1742	LR18	32
Mary, d. Robert (transient), m. John **OLMSTED**, Feb. 29, 1717/18 [sic]	LR4	11
Mary, d. Jerry & Anne, b. Dec. 16, 1797	LR18	29
Mary*, d. Ebenezer & Elizabeth, b. Jan. 9, 1808 *(Mary **REED**?)	LR19	12
Moses E., b. Wilton, res. Norwalk, d. Dec. 7, 1847, ae 14	1	51
Nancy, d. Chapman & Treny, b. Dec. 4, 1811	LR19	12
Nathan, s. Eliakim & Lydia, b. Feb. 18, 1778; d. Apr. 28, 1785	LR18	14
Noah, m. Rhoda **HAYS**, Jan. 11, 1790	LR18	39
Noah, s. Asa & Jerusha, b. May 17, 1794	LR18	9
Noah, d. Feb. 10, 1798	LR18	39
Noah, s. Absolom & Betty, b. Sept. 27, 1799	LR18	11
Olive, m. Ebenezer **GREGORY**, Mar. 10, 1757	LR18	45
Peter, m. Esther **GREEN**, Aug. [ ], 1770	LR18	45
Peter, s. Phinehas & Abiah, b. Nov. 10, 1788; d. Sept. 4, 1794	LR18	38
Peter, s. Phinehas & Abiah, b. July 15, 1800	LR18	38
Peter, of Stamford, m. Ann **WHITE**, of Norwalk, Sept. 6, 1830, by Henry Benedict	1	14
Febe*, d. Robert & Judeth, b. Sept. 21, 1730 *(Phebe)	LR4	13
Febe, d. Robert & Judeth, b. Dec. 20, 1731	LR4	13
Phebe, m. Elijah **FITCH**, Oct. 25, 1752	LR18	32
Phinehas, m. Abiah **KEELER**, Nov. 2, 1786	LR18	38
Phinehas, d. Mar. 14, 1812	LR18	38
Polly, d. David & Mary, b. June 23, 1794	LR18	37
Polly, m. Melancton Bryant **JARVIS**, Sept. 24, 1797	LR18	11
Rachel, d. Samuell, m. Thomas **BENNEDICK**, May 13, 16[ ]	LR4	8a
Rachel, m. David **PRICE**, Mar. 2, 1778	LR18	23
Rhoda, w. Noah, d. Jan. 18, 1797	LR18	39
Rhoda E., d. Charles & Eunice, b. June 28, 1797	LR18	30
Robert, m. Judeth **FOUNTAIN**, d. James, decd., of Greenwich, Mar. 11, 1724	LR4	13

	Vol.	Page
SMITH, (cont.),		
Robert, s. Jerry & Anne, b. Mar. 20, 1796	LR18	29
Roxana, d. Daniel & Eunice, b. July 17, 1785	LR18	34
Sally, d. Daniel & Eunice, b. May 30, 1782; d. Apr. 16, 1783	LR18	34
Sally, d. Hutton & Phebe, b. June 18, 1782	LR19	4
Sally, m. John **SEYMORE**, b. of Norwalk, Nov. 30, 1820, by Sylvester Eaton	1	1
Samuel, s. Eliakim & Lydia, b. May 1, 1780	LR18	14
Samuel, m. Maria **LINESBURY**, b. of Norwalk, Jan. 9, 1837, by Rev. Davis Stocking	1	21
Sands*, s. Ebenezer & Elizabeth, b. Dec. 2, 1812 *(Sands **REED**?)	LR19	12
Sarah, m. John **KELLOGG**, May 29, 1764	LR18	13
Sarah, m. Eli **TUTTLE**, Dec. 8, 1765	LR18	42
Sarah, m. Nehemiah **HANFORD**, May 5, 1781	LR18	29
Sarah, d. Peter & Esther, b. Nov. 20, 1784	LR18	45
Sarah, m. John **LOCKWOOD**, 2nd, May 20, 1797	LR19	4
Seth, s. Hutton & Phebe, b. Aug. 11, 1785	LR19	4
Seth, s. Jerry & Anne, b. Sept. 28, 1792	LR18	29
Seth, m. Grace **HOYT**, b. of Norwalk, Oct. 8, 1823, by Sylvester Eaton	1	5
Stephen, s. Asa & Jerusha, b. Mar. 16, 1796	LR18	9
Stephen*, s. Ebenezer & Elizabeth, b. Dec. 22, 1805 *(Stephen **REED**?)	LR19	12
Susanna, d. Hutton & Phebe, b. Nov. 1, 1795	LR19	4
Thomas, s. Thomas & Elizabeth, b. Apr. 8, 1786	LR18	38
Treny, m. Chapman **SMITH**, Oct. 6, 1810	LR19	12
William Duff, s. Edw[ar]d & Esther, b. Mar. 11, 1812	LR19	10
SNIFFIN, William H., d. Sept. 3, 1847, ae 1	1	49
SOMERS, [see also **SUMMERS**], Daniel, Rev., m. Esther Mary **BELDEN**, Oct. 16, 1824, in St. Pauls Church, by Rev. R. Sherwood	1	8
Mary Esther, Mrs., of Norwalk, m. Socrates **SQUIRES**, of Lanesborough, Mass., this day [Sept. 21, 1830], in St. Pauls Church, by Rev. Henry S. Attwater	1	13
SPAULDING, Mary Ann, m. William **NICHOLS**, Aug. 7, 1833, by Edwin Hall	1	17
SPERRY, Hannah, m. Joseph **FITCH**, Oct. 12, 1784	LR18	36
SQUIRES, SQUIRE, SQUIER, Anna, m. Thomas **KEELER**, Oct. 18, 1767	LR18	28
Caroline, of Weston, m. Oliver **DAVIS**, of Huntington, Jan. 6, 1823, by Sylvester Eaton	1	4
Socrates, of Lanesborough, Mass., m. Mrs. Mary Esther **SOMERS**, of Norwalk, this day [Sept. 21,1830], in St. Pauls Church, by Rev. Henry S. Attwater	1	13
STARR, Abigail, m. Job **BARTRAM**, Nov. 7, 1774; d. Jan. 14, 1776	LR18	1
STEBBINS, Joseph, m. Eliza **HANFORD**, Oct. 15, 1829, by Henry Benedict	1	12
STEVENS, STEPHENS, Emily Elizabeth, of Norwalk, m. Ebenezer **AYRES**, Jr., of New Canaan, Oct. 15, 1845, in St. Pauls Church, by Rev. W[illia]m Cooper Mead	1	31
George A., s. Grant, shoe-maker, ae 27 & Sally A., ae 27, b. July 6, 1848	1	41
James, m. Fanny **WHITLOCK**, Apr. 4, [1821], in St. Pauls Church, by Rev. R. Sherwood	1	1
Margaret, of Fairfield, m. Hiram **LEONARD**, of Windsor, Mass., Sept. 13, 1830, by Rev. Oliver E. Amerman	1	13
Mary Ann, of Norwalk, m. George M. **VELIE**, of Lagrane, N.Y., Sept. 14, 1834, by Rev. C. A. Boardman, of Saugatuck	1	18

	Vol.	Page
STEVENS, STEPHENS, (cont.),		
Rebeckah, m. Napthali **RAYMOND**, June 11, 1788	LR18	11
STEVENSON, Matilda, m. James H. **KEELER,** b. of Norwalk, Sept. 8, 1822 by Sylvester Eaton	1	3
STEWART, [see under **STUART**]		
STODDARD, Mary, d. Major, shoe-maker, ae 34 & Sarah M., ae 24, b. May 30, 1848	1	45
STONE, Eunice, d. John & Elizabeth, b. Apr. 24, 1755	LR4	0
Isaac, s. Olney & Betty, b. June 28, 1794	LR18	12
John, m. Elizabeth **PERRET,** d. John, Feb. 21, 1754	LR4	0
John, s. Olney & Betty, b. Aug. 22, 1785	LR18	12
Olney, m. Betty **REED,** Mar. 8, 1785	LR18	12
Phebe, d. Olney & Betty, b. Sept. 25, 1791	LR18	12
STREET, STREETEE, Benjamin Jarvis, s. Nath[anie]l & Jane, b. Apr. 21, 1787	LR18	21
Benj[ami]n Jarvis, s. Nath[anie]l & Jane, b. Apr. 21, 1787	LR18	22
Catharine Esther, of Norwalk, m. James M. **HALL,** of Wallingford, Feb. 13, 1831, by Rev. Daniel S. Wright	1	14
Clara A., d. Chauncey, ship carpenter, ae 35 & Eliza, ae 31, b. June 22, 1848	1	45
Ebenezer, s. Nathan[ie]ll & Mary, b. Nov. 1, 1735	LR4	12
Edward Huntington, m. Susan Woolsey **GREEN,** Nov. 5, 1821, in St. Pauls Church, by Rev. R. Sherwood	1	2
Hannah, d. Nathan[ie]ll & Mary, b. Sept. 8, 1722	LR4	12
Hanna, m. Eliakim **RAYMOND,** Nov. 27, 1740	LR18	3
Hannah, d. Nathaniel, m. Eliakim **RAYMOND,** Nov. 27, 1740	LR9	4-Ind
Hannah, w. Nathaniel, d. May 24, 1795	LR18	21
Hannah, w. Nathaniel, d. May 24, 1795	LR18	22
Jane, w. Nathaniel, d. July 25, 1791	LR18	21
Jane, w. Nath[anie]l, d. July 25, 1791	LR18	22
John, s. Nathan[ie]ll & Mary, b. July 22, 1728	LR4	12
Lewis Taylor, of Norwalk, m. Mary Ann **DAVIS,** of Fairfield, Mar. 7, 1822, in St. Pauls Church, by Rev. R. Sherwood	1	3
Margaret, d. William G., jeweller, ae 29 & Ann M., ae 20, b. Mar. 9, 1848	1	39
Mary, m. Haman **TUBBS,** this day [Aug. 16, 1837], by Rev. Ulice Maynard, of Darien	1	22
Nathaniel, m. Mary **RAYMOND,** d. Capt. John, Nov. 25, 1719	LR4	12
Nath[anie]l, m. 2nd w. Hannah **NASH,** Sept. 1, 1793	LR18	21
Nathaniel J., m. Esther **WARING,** (3rd w.), Jan. 22, 1796	LR18	21
Nathaniel Jarvis, m. Jane **NASH,** Apr. 11, 1781	LR18	21
Nathaniel Jarvis, m. Jane **NASH,** Apr. 11, 1781	LR18	22
Nath[anie]l Jarvis, m. Hannah **NASH,** (2nd w.), Sept. 1, 1793	LR18	22
Nathaniel Jarvis, m. Esther **WARING,** (3rd w.), Jan. 22, 1796	LR18	22
Polly Jarvis, d. Nathaniel & Jane, b. Apr. 2, 1789	LR18	21
Polly Jarvis, d. Nath[anie]l & Jane, b. Apr. 2, 1789	LR18	22
Samuel, s. Nathaniel & Mary, b. Oct. 13, 1720	LR4	12
Samuel, s. Nathaniel & Jane, b. Jan. 8, 1785	LR18	22
Samuel, s. Nathaniel & Jane, b. June 8, 1785	LR18	21
Shallum, s. Nath[anie]l & Hannah, b. Apr. 1, 1794	LR18	21
Shallum, s. Nath[anie]l & Hannah, b. Apr. 1, 1794	LR18	22
Susan, m. Robert **WATKINS,** b. of New York City, Oct. 23, 1845, at the house of her father Samuel, by E. D. Kinney, Bishop, of Darien	1	31

	Vol.	Page
STREET, STREETEE, (cont.),		
Susanna, d. Nath[anie]l & Jane, b. Mar. 5, 1782	LR18	21
Susanna, d. Nath[anie]l & Jane, b. Mar. 5, 1782	LR18	22
Timothy, s. Nathan[ie]ll & Mary, b. Dec. 1, 1723	LR4	12
William J., merchant, d. Dec. 18, 1847, ae 63	1	49
STUART, STEWART, Abigall, d. Robert, b. Aug. middle, 1666	LR1	51
Betty, d. Isaac & Olive, b. July 9, 1772	LR18	33
Deborah, d. Rob[er]t, b. May [ ], 1669	LR1	51
Deborah, d. Ens. James, m. James **PICKITT,** Apr. 14, 1726	LR4	6
Elissabeth, d. Rob[er]t, b. Sept. latter end, 1671	LR1	51
Eunice, d. Ens. James, m. John **PARROT,** Mar. 4, 1723/4	LR4	11
Eunice, m. Joseph **OLMSTED,** June [ ], 1769	LR18	40
Gilbert, s. John & Sarah, b. Aug. 19, 1783; d. Sept. 18, 1793	LR18	18
Hannah, d. Lieut. James, m. John **TAYLOR,** Jr., Jan. 19, 1726/7	LR4	14
Henry, s. John & Sarah, b. July 18, 1787	LR18	18
Isaac, m. Olive **MOREHOUSE,** Dec. 25, 1771	LR18	33
James, s. Robert, b. Mar. 19, 1662/3	LR1	51
James, s. Benjamin, b. Apr. 20, 1799	LR19	9
Jane, d. Benjamin, b. Nov. 18, 1797	LR19	9
John, s. Robert, b. Mar. 18, 1668/9	LR1	51
John, m. Sarah **HURLBUTT,** Dec. 1, 1779	LR18	18
Jonathan Dean, s. Simeon & Jemima, b. Nov. 26, 1783	LR18	22
Lois, d. John & Sarah, b. Sept. 13, 1780	LR18	18
Lois, [d. John & Sarah], d. May 27, 1795	LR18	18
Martha, d. Isaac & Olive, b. Dec. 24, 1777	LR18	33
Mary, m. Hugh **DICKSON,** Jan. 3, 1797	LR18	45
Moses, s. Isaac & Olive, b. Mar. 26, 1780	LR18	33
Nancy, d. Simeon & Jemima, b. Aug. 14, 1776	LR18	22
Naomi, m. Daniel **HURLBUTT,** Mar. 9, 1758	LR18	28
Olive, m. Samuel **FITCH,** Jr., Mar. 1, 1783	LR19	7
Phebe, d. Robert, b. Feb. middle, 1673	LR1	51
Rob[er]t, m. Bethia **RUMBALL,** d. Tho[ma]s, of Stratford, June 13, 1661	LR1	51
Sabre, m. Jeremiah **GRUMMON,** Mar. 4, 1772	LR18	20
Sabra, d. Simeon & Jemima, b. Apr. 19, 1787	LR18	22
Samuel Smith, s. Simeon & Jemima, b. Aug. 29, 1789	LR18	22
Sarah, d. Isaac & Olive, b. Aug. 25, 1781	LR18	33
Sarah, d. John & Sarah, b. Feb. 28, 1791	LR18	18
Seth, s. Simeon & Jemima, b. Dec. 5, 1791	LR18	22
Simeon, Jr., m. Jemima **DEAN,** Nov. 24, 1773	LR18	22
Simeon, s. Simeon & Jemima, b. Sept. 20, 1781; d. Apr. 25, 1786	LR18	22
William, s. John & Sarah, b. July 24, 1785; d. Feb. 28, 1788	LR18	18
William, 2nd, s. John & Sarah, b. May 23, 1789	LR18	18
STURDIVANT, STURTEVANT, STUDEVANT, Elizabeth, b. New York, res. Norwalk, d. June 8, 1848, ae 27	1	50
George B., s. Horace, shoe-maker, ae 36 & Elizabeth, ae 27, b. June 3, 1848	1	42
John, s. Wiliam, b. July 20, 1676	LR1	114
Sarah, d. William, b. Apr. 9, 1678	LR1	114
STURGES, STUGES, Anna, d. Joseph & Amelia, b. Mar. 22, 1795	LR18	35
Charlotte, d. Elias & Ann, b. Oct. 14, 1791	LR19	6
Charlotte, d. Joseph & Amelia, b. Dec. 4, 1799	LR18	35
Clark, of Wilton, m. Betsey Ann **GREY,** of Norwalk, [Nov.] 9, 1834, by		

	Vol.	Page
STURGES, STUGES, (cont.),		
Rev. Noble W. Thomas	1	18
Edward, s. Elias & Ann, b. Apr. 24, 1786	LR19	6
Elias, m. Ann **MOREHOUSE**, Nov. 5, 1783	LR19	6
Esther, d. Elias & Ann, b. Apr. 9, 1789	LR19	6
Joseph, m. Amelia **OGDEN**, Nov. 28, 1790	LR18	35
Lorinda, d. Ezekiel & Hannah, b. Apr. 29, 1794	LR18	20
Rhoda, d. Elias & Ann, b. June 3, 1798	LR19	6
Salmon, s. Elias & Ann, b. Dec. 23, 1784	LR19	6
Samuel, s. Joseph & Amelia, b. May 31, 1791	LR18	35
SUARD, Polly, m. James **WARING**, Oct. 27, 1778	LR18	21
SUMMERS, [see also **SOMERS**], Cornelia, ae 20, b. Newtown, Conn., res. Norwalk, m. Charles **BANKS**, shoemaker, ae 21, b. Troy, N.Y., res. Norwalk, July 23, 1848, by Rev. Mr. Mallory	1	46
SUTERMINISTEE, Mary C., m. Joseph H. **HOUSIN**, b. of Kingston, N.Y., June 27, 1844, by Harvey Husted	1	29
SWIFT, Abiah, b. Sept. 15, 1778; m. Jesse **CRISSEY**, Jan. 12, 1800	LR19	10
SYRES, Mary Ann, m. Cornelius L. **MOORE**, b. of Norwalk, Dec. 8, 1845, by W. C. Hoyt	1	31
[TAIT], [see under **TUIT**]		
TALMADGE, TALMAGE, James E., s. Edmund J., hatter, ae 21 & Julia A., ae 19, b. Nov. 29, 1847	1	43
Jane, m. John **WHITE**, Feb. 5, 1767	LR19	4
TAYLOR, TAYLER, A. F., m. Sarah A. **BARTO**, b. of Norwalk, July 24, 1847, by Jacob Shaw	1	34
Abigail, m. Gershom **RAYMOND**, Apr. 12, 1749	LR18	5
Abigail, d. Gamaliel & Abigail, b. Dec. 23, 1761	LR19	7
Abijah, s. Josiah & Thankfull, b. Sept. 22, 1740	LR4	12
Almira, d. Levi & Patty, b. Jan. 21, 1784	LR19	5
Asa, s. Levi & Patty, b. Apr. 13, 1779	LR19	5
Asher, s. John & Hannah, b. Sept. 11, 1740	LR4	14
Barak, s. Josiah & Thankfull, b. Nov. 26, 1737	LR4	12
Bette, d. John & Hannah, b. Mar. 7, 1736/7	LR4	14
Betty, d. Levi & Patty, b. Nov. 15, 1772	LR18	5
Charles W., s. Abijah & Isabella, b. Jan. 11, 1786	LR19	7
Charles W., s. Robert W. & Rhoda, b. Feb. 12, 1808	LR19	7
Clap, s. Gamaliel & Abigail, b. Dec. 25, 1778	LR19	7
Dan, s. Abijah & Isabella, b. Jan. 18, 1778	LR19	7
Daniel, s. Levi & Patty, b. July 17, 1781	LR19	5
David, s. Abijah & Isabella, b. Aug. 2, 1781	LR19	7
Deborah, d. Tho[ma]s, b. June [ ], 1671	LR1	50
Deborah, d. Thomas & Rebecca, m. Sergt. Daniell **BETTS**, Dec. [ ], 1692	LR2-3	73
Deborah, d. Josiah & Thankfull, b. May 18, 1756	LR4	12
Edwin, m. Nancy **NASH**, Nov. 27, 1832, by Edwin Hall	1	16
Eleazer, s. Josiah & Thankfull, b. Mar. 2, 1749	LR4	12
Eli, s. John & Hannah, b. June 5,1733	LR4	14
Elizabeth, m. Joseph **CHAPMAN**, June [ ], 1771	LR18	30
Elizabeth, d. Seth & Martha, b. May 5, 1775	LR18	25
Esther, d. Levi & Patty, b. Oct. 22, 1770	LR19	5
Eunice, m. Isaac **RICHARDS**, Dec. 7, 1786	LR18	17
Fitch, tanner, ae 25 & w. Sarah Ann, ae 21, had child b. July 25, 1848	1	39
Gamaliel, s. Josiah & Thankfull, b. Jan. 9, 1735/6	LR4	12

NORWALK VITAL RECORDS

	Vol.	Page
TAYLOR, TAYLER, (cont.),		
Gamaliel, m. Abigail **CABLE**, Nov. 27, 1757	LR19	7
Gamaliel, s. Gamaliel & Abigail, b. May 29, 1766	LR19	7
Gilbert, s. Abijah & Isabella, b. Aug. 9, 1775	LR19	7
Hannah, d. John & Hannah, b. June 1, 1731	LR4	14
Hannah, d. Seth & Martha, b. Jan. 15, 1769	LR18	25
Hanna A., d. John B., wool manufacturer, ae 30 & Ellen M., ae 24, b. Feb. 13, 1848	1	41
Harriet, m. James H. **JENNINGS**, Nov. 2, 1828, by Aaron W. Whitney	1	11
Henry, s. John, b. Feb. 13, 1795	LR19	2
Henry, [twin with Hiram], s. Hiram, shoe-maker, ae 25 & Harriet, ae 24, b. Dec. 27, 1847	1	45
Hiram, [twin with Henry], s. Hiram, shoe-maker, ae 25 & Harriet, ae 24, b. Dec. 27, 1847	1	45
Horace, m. Rebeckah **QUINTARD**, June 2, 1824, by William Bonney, New Canaan	1	6
James, s. John & Hannah, b. July 12, 1729	LR4	14
James, s. Seth & Martha, b. Jan. 28, 1784	LR18	25
James, m. Nancy **JONES**, b. of Norwalk, Nov. 19, 1832, by Rev. John Lovejoy	1	16
James H., s. James E., shoemaker, ae 30 & Mary, ae 26, b. Apr. 10, 1848	1	41
John, [twin with Joseph], s. Tho[ma]s, b. Dec. [ ], 1673	LR1	51
John, Jr., m. Sarah **LOCKWOOD**, d. Daniel, decd., Nov. 6, 1723	LR4	14
John, s. John & Sarah, b. Aug. 20, [1724]; d. Nov. 27, 1724	LR4	14
John, Jr., m. Hannah **STEWART**, d. Lieut. James, Jan. 19, 1726/7	LR4	14
John, s. John & Hannah, b. Nov. 29, 1727	LR4	14
John, Lieut., d. Nov. 18, 1744	LR4	8
John, s. Levi & Patty, b. Oct. 26, 1766	LR19	5
John, s. Seth & Martha, b. June 15, 1777	LR18	25
John W., m. Mary J. **HOYT**, Mar. 20, 1832, by Tho[ma]s F. Davis	1	15
John Warren, s. Seth & Abigail, b. Apr. 8, 1810	LR19	12
Jonathan, s. Josiah & Thankfull, b. Dec. 7, 1731	LR4	12
Jonathan, Jr., m. [ ], [ ]	LR18	45
Joseph, [twin with John], s. Tho[ma]s, b. Dec. [ ], 1673	LR1	51
Josiah, s. John & Wait, b. Oct. 17, 1701	LR4	8
Josiah, m. Thankfull **FRENCH**, Aug. 2, 1729, by Stephen Buckingham	LR4	12
Josiah, s. Josiah & Thankfull, b. July 4, 1730	LR4	12
Leah, d. Noah & Elizabeth, b. Aug. 26, 1749	LR17	218
Leah, m. Carter **HICKOX**, Mar. 3, 1764	LR17	218
Leah, see Leah **HICKOX**,	LR17	218
Levi, s. Josiah & Thankfull, b. Dec. 17, 1733	LR4	12
Levi, m. Patty **SEYMORE**, Feb. 12, 1761	LR19	5
Levi, s. Levi & Patty, b. Dec. 15, 1764	LR19	5
Louisa, d. Seth & Abigail, b. Mar. 4, 1808	LR19	12
Louizee, m. Ephraim C. **WARREN**, Sept. 30, 1832, by Edwin Hall	1	16
Lucy Jane, of Norwalk, m. Ezra **SCOTT**, of New Canaan, June 6, 1847, by Jacob Shaw	1	34
Lydia, d. Gamaliel & Abigail, b. Feb. 29,1764	LR19	7
Margaret A., d. Aug. 16, 1847	1	49
Martha, d. Seth & Martha, b. Apr. 28, 1767	LR18	25
Mary, d. John & Wait, b. Oct. 2, 1709	LR4	8
Mary, m. David M. **MERVINE**, b. of Norwalk, Jan. 8, 1826, by Sylvester Eaton	1	8

	Vol.	Page
TAYLOR, TAYLER, (cont.),		
Moses, s. Seth & Martha, b. Mar. 7, 1779	LR18	25
Nancy, m. George B. **GREGORY**, Jan. 1, 1822, at the house of Lewis Taylor, by Rev. R. Sherwood	1	2
Nancy, m. Col. Charles **HURLBUTT**, b. of Norwalk, Oct. 9, 1825, by Sylvester Eaton	1	7
Noah, s. John & Wait, b. Oct. 5, 1699	LR4	8
Paul, s. Josiah & Thankfull, b. Mar. 12, 1741/2	LR4	12
Reuben, s. John & Wait, b. Nov. 21, 1703	LR4	8
Rhoda Ann, of Norwalk, m. Robert **WASSON**, of Augusta, Ga., Sept. 11, 1826, by Sylvester Eaton	1	9
Robert, m. Nancy A. **CAMFIELD**, b. of Norwalk, Nov. 27, 1823, by Sylvester Eaton	1	6
Robert W., s. Abijah & Isabella, b. Dec. 15, 1769	LR19	7
Rufus Gaylord, s. Seth & Abigail, b. Apr. 20, 1806	LR19	12
Ruth, d. Levi & Patty, b. June 1, 1763	LR19	5
Sally, d. Seth & Martha, b. June 10, 1782	LR18	25
Sally, m. William B. **BISHOP**, Dec. 2, 1832, by A. W. Whitney	1	16
Samuel, s. Abijah & Isabella, b. Jan. 21, 1784	LR19	7
Sarah, d. John & Wait, b. Nov. 22, 1706	LR4	8
Sarah, w. John, d. Jan. 24, 1724/5	LR4	14
Sarah, d. Josiah & Thankfull, b. July 16, 1744	LR4	12
Sarah, d. Gamaliel & Abigail, b. Apr. 19, 1768	LR19	7
Sarah, m. David **BOLT**, Jr., Mar. 17, 1790	LR18	6
Seth, s. John & Hannah, b. Mar. 30, 1735	LR4	14
Seth, m. Martha **GAYLORD**, Mar. 7, 1765	LR18	25
Seth, s. Seth & Martha, b. Feb. 4, 1771	LR18	25
Seth, m. Abigail **WARREN**, Mar. 10, 1805	LR19	12
Seth, m. Rebecca **MARTIN**, July 8, 1832, by Edwin Hall	1	16
Seymore, s. Levi & Patty, b. Dec. 5, 1768	LR19	5
Thankfull, d. Josiah & Thankfull, b. Oct. 5, 1746	LR4	12
Thomas, s. Tho[ma]s, b. Nov. 26, 1668	LR1	50
Tho[ma]s, m. Rebeckah **KECHAM**, d. Edw[ar]d, decd., of Stratford, Feb. 14, 1677	LR1	50
Thomas, s. Gamaliel & Abigail, b. Sept. 30, 1758	LR19	7
Thomas W., s. Abijah & Isabella, b. Apr. 29, 1772	LR19	7
Tomme, s. Gamaliel & Abigail, b. May 8, 1771	LR19	7
Uriah, s. Levi & Patty, b. Apr. 29, 1777	LR19	5
Wait, w. Lieut. John, d. Jan. 29, 1721/2	LR4	8
Walter, s. John, b. Mar. 7, 1798	LR19	2
William Gaylord, s. Seth & Martha, b. Apr. 10, 1773	LR18	25
William Roswell, s. Seth & Abigail, b. July 28, 1812	LR19	12
TEMBY, George, m. Elizabeth **RICHARDS**, Apr. 16, 1837, by Edwin Hall	1	21
TERREL, Samuel, m. Rachel **BENNET**, July 30, 1797	LR18	22
THAMES, Ephraim, grocer, b. Maine, res. New York, d. Feb. 2, 1848, ae 32	1	51
THATCHER, THACHER, Ann, wid., m. Samuel **KEELER**, Mar. 3, 1783	LR18	8
Esther, d. Josiah & Anna, b. Apr. 20, 1791	LR18	8
Esther Ann, d. Josiah & Mary, b. Jan. 26, 1773; d. Mar. 15, 1774	LR18	2
Esther Ann, 4th d. Josiah & Mary, b. Apr. 19, 1775; d. Sept. 26, 1776	LR18	2
George, s. Josiah & Anna, b. Oct. 6, 1788	LR18	8
Hannah, d. Josiah & Mary, b. May 15, 1760	LR18	2
Harriet, d. Josiah & Anna, b. Dec. 23, 1792	LR18	8
Josiah, m. Mary **FITCH**, Dec. 19, 1751	LR18	2

NORWALK VITAL RECORDS 143

	Vol.	Page
THATCHER, THACHER, (cont.),		
Josiah, Jr., m. Anna **REED**, Oct. 12, 1782	LR18	8
Josiah, m. Wait **BURWELL**, Dec. 3, 1785	LR18	2
Mary, d. Josiah & Mary, b. Sept. 14, 1753	LR18	2
Mary, w. [Josiah], d. Sept. 30, 1776	LR18	2
Nancy Reed, d. Josiah & Anna, b. Apr. 28, 1795	LR18	8
Polly Street, d. Josiah & Anna, b. Aug. 5, 1786	LR18	
Ralph, Dr. of Brookport, N.Y., m. Sarah Ann **OLMSTED**, this day, [dated Jan. 27, 1845], by Edwin Hall	1	8 29
Thomas Fitch, s. Josiah & Mary, b. June 16, 1769	LR18	2
Thomas Fitch, m. Susanna **LOCKWOOD**, Mar. 28, 1790	LR18	19
THOMAS, Anna, d. Gregory & Mary, b. [ ], 13, 1795	LR18	40
Charles, s. Gregory & Mary, b. Nov. 6, 1791	LR18	40
Elizabeth, wid., m. Tho[ma]s **PERSON**, Mar. 7, 173[ ]	LR4	6
Eunice, d. Gregory & Mary, b. Dec. 14, 1788	LR18	40
Gregory, m. Mary **OGDEN**, May 8, 1788	LR18	40
THOMPSON, Jerusha, m. Job **BARTRAM**, Nov. 18, 1762; d. Nov. 23, 1773	LR18	1
John, m. Martha Thomson **BUSH**, b. of Norwalk, Jan. 27, 1847, by James J. Woolsey	1	34
THORP, Lemuel, of Norwalk, m. Mary B. **WINTON**, of Weston, Oct. 6, 1844, by James J. Woolsey	1	30
Mary E., of Norwalk, m. John **JONES**, of Wilton, Oct. 11, 1831, by Henry Benedict	1	15
TITUS, William, m. Maria **ONDERDONK**, of New York, this day [Feb. 2, 1845 dated] by Edwin Hall	1	30
TOBEY, William T., m. Betsey E. **CLARKSON**, this day [dated Mar. 27, 1846], by Edwin Hall	1	32
TODD, Harvey, of Pound Ridge, N.Y., m. Maria **NASH**, of Norwalk, July 6, 1825, by Noble W. Thomas, Elder	1	7
TOWNSEND, Charles, m. Polly **PLATT**, b. of Norwalk, Jan. 6, 1827, by Rev. E. W. Hooker, of Greens Farms	1	10
TREDWELL, Charles, s. Will[ia]m & Martha, b. May 10, 1740	LR4	5
Mary, d. Will[ia]m & Martha, b. Aug. 30, 1742	LR4	5
Richard, s. Will[ia]m & Martha, b. May 20, 1744	LR4	5
Sam[ue]ll, s. Will[ia]m & Martha, b. June 18, 1738	LR4	5
Stephen, s. W[illia]m & Martha, b. Aug. 28, 1724	LR4	5
William, s. William & Martha, b. July 21, 1722	LR4	5
TRISTRUM, Henry T., of Darien, m. Martha A. **YOUNGS**, of Norwalk, this day [dated Oct. 6, 1847], by Miles N. Olmstead	1	35
Matilda, of Darien, m. John L. **REED**, of Norwalk, July 4, 1844, by Harvey Husted (Rev.)	1	29
TROWBRIDGE, Martha, m. David **LOCKWOOD**, Aug. 6, 1777	LR19	4
Sarah, m. James **OLMSTED**, Sept. 11, 1754	LR19	0
TRUMBULL, TRUMBLE, James, m. Phebe **CLINTON**, Jan. 9, 1798	LR18	40
Martha, m. Rev. Aaron **WOODWARD**, Jan. 20, 1794	LR19	3
TUBBS, Haman, m. Mary **STREETEE**, this day [Aug. 16, 1837], by Rev. Ulice Maynard, of Darien	1	22
TUCKER, Charlotte, b. New Canaan, res. Norwalk, d. July 12, 1848, ae 18	1	50
TUIT*, Henry, of Bridgeport, m. Ann **SELLECK**, of Norwalk (colored) Aug. 27, 1846, by Edwin Hall *(TAIT?)	1	32
TUTTLE, TUTHILL, Abigail, d. Eben[eze]r & Abigail, b. Feb. 25, 1788	LR18	43
Abraham, s. Eli & Sarah, b. Dec. 27, 1774	LR18	42

TUTTLE, TUTHILL, (cont.),

	Vol.	Page
Ann, d. David [& Mary], b. Dec. 28, 1713	LR4	5
Anna, [d. wid. Abigail], b. June 3, 1783	LR18	43
Arritta, d. Edmond & Salome, b. Oct. 19, 1793	LR18	18
Azor, s. Eben[eze]r & Abigail, b. July 20, 1775	LR18	43
Azor, [s. wid. Abigail], b. Aug. 30, 1785	LR18	43
Betsey, d. Enoch & Jane, b. May 4, 1790	LR18	40
Cate, d. Eli & Sarah, b. Sept. 15, 1772	LR18	42
Catharine, d. David & Sally, b. Dec. 25, 1794	LR18	34
Charles, s. Enoch & Jane, b. Jan. 1, 1796	LR18	40
Charles Selleck, s. Selleck & Nancy, b. June 3, 1794	LR18	39
David, m. Mary REED, d. John, of Norwalk, Nov. 24, 1698	LR4	5
David, s. David [& Mary], b. Mar. 6, 1701/2	LR4	5
David, s. Eben[eze]r & Charity, b. Jan. 8, 1766	LR18	43
David, m. Sally RICHARDS, Dec. 6, 1789	LR18	34
Ebenezer, m. Charity PENOYER, Feb. 9, 1765	LR18	43
Edmond, m. Salome PHILLIPS, Nov. 18, 1788	LR18	18
Edmond, s. Edmond & Salome, b. Apr. 12, 1789	LR18	18
Eli, m. Sarah SMITH, Dec. 8, 1765	LR18	42
Elisabeth, d. John, of New Haven, m. John REED, Jr., of Norwalk, Mar. 28, 1687	LR2-3	74
Enoch, s. Nathan & Mercy, b. Apr. 11, 1762	LR18	29
Enoch, m. Jane WILLIAMS, May 5, 1785	LR18	40
Enos, [s. wid. Abigail], b. Mar. 20, 1779	LR18	43
Hannah, m. Samuel FAIRCHILD, Jan. 6, 1757	LR18	39
Hannah, d. Eli & Sarah, b. Nov. 25, 1767	LR18	42
Hannah, d. Enoch & Jane, b. Feb. 23, 1786	LR18	40
Harriet, d. Enoch & Jane, b. Aug. 23, 1793	LR18	40
Henry, [s. Abigail], b. Apr. 9, 1781	LR18	43
Hiram, s. David & Sally, b. July 4, 1797	LR18	34
Jesse, m. Mary SELLECK, Oct. 20, 1767	LR19	7
Jesse, m. 2nd w. Isabel SMITH, Jan. 14, 1792	LR19	7
John, s. Nathan & Mercy, b. Sept. 24, 1763	LR18	29
John, m. Isabel GARNER, Nov. 26, 1795	LR18	29
Johnson, s. Eli & Sarah, b. Oct. 15, 1776	LR18	42
Katharine, d. David [& Mary], b. Jan. 2, 1709/10	LR4	5
Lewis, s. Edmond & Salome, b. July 31, 1796	LR18	18
Lidia, d. David [& Mary], b. July 11, 1717	LR4	5
Lydia, d. Jesse & Mary, b. Oct. 10, 1768	LR19	7
Lydia, d. Eben[eze]r & Charity, b. Mar. 10, 1769	LR18	43
Lydia, d. Jesse & Mary, d. Sept. 10, 1773	LR19	7
Mabel, m. Barnabus MERVINE, Jan. 16, 1773	LR18	23
Maria, d. David & Sally, b. Aug. 10, 1791	LR18	34
Mary, d. David [& Mary], b. Nov. 24, 1704	LR4	5
Mary, d. Eli & Sarah, b. May 8, 1766	LR18	42
Mary, w. Jesse, d. Oct. 31, 1786	LR19	7
Nathan, s. David [& Mary], b. Aug. 17, 1707	LR4	5
Nathan, Jr., m. Mercy GREENSLIT, Jan. 6, 1761	LR18	29
Phebe, m. Reuben MOTT, Sept. 26, 1763	LR19	7
Phebe, d. Eli & Sarah, b. Sept. 29, 1782	LR18	42
Polly, [d. Abigail (wid)], b. June 18, 1776	LR18	43
Polly, d. Edmond & Salome, b. Apr. 12, 1791	LR18	18
Ralph, s. David & Sally, b. Dec. 19, 1792	LR18	34

NORWALK VITAL RECORDS 145

	Vol.	Page
TUTTLE, TUTHILL, (cont.),		
Rhoda, d. Eli & Sarah, b. Nov. 29, 1770	LR18	42
Sally, d. Eli & Sarah, b. Oct. 21, 1779	LR18	42
Sally, d. Selleck & Nancy, b. Jan. 4, 1796	LR18	39
Sally, d. Enoch & Jane, b. Feb. 6, 1799	LR18	40
Sally Ann, of Norwalk, m. Lester **ST. JOHN**, of Darien, Sept. 1, 1846, by Rev. Ezra D. Kinney, of Darien	1	32
Sarah, d. Jesse & Mary, b. Sept. 23, 1772	LR19	7
Sarah, d. John & Isabel, b. Sept. 13, 1796	LR18	29
Selleck, s. Jesse & Mary, b. Aug. 26, 1770	LR19	7
Selleck, m. Nancy **BESSEY**, Oct. 14, 1792	LR18	39
Selleck, s. Selleck & Nancy, b. Apr. 18, 1793	LR18	39
Smith, s. Eben[eze]r & Abigail, b. Sept. 21, 1773	LR18	43
Smith, s. Eben[eze]r & Abigail, b. June 20, 1778	LR18	43
Solomon, s. David [& Mary], b. Aug. 26, 1699	LR4	5
*VAIL, Mary, m. Asahel **RAYMOND**, Apr. 22, 1784 *(Correction, this entire entry handwritten in original manuscript)	LR18	5
VALENTINE, Charles S., m. Susan **GARRY**, b. of Norwalk, Dec. 27, 1846, by James J. Woolsey	1	34
VANAMAN, Samuel, s. Thomas, iron founder, ae 34 & Louisa, ae 28, b. May 20, 1848	1	38
VAN ANTWERP, Edwin, s. Nicholas & Ann, b. Nov. 6, 1800	LR18	14
VANDOOZER, Nancy, m. Lewis **BENNETT**, Sept. 27, 1830, by Henry Benedict	1	14
VAN HOZIER, David N., m. Phebe **FILLER**, Nov. 1, 1837, by Edwin Hall	1	22
VELIE, George M., of Lagrane, N.Y., m. Mary Ann **STEVENS**, of Norwalk, Sept. 14, 1834, by Rev. C. A. Boardman, of Saugatuck	1	18
VOSBOUGH, Mary J., ae 27, b. New York, res. Norwalk, m. George M. **JOHNSON**, leather dresser, ae 26, b. England, res. Norwalk, Dec. 1, 1847, by Rev. Nicholas White	1	46
VOX, Margaret, m. Charles **KELON**, b. of Norwalk, May 16, 1830, by Absolom Day	1	13
WAKELING, Sarah, d. Deliverance, decd., of Stratford, m. Nathaniell **KETCHUM**, [June 12, 1710]	LR4	2
WALTON, Willliam E., m. Jane **PECK**, b. of Stepney, Dec. 25, 1846, by W. C. Hoyt	1	33
WARDWELL, Sarah, m. Stephen **BATTERSON**, Oct. 20, 1784	LR18	35
WARING, WAREING, WAIRING, Abigail, d. Edmond, b. Apr. 19, 1722	LR4	1
Abigail, m. Daniel **RICHARDS**, Dec. 31, 1761	LR18	10
Betty, d. Joseph & Anna, b. July 3, 1778	LR18	17
Betty, m. Avery **BROWN**, Sept. 6, 1795	LR18	17
David, s. Isaac & Eunice, b. July 27, 1785	LR18	49
Edmond, m. Elizabeth **BOWTON**, d. Sergt. John, Oct. 6, 1698	LR4	1
Edmond, s. Edmond, b. Sept. 16, 1700, in Oyster Bay	LR4	1
Edmond, s. Jesse & Hannah, b. Jan. 2, 1785	LR18	21
Eliakim, s. Edmond, b. July 8, 1717	LR4	1
Eliakim, m Ann **REED**, d. John, Dec. 7, 1738	LR9	2
Eliakim, m. Phebe **BOUTON**, Jan. 17, 1771	LR18	13
Elias, s. Eliakim & Phebe, b. Oct. 16, 1771	LR18	13
Eliza, see Eliza **RICHARDS**	LR18	44
Elizabeth, d. Edmond, b. Mar. 8, 1719/20	LR4	1
Elizabeth, m. John **BYXBEE**, Feb. 17, 1758	LR18	33
Elizabeth, m, Samuel **KELLOGG**, May 30, 1771	LR18	42

WARING, WAREING, WAIRING, (cont.),

	Vol.	Page
Esther, d. James & Polly, b. Sept. 13, 1781	LR18	21
Esther, m. Nathaniel J. STREET, Jan. 22, 1796	LR18	21
Esther, m. Nathaniel Jarvis STREET, Jan. 22, 1796	LR18	22
Eunice, d. Isaac & Eunice, b. May 20, 1788	LR18	49
Hannah, d. Edmond, b. Sept. 7, 1725	LR4	1
Hannah, m. James RICHARDS, Oct. 28, 1743	LR19	2
Hannah, 2nd, d. Eliakim & Phebe, b. Aug. 30, 1775; d. June 20, 1776	LR18	13
Hannah, d. Eliakim & Phebe, b. July 19, 1793; d. Jan. 11, 1775 [sic] [Arnold copy says b. 1773?]	LR18	13
Henry, eldest s. [Michael & Elizabeth], b. Oct. 6, 1744	LR9	4-Ind
Isaac, s. Edmond, b. Jan. 13, 1702, in Queen's Village	LR4	1
Isaac, m. Eunice FOWLER, Nov. 26, 1778	LR18	49
Isaac, s. Isaac & Eunice, b. Dec. 14, 1780	LR18	49
Isaac, d. Jan. 1, 1788	LR18	49
Jacob, s. Edmond, b. Jan. 15, 1712/13	LR4	1
James, s. Joseph & Elizabeth, b. Aug. 2, 1757	LR18	21
James, m. Polly SUARD, Oct. 27, 1778	LR18	21
James, s. Jesse & Hannah, b. Jan. 22, 1795	LR18	21
James, m. 2nd w. Hannah SELLECK, Sept. 3, 1795	LR18	21
Jane, d. Joseph & Anna, b. Sept. 21, 1779	LR18	17
Jesse, s. Eliakim & Ann, b. June 14, 1744	LR9	2
Jesse, s. Joseph & Elizabeth, b. May 12, 1759	LR18	21
Jesse, m. Hannah BAKER, Jan. 15, 1784	LR18	21
John, s. Edmond, b. Dec. 21, 1704	LR4	1
Joseph, m. Elizabeth BYXBEE, Nov. 12, 1754	LR18	21
Joseph, s. Joseph & Elizabeth, b. June 15, 1755	LR18	21
Joseph, Jr., m. Anna BATES, Oct. 17, 1776	LR18	17
Mary, d. Edmond, b. Dec. 22, 1708	LR4	1
Mary, m. Nehemiah LOCKWOOD, Dec. 17, 1795	LR18	24
Michel, s. Edmond, b. July 16, 1715	LR4	1
Michael, m. Elizabeth SCOFIELD, d. James, of Stanford, Apr. 26, 1744, by Stephen Buckingham. Witness James Raymond	LR9	4-Ind
Nathan, s. Edmond, b. Feb. 6, 1710/11	LR4	1
Nathan, s. Eliakim & Phebe, b. May 11, 1777	LR18	13
Phebe, d. James & Hannah, b. Feb. 27, 1796	LR18	21
Polly, d. James & Polly, b. May 7, 1779	LR18	21
Polly, m. Josiah HAYT, June 18, 1797	LR18	21
Polly, w. James, d. [ ]	LR18	21
Ruth, m. John RAYMOND, 3rd, Dec. 13, 1794	LR18	36
Sam[ue]l Bates, s. Joseph & Anna, b. Apr. 28, 1777	LR18	17
Sarah, m. Ephraim LOCKWOOD, Oct. 26, 1788	LR18	24
Solomon, s. Edmond, b. Apr. 24, 1707	LR4	1
Solomon, s. Isaac & Eunice, b. Dec. 15, 1783	LR18	49
Stephen, s. Eliakim & Phebe, b. Mar. 9, 1783	LR18	13
Zacheas, s. Eliakim & Ann, b. Oct. 19, 1741	LR9	2

WARRELL, [see also **WARREN**], Charles, Jr., b. Nov. 18, 1800, in East Hartford — LR19 4

WARREN, [see also **WARRELL**], Abigail, m. Seth TAYLOR, Mar. 10, 1805 — LR19 12

Catharine, m. Hiram HOYT, Feb. 3, 1833, by Edwin Hall — 1 17

Eliza, m. Lewis RAYMOND, b. of Norwalk, Dec. 7, 1821, by John Noyes, V.D.M. — 1 1

	Vol.	Page
WARREN, (cont.),		
Ephraim C., of Bridgeport, m. Almira **BARR**, of Norwalk, May 8, 1831, by Henry Benedict	1	15
Ephraim C., m. Louizee **TAYLOR**, Sept. 30, 1832, by Edwin Hall	1	16
Hannah, m. Abijah **HANFORD**, May 19, 1796	LR18	43
Isaac, shoemaker, d. Oct. 3, 1847, ae 66	1	51
Jane, m. Lewis **RAYMOND**, July 5, 1796	LR18	17
Lydia L., of Norwalk, m. George **IRVING**, of Bedford, N.Y., Mar. 8, 1846, by W. C. Hoyt	1	31
Samuel B., carpenter, d. Aug. 19, 1847, ae 70	1	51
WASSON, Ann, d. Robert & Sarah, b. Nov. 27, 1779	LR18	3
Anne, d. Robert & Sarah, b. Oct. 11, 1789	LR18	3
Anne, [d. Robert & Sarah], d. Feb. 12, 1789	LR18	3
Charles, [twin with Charlotte], s. Robert & Sarah, b. May 22, 1792	LR18	3
Charlotte, [twin with Charles], s. Robert & Sarah, b. May 22, 1792	LR18	3
Esther, d. Robert & Sarah, b. Nov. 5, 1777	LR18	3
Esther, m. William **HILL**, Apr. 30, 1779	LR18	12
Esther, m. Stephen **WHITE**, June 4, 1797	LR18	23
Hannah, d. Robert & Sarah, b. Feb. 26, 1787	LR18	3
James Jackson, s. Robert & Sarah, b. Oct. 15, 1784	LR18	3
John, s. Robert & Sarah, b. Jan. 1, 1796	LR18	3
John, m. Alflinda **JOHNSON**, May 11, 1834, by E. Hall	1	19
Lucretia, d. Robert & Sarah, b. Jan. 24, 1782	LR18	3
Robert, m. Sarah **KELLOGG**, Nov. 11, 1770	LR18	3
Robert, s. Robert & Sarah, b. Apr. 30, 1771	LR18	3
Robert, Jr., m. Rebeckah **RAYMOND**, Apr. 30, 1797	LR18	3
Roberts, s. Robert & Rebeckah, b. Sept. 1, 1798	LR18	3
Robert, of Augusta, Ga., m. Rhoda Ann **TAYLOR**, of Norwalk, Sept. 11, 1826, by Sylvester Eaton	1	9
Samuel, s. Robert & Sarah, b. Dec. 4, 1772	LR18	3
Sarah, d. Robert & Sarah, b. July 13, 1775	LR18	3
WATERBURY, Abigail, m. Ezra **SEYMORE**, Nov. 23, 1769	LR18	36
Adah, m. Isaac **FILLIO**, Feb. 10, 1785	LR19	3
Annie, d. Thaddeus & Polly, b. June 18, 1787	LR18	22
Asahel S., m. Cornelia A. **DIMOND**, this day [dated May 18, 1846], by Edwin Hall	1	32
Elizabeth, d. Thaddeus & Polly, b. July 12, 1790	LR18	22
Elizabeth, m. William **DOWNS**, [ ] 12, 1791	LR18	17
Ezra S., of Wilton, m. Henrietta **BEERS**, of Norwalk, May 9, 1825, by Sylvester Eaton	1	7
Mary, m. Thomas **BENEDICT**, Jr., Oct. 8, 1795	LR18	44
Mary Jane, m. Nelson **CROSSMAN**, b. of Norwalk, June 28, 1846, by W. C. Hoyt	1	32
Pamelia, d. Thaddeus & Polly, b. May 6, 1797	LR18	22
Rhoda, d. Thaddeus & Polly, b. Apr. 4, 1793	LR18	22
Thaddeus, m. Polly **GREGORY**, Mar. 24, 1787	LR18	22
William H., s. Charles, laborer, ae 35 & Caroline, ae 25, b. Sept. 21, 1847	1	45
WATERS, Deborah, d. Jonathan, of Jamaca, L.I., m. Thomas **BENNEDICK**, 3rd, May 21, 1725	LR4	10
Robert, m. Deborah **FITCH**, Dec. [ ], 1776	LR19	2
Samuel, m. Jane Ann **BYXBEE**, b. of Norwalk, Nov. 29, 1846, by W. C. Hoyt	1	33

	Vol.	Page
WATKINS, Alice A., d. Robert, shoe-maker, ae 26 & Susan, ae 28, b. Sept. 30, 1847	1	45
Robert, m. Susan STREET, b. of New York City, Oct. 23, 1845, at the house of her father Samuel, by E. D. Kinney, Bishop, of Darien	1	31
WEBB, Elissabeth, wid. Richard, formerly of Norwalk, d. Jan. 24, 1680	LR1	111
Esther M., m. Noah DISBROW, Apr. 4, 1848, by Edwin Hall	1	35
John W., of Norwalk, m. Alma Ann SCOFIELD, of Norwalk, Sept. 9, 1832, by Rev. John Lovejoy	1	15
Margaret L., d. Charles, laborer, ae 28 & Elizabeth, ae 22, b. Apr. 30, 1848	1	45
Martha, m. Richard YOUNG, Aug. 1, 1784	LR18	37
Mary, m. Samuel RICHARDS, Mar. 10, 1791	LR18	6
Mary, m. Samuel BOLT, Jan. 3, 1798	LR18	24
Polly, of Norwich*, m. Smith SCOFIELD, of South Salem, N.Y., Dec. 8, [1824], by Sylvester Eaton *(Norwalk?)	1	7
WEED, Abigail, m. Addonijah ST. JOHN, June 13, 1780	LR18	15
Alva, m. Frances Fairweather JARVIS, of Darien, Aug. 20, 1823, in St. Pauls, Church by Rev. R. Sherwood	1	5
Anna, m. Jesse ST. JOHN, Sept. 28, 1790	LR18	13
Bethiah, m. Benjamin REED, Apr. 25, 1765	LR18	7
Daniel, m. Hannah RAYMOND, Mar. 12, 1787	LR18	49
Daniel, s. Dan[ie]l & Hannah, b. Dec. 12, 1787	LR18	49
Daniel, m. 2nd w. Patty BENEDICT, Nov. 12, 1792	LR18	49
Deborah, m. David COMSTOCK, Feb. 5, 1795	LR18	16
Dorcas Benedict, d. Dan[ie]l & Patty, b. Sept. 24, 1794	LR18	49
Ebenezer, m. Sarah FAIRWEATHER, Dec. 25, 1770	LR18	42
Frederick, s. Eben[eze]r & Sarah, b. Sept. 28, 1785	LR18	42
Hannah, d. Eben[eze]r & Sarah, b. June 22, 1771	LR18	42
Hannah, w. Daniel, d. May 17, 1792	LR18	49
Hannah, d. Dan[ie]l & Patty, b. Jan. 14, 1797	LR18	49
Harvey, s. Daniel & Hannah, b. Nov. 22, 1791	LR18	49
Hervey, s. Ebenezer & Sarah, b. Jan. 14, 1774; d. Jan. 30, 1775	LR18	42
Isabel, d. Nathan, late of Stanford, b. July 23, 1751	LR9	2
John, s. Dan[ie]l & Patty, b. Apr. 13, 1801	LR18	49
John, m. Hannah ALLABIN, b. of Norwalk, Feb. 8, 1846, by Z. K. Hawley	1	31
John A., m. Emeline CHICHESTER, b. of Norwalk, May 20, 1833, by Edwin Hall	1	17
Mary, d. [Ebenezer] & Sarah, b. July 25, 1769	LR18	42
Mary, m. Hezekiah ST. JOHN, Nov. 24, 1774	LR18	47
Mary, m. Samuel HAYT, Oct. 20, 1790	LR18	11
Mercy, m. Jesse REED, Dec. 3, 1765	LR17	218
Oliver, hatter, ae 26 & w. Mary E., ae 23, had child b. June 22, 1848	1	43
Oscar, m. Eliza QUINTARD, b. of Norwalk, Nov. 6, 1837, by James Knox	1	22
Polly, d. Dan[iel]l & Patty, b. Apr. 17, 1799	LR18	49
Rhoda, m. Ebenezer CARTER, June 11, 1795	LR18	37
Sarah, m. James SELLECK, Feb. 8, 1763	LR13	1
Sarah, d. Eben[eze]r & Sarah, b. Mar. 30, 1778	LR18	42
Sarah, m. Judd ABBOTT, Dec. 28, 1779	LR19	7
Sarah, d. Daniel & Hannah, b. July 18, 1789	LR18	49
Sarah, m. John HANFORD, Jr., Dec. 28, 1790	LR18	37
W[illia]m Henry, s. Eben[eze]r & Sarah, b. July 4, 1782	LR18	42

NORWALK VITAL RECORDS 149

	Vol.	Page
WEEKS, Phebe, m. Melzor **CARVER**, Jan. 29, 1777	LR18	5
Seth, m. Hannah, **ROGERS**, Nov. 7, 1773	LR18	15
William, Jr., m. Julia **SMITH**, this day [dated Jan. 11, 1847], by Edwin Hall	1	33
WESTCOT, WESTCOAT, WESTCOOT, Abigail, d. David & Mary, b. Apr. 23, 1757	LR19	6
Abigail, m. Strong **COMSTOCK**, July 20, 1773	LR18	25
Anne, d. David & Mary, b. Dec. 27, 1749	LR19	6
Daniel, s. David & Mary, b. July 7, 1754	LR19	6
Daniel, m. Sally **LOCKWOOD**, Nov. 13, 1794	LR19	4
David, m. Mary **SLAWSON**, Sept. [ ], 1739	LR19	6
David, s. David & Mary, b. Nov. 26, 1744	LR19	6
Elijah, s. David & Mary, b. Feb. 7, 1751	LR19	6
Elijah, m. Rachel **BETTS**, [ ], 1774	LR19	2
Jeremiah, s. David & Mary, b. Jan. 19, 1742	LR19	6
Mary, d. David & Mary, b. May 7, 1740	LR19	6
Molly, m. Jeremiah **KEELER**, Jan. 5, 1785	LR18	47
Phile, [twin with Polly], s. Elijah & Rachel, b. July 28, 1782	LR19	2
Polly, [twin with Phile], d. Elijah & Rachel, b. July 28, 1782	LR19	2
Sally, d. Daniel & Sally, b. Aug. 16, 1795	LR19	4
Samuel, s. David & Mary, b. Apr. 24, 1747	LR19	6
Samuel, s. Elijah & Rachel, b. Jan. 18, 1775	LR19	2
Samuel, s. Daniel & Sally, b. Sept. 7, 1797	LR19	4
Sarah, d. Elijah & Rachel, b. Apr. 28, 1776	LR19	2
WHEELER, Elisabeth, d. John, of Fairfiled, m. Daniell **COMSTOCKE**, s. Christopher, June 30, 1692, at Black Rock	LR1	114
William Henry, of New Canaan, m. Mary Francis **KELLOGG**, of Norwalk, Sept. 11, 1845, at the house of Eseck Kellogg, by Rev. W[illia]m Cooper Mead	1	30
WHELPLY, Phebe, m. Matthew **MEAD**, Feb. 7, 1760	LR18	38
WHITE, Ann, of Norwalk, m. Peter **SMITH**, of Stamford, Sept. 6, 1830, by Henry Benedict	1	14
Betty, d. Peter & Elizabeth, b. Feb. [ ], 1750; d. Oct. [ ], 1772	LR18	22
Charles Sanford, s. Samuel & Esther, b. Feb. 4, 1796	LR18	22
Charlotte, m. Cornelius **NASH** (colored), this day [dated Nov. 19, 1846], by Edwin Hall	1	33
Deborah, d. Peter & Elizabeth, b. July 1, 1744; d. [ ], 1784	LR18	22
Elizabeth, w. Peter, d. [ ], 1761	LR18	22
Elizabeth, d. Samuel & Huldah, b. Dec. 12, 1770	LR18	22
Erastus, m. Ann **BENEDICT**, Sept. 8, 1823, by William Benney, New Canaan	1	5
Francis, m. Jane **METRASH** (colored), this day [dated June 6, 1846], by Edwin Hall	1	32
Huldah, w. Samuel, d. June 1, 1775	LR18	22
Huldah, d. Samuel & Rebeckah, b. July 6, 1785	LR18	22
Huldah Sanford, d. Stephen & Esther, b. Jan. 27, 1798	LR18	23
James, s. John & Jane, b. June 8, 1774; d. July 11, 1775	LR19	4
James, s. Peter & Elizabeth, b. Nov. 5, 1752; d. [ ], 1777	LR18	22
James, s. Samuel & Rebeckah, b. Jan. 31, 1790	LR18	22
Jane, d. John & Jane, b. June 13, 1770	LR19	4
Jane, m. John **HYATT**, Oct. 9, 1794	LR18	7
Jemima, d. John & Jane, b. Apr. 11, 1776	LR19	4
John, s. Peter & Elizabeth, b. Feb. [ ], 1755; d. May [ ], 1790	LR18	22

	Vol.	Page
WHITE, (cont.),		
John, m. Jane **TALMAGE**, Feb. 5, 1767	LR19	4
John, s. John & Jane, b. Jan. 6, 1780	LR19	4
John William, s. John & Jane, b. Aug. 7, 1772; d. Oct. 11, 1774	LR19	4
Peter, m. Elizabeth **JARVIS**, [ ], 1739	LR18	22
Peter, m. 2nd w. wid. Sarah **PICKET**, [ ], 1762	LR18	22
Samuel, s. Peter & Elizabeth, b. July 23, 1740	LR18	22
Samuel, m. Huldah **SANFORD**, Nov. [ ], 1769	LR18	22
Samuel, s. Samuel & Huldah, b. Feb. 6, 1772	LR18	22
Samuel, m. 2nd w. Rebeckah **PICKETT**, Jan. [ ], 1781	LR18	22
Samuel, Jr., m. Esther **JARVIS**, June 21, 1795	LR18	22
Sarah, d. Peter & Elizabeth, b. [ ], 1742; d. [ ], 1759	LR18	22
Sarah, d. Samuel & Rebeckah, b. Jan. 27, 1784	LR18	22
Sarah, d. John & Jane, b. Dec. 14, 1785	LR19	4
Sarah, w. Peter, d. July 4, 1797	LR18	22
Stephen, s. Samuel & Huldah, b. May 13, 1775	LR18	22
Stephen, m. Esther **WASSON**, June 4, 1797	LR18	23
WHITEHEAD, Joanna, d. Samuell, of Elizabeth Town, N.J., m. James **BROWN**, Dec. 20, 1714	LR4	6
WHITING, Deborah, m. Edward **RAYMOND**, Dec. 9, 1783	LR18	10
Leah, m. John **ABBOTT**, Jr., Nov. 27, 1792	LR18	31
Mary, m. Gershom **RAYMOND**, Jr., Jan. 4, 1787	LR18	10
WHITLOCK, Aaron, s. David & Ruth, b. Dec. 10, 1789	LR19	2
Abel, m. Susan Ann **GRUMMAN**, b. of Norwalk, Jan. 25, 1847, by Ira Abbott	1	33
Betsey, d. David & Ruth, b. May 24, 1786	LR19	2
Burwell Betts, s. Hezekiah & Molly, b. Aug. 4, 1797	LR18	23
Charles, s. Hezekiah & Molly, b. Dec. 29, 1790	LR18	23
Daniel, m. Mary [ ], May 13, 1756	LR19	6
Daniel, m. Ruth **SCRIBNER**, Nov. 21, 1771	LR18	27
David, m. Ruth **BETTS**, Mar. 3, 1773	LR19	2
David, d. June 21, 1789	LR19	6
David, of Wilton, m. Mary Ann **HOYT**, of Norwalk, Feb. 27, 1828, by Aaron W. Whitney	1	11
Elizabeth, m. Stephen **HYATT**, Dec. 14, 1785	LR19	6
Elizabeth, d. Daniel & Ruth, b. Jan. 31, 1788	LR18	27
Eunice, d. [David] & Ruth, b. Jan. 20, 1784	LR19	2
Fanny, m. James **STEVENS**, Apr. 4, [1821], in St. Pauls Church, by Rev. R. Sherwood	1	1
Hannah, d. Daniel & Ruth, b. Oct. 19, 1784	LR18	27
Hannah, m. Thomas St. John **LOCKWOOD**, Feb. 14, 1802	LR19	9
Harvey, s. Daniel & Ruth, b. Apr. 20, 1792	LR18	27
Hezekiah, m. Molly **BETTS**, Oct. 21, 1780	LR18	23
Joseph, s. David & Mary, b. Sept. 23, 1768	LR18	6
Luis, s. Hezekiah & Molly, b. Oct. 24, 1795	LR18	23
Lyman, s. David & Mary, b. July 10, 1775	LR19	6
Matthew, s. David & Ruth, b. Sept. 5, 1779	LR19	2
Molly, d. David & Ruth, b. Feb. 6, 1777	LR19	2
Nancy, d. Hezekiah & Molly, b. Mar. 17, 1787; d. Dec. 29, 1788	LR18	23
Nancy, 2nd, d. Hezekiah & Molly, b. Feb. 27, 1793	LR18	23
Phebe, d. Daniel & Ruth, b. Sept. 26, 1780	LR18	27
Phebe, m. Ezra **ST. JOHN**, Jan. 20, 1787	LR18	49
Polly, m. Theophilus B. **HANFORD**, Sept. 27, 1796	LR18	14

	Vol.	Page
WHITLOCK, (cont.),		
Ruth, d. Daniel & Ruth, b. Apr. 16, 1777	LR18	27
Ruth, d. David & Ruth, b. Jan. 19, 1792	LR19	2
Ruth, m. Nathan **MIDDLEBROOK**, May 21, 1797	LR18	26
Ruth Betts, d. David & Ruth, b. Dec. 23, 1774	LR19	2
Sarah, d. Daniel & Ruth, b. June 8, 1775	LR18	27
Sarah, m. Ezekiel **MORGAN**, May 2, 1793	LR18	35
Silas, s. David & Mary, b. Nov. 25, 1771	LR19	6
Thaddeus, s. Hezekiah & Molly, b. Mar. 15, 1784	LR18	23
Thomas, m. Antoinette **HEIGHTS**, Aug. 20, 1826, at the house of Mr. Mervine, by Rev R. Sherwood	1	9
William, s. Daniel & Ruth, b. Jan. 11, 1796	LR18	27
WHITMAN, Rebeckah, m. Richard **YOUNG**, Dec. 12, 1776	LR18	37
WHITNEY, WHITNE, Aaron Wilks, s. Eben[eze]r & Ruth, b. Oct. 17, 1781	LR18	27
Abba, d. Eben[eze]r & Ruth, b. June 8, 1775	LR18	27
Abba, m. John **REED**, July 6, 1775	LR18	7
Abba, m. Henry **FITCH**, July 19, 1797	LR18	13
Abigail, d. Hezekiah & Margret, b. May 14, 1735	LR4	12
Abigail, d. David & Elizabeth, b. Apr. 3, 1754 [1755]	LR18	27
Abraham, s. Joseph, b. Feb. 23, 1723/4	LR4	2
Abraham, m. Ann **PLUMB**, Dec. 23, 1750	LR18	47
Abraham, s. Abraham & Ann, b. Apr. 2, 1762	LR18	47
Ann, d. David & Elizabeth, b. Feb. 14, 1749; d. Sept. 16, 1754	LR18	27
Ann, d. David & Elizabeth, b. Apr. 10, 1756	LR18	27
Ann, d. Abraham & Ann, b. Jan. 27, 1758	LR18	47
Anna, d. Benj[amin] & Lois, b. July 29, 1765	LR18	8
Anna, w. Timothy, d. Aug. 7, 1785	LR18	4
Anne, m. Samuel **SEYMORE**, Feb. 7, 1774	LR18	46
Archibald, s. Abraham & Ann, b. Jan. 23, 1756	LR18	47
Asa, s. Ebenezer & Ruth, b. May 12, 1774; d. Sept. 19, 1774	LR18	27
Asa, 2nd, s. Ebenezer & Ruth, b. Aug. 17, 1776	LR18	27
Benjamin, m. Lois **KELLOGG**, Jan. 3, 1757	LR18	8
Benjamin, d. July 17, 1770	LR18	8
Benjamin, [s. Benjamin, decd. & Lois], b. Mar. 4, 1771; d. Sept. 13, 1775	LR18	8
Betsey Ann, d. John & Ann, b. May 19, 1797	LR18	47
Bette, d. Hezekiah & Margret, b. Jan. 24, 1733/4	LR4	12
Betty, d. David & Elizabeth, b. Apr. 5, 1746	LR18	27
Betty, d. Eben[eze]r & Ruth, b. Feb. 1, 1773	LR18	27
Charlotte, d. John & Ann, b. Mar. 11, 1795	LR18	47
Clarissa, d. Eben[eze]r & Ruth, b. Feb. 21, 1780	LR18	27
David, s. Joseph, b. June 24, 1721	LR4	2
David, m. Elizabeth **HYATT**, May 11, 1741	LR18	27
David, s. David & Elizabeth, b. Feb. 17, 1748; d. Mar. 30, 1748	LR18	27
David, 2nd, s. David & Elizabeth, b. Aug. 25, 1761	LR18	27
David, Jr., m. Nancy **RAYMOND**, May 12, 1796	LR18	28
Deborah, d. David & Elizabeth, b. July 20, 1758	LR18	27
Deborah, m. Isaac **KEELER**, Sept. 26, 1781	LR18	40
Ebenezer, s. David & Elizabeth, b. Aug. 8, 1742	LR18	27
Ebenezer, m. Ruth **RAYMOND**, Dec. 19, 1771	LR18	27
Ebenezer, s. Ebenezer & Ruth, b. Nov. 19, 1783	LR18	27
Eleazer, s. Josiah & Eunice, b. Mar. 7, 1737/8	LR4	8
Elijah, s. Richard [& Hannah], b. Apr. 16, 1710	LR4	1

WHITNEY, WHITNE, (cont.),

	Vol.	Page
Elijah, m. Rebeckah SEYMOUR, d. John, July 6, 1734	LR4	11
Elijah, s. Elijah [& Rebeckah], b. Oct. 13, 1736	LR4	11
Elizabeth, d. Henry, b. Aug. 24, 1711	LR4	3
Elizabeth, d. Timothy & Abigail, b. Jan. 4, 1796	LR18	4
Elizabeth Ann, of Norwalk, m. Joseph CLARK, of New York, Aug. 19, 1822, by Sylvester Eaton	1	3
Esther, d. David & Elizabeth, b. Feb. 3, 1754	LR18	27
Esther, m. Phinehas ST. JOHN, Oct. 27, 1773	LR18	16
Esther, d. Timothy & Annah, b. June 25, 1775	LR18	4
Esther, d. David & Nancy, b. Feb. 18, 1797	LR18	28
Francis Edmond, s. Lewis & Sally, b. Mar. 31, 1813	LR19	11
George Washington, s. Eben[eze]r & Ruth, b. July 26, 1794	LR18	27
Hannah, d. Joseph, b. Nov. 5, 1707	LR4	2
Hannah, d. Elijah [& Rebeckah], b. Apr. 22, 1735	LR4	11
Hannah, d. Benjamin & Lois, b. June 4, 1757	LR18	8
Hannah, Hayt, d. Eben[eze]r & Ruth, b. Feb. 4, 1796	LR18	27
Henry, s. John, b. Feb. 21, 1680	LR1	112
Henry, m. Elizabeth OLMSTED, d. Lieut. John, decd., June 14, 1710	LR4	3
Henery, s. Josiah & Eunice, b. Feb. 19, 1735/6	LR4	8
Henry, s. Benjamin & Lois, b. May 26, 1763	LR18	8
Henry, s. John & Ann, b. Aug. 18, 1791	LR18	47
Hezekiah, s. Joseph, b. Apr. 10, 1705	LR4	2
Hezekiah, m. Margaret HARRIS, on or about Jan. 3, 1732/3, by Moses Dickinson	LR4	12
Isaac, s. Josiah & Eunice, b. Mar. 27, 1741	LR4	8
James, s. John & Ann, b. Aug. 16, 1792; d. Aug. 14, 1793	LR18	47
James, 2nd, s. John & Ann, b. Jan. 22, 1793	LR18	47
Jeremiah, s. Hez[ekiah] & Margaret, b. Mar. 17, 1739/40	LR4	12
John, m. Elissabeth SMITH, d. Richard, Mar. 19, 1674/5	LR1	52
John, s. John, b. Mar. 12, 1676/7	LR1	112
John, s. John [& Elizabeth], b. Mar. 4, 1703/4	LR4	4
John, Jr., m. Elizabeth FINCH, d. Joseph, of Greenwich, Mar. 4, 1709/10	LR4	4
John, Jr., d. Feb. 3, 1712/13	LR4	4
John, s. Abraham & Ann, b. May 17, 1764	LR18	47
John, m. Ann FOX, Feb. 5, 1791	LR18	47
Joseph, s. John, b. Mar. 1, 1678	LR1	112
Joseph, m. Hannah HAYT, d. Zerubbabell, July 6, 1704	LR4	2
Joseph, s. Joseph, b. Dec. 6, 1710	LR4	2
Joseph, m. Mary COYT, July 27, [1736], by Rev. Alexander Gordon, of Charlestowne, S.C. Church Wardens, James Fowler, Edward Hext	LR4	0
Josiah, m. Eunice HANFORD, d. Eleazer, Oct. 30, 1729	LR4	8
Josiah, s. Josiah & Eunice, b. Feb. 10, 1730/1	LR4	8
Lewis, s. Timothy & Annah, b. Mar. 19, 1771; d. Feb. 11, 1772	LR18	4
Lewis, s. Timothy & Abigail, b. Aug. 29, 1787	LR18	4
Lewis, m. Sally HALL, Jan. 1, 1811	LR19	11
Lewis, carpenter, d. July 30, 1848, ae 60	1	49
Lewis Legrand, s. Lewis & Sally, b. Oct. 24, 1811	LR19	11
Lucretia, d. Eben[eze]r & Ruth, b. July 19, 1778	LR18	27
Lucretia, d. Eben[eze]r & Ruth, d. May 22, 1781	LR18	27
Lucretia, 2nd, d. Ebenezer & Ruth, b. June 27, 1786	LR18	27
Maria, d. Eben[eze]r & Ruth, b. June 27, 1792	LR18	27

	Vol.	Page
WHITNEY, WHITNE, (cont.),		
Maria L., m. William C. **ADAMS**, of Danbury, this day [dated May 31, 1846], by Edwin Hall	1	32
Martha, d. Benjamin & Lois, b. Mar. 5, 1759	LR18	8
Mary, m. Hanford **FAIRWEATHER**, Mar. 26, 1775	LR18	12
Mercy, d. Abraham & Ann, b. Apr. 4, 1771	LR18	47
Myra C., of Norwalk, m., George **PENNOYER**, of Danbury, this day [June 1, 1845, dated], by Edwin Hall	1	30
Nancy, had d. Sally, b. Dec. 29, 1782 & Polly, b. Mar. 6, 1797	LR19	3
Nancy, d. Timothy & Abigail, b. Dec. 26, 1788	LR18	4
Nancy, m. William **CRAWFORD**, June 23, 1798	LR19	3
Peggy, m. James **BEATY**, Jan. 25, 1775	LR19	5
Polly, d. Abraham & Ann, b. Jan. 2, 1769	LR18	47
Polly, d. Benjamin & Lois, b. May 1, 1769; d. Aug. 6, 1769	LR18	8
Polly, d. Nancy, b. Mar. 6, 1797	LR19	3
Richard, s. John, b. Apr. 18, 1687; m. Hannah **DARLING**, formerly w. of John, of Fairfield, Apr. 7, 1709	LR4	1
Roxanna, d. Eben[eze]r & Ruth, b. Oct. 26, 1789	LR18	27
Ruth, d. Hezekiah & Margret, b. Jan. 3, 1736/7	LR4	12
Sally, d. Abraham & Ann, b. Jan. 27, 1766	LR18	47
Sally, d. Timothy & Anna, b. Sept. 12, 1782	LR18	4
Sally, d. Nancy, b. Dec. 29, 1782	LR19	3
Samuell, s. Richard [& Hannah], b. Oct. 5, 1711	LR4	1
Samuel, s. Abraham & Ann, b. Sept. 28, 1752	LR18	47
Sam[ue]l Kellogg, s. Benjamin & Lois, b. Feb. 2, 1761	LR18	8
Sarah, m. Jesse **BEDIENT**, Nov. 25, 1772	LR19	5
Stephen, s. Josiah & Eunice, b. Feb. 10, 1732/3	LR4	8
Stephen, s. Abraham & Ann, b. Jan. 20, 1754	LR18	47
Sukey, d. Timothy & Annah, b. Mar. 17, 1773	LR18	4
Susa, d. Abraham & Ann, b. Jan. 2, 1760	LR18	47
Thankfull, d. Joseph, b. Mar. 1, 1713/14	LR4	2
Timothy, s. David & Elizabeth, b. July 13, 1744	LR18	27
Timothy, m. Annah **WOOD**, Feb. 25, 1770	LR18	4
Timothy, s. Timothy & Annah, b. Nov. 8, 1777	LR18	4
Timothy, m. Abigail **WOOD**, Apr. 23, 1786	LR18	4
Walter, m. Caroline **DISBROW**, b. of Norwalk, Feb. 11, 1827, by Sylvester Eaton	1	10
WICHON*, Leah, m. John **BETTS**, Jan. 10, 1773 *(**HICKOX** in Hall's Hist.)	LR9	2-Ind
WICKES, WICKS, Benjamin, s. Stephen & Susanna, b. Jan. 13, 1795	LR18	27
Hannah, m. Aaron **RAYMOND**, Oct. 27, 1784	LR18	17
Harriet, d. Stephen & Susanna, b. Jan. 17, 1797	LR18	27
James, s. Stephen & Susanna, b. Oct. 14, 1787	LR18	27
Joseph, s. Stephen & Susanna, b. Mar. 5, 1793	LR18	27
Sally, d. Stephen & Susanna, b. Feb. 1, 1791	LR18	27
Stephen, m. Susanna **DUNNING**, Sept. 27, 1786	LR18	27
William, s. Stephen & Susanna, b. Mar. 5, 1789	LR18	27
WILCOX, Chauncey, m. Delia **HURD**, b. of Norwalk, Apr. 27, 1823, by Sylvester Eaton	1	4
Fin, of New Haven, m. Emma **RAYMOND**, of Norwalk, Apr. 5, 1846, by James J. Woolsey	1	32
Hannah, m. Benjamin **FAIRWEATHER**, Sept. 15, 1833, by Elijah Hebard	1	17

BARBOUR COLLECTION

	Vol.	Page
WILCOX, (cont.),		
Julia E., ae 20, b. Buffalo, N.Y., res. Buffalo, N.Y., m. William O.		
BEARD, hatter, ae 35, b. Trumbull, res. Norwalk, May 11, 1848,		
by Rev. John C. Lloyd	1	47
Matthew, m. Lydia **MERRELL**, Jan. 11, 1835, by Rev. Luther Mead	1	19
Stephen, m. Caroline **SMITH**, Aug. 4, 1835, by Rev. David Stocking	1	20
WILLIAMS, Alfred, m. Laura **BASSETT**, Sept. 24, 1829, by Henry Benedict	1	12
Betsey, m. Bela **NASH**, May 8, 1795	LR19	3
Clerk, s. Nathan & Sarah, b. Mar. 15, 1769	LR18	21
Elizabeth, d. Nathan & Sarah, b. Apr. 17, 1763	LR18	21
Gilbert P., of Huntington, L.I., m. Lucretia **FINCH**, of Norwalk, Oct. 29,		
1826, by Rev. E. W. Hooker, of Greens Farms	1	10
James, s. Nathan & Sarah, b. July 12, 1773	LR18	21
Jane, m. Enoch **TUTTLE**, May 5, 1785	LR18	40
Jeremiah, s. Nathan & Sarah, b. Feb. 20, 1766	LR18	21
Legrand, m. Mary L. **BROWN**, b. of Norwalk, Mar. 15, 1846, by W. C.		
Hoyt	1	32
Molly, d. Nathan & Sarah, b. Apr. 27, 1761	LR18	21
Moses, s. Nathan & Sarah, b. Feb. 12, 1778	LR18	21
Nathan, m. Sarah **GREGORY**, Apr. [ ], 1761	LR18	21
Ruth, d. Nathan & Sarah, b. Jan. 16, 1771	LR18	21
Sally, d. Nathan & Sarah, b. [ ]	LR18	21
Samuel, s. Nathan & Sarah, b. Dec. 3, 1767	LR18	21
W[illia]m, m. Phebe Jane **BROWN**, Mar. 26, 1834, by Jesse Whetney,		
J.P.	1	19
WILSON, WILLSON, Abby Jane, of Norwalk, m. William **PALMER**, of		
Ridgefield, Conn., Mar. 7, 1836, by Rev. Davis Stocking	1	20
Alphred Bradley, s. John & Betty, b. May 20, 1795	LR18	44
Betsey, m. Powel **BATTERSON**, Jan. 30, 1788	LR18	36
Betsey, d. Charles & Olive, b. Feb. 16, 1795	LR19	8
Burr, s. Charles & Olive, b. Apr. 4, 1797	LR19	8
Charles, m. Ollive **ALLEN**, May 15, 1788	LR19	8
Charles, s. Charles & Olive, b. Nov. 14, 1792	LR19	8
Edward, s. Charles & Olive, b. Aug. 3, 1798; d. Aug. 11, 1798	LR19	8
George, m. Malvina **BELL**, Mar. 25, [1845], by Rev. J. W. Alvord, of		
Stamford	1	30
John, m. Bettey **SHUTE**, Aug. 26, 1792	LR18	44
Joseph, s. Charles & Olive, b. Oct. 30, 1790	LR19	8
Lewis O., m. Harriet **BELDEN**, July 30, 1825, at the house of Isaac		
Belden, by Rev. R. Sherwood	1	7
Nathan, s. Benjamin. b. Sept. 30, 1701	LR2-3	72
Salome, d. Charles & Olive, b. Mar. 3, 1789	LR19	8
Sarah, d. Benjamin, b. Sept. 24, 1698	LR2-3	72
Thomas, s. Benjamin, b. Oct. 9, 1703	LR2-3	72
William, m. Christiana **HYATT**, b. of Norwalk, May 26, 1822, by		
Sylvester Eaton	1	3
WINTON, Mary B., of Weston, m. Lemuel **THORP**, of Norwalk, Oct. 6,		
1844, by James J. Woolsey	1	30
WISEMAN, Elizabeth, m. John **BAKER**, b. of Norwalk, Apr. 14, 1833, by		
Rev. John Lovejoy	1	17
WOOD, Abigail, m. Timothy **WHITNEY**, Apr. 23, 1786	LR18	4
Annah, m. Timothy **WHITNEY**, Feb. 25, 1770	LR18	4
Benning Wentworth, s. Stephen & Hannah, b. May 24, 1797	LR18	38

	Vol.	Page
WOOD, (cont.),		
Charles N., s. Noah, butcher, ae 25 & Eliza Jane, ae 26, b. Sept. 28, 1848	1	38
Dolly, m. Nathaniel **RAYMOND**, Jr., Aug. 3, 1772	LR18	27
Esther, d. Stephen & Hannah, b. Oct. 9, 1792	LR18	38
Hannah, d. Stephen & Hannah, b. Jan. 7, 1783	LR18	38
Harriet, d. Stephen & Hannah, b. Sept. 21, 1794	LR18	38
Julia, m. John T. **MACKIE**, b. of New York, July 21, 1832, by Edwin Hall	1	16
Marcy, d. Sam[ue]ll, b. Mar. 30, 1717	LR4	1
Mary, d. John, of Stamford, m. Joseph **LOCKWOOD**, Aug. 14, 1707	LR4	1
Nancy, d. Stephen & Hannah, b. Aug. 21, 1789	LR18	38
Samuel, s. Sam[ue]ll, b. Aug. [ ], 1718	LR4	1
Stephen, m. Hannah **BENEDICT**, Apr. 3, 1782	LR18	38
Stephen, s. Stephen & Hannah, b. Dec. 12, 1784	LR18	38
William, s. Stephen & Hannah, b. Jan. 31, 1787	LR18	38
WOODWARD, Aaron, Rev., m. Martha **TRUMBULL**, Jan. 20, 1794	LR19	3
Julia Anna, d. [Rev.] Aaron & Martha, b. June 13, 1798	LR19	3
Martha Trumbull, d. [Rev.] Aaron & Martha, b. May 9, 1795	LR19	3
WOOLSEY, Edward S., s. James J., clergyman, ae 40 & Susan E., ae 32, b. Apr. 25, 1848	1	40
John, of Huntington, N.Y., m. Elizabeth **SCOFIELD**, of Norwalk, Dec. 3, 1820, by John Noyes, V.D.M.	1	1
John, m. Sarah **REED**, Apr. 28, 1822, by William Fisher	1	3
Sarah, d. June 13, 1848, ae 78	1	51
WRIGHT, Dennis, m. Lois **WRIGHT**, Mar. 14, 1781	LR17	218
Dennis, [s. Dennis & Lois], b. Jan. 10, 1793	LR17	218
Eliza, [d. Dennis & Lois], b. Jan. 25, 1795	LR17	218
Hannah, [d. Dennis & Lois], b. Dec. 9, 1785	LR17	218
Jane, of Norwalk, m. Josiah **BETTS**, of Wilton, Aug. 29, [1830], by Rev. Origin P. Holcomb, of Wilton	1	13
Jerusha, [d. Dennis & Lois], b. Aug. 13, 1783	LR17	218
Lois, m. Dennis **WRIGHT**, Mar. 14, 1781	LR17	218
Nancy, [d. Dennis & Lois], b. July 2, 1790	LR17	218
Newel, [s. Dennis & Lois], b. June 21, 1788	LR17	218
Rebeckah, of Norwalk, m. Jacob Sterling **BLACKMAN**, of Litchfield, May 10, 1823, at the house of Obadiah Wright, by Rev. R. Sherwood	1	5
Sarah, of Norwalk, m. Moses **BRADLEY**, of Fairfield, May 28, 1831, by T. F. Davis	1	15
----, m. Timothy **FITCH**, Jr., Jan. 1, 1792	LR19	7
YOUNG, YOUNGS, Anson, of Darien, m. Susan **FILLOW**, of Norwalk, Oct. 30, 1831, by S. Haight	1	15
Caroline, m. Henry **BENNETT**, b. of Norwalk, July 20, 1837, by Rev. Israel S. Dickenson	1	21
Daniel, s. Richard & Martha, b. Feb. 1, 1789	LR18	37
Eunice, d. Richard & Rebeckah, b. Dec. 9, 1779	LR18	37
Hannah, [twin with Mary], d. Richard & Martha, b. Aug. 8, 1787	LR18	37
Martha A., of Norwalk, m. Henry T. **TRISTRUM**, of Darien, This day [dated Oct. 6, 1847], by Miles N. Olmstead	1	35
Mary, [twin with Hannah], d. Richard & Martha, b. Aug. 8, 1787	LR18	37
Mary, of Norwalk, m. Miles N. **OLMSTED**, of Bridgeport, Sept. 1, 1833, by Edwin Hall	1	17

YOUNG, YOUNGS, (cont.),

	Vol.	Page
Phebe, m. Henry BROOKS, Dec. 8, 1791	LR18	43
Rebeckah, w. Richard, d. Aug. 30, 1783	LR18	37
Rebeckah, d. Richard & Martha, b. Oct. 24, 1785	LR18	37
Richard, m. Rebeckah WHITMAN, Dec. 12, 1776	LR18	37
Richard, m. Martha WEBB, (2nd w.), Aug. 1, 1784	LR18	37
Susanna, d. Richard & Martha, b. Dec. 7, 1791	LR18	37
William, s. Richard & Rebeckah, b. Jan. 16, 1783	LR18	37
ZOLLES, William, s. William, mariner, ae 26 & Ann, ae 25, b. May 30, 1848	1	43

NO SURNAME,

	Vol.	Page
Abigail, m. Gillead BEDIENT, June 21, 1770	LR19	8
Bethia, m. John PATRICK, [ ], 1740	LR19	5
Bethiah, m. Eli REED, Oct. 4, 1769	LR13	2
Elizabeth, m. Samuel HANFORD, Mar. 5, 1761	LR18	1
Hannah, m. Jonathan HAYT, Feb.17, 1770	LR18	36
Hannah, m. Hezekiah OLMSTED, Dec. 17, 1793	LR18	40
Huldah, m. William JELLIFF, Dec. 7, 1771	LR18	23
Kezia, m. Theophilus HANFORD, [ ]	LR19	1
Mary, m. Daniel WHITLOCK, May, 13, 1756	LR19	6
-----, m. Holmes SANSON, Dec. 25, 1788	LR18	9
-----, d. Mar. 11, 1848, ae 1 d.	1	50
-----, d. May 31, 1848, ae 1 d.	1	50

NORWICH VITAL RECORDS
1847 - 1851
PART III*

	Page
ABBE, Joseph A., s. Joseph, baker, ae 24, & Lydia, ae 25, b. Nov. 6, 1847	53
ABBOTT, George Edward, s. Charles E., teacher, ae 37, & Mary E., ae 26, b. Aug. 16, 1848	77
William Green, s. Edward O., manufacturer, & Rebecca A., b. Oct. 1, 1848	66
ABELL, Elizabeth, b. Franklin, m. Benjamin R. **SWEET**, b. Franklin, res. Franklin, Apr. 15, 1849, by H. P. Arms	14
Ralph G., butcher, ae 25, b. Exeter, Ct., res. Norwich, m. Lucretia S. **HARRIS**, tailoress, ae 22, b. New London, res. Norwich, Mar. 29, 1848, by Jabez S. Swan	2
ABNER, Randal[l] J., black, of Norwich, m. Charlotte E. **ROBINSON**, black, Oct. 17, 1850, by Rev. E. T. Hiscox	22
ADAM, Paulina, ae 22, b. Germany, m. Charles **MINCHINER**, confectioner, ae 23, b. Germany, res. Norwich, Dec. 24, 1849, by Rev. William F. Morgan	19
ADAMS, Benjamin, laborer, d. Apr. 3, 1849, ae 72 y.	152
Emmaretta, d. Fitz, carpenter, ae 27, & Nancy, ae 27, b. May 17, 1849	73
Fanny, m. Louis **HOWARD**, of Uxbridge, Mass., Jan. 4, 1850, by Geo[rge] A. Meech, Esq	16
George S., s. Joseph, papermaker, ae 30, & Ann S., ae 26, b. Feb. 7, 1848	57
James, d. July 23, 1848, ae 2	146
John R., d. Aug. 8, 1850, ae 20	161
Joseph, s. Joseph, paper maker, ae 32, & Ann, ae 28, b. Apr. 7, 1850	89
Louisa H., m. Arthur N. **BEARDSLEY**, attorney, of Utica, Apr. 18, 1850, by Rev. William F. Morgan	15
Martha H., Mrs., b. Warren, N.Y., res. Norwich, d. Jan. 21, 1848, ae 24 y	146
Mary R., ae 28, b. Alexandria, D.C., m. Gardiner **GREENE**, ae 28, b. Boston, res. Norwich, June 26, 1850, by Rev. Samuel Nott	14
Sally, b. Montville, res. Norwich, d. Jan. 22, 1848, ae 73 y.	145
Samuel G., res. Lebanon, m. Mary E. **BAILEY**, res. N. Stonington, Feb. 18, 1850, by Rev. Lawton Muzzey	19
Sarah, ae 28, b. Canterbury, m. William C. **OSGOOD**, butcher, ae 32, b. Lebanon, res. Norwich, Oct. 5, 1847, by Rev. Leonard	5
AHERNE, Elizabeth, d. Michael, laborer, ae 30, & Johannah, b. Mar. 1, 1850	90
AIKMAN, Robert, Congl. Clergyman, ae 35, b. New York, res. Washington, R.I., m. Jerusha L. **STEDMAN**, ae 34, of Norwich, Jan. 27, 1848, by Hiram P. Arms	7
ALTINGER, Eleanor, b. Germany, m. Charles C. **VOGEL**, b. Germany, res. Norwich, Dec. 26, 1850, by Rev. Morgan	21
AMESBURY, Atala, d. Jabez, book-keeper, ae 23, & Nancy C., ae 21, b. June 28, 1849	76
Atila, d. Jabez, merchant, ae 24, & Nancy, ae 23, b. June 28, 1849	80
Jabez, book-keeper, ae 23, b. Newton, Mass., res. Norwich, m. Nancy C. **KINGSLEY**, ae 21, b. Franklin, Ct., Aug. 28, 1848, by Rev. E. T. Hiscox	13
AMTHAUER, Conrad, res. Webster, Mass., m. Mary M. **LEE**, b. Norwich, May 18, 1850, by Rev. John Lovejoy	19
ANDERSON, Elizabeth, housekeeper, b. Groton, res. Norwich, d. Mar. 27, 1849, ae 84	155

---
* Volumes I & II of the Norwich Vital Records 1659 - 1848, by Hartford Society of Colonial Wars in the State of Connecticut, published in 1913 by The Case, Lockwood & Brainard Co.

	Page
ANDREWS, Albert M., s. Alden, farmer, ae 33, & Sarah, ae 25, b. May 27, 1849	71
Almanda, d. Sylvester, ae 38, & Eliza, ae 35, b. Apr. 4, 1851	104
Amos, s. Henry, carpenter, ae 31, & Lavina, ae 32, b. June 3, 1850	89
Ann E., d. Henry, carpenter, ae 29, & Lavina, ae 37, b.Nov. 2, 1848	74
Annie Adelia, d. Erastus, merchant, ae 25, & Delia, ae 23, b. Mar. 16, 1850	93
Charles, s. George L., farmer, ae 43, & Angeline, ae 40, b. May 6, 1848	57
Cynthia L., b. Preston, res. Norwich, d. Jan. 15, 1849, ae 24	153
E., mason, ae 39, b. Conn., res. Norwich, m. 2d w. Maria **CRAWLEY**, ae 42, Apr. 27, 1851, by Rev. Geo[rge] M. Carpenter	28
Edmund, s. Joseph, manufacturer, ae 29, & Sarah, ae 29, b. Mar. 30, 1851	109
Francis L., s. Sylvester, spinner, ae 34, & Eliza, ae 29, b. Nov. 15, 1847	57
Harriet L., d. Joseph A., Jr. & Sarah A., b. Nov. 30, 1847	64
Mary O., d. Peter St. M., book-keeper, ae 31, & Mary Frances, ae 28, b. Oct. 26, 1849	82
ANTHONY, George W., s. Thomas, pedler, ae 36, & Mary A., ae 35, b. July 2, 1848	54
APPLEMAN, Frances, m. Jonathan **ALLEN**, Jr., of Portersville, Ct., May 6, 1850, by Rev. E. T. Hiscox	14
ARMSTRONG, Alvan, mason, res. Almshouse Norwich, d. Oct. 17, 1850, ae 71	162
C. M., moulder, m. Ora **BARSTOW**, Apr. 3, 1851, by Rev. Loveland	28
Edward P., s. Lorenzo D., manufacturer, ae 31, & Sarah, ae 27, b. July 15, 1850	93
Elizabeth, m. Samuel **DALEY**, of Springfield, Mass., Sept. 5, 1850, by Rev. John Lovejoy	28
Harriet E., d. Robert, iron moulder, & Harriet, b. Nov. [ ], 1850	100
Leonard, farmer, ae 63, of Norwich, m. 2d w. Maria **VERGASON**, ae 50, b. New London, Nov. 4, 1849, by Christopher Leffingwell	20
Lorenzo L., s. Lorenzo D., papermaker, ae 29, & Sarah A., ae 25, b. Mar. 5, 1848	56
Lucy A., m. Amasa L. **ROSE**, of Norwich, Oct. 28, 1849, by Rev. E. T. Hiscox	15
Lucy A. D., m. George W. **WHEELER**, carpenter, of Norwich, Apr. 28, 1850, by Rev. E. T. Hiscox	15
Mary A., mantua maker, ae 22, of Norwich, m. Charles **WOODWORTH**, farmer ae 24, b. Montville, res. Norwich, Feb. 9, 1848, by Jabez Swan	2
Robert, res. Norwich, m. Harriet **BUSHNELL**, Feb. 6, 1850, by Rev. John Lovejoy	19
——, d. Henry B., farmer, ae 27, & Sarah S., ae 32, b. Jan. 13, 1850	94
ARNOLD, Lucy, b. West Greenwich, res. Norwich, d. Jan. 23, 1850, ae 81,	160
Mary E., d. Sylvester, laborer, ae 24, & Mary E., ae 28, b. Mar. 2, 1851	102
ASPENWALL, Annie, d. George, manufacturer, ae 32, & Mary, ae 25, b. June 23, 1851	109
ATCHESON, **ATCHISON**, Ann, d. Robert, laborer, ae 32, & Eliza, ae 38, b. Apr. 10, 1850	93
Ellen, d. Aug. 7, 1849, ae 3m.	60
Frances A., d. William, laborer, ae 34, & Eliza, ae 32, b. May 27, 1850	93
ATKINSON, Margaret, m. Samuel A. **BUTLER**, of Norwich, Oct. 20, 1850, by Rev. E. T. Hiscox	22
AUSTIN, Ann, d. George, blacksmith, & Ann, b. Sept. 5, 1849	86
C. A. R., of Springfield, m. Mary A. **WRIGHT**, of Norwich, Sept. 10, 1848, by by Rev. J. P. Gulliver	9
——, child of John, blacksmith, ae 32, & Louisa, ae 31, b. Jan. 31, 1848	57
——, st. b. child of Peter, stone cutter, ae 41, & Eliza A., ae 41, b. June 26, 1850	88
AVERY, Augusta, d. Elbridge, eating house, ae 32, & Mary, ae 22, b. Mar. 19, 1849	66
Isabella, d. George, merchant, ae 33, & Margaret, ae 25, b. Mar. 1, 1848	49
Jabez H., farmer, ae 25, res. Windham, m. Juliet **MURRAY**, ae 25, Apr. 16, 1849, by Rev. E. T. Hiscox	9

	Page
AVERY, (cont.),	
Jabez H., farmer, b. Lebanon, res. Norwich, d. Aug. 16, 1850, ae 26	161
Jerusha A., m. Theophilus T. **WINDSHIP**, of Norwich, Dec. 23, 1850, by Rev. Edw[ar]d P. Flagg	21
John Franklin, s. John, chair painter, ae 28, & Mary, ae 30, b. Jan. 17, 1850	83
Lucy Jane, d. Feb. 27, 1850, ae 10 3/4	158
Sarah M., ae 17, of Norwich, m. John **LEWIS**, tinsmith, ae 21, of Norwich, Feb. 2, 1851, by Rev. J. M. Coley	22
William, machinist, ae 23, b. Canterbury, res. Windham, m. Eunice **BREWSTER**, weaver, ae 20, b. Preston, res. Norwich, Nov. 25, 1848, by Rev. Levi Daggett	12
AYER, Clark H., s. Wolcott H., colorer, ae 26, & Lydia S., ae 22, b. Aug. 24, 1847	56
David M., merchant, res. Lowell, m. Ruth **SHERBOURNE**, res. Lowell, Aug. 26, 1848, by Rev. E. T. Hiscox	9
Julia Anna, d. Joseph S. & Ellis, b. Apr. 11, 1848	64
BABCOCK, Henry, s. William, painter, ae 26, & Elizabeth, ae 26, b. Mar. 25, 1850	93
Mary, m. James **DONLEY**, of Stonington, Sept. 9, 1849, by Rev. William F. Morgan	16
Mary, m. Richard P. **SPENCER**, res. Groton, July 3, 1850, by Rev. Cha[rle]s P. Bush	18
Sabrina, black, res. Almshouse, Norwich, d. Mar. 7, 1851, ae 76	162
BACKUS, Dorothy C., b. Mass., res. Norwich, d. Aug. 14, 1847, ae 77	150
Nancy E., ae 19, b. Norwich, m. William **SUGDEN**, merchant, ae 24, b. Middletown, res. Hartford, Aug. 23, 1849, by Rev. William F. Morgan	15
----, s. Joseph, merchant, ae 44, & Mary, ae 46, b. July 8, 1848	49
BACON, Nancy, servant, b. Colchester, res. Norwich, d. June 14, 1848, ae 35	149
BAILEY, Cynthia, teacher, ae 28, b. N.Y. State, m. Coddington **BILLINGS**, tailor, ae 40, b. Griswold, res. Norwich, Dec. 17, 1850, by Rev. Charles P. Bush	24
Joseph A., s. Jared D., blacksmith, ae 24, & Mary, ae 27, b. Feb. 14, 1848	63
Julian D., d. June 12, 1851, ae 1 1/2	164
Louis, d. June 21, 1851, ae about 20	163
Mary E., res. N. Stonington, m. Samuel G. **ADAMS**, res. Lebanon, Feb. 18, 1850, by Rev. Lawton Muzzey	19
Nancy, Mrs., b. Groton, res. Norwich, d. Oct. 15, 1849, ae 64	159
Samuel, shoemaker, d. Mar. 7, 1848, ae 83 y.	150
Sarah M. A., ae 22, b. Bozrah, m. Henry T. **BLAND**, carpenter, ae 26, b. Salem, res. Norwich, Jan. 4, 1848, by Rev. Whittemore	6
Susan F., res. Vermont, m. Lucius F. **ELLSWORTH**, res. East Windsor, Ct., Dec. 9, 1849, by Rev. Lawson Muzzey	19
BAKER, Eliza G., d. Daniel R., coacher, ae 32, & Rebecca T., ae 31, b. Aug. 23, 1850	95
George W., blacksmith, b. Salem, Ct., res. Norwich, d. June 21, 1851, ae 52	162
Gilbert P., cabinet maker, ae 21, b. Stafford, m. Clara M. **KINGSLEY**, ae 19, b. Franklin, Feb. 14, 1848, by Rev. John P. Gulliver	6
James, laborer, d. Feb. 17, 1848, ae 25 y.	145
John, s. James, engineer, ae 45, & Elizabeth, ae 40, b. Feb. 6, 1850	83
John, baker, ae 28, b. Germany, res. Norwich, m. Helen **MEIKLE**, ae 20, May 25, 1851, by Rev. Loveland	27
Susan, d. Apr. 27, 1848, ae 22 y.	145
BALDWIN, Elisha J., s. Jedediah, farmer, ae 30, & Deborah, ae 29, b. June 2, 1851	111
Emma, ae 22, b. N. Stonington, res. Newton, Mass., m. James **BOARDMAN**, machinist, ae 25, b. Griswold, res. Newton, Mass., Oct. 4, 1847, by Rev. John D. Baldwin	4
Martha, ae 21, b. Groton, m. Benjamin G. **HULL**, carpenter, ae 26, b. Stonington, res. Norwich, Oct. 16, 1848, by Rev. Hiscox	13

BARBOUR COLLECTION

	Page
BALDWIN, (cont.),	
William, s. John, papermaker, ae 42, & Caroline, ae 39, b. Mar. 29, 1848	56
William, d. July 3, 1848	146
BALLOW, Amelia, ae 18, m. Albert H. **ALMY,** merchant, ae 28, b. Killingly, res. Norwich, Oct. 4, 1847, by Rev. Alvan Bond	3
BALMFORTH, Benjamin W., m. Hannah **DRAKE,** Mar. 26, 1848, by George Carpenter	7
BANKS, Ann, m. Ebenezer **WOOD,** b. of Norwich, Oct. 3, 1847, by George Carpenter	7
BANNEY, Ellen, d. John, laborer, ae 31, & Catharine, ae 22, b. May 3, 1851	109
BARBER, Alexander, manufacturer, ae 23, b. Scotland, res. Norwich, m. Ellen M. **PIERCE,** ae 22, b. Boston, Mass., res. Norwich, Jan. 1, 1848, by Rev. Benton	4
Ann, d. June 6, 1851, ae 1	162
Ann, d. June 3, 1851, ae 1	163
Diantha, ae 28, b. Griswold, m. Nelson H. **EDDY,** farmer, ae 32, b. Mass., res. Dickson, Ill., Apr. 29, 1848	4
-----, child of Henry K., confectioner, ae 24, & Rebecca H., ae 19, b. July 5, 1848	60
-----, child of Henry K., d. July 5, 1848	148
-----, st. b. child of Willard, cigar maker, ae 29, & Elizabeth, ae 27, b. Nov. 17, 1850	96
BARKER, Ann, d. John, cotton worker, ae 25, & Elizabeth, ae 25, b. Apr. 17, 1850	89
Benjamin Fordyce, s. Benjamin F., physician, ae 30, & Elizabeth, ae 23, b. Dec. 27, 1847	49
Caleb, res. Killingly, m. Dimiss A. **CADY,** res. Norwich, Jan. 27, 1850, by Rev. Lawton Muzzey	19
Samuel L., m. Emeline G. **WESTCOTT,** June 25, 1850, by Rev. John Lovejoy	19
-----, w. W[illia]m H., b. Glastonbury, res. Norwich, d. Oct. 2, 1849, ae 29	169
BARNES, Abby P., m. William H. **KIMBALL,** res. Lowell, Mass., Oct. 29, 1847, by Rev. William F. Morgan	2
Frances J., s. John, trimmer, ae 43, & Emeline, ae 45, b. Oct. 24, 1850	107
BARNETT, Thomas, s. John, shoemaker, & Lucy, b. Feb. 13, 1849	77
BARNEY, Mary, d. John, laborer, ae 27, & Catharine, ae 21, b. Jan. 21, 1849	78
-----, Mrs., laborer, d. Aug. 1, 1851, ae 25	162
BARROWS, Anna H., d. Edwin, mason, ae 32 & Mary, b. May 2, 1851	101
Clarissa, b. Norwich, res. unknown, m. Felix D. **GRADY,** her 2d h., b. Natchez, Miss., res. unknown, July 8, 1849, by H. P. Arms	14
Oscar Hyde, s. S. S., carpenter, ae 48, & Lydia H., ae 38, b. Oct. 18, 1849	80
Thomas, merchant, ae 24, b. N.Y., res. N.Y., m. Sarah E. **COIT,** ae 23, Aug. 10, 1849, by Rev. Cha[rle]s P. Bush	18
BARRY, Sarah, d. David, laborer, & Winnefred, b. Dec. [ ], 1850	105
BARSTOW, Martha, Mrs., m. 2d h. Isreal J. **CONVERSE,** merchant, res. Cleveland, Ohio, July 31, 1848, by Rev. Alvan Bond	1
Ora, m. C. M. **ARMSTRONG,** moulder, of Norwich, Apr. 3, 1851, by Rev. Loveland	28
-----, d. George, machinist, ae 33, & Nancy, ae 34, b. July 14, 1848	49
-----, st. b. George, pattern maker, ae 35, & Nancy, ae 35, b. Nov. [ ], 1850	95
BARTLETT, Ezekiel, carpenter, ae 33, b. N. Hampshire, m. Prussia **DALEY,** ae 27, b. Thompson, Feb. 13, 1850, by Rev. L. Muzzey	18
BARTON, Robert L., of Bennett Store, Norwich, m. Catharine S. **BREWER,** Nov. 28, 1848, by Rev. Roberts	9
BASSETT, Alexander, illeg. s. Harriet A. **HILL,** housekeeper, colored, b. May 15, 1849	68
George, of Norwich, m. Ellen **McDAVID,** Oct. 7, 1850, by Rev. Alvan Bond	21

NORWICH VITAL RECORDS 161

	Page
BASSETT, (cont.),	
John A., s. William, laborer, ae 35, & Susan, ae 30, b. Sept. [ ], 1850	105
Margaret, of Norwich, m. John **McNEAL**, of Westerly, Sept. 7, 1850 by Rev. Alvan Bond	21
-----, d. William, laborer, ae 30, & Susan, ae 29, b. Mar. 17, 1849	76
BATES, Benjamin, Jr., of Norwich, m. Zoar Ann **TOWN**, May 16, 1850, by Rev. E. T. Hiscox	14
Edward, s. Benjamin, mechanic, & Zoe, b. [, 1850]	105
BATTEY, BATTY, Giles, laborer, m. Electa **LeROY**, July 3, 1851, by Mr. Bush	25
-----, w. Giles, d. Nov. 3, 1850, ae 38	163
BATZ, Edward, s. Benjamin, boot maker, ae 31, & Zoa A., ae 21, b. Mar. 21, 1851	100
BEARDSLEY, Arthur N., attorney of Utica, m. Louisa H. **ADAMS**, Apr. 18, 1850, by Rev. William F. Morgan	15
BEAUMONT, Mary, d. Esther, washwoman, mulatto, ae 40, b. May 4, 1848	63
Nelson, m. Jane C. **SNOW**, Nov. 28, 1850, by Rev. John Lovjoy	28
BEAUVEL, Rosell, ae 24, b. East Hartford, m. William **CULVER**, 2d, mason, ae 31, b. N. London, res. Norwich, June 5, 1849	12
BECK, Elizabeth, d. Peter, sailor, ae 23, & Mary, ae 24, b. Mar. 3, 1848	57
BECKWITH, Frank Edwin, s. Elisha W., tailor, ae 39, & Hannah A., ae 35, b. Feb. 20, 1848	49
James, b. Montville, res. Norwich, d. Sept. 15, 1848, ae 1	153
James, carman, b. N.Y., res. Norwich, d. Sept. 28, 1849, ae 26	159
James Henry, s. James, cartman, ae 26, & Laura, ae 27, b. Feb. 15, 1850	90
James Williams, s. William, blacksmith, ae 26 & Julia, ae 21, b. Sept. 14, 1849	90
John, d. July 11, 1851, ae 69	162
John Robert, s. Robert, cotton worker, ae 31, & Elizabeth, ae 30, b. May 31, 1850	86
Julia A., m. Cyrus **BROWN**, machinist, of Norwich, Apr. 14, 1850, by Rev. Hiram P. Arms	20
Mary, ae 24, b. Greenport, L.I., res. Norwich, m. Charles **LOGAN**, manufacturer, ae 38, b. Hampton, res. Norwich, Nov. 28, 1847, by Comfort D. Fillmore	6
William, b. Franklin, res. Franklin, d. Mar. 22, 1848, ae 15 m.	150
BEEBE, Alfred H., s. Alfred, engineer, ae 30, & Sarah C., ae 26, b. May 28, 1849	79
Amelia G., paper finisher, ae 23, b. Norwich, m. Henry W. **CARVER**, cloth finisher, ae 28, of Norwich, May 6, 1848, by Rev. Christopher Leffingwell	8
Frances A., d. Silas, farmer, ae 25 to 30, & Mary, ae 25 to 30, b. June 2, 1849	78
Mary G., ae 24, b. Bozrah, res. Norwich, m. Henry W. **CARVER**, manufacturer, ae 28, of Norwich, May 7, 1848, by Christopher Leffingwell	6
Revillo Chapman, s. William, butcher, ae 33, & Harriet, ae 27, b. Sept. 2, 1849	90
BEEKMAN, Lucy, d. June 9, 1851, ae 86	161
BELL, Isaac, papermaker, ae 32, b. Ireland, res. Norwich, m. 3d w. Eliza **MIDDLETON**, ae 24, b. Ireland, res. Norwich, Oct. 24, 1847, by Rev. Benton	4
Isaac J., s. Isaac, paper maker, ae 40, & Eliza, ae 23, b. Aug. 24, 1848	72
William George, s. George, laborer, ae 32, & Eliza, ae 25, b. May 25, 1850	88
BEMUS, Eliza, tailoress, ae 27, b. Groton, res. Norwich, m. 2d h. William **PIERSON**, mariner, ae 43, b. New York, res. Norwich, Nov. 15, 1847, by Rev. John Howson	2
BENJAMIN, Mary, d. Sidney, blacksmith, ae 23, & Elizabeth, ae 21, b. Aug. 13, 1849	90
Mary, d. May 11, 1850, ae 9 m.	159
Sidney, of Norwich, m. Elizabeth B. **RATHBUN**, Nov. 6, 1848, by Rev. E. T. Hiscox	9
BENNETT, Albert W., d. Sept. 4, 1848, ae 16 m.	154
James, laborer, ae 23, b. Conn., res. Norwich, m. Isabella **LOW**, ae 23, b.	

	Page
BENNETT, (cont.),	
Scotland, June 29, 1851, by Rev. Lawson Muzzey	24
Jane Aurelia, d. Nathan, carpenter, ae 31, & Abby J., ae 28, b. Dec. 27, 1849	89
Roxanna, d. Charles P., farmer, ae 37, & Mary Ann, ae 32, b. Apr. 11, 1850	94
-----, d. Jan. 15, 1850, ae 2 hr.	158
BENTLEY, Andrew J., mariner, ae 22, of Norwich, m. Abby **KINNEY,** of Norwich, Dec. [ ], 1848, by Rev. D. N. Bentley	9
Anna C., ae 30, m. Samuel E. **RICE,** machinist, ae 26, b. Baltimore, Md., res. Baltimore, Dec. 10, 1849, by Rev. D. N. Bentley	17
Edwin, Dr., physician, ae 26, b. N. Stonington, res. Norwich, m. Elizabeth **TOURTELLOT,** ae 26, b. N. Stonington, Dec. 10, 1849, by Rev. D. N. Bentley	17
Edwina, d. Edwin, physician, ae 25, & Elizabeth, ae 24, b. Sept. 20, 1850	95
Mary, d. June 14, 1851, ae 36	165
Oliver H., laborer, ae 35, b. Stonington, m. Emma G. **FORD,** ae 30, b. Bozrah, Apr. 20, 1851, by Rev. Muzzey	24
BERRY, Catharine, d. David, laborer, ae 34, & Winneford, ae 30, b. June 11, 1848	60
David*, laborer, ae 34, b. Ireland, res. Norwich, m. Winneford **RINE,** ae 30, b. Ireland, Oct. 27, 1847, by James Brady *[His 2d marriage]	5
BIDWELL, Mary J., ae 22, b. Hartford, m. Simeon N. **LAVENDER,** seaman, ae 22, b. Nova Scotia, res. Norwich, Nov. 18, 1849, by Rev. Daggett	18
BIGELOW, -----, s. Joel, cabinet maker, ae 24, & Laura E., ae 25, b. June 8, 1851	96
BILL, Gurdon H., s. Henry, book agent, ae 26, & Judah O., ae 26, b. June [ ], 1851	107
Mary H., d. Elijah A., merchant, ae 43, & Angeline A., ae 38, b. Sept. 14, 1847	55
-----, d. Frank, clergyman, res. East Haddam, & Rowena, b. Aug. 1, 1850	109
BILLINGS, Alonzo, b. Conn., res. Norwich, d. Oct. 17, 1849, ae 30	157
Catharine K., d. Nov. 9, 1849, ae 49	158
Coddington, tailor, ae 40, b. Griswold, res. Norwich, m. 2d w. Cynthia **BAILEY,** teacher, ae 28, b. N.Y. State, Dec. 17, 1850, by Rev. Charles P. Bush	24
Fanny, d. Oct. 4, 1850, ae 72	163
Martha L., d. Elisha P., farmer, ae 40, & Mary T., ae 40, b. Oct. 8, 1849	94
BILLS, William L., s. Geroge C., coffee grinder, ae 25, & Mary G., ae 22, b. May 29, 1848	52
BINGHAM, Andrew A., s. Andrew R., merchant, ae 25, & Mary E., ae 23, b. Dec. 5, 1847	55
Charles H., s. Nathan W., farmer, ae 29, & Sarah, ae 29, b. June 17, 1851	110
Cordelia E., d. A. R., merchant, ae 27, & A. E., b. Feb. 16, 1851	100
Eunice R., ae 22, b. Norwich, m. John C. **LUCE,** machinist, ae 24, b. Canterbury, res. Bozrah, Oct. 5, 1847, by Rev. William Birchard	8
Marcia, Mrs., b. Windham, res. Norwich, d. Jan. 27, 1850, ae 46	158
BISCON, John, m. Ellen **CLINTON,** Sept. 23, 1849, by Rev. Flagg	16
BIXBY, Angeline, of Newton, Mass., m. Levi F. **COWDEN,** of Brighton, Mass., Sept. 11, 1848, by L. H. Young, Esq.	9
BLACKMAN, George F., railroad depot, ae 37, b. Andover, res. Norwich, m. 2d w. Eliza **HUBBARD,** ae 44, of Norwich, Apr. 7, 1851, by Rev. Gulliver	22
BLAND, Henry T., carpenter, ae 26, b. Salem, res. Norwich, m. Sarah M. A. **BAILEY,** ae 22, b. Bozrah, Jan. 4, 1848, by Rev. Whittemore	6
BLEND, Charles, s. John, b. June 6, 1851, (Perhaps "BLAND" or "BLOND")	101
BLISS, Alvin, machinist, ae 25, b. Glastonbury, res. Norwich, m. Ann **JILLSON,** ae 18, b. S. Windsor, Oct. 16, 1849, by Rev. James T. Mather	17
George W., s. S., machinist, ae 29, & Jane, ae 29, b. Feb. 16, 1849	69
Henry Harrison, s. Sanford, cotton worker, & Martha, b. July 7, 1850	89
Sanford J., m. Martha C. **SPENCER,** Dec. 19, 1847, by George Carpenter	7

	Page
BLISS, (cont.), William W., d. Aug. 16, 1850, ae 17	161
BLOWELL, John, of Norwich, m. Ann **NEWFIELD**, July 13, 1851, by Rev. Hiram P. Arms	29
BLUNDELL, Josephine, d. John, cotton worker, ae 49, & Mary, ae 44, b. May 5, 1850	86
Martha, ae 18, b. Ireland, m. Frederick **HAYFIELD**, laborer, ae 23, b. Ireland, Sept. 1, 1850, by an Episcopalian	24
Martha A., m. Frederick H. **HAYFIELD**, of Norwich, Sept. 1, 1850, by Rev. Morgan	21
BOARDMAN, James, machinst, ae 25, b. Griswold, res. Newton, Mass., m. Emma **BALDWIN**, ae 22, b. N. Stonington, res. Newton, Mass., Oct. 4, 1847, by Rev. John D. Baldwin	4
BOGUE, Jerusha, ae 28, b. Salem, m. Henry **YER[R]INGTON**, laborer, ae 21, b. Norwich, res. Norwich, May 13, 1851, by Rev. Goff	24
BOHNSTIEL, Elizabeth, d. Henry, bleacher, ae 35, & Mary C., ae 26, b. Nov. 25, 1848	72
BOND, Alvan C., merchant, b. Sturbridge, Mass., d. Nov. 12, 1847, ae 21	144
BONNER, James, pedler, ae 27, b. England, res. Tiverton, R.I., m. Augusta **HUNTINGTON**, ae 18, b. Norwich, May 8, 1848, by Rev. John Howson	3
BOON, Emma J., d. E. G., machinist, ae 32, & Mary S., ae 33, b. May 6, 1851	107
BOSWELL, Charles, s. John W., farmer, ae 38, & Eliza, ae 34, b. Sept. 12, 1850	96
Frances A., m. Hamlin B. **BUCKINGHAM**, of Norwich, June 10, 1851, by Rev. Alvan Bond	21
John G., painter & glazier, ae 40, b. England, res. Norwich, m. Lydia A. **OSBORN**, ae 38, b. Lebanon, res. Norwich, Sept. 22, 1850, by John T. Waite, Esq.	29
John G., painter, of Mystic, m. Lydia Ann **OSBORN**, of Mystic, Sept. 22, 1850, by John T. Waite, Esq.	29
BOTTOM, Albert G., s. William D., wheelwright, ae 35, & Elizabeth, ae 31, b. Nov. 3, 1850	100
Ann E., mantua maker, b. Lisbon, res. Norwich, d. Sept. 17, 1847, ae 20	145
Annah M., d. George G., carpenter, ae 24, & Maria S., ae 24, b. Apr. 17, 1848	54
Ellen S., ae 22, b. Griswold, m. George H. **ROSE**, mason, ae 20, b. Coventry, res. Norwich, Nov. 25, 1847, by Rev. Christopher Leffingwell	5
George H., s. George, carpenter, ae 26, & Maria, ae 25, b. Aug. 23, 1849	84
Susan, b. Lisbon, res. Norwich, d. Jan. 26, 1848, ae 31 y.	145
Susan M., d. William D., carriage maker, ae 32, & Susan, ae 31, b. Jan. 2, 1848	54
Susan M., d. Feb. 24, 1848, ae 6 wks	145
William, farmer, b. Lisbon, res. Norwich, d. Apr. 6, 1849, ae 58 y.	152
BOWEN, Sarah, ae 23, b. Norwich, m. Joshua **MAYO**, merchant, ae 28, res. Boston, June 28, 1848, by Rev. W[illia]m F. Morgan	6
BOYD, Danforth R., res. Spencer, Mass., m. Susan E. **CUSHMAN**, Aug. 15, 1847, by Rev. William F. Morgan	1
BRACKENRIDGE, Newell, s. Newell C., merchant, ae 31, & Martha L., ae 30, b. Nov. 22, 1849	90
BRACKLEY, Emeline, d. Thomas, laborer, ae 35, & Alice, ae 35, b. Jan. 29, 1851	100
BRADBURY, James H., s. James, machinist, ae 34, & Mary, ae 33, b. June 19, 1848	57
James H., d. Apr. 20, 1849, ae 10 m.	153
Mary Elizabeth, d. James, machinist, ae 36, & Mary, ae 36, b. May 28, 1850	87
BRADLEY, -----, d. John, stone cutter, & Mary, b. Nov. 13, 1850	109
BRADY, Francis, d. Jan. 21, 1849, ae 19 m.	153
BRAHM, William, s. Jacob, ae 23, & Anna, ae 19, b. Feb. 14, 1849	76
BRAM, Andrew, d. May 3, 1851, ae 10 m.	164

	Page
BRAMAN, Sylvia, ae 24, b. Uxbridge, Mass., m. 2d h. Samuel **GREEN**, silversmith, ae 22, res. Uxbridge, Mass., Dec. 23, 1847, by Sidney Dean	3
William, s. Henry, harness maker, ae 46, & Mary, ae 44, b. Nov. 23, 1850	109
-----, child of Henry J., harness maker, ae 42, & Mary M., ae 39, b. Jan. 28, 1848	56
BRANCH, Lyman A., s. Augustus, carpenter, ae 34, & Martha C. F., ae 32, b. Dec. 15, 1849	87
-----, s. Elisha P., clerk, ae 35, & Rosina, b. Feb. 27, 1848	52
BRAYTON, Charles R., seaman, ae 36, b. Groton, res. Norwich, m. 3d w. Rhoda Ann **SCHERMERHERN**, ae 37, Apr. 14, 1850, by John T. Waite, Esq.	14
Charles R., sailor, black, of Norwich, m. Rhoda Ann **SCHERMERHORN**, black, [, 1850?], by John P. Waite, Esq.	20
BREED, Andrew H., s. Edwin, carpenter, ae 35, & H. L., ae 35, b. [, 1849?]	69
Caroline, ae 27, b. Stonington, res. Norwich, m. John **WASHINGTON**, mariner, ae 33, of Groton, Aug. 4, 1850, by Rev. J. M. Coley	22
Harriet B., b. Stonington, res. Norwich, d. May 11, 1849, ae 41 y.	152
Harriet J., d. Edward, carpenter, ae 35, & Harriet L., ae 33, b. Sept. 19, 1847	54
James, s. James, merchant, ae 47, & Sarah L., ae 38, b. Nov. 25, 1847	49
Joseph, merchant, of Norwich, d. Oct. 8 ,1847, ae 54	144
Mary, ae 37, b. Stonington, res. Norwich, m. 2d h. John H. **MILLER**, ship rigger, ae 30, of East Boston, Sept. 30, 1850, by Rev. J. M. Coley	22
Rebecca, d. Aug. 13, 1848, ae 64	151
BREHM, Frederick, s. Philip, brewer, ae 31, & Christiana, ae 21, b. Nov. 27, 1849	80
Philip, b. Germany, res. Norwich, m. Christine **EBERLE**, Mar. 24, 1849, by H. P. Arms	13
Susan, d. Philip, brewer, ae 32, & Christiana, ae 22, b. May 14, 1851	106
BRENNAN, Anna, m. John **MALLY**, carder, b. Ireland, res. Norwich, [, 1850?]	18
BREWER, Catharine S., m. Robert L. **BARTON**, Bennett Store, of Norwich, Nov. 28, 1848, by Rev. Roberts	9
Elizabeth E., b. Norwich, m. Edward **CHAPPELL**, lumber merchant, b. New London, res. Norwich, July 11, 1848, by Rev. William F. Morgan	1
BREWSTER, Betsey, dressmaker, ae 39, b. Preston, res. Norwich, m. Edward **STEELE**, farmer, ae 36, b. Manchester, res. Manchester, Dec. 25, 1848, by Rev. Levi Daggett	12
Catharine, d. Sept. 1, 1849, ae 24	160
Eliza, black, b. Colchester, res. Almshouse Norwich, d. July 30, 1851, ae 80	162
Eliza, black, domestic, d. July 30, 1851, ae 60	164
Elizabeth, b. Preston, res. Norwich, d. May 27, 1848, ae 83	144
Elizabeth, b. Norwich, m. William **DAVISON**, laborer, b. New London, res. Norwich, Mar. 28, 1851, by Rev. J. M. Coley	24
Elizabeth H., ae 20, of Norwich, m. William **DAVISON**, iron founder, ae 23, of Norwich, Mar. 30, 1851, by Rev. William Palmer	22
Eunice, weaver, ae 20, b. Preston, res. Norwich, m. William **AVERY**, machinist, ae 23, b. Canterbury, res. Windham, Nov. 25, 1848, by Rev. Levi Daggett	12
BRIGGS, Huldah A., b. Canterbury, res. Norwich, d. Aug. 30, 1849, ae 34	156
BRIHANNY, Thomas, m. Cattarine **STEPLETON**, Oct. 6, 1850, by a Catholic Priest	25
BRITTLEY, William, laborer, ae 36, b. Ireland, m. Catharine **HARRINGTON**, ae 35, b. Ireland, Aug. 4, 1847, by Rev. John Brady	2
BROCKLEY, Susan, d. T., laborer, & J., b. Sept. 18, 1848	69
BROMLEY, BRUMLEY, Edward R., s. George, mariner, ae 31, & Sarah, ae 28, b. Apr. 9, 1848	53
Gurdon, b. Preston, res. Norwich, d. July 23, 1848, ae 8 y.	146
Hannah, b. Groton, res. Norwich, d. June 18, 1848, ae 70 y.	149
Horace D., s. Horace, farmer, ae 24, & Eunice, ae 21, b. Oct. 14, 1848	74

	Page
BROMLEY, BRUMLEY, (cont.),	
Mary L., d. George, clerk of customs, ae 35, & Sarah, ae 28, b. Aug. 25, 1850	98
Nancy, b. Preston, m. John **GREEN**, b. R.I., Dec. 15, 1850, by Mr. Muzzey	25
Robert D., s. Amos, laborer, ae 40, & Eliza A., ae 36, b. Oct. 15, 1848	75
BROOKS, Hannah F., d. Jonathan W., physician, ae 38, & Delia A., ae 33, b. Aug. 18, 1849	93
Harriet A., d. Sept. 2, 1847, ae 4	148
Jonathan, s. Jonathan, physician, & Delia, b. Sept. 6, 1847	62
Mary E., d. Apr. 5, 1851, ae 2	162
Mary Eliza, d. George, laborer, ae 35, & Cynthia, ae 33, b. Apr. 12, 1851	102
William Cary, s. Jonathan W., physician & surgeon, ae 39, & Delia A., ae 34, b. Apr. 6, 1851	108
-----, child of George, machinist, ae 33, & Cynthia, ae 30, b. Aug. 1, 1847	57
-----, d. George, machinist, ae 34, & Cynthia, ae 32, b. July 28, 1849	73
BROWN, BROWNE, Alida, d. Oct. [ ], 1847, ae 10 m.	144
Anestasia, d. William T., boat maker, ae 34, & Elizabeth, ae 29, b. July 27, 1848	49
Angeline, ae 25, b. Montville, m. John **FRANCIS**, iron worker, ae 25, b. Hartford, res. Norwich, Sept. 6, 1847, by Rev. E. T. Hiscox	4
Christopher, shoemaker, b. Groton, res. Norwich, d. June 25, 1849, ae 52	152
Cyrus, machinist, of Norwich, m. Julia A. **BECKWITH**, Apr. 14, 1850, by Rev. Hiram P. Arms	20
E. M., ae 17, b. Preston, m. E. P. A. **CHEESEBROUGH**, farmer, ae 18, of Norwich, Nov. 19, 1848, by Elder Blake	10
Edward, s. Edward, laborer, ae 30, & Mary C., ae 31, b. June 11, 1850	80
Emma, d. Robert, engineer, ae 24, & Betsey, ae 21, b. Oct. 17, 1849	84
Fanny, m. George **DENISON**, sailor, of Norwich, May 12, 1850, by Rev. B. M. Walker	17
Francis G., merchant, of Norwich, m. Harriet K. **THURSTON**, b. Preston, Nov. 22, 1847, by Rev. John P. Gulliver	1
Francis G., merchant, ae 35, b. Colchester, res. Norwich, m. Harriet W. **THURSTON**, school-teacher, ae 27, b. Preston, Nov. 22, 1847, by Rev. John P. Gulliver	8
Frank, of Boston, m. Mary Ann **ROGERS**, Jan. 20, 1850, by John D. Parke, Esq.	16
Harriet, chair dealer, d. Sept. 22, 1849, ae 4	156
Harriet L., d. Francis G., speculation, ae 38, & Harriet K., ae 29, b. Sept. 16, 1848	79
John C., m. Laura W. **GOULDING**, Mar. 23, 1851, by Rev. John Lovejoy	28
Laura, ae 30, b. R. Island, m. Joseph R. **STEDMAN**, shoemaker, ae 30, b. R. Island, res. Norwich, Aug. 3, 1847, by Rev. E. T. Hiscox	2
Lewis Alexander, s. Jedediah, laborer, ae 52, & Aurilla, ae 43, b. Sept. 23, 1849	89
Lydia C., ae 22, b. Preston, m. James **DEWSETT**, machinist, ae 24, b. New London, Oct. 20, 1848, by Rev. Jabez L. Swan	11
Mary, d. Edmund, laborer, & Mary, b. Jan. 31, 1849	69
Mary B., d. Alfred F., weaver, ae 26, & Abigail, ae 21, b. Nov. 2, 1847	57
Mary Esther, d. William, steamboat pilot, ae 33, & Mary, ae 30, b. Apr. 2, 1848	49
Olivia, d. John, laborer, ae 54, & Esther, ae 44, b. Apr. 17, 1851	101
Robert, railroad, b. Westerly, R.I., res. Norwich, d. Feb. 14, 1848, ae 47	144
Robert, railroad contractor, b. Westerly, R.I., res. Norwich, d. Feb. 15, 1848, ae 39	148
Sarah A., b. R. Island, m. B. C. **SALSBURY**, moulder, b. Warren, R.I., res. Providence, Aug. 3, 1847, by Rev. E. T. Hiscox	2
Sarah A., ae 24, weaver, b. Montville, res. Norwich, m. Loren **LEWIS**, spinner, ae 24, b. Plainfield, res. Norwich, Mar. 12, 1849, by Rev. Salter	12
Thomas, machinist, b. Foster, R.I., res. Norwich, d. May 31, 1849, ae 74	152
Thomas G., s. Thomas G., laborer, ae 36, & Jane, ae 33, b. Oct. 16, 1850	96

166   BARBOUR COLLECTOIN

	Page
BROWN, BROWNE, (cont.),	
William S., d. May [ ], 1851, ae 5	164
BROWNING, -----, d. Hiram, machinist, ae 34, & Prudence, ae 30, b. May 23, 1849	71
BRUMLEY, [see under **BROMLEY**]	
BUCK, Elisha, teamster, colored, b. Lisbon, res. Norwich, d. Apr. 9, 1850, ae 33	160
Eliza, d. Elisha, laborer, black, ae 30, & Roxana, ae 30, b. Aug. 10, 1848	61
-----, w. William, b. Montville, res. Norwich, d. Sept. 9, 1847, ae 51	144
-----, s. Wid. C., washerwoman, black, ae 32, b. July [ ], 1850	93
-----, male, black, d. July [ ], 1850, ae 4 d.	160
BUCKINGHAM, Hamlin B., of Norwich, m. 2d w. Francis A. **BOSWELL,** June 10, 1851, by Rev. Alvan Bond	21
-----, w. H. B., d. Apr. 15, 1849, ae 54 y.	151
BULKELEY, Charles, s. John, merchant, ae 42, & Eliza, ae 36, b. July 30, 1851	109
Mary Lee, d. John W., merchant, ae 40, & Eliza, ae 33, b. Apr. 16, 1849	78
BULL, Henry, merchant, b. Milford, res. Norwich, d. Apr. 28, 1849, ae 38	151
Mary Coit, d. Henry, merchant, ae 36, & Mary H., ae 33, b. Mar. 29, 1848	49
BULLARD, Albert E., s. Charles, engineer, ae 30, & Elizabeth, ae 24, b. Apr. 4, 1850	90
Ida J., d. Charles, engineer, ae 27, & Elizabeth, ae 22, b. Nov. 2, 1848	76
BURDICK, BURDIC, Ellen, d. Evan. carpenter, & Sarah, b. Nov. 23, 1848	76
George F., s. Thomas, mechanic, ae 25, & Sarah E., ae 22, b. Nov. 28, 1851	107
Ida, d. Evan, joiner, ae 31, & Nancy, ae 29, b. June [ ], 1850	105
Matthew T., farmer, ae 28, b. N.Y., res. N.Y., m. Caroline A. **TAYLOR,** ae 27, b. Stonington, Mar. 3, 1850, by Rev. Ja[me]s M. Coley	17
Randall, laborer, b. R.I., res. Norwich, d. May [ ], 1850, ae 44	159
Thomas G., shoemaker, ae 22, b. Preston, res. Norwich, m. Sarah **HARDENBURGH,** ae 19, b. New London, Aug. 29, 1847, by Rev. L. C. Brown	6
William, b. New London, res. unknown, m. Frances **SHELDON,** b. Montville, res. unknown, June 3, 1849, by H. P. Arms	14
-----, w. Mr. Joel, b. Stonington, res. Norwich, d. Nov. 1, 1849, ae 47	156
BURDOCK, Caroline H., d. Samuel, ae 30, & Lydia, ae 28, b. Dec. 25, 1850	104
BURGESS, Chauncey, d. Aug. 8, 1850	161
Edwin S., moulder, of Norwich, m. Mary Jane **FINNEY,** Jan. 12, 1851, by Rev. Alvan Bond	28
BURKE, Mary Ann, d. Michael, laborer, ae 32, & Mary C., ae 30, b. Dec. 16, 1848	66
BURNHAM, Mary T., b. Douglass, Mass., res. Norwich, d. May 25, 1848, ae 9	145
BURNS, [see also **BYRNES**], Michael, b. Ireland, res. Norwich, d. Dec. 31, 1850, ae 67	163
BURR, Catharine, d. Frances, ae 22, & Elizabeth, ae 20, b. June 11, 1849	76
BUSH, Anne E., d. Charles P., clergyman, ae 35, & Phillipa O., ae 26, b. July 21, 1849	74
Caroline E., d. Charles P., clergyman, ae 33, & Phillipa C., ae 25, b. Nov. 4, 1847	57
John, d. July 23, 1848, ae 2	149
Maria, ae 24, b. Lyme, m. Josiah **PARKINSON,** factory, ae 20, b. Vernon, res. Norwich, Feb. 12, 1849, by Rev. Sidney Dean	11
Walter G., s. Charles P., clergyman, ae 27, & Phillippa, ae 29, b. Mar. 28, 1851	104
BUSHNELL, Anson Eugene, s. Hannah, ae 26, b. Nov. 19, 1849	94
Charles H., mariner, ae 22, of Norwich, m. Harriet N. **CONGDON,** ae 21, of Norwich, July 9, 1848, by Rev. Martin H. Rising	3
Charles H., mariner, ae 22, b. Norwich, res. Norwich, m. Harriet N. **CONGDON,** ae 22, b. Salem, July 9, 1848, by Rev. Martin H. Rising	4
Frances W., tavernkeeper, ae 52, b. Norwich, res. Norwich, m. 2d w. Louisa **HOWE,** ae 38, [, 1848?], by Mr. Comstock	1
Hannah, m. Geo[rge] W. **PARKHURST,** June 29, 1851, by Rev. Muzzey	24

NORWICH VITAL RECORDS 167

Page

BUSHNELL, (cont.),
    Hannah, ae 27, b. Norwich, res. Norwich, m. George W. **PARKHURST**, farmer,
        ae 30, b. Plainfield, res. Mansfield, June 29, 1851, by Rev. Lawson Muzzey   29
    Harriet, m. Robert **ARMSTRONG**, res. Norwich, Feb. 6, 1850, by Rev. John
        Lovejoy   19
    Harriet N., d. Charles H., fish market, ae 23, & Harriet N., ae 23, b. May 12,
        1849   66
    Henry W., d. Dec. 28, 1850, ae 22   161
    John, farmer, ae 20, b. Norwich, res. Lisbon, m. Mary **MAYNARD**, June 18,
        1848, by Rev. Levi Nelson   7
BUSSEY, Albert, s. James, tailor, & Phebe, b. Nov. 15, 1848   76
BUSWELL, John G., farmer, ae 30, b. Norwich, res. Lisbon, m. Lydia A. **OSBORN**,
    ae 28, res. Norwich, July 7, 1850, by Rev. D. N. Bentley   17
    -----, w. Lemuel, d. Feb. 19, 1850, ae 80   156
BUTLER, Anna, d. May [ ], 1848, ae 5   144
    Mortimer S., carpenter, b. unknown, res. Norwich, d. Apr. 8, 1848, ae 50   148
    Samuel A., of Norwich, m. Margaret **ATKINSON**, Oct. 20, 1850, by Rev. E. T.
        Hiscox   22
BUTTON, Emma L., d. Lucius L., shoemaker, ae 36, & Abby S., ae 26, b. May 8,
    1848   61
    Emma L., d. June 7, 1849, ae 13 m.   154
BUTTS, Lucretia, ae 30, b. Plainfield, m. Darius **GARDINER**, merchant, ae 31, b.
    Bozrah, res. Norwich, Apr. 30, 1849, by Rev. John Lovejoy   12
    Lyman W., d. Mar. 17, 1851, ae 1   163
    Lyman Witter, s. David, farmer, ae 45, & Susan P., ae 49, b. Dec. 27, 1849   87
BYRNES, [see also **BURNS**], James H., d. Mar. 6, 1848, ae 3 1/2 y.   148
    Philip, s. Thomas, laborer, ae 40, & Mary, ae 32, b. Sept. 2, 1850   105
    Thomas, d. Aug. 20, 1847, ae 8 m.   148
    -----, child of Thomas, laborer, ae 40, & Mary, ae 29, b. May 28, 1848   61
BYRON, Walter, d. Sept. 11, 1850, ae 3   163
CADY, Dimiss A., res. Norwich, m. Caleb **BARKER**, res. Killingly, Jan. 27, 1850, by
    Rev. Lawton Muzzey   19
    George, s. William W., wheelwright, ae 24, & Lois, ae 20, b. Nov. 16, 1849   86
    -----, child d. Aug. 11, 1850   163
CAHILL, Mary, m. Patrick **REGAN**, Nov. 16, 1850, by a Catholic Priest   26
CALHOUN, Mary A., d. Aug. 15, 1850, ae 13 m.   162
    Sarah A., d. Daniel, factory, ae 27, & Elizabeth, ae 23, b. Jan. 31, 1851   101
CALKINS, Lucy, d. Jan. 29, 1850, ae 85   165
CALLAHAN, Catharine, d. Lawrence, laborer, ae 28, & Mary, ae 26, b. Dec. 3, 1848   76
    Catharine, d. Dennis, laborer, ae 27, & Rose, ae 30, b. May 5, 1850   85
    -----, w. John, d. Providence, res. Norwich, d. Feb. 7, 1850, ae 64   166
CANADY, Catharine, d. Timothy, laborer, ae 22, b. Nov. 20, 1848   76
CANE, Bridget, d. Thomas, laborer, & Margaret, b. Aug. 5, 1849   70
CAPRON, Agnes Kelley, d. George W. & Sarah Ann, b. May 4, 1848   64
    Clarence P., s. Edward, carpenter, ae 34, & Emeline, ae 24, b. June 28, 1851   107
    George W., m. Sarah Ann **NORTH[R]UP**, b. of Norwich, Sept. 21, 1847, by
        Rev. George Carpenter   7
CARD, Lucy A., ae 22, b. Sterling, m. Paul B. **GREENE**, manufacturer, ae 23, of
    Norwich, May 19, 1848, by Rev. Hiscox   4
    Mary, ae 53, b. R.I., m. 2d h. Thomas **KENYON**, laborer, ae 58, b. R.I., res.
        Norwich, Jan. 19, 1851, by Rev. Shailer   24
    -----, s. James, shoemaker, & Brongon, b. July [ ], 1851   105
CAREW, James S., of Norwich, m. Leoni **GRANDYEAR**, Aug. 20, 1850, by Rev.

CAREW, (cont.),
   Morgan — 21
   Rebecca R., b. Norwich, res. Brooklyn, N.Y., m. William S. S. **RUSSELL**, railroad, of Brooklyn, N.Y., Oct. 19, 1848, by Rev. Alvan Bond — 10
CARY, Ellen M., b. Middletown, res. Norwich, d. Feb. 26, 1849, ae 8 y. — 153
   Hubbard, s. Lucius, gunsmith, of Worcester, & [   ], of Norwich, b. July 19, 1848 — 62
   Sophronia S., of Norwich, m. Alfred **DAVIS**, of Preston, Jan. 30, 1851, by Rev. E. T. Hiscox — 22
CARNER, John, b. Ireland, res. Almshouse, Norwich, d. May 17, 1851, ae 17 — 162
CARNEY, Michael, twin with stillborn male, s. Edward, laborer, ae 40, & Mary, ae 33 b. Sept. 17, 1850 — 98
-----, st. b. s., twin with Michael, of Edward, laborer, ae 40, & Mary, ae 33, b. Sept. 17, 1850 — 98
-----, st. b. male, Sept. 17, 1850 — 161
CARPENTER, Ann, ae 44, b. Ledyard, res. Norwich, m. 2d h. William **HOLT**, farmer, ae 63, b. Voluntown, res. Norwich, Nov. 24, 1850, by Rev. Hiram P. Arms — 29
   Julia A., d. Millington S., mariner, ae 30, & Julia, ae 25, b. June 27, 1851 — 98
   Peter, m. Maria **SHAYS**, Aug. 31, 1850, by Catholic Priest — 25
   Richard, farmer, b. Warwick, R.I., res. Norwich, d. July 22, 1848, ae 88 y. — 146
   -----, child of George, painter, ae 41, & Hannah, ae 35, b. Apr. 25, 1850 — 88
CAR[R], James, s. John, ae 25, & Elizabeth, ae 25, b. Apr. 7, 1849 — 75
CARRIER, Helen E., d. Titus, joiner, ae 29, & Sarah W., ae 25, b. Mar. 27, 1851 — 99
   Selden A., s. Alvan C., carpenter, ae 37, & Maria, ae 38, b. Mar. 6, 1848 — 54
CARRINGTON, Owen, s. John, Irish, ae 29, & Marcela, ae 22, b. July [ ], 1850 — 80
   Patrick, d. June 4, 1850, ae 25 — 156
CARROLL, Adams Pope, s. Lucius W., merchant, ae 36, & Charlotte, ae 31, b. June 20, 1850 — 85
   Bridget, d. Dennis, laborer, & Rose, b. June 13, 1849 — 68
   Frank, s. Joseph, shoemaker, ae 31, & Mary, ae 29, b. Feb. 12, 1849 — 68
   George H., painter, ae 23, b. Thompson, res. Norwich, m. Ann E. **RATHBUN**, ae 18, b. Salem, May 14, 1848, by Rev. Alvan Bond — 5
   George H., m. Ann E. Rathbone, May 14, 1848, by Rev. Alvan Bond — 1
   Henrietta, d. George H., painter, ae 25, & Ann Eliza, ae 21, b. May 4, 1850 — 80
   John, m. Bridget **MURTAGH**, Mar. 17, 1851, by a Catholic Priest — 27
   Mary Jane, b. New London, m. Lewis J. **YOUNG**, organ builder, of Hartford, Oct. 8, 1849, by Rev. William F. Morgan — 15
   Susan, ae 18, of Norwich, m. Joseph M. **CHENEY**, bleacher, ae 22, b. Providence, R.I., res. Norwich, May 18, 1848, by Rev. Hiscox — 4
CARROLY, Mary, d. Dennis, laborer, ae 40, & Catharine, ae 35, b. May 27, 1851 — 97
CARTER, Susan, b. Franklin, res. Norwich, d. Sept. 2, 1850, ae 31 — 164
   -----, child of James, laborer, & Mary Ann, b. July 5, 1848 — 64
CARVER, Henry W., cloth finisher, ae 28, of Norwich, m. Amelia G. **BEEBE**, paper finisher, ae 23, b. Norwich, May 6, 1848, by Rev. Christopher Leffingwell — 8
   Henry W., manufacturer, ae 28, of Norwich, m. Mary G. **BEEBE**, ae 24, b. Bozrah, res. Norwich, May 7, 1848, by Christoper Leffingwell — 6
CASE, Ann P., m. William A. **SHAW**, physician, res. Wickford, R.I., Nov. 2, 1847, by Rev. William F. Morgan — 2
   Emma L., of Norwich, m. Robert T. **FINCH**, of New York, May 25, 1851, by Rev. E. T. Hiscox — 22
   Jane, machinist, d. Apr. 29, 1849, ae 64 — 154
   Mary S., ae as, b. Salem, m. Benjamin **WATTLES**, machinist, ae 24, of Norwich, Nov. 5, 1848, by Rev. Dean — 11

NORWICH VITAL RECORDS 169

Page

CASE, (cont.),
   Michael, b. Ireland, res. Norwich, d. Nov. [ ], 1848, ae 4 m. 152
   Rosanna, d. Mar. 27, 1849, ae 87 y. 152
   Sarah E., d. George, tanner, ae 26, & Elizabeth R., ae 28, b. Dec. 23, 1847 63
   Susan, d. June [ ], 1848, ae 86 y. 148
CASEY, John, s. Thomas, laborer, ae 24, & Catharine, ae 23, b. Nov. 15, 1849 83
   Mary, m. William **MURPHY**, Nov. 29, 1850, by a Catholic Priest 26
   Stephen, bleacher, b. Ireland, res. Norwich, d. Sept. 4, 1848, ae 45 y. 153
CASWELL, Hannah, d. Apr. 30, 1849, ae 78 155
   Sally, b. Mass., res. Norwich, d. Apr. 30, 1850, ae 75 165
CETERA, Mary, m. Michael **LONG**, res. Wisconsin, Sept. 2, 1849, by Rev. Cha[rle]s
   P. Bush 18
CHAMPLAIN, Beriah, teamster, b. Voluntown, res. Norwich, d. May 15, 1849, ae 42 153
   Charles N., s. J. W., carpenter, ae 27, & Louisa, ae 23, b. Feb. 13, 1849 68
   Edmund, d. Aug. 27, 1849, ae 4 157
   Emeline Mahala, d. Walter K., carpenter, ae 35, & Mary H., ae 34, b. Jan. 11, 1848 49
   F. J., carpenter, of Norwich, m. Sarah C. **ROBINSON**, Nov. 22, 1850, by Rev.
   Loveland 28
   James E., b. Norwich, m. Almira **HARTSON**, b. Willimantic, Apr. 9, 1851, by
   Rev. D. N. Bentley 23
   Lydia, b. Canterbury, res. Norwich, d. Apr. 26, 1850, ae 64 157
   Lydia W., d. Joseph, joiner, ae 28, & Louisa, ae 24, b. Oct. 10, 1850 99
   Martha, of Franklin, Ct., m. Hiram C. **FENTON**, res. New Britain, Ct., Jan. 31,
   1850, by Rev. E. T. Hiscox 14
   Mary Louisa, d. H. F., pilot, ae 31, & M. A., ae 26, b. Feb. 6, 1849 69
   Urleaville L., d. June 12, 1849, ae 2 153
CHAPMAN, Alfred, farmer, b. Ledyard, res. Norwich, d. Mar. 18, 1850, ae 46 159
   Alice Ella, d. G. D., chair painter, ae 26, & A. L., ae 24, b. Feb. 16, 1849 69
   Ann M., see under Donna Maria **WHIPPLE** 109
   Elizabeth D., m. George **GARDINER**, merchant, of Lowell, Mass., Feb. 14,
   1849, by Rev. W[illia]m F. Morgan 9
   George C., joiner, ae 21, of Norwich, m. Mary E. **COX**, ae 17, July 2, 1851, by
   Rev. Geo[rge] M. Carpenter 27
   Harriet D., ae 21, b. New London, m. Elisha **MORGAN**, carpenter, ae 23, b.
   Griswold, res. Piedmont, N.Y., July 2, 1848, by Martin H. Rising 2
   Joseph R., res. Illinois, m. Phebe A. **CUTLER**, Sept. 11, 1849, by Rev. Cha[rle]s
   P. Bush 18
   Mary, Mrs., b. New London, res. Norwich, d. July 31, 1848, ae 82 144
   William K., ae 30, b. Preston, res. Norwich, m. Emily **STANTON**, ae 25, b.
   Preston, res. Norwich, June [ ], 1848, by Rev. Miner 6
   -----, w. Gurdon, b. N. Stonington, res. Norwich, d. Mar. 9, 1850, ae 55 159
CHAPPELL, Edward, lumber merchant, b. New London, res. Norwich, m. 2d w.
   Elizabeth E. **BREWER**, b. Norwich, July 11, 1848, by Rev. William F.
   Morgan 1
   Jane, d. Edward, 2d, weaver, ae 32, & Data, ae 23, b. Mar. 16, 1848 49
   Udorna, d. Charles W., ae 35, & Hannah, ae. 32, b. Aug. 21, 1850 97
CHARLTON, Emily, d. John, tailor, ae 34, & Mary, ae 31, b. Apr. 21, 1850 80
   James, machinist, of Norwich, m. Lydia Ann **LADD**, b. Franklin, June [ ], 1848,
   by Rev. Hiram P. Arms 1
   James D., blacksmith, of Norwich, m. Lydia A. **LORD**, b. Franklin, May 28,
   1848, by Hiram P. Arms 6
CHASE, Daniel S., mechanic, res. Nashua, N. H., m. Mary A. **COCHRANE**, Jan. 21,
   1849, by Rev. Alvan Bond 9

	Page
CHASE, (cont.),	
Lucy Ann, of Brewster, Mass., m. Gilbert **PEPPER,** of Brewster, Mass., Nov. 6, 1848, by Geo[rge] A. Meech, Esq.	10
Lucy B., ae 22, b. R.I., m. Joseph **JOHNSON,** butcher, ae 24, b. Lyme, July 1, 1850, by Rev. E. T. Hiscox	16
Lucy V., m. Joseph L. **JOHNSON,** of Norwich, Jan. 1, 1850, by Rev. E. T. Hiscox	14
CHEESEBROUGH, [see under **CHESEBROUGH**]	
CHENEY, Ellen W., m. James P. **DENISON,** laborer, Nov. 6, 1850, by Mr. Bush	25
Eveline Viola, d. Joseph, bleacher, ae 24, & S., ae 21, b. Jan. 22, 1850 Joseph M., bleacher, ae 22, b. Providence, R.I., res. Norwich, m. Susan	86
CARROLL, ae 18, of Norwich, May 18, 1848, by Rev. Hiscox	4
CHERRY, Alice M., d. Sept. 12, 1849, ae 1	158
Mary A., d. George, carpet weaver, ae 35, & Alice, ae 34, b. Oct. 15, 1848	72
William C., d. Feb. 21, 1851, ae 6	163
CHESEBROUGH, CHEESEBROUGH, CHEESBROUGH, Cassius, s. Patrick H., farmer, ae 44, res. Bozrah, & Emily B., ae 35, b. Nov. 8, 1850	110
E. P. A., farmer, ae 18, of Norwich, m. E. M. **BROWNE,** ae 17, b. Preston, Nov. 19, 1848, by Elder Blake	10
Eugene L., s. J. M., blacksmith, ae 28, & Frances, ae 21, b. Sept. 18, 1848	69
Henry D., s. P. H. L., farmer, ae 42, of Bozrah, & Emily, ae 34, b. Aug. 20, 1848	79
Perez, farmer, b. Stonington, res. Bozrah, d. Jan. 10, 1851, ae 89	165
Sarah L., b. Norwich, m. Samuel E. **MAYNARD,** physician, of Montville, Apr. 21, 1848, by Hiram P. Arms	6
CHESTER, Leonard H., merchant, ae 24, b. Norwich, res. Norwich, m. Lucy C. **THURSTON,** school-teacher, ae 23, b. Preston, Nov. 5, 1849, by Rev. John P. Gulliver	20
CHILTON, Jane (?), m. Margaret **McCRACKEN,** Apr. 25, 1850, by Rev. Cha[rle]s P. Bush	18
CHIPMAN, Cynthia A., ae 24, b. Newport, m. George E. **COOLEY,** printer, ae 24, of Norwich, July 29, 1849, by Mr. Watson, of Newport	9
CHRISTMAN, John, b. Germany, res. Norwich, m. Magdelina **REISS,** b. Germany, Sept. 27, 1849, by Rev. Alvan Bond	14
CHURCH, Abby, ae 21, b. Montville, m. Joseph **LEWIS,** iron-worker, ae 22, b. Norwich, res. Norwich, Mar. 28, 1848, by Rev. Bentley	4
Abby A., dressmaker, ae 21, b. Montville, res. Norwich, m. Joseph P. **LEWIS,** laborer, ae 22, of Norwich, Mar. 19, 1848, by Rev. John Howson	3
Anthony, colored, d. Feb. [ ], 1848, ae 64	145
Joseph, sailor, b. Montville, res. Norwich, d. June [ ], 1850, ae 21	160
Lyman, mariner, ae 23, b. Montville, res. Montville, m. Mary F. **PECKHAM,** ae 21, b. Groton, res. Montville, June 15, 1848, by Rev. John Howson	4
William A., mariner, ae 23, b. Montville, res. Montville, m. Hannah A. **O'BRIEN,** ae 19, b. Ledyard, res. Ledyard, June 30, 1851, by Rev. D. N. Bentley	23
CLANEY, CLENEY, Michael, s. Michael, laborer, ae 40, & Margaret, ae 38, b. Apr. 21, 1848	61
Patrick, m. Mary Ann **STEVENSON,** Feb. 17, 1850, by Rev. John Lovejoy	14
CLARK, CLARKE, Abby H., ae 19, of Norwich, m. Charles C. **HILL,** mariner, ae 21, of Norwich, May 29, 1848, by Rev. William F. Morgan	3
Abby H., ae 19, b. Norwich, m. Charles C. **HILL,** ae 21, of Norwich, May 30, 1848, by Rev. William F. Morgan	1
Abby J., spooler, b. Voluntown, res. Norwich, d. Oct. 6, 1847, ae 12 y.	146
Abby Jane, d. Henry, ae 21, & Fanny, ae 22, b. Feb. 10, 1850	86
Alice, d. Oct. 17, 1850, ae 33	161

	Page
CLARK, CLARKE, (cont.),	
Andrew , s. Thomas, laborer, ae 26, & Ellen, ae 19, b. Nov. 15, 1848	76
Bethiah, d. Samuel, mariner, ae 49, & Phebe, ae 44, b. Dec. 28, 1850	97
Bethiah, d. July 28, 1851, ae 7 m.	161
Ella, d. Norman, ae 24, & Rebecca, ae 21, b. Feb. 17, 1851	104
Frances H., child of Joseph P., mariner, ae 25, & Eliza A., ae 23, b. Sept. 6, 1847	54
Henry A., laborer, ae 20, b. Voluntown, res. Norwich, m. Fanny L. **RICH**, ae 22, b. New London, Nov. 25, 1848, by Rev. Charles P. Bush	12
Henry Clay, s. William F., merchant, ae 45, & Louisa A., ae 41, b. Apr. 17, 1850	86
Mary E., d. John B., farmer, ae 48, & Abby H., ae 36, b. June 24, 1851	110
Michael, m. Margaret **KENNA**, Mar. 1, 1851, by a Catholic Priest	27
Peter N., s. Peter, mariner, ae 41, & Frances, ae 30, b. Feb. 19, 1851	98
Samuel, ae 25, b. Windham, res. Windham, m. Lucy A. **LESTER**, ae 22, b. Windham, Sept. 23, 1849, by Rev. D. N. Bentley	17
Susan A., d. Feb. 15, 1849, ae 1	153
Susan H., d. Ansel, mason, ae 31, & Mary D., ae 32, b. Jan. 31, 1848	57
Thomas, s. Hugh, seaman, supposed to be lost, ae about 29, & Sarah, ae 26, b. Jan. 1, 1848	49
William, s. Hugh, mariner, ae 30, & Sarah, ae 29, b. Feb. 17, 1851,	98
-----, st. b. child of Ansel, mason, ae 33, & Mary D., ae 34, b. June 25, 1850	89
CLEGG, William, laborer, d. Feb. 3, 1848, ae 38	148
CLEMISHIRE, William, b. Albany, m. Lucy L. **COOK**, b. Norwich, Nov. 27, 1850, by Rev. E. T. Hiscox	28
CLEMMONS, Rosanna, ae 20, b. Ireland, m. John **HUNTER**, ae 22, b. Ireland, res. Norwich, Nov. 1, 1849, by Rev. Ja[me]s M. Coley	17
CLEVELAND, Frances A., b. Canterbury, m. Samuel C. **MORGAN**, bank president, b. Jewett City, res. Norwich, Nov. 26, 1849, by Rev. Alvan Bond	15
CLIFFORD, Eliza, m. Henry **FLERGO**, of Norwich, Nov. 8, 1849, by Rev. E. T. Hiscox	14
Thomas, papermaker, b. Ireland, res. Norwich, m. Joanna **OLINE**, Oct. 27, 1847, by Rev. Brady	5
CLIMENT*, Charles, s. [ ], blacksmith & Christiana, b. Sept. 24, 1849 *(Surname of father given as "GERMAN")	80
CLINTON, Ellen, m. John **BISCON**, Sept. 23, 1849, by Rev. Flagg	16
COCHRAN, COCHRANE, [see also **CORCORAN**], Cornileus, ae 24, m. Johanna **HATHINGTON**, ae 22, Mar. [ ], 1851, by a Catholic Priest	27
Mary A., m. Daniel S. **CHASE**, mechanic, res. Nashua, N.H., Jan. 21, 1849, by Rev. Alvan Bond	9
Mary Jane, d. Michael, laborer, ae 29, & Mary, ae 28, b. Sept. 27, 1849	90
CODLING, Mary, ae 19, b. Mass., m. Jesse M. **HINE**, machinist, ae 26, b. Mass., res. Norwich, Feb. [ ], 1850, by Rev. L. Muzzey	18
COE, William C., s. Frederick P., clergyman, ae 27, & Betsey A., ae 23, b. Jan. 19, 1848	57
COFFEE, Mary, d. Eugene, laborer, ae 39, & Mary, ae 40, b. Oct. 5, 1849	85
COGGESHALL, William H., s. William A., merchant, ae 25, & Harriet H., ae 25, b. July 1, 1850	80
COIL, Jane, d. John, weaver, ae 22, & Betsey, ae 23, b. June 13, 1852	111
John, laborer, of Norwich, m. Ann **McCLURE**, Feb. 17, 1849, by Rev. Alvan Bond	9
Martha, d. John, weaver, ae 20, & Betsey, ae 21, b. Apr. 15, 1850	111
COIT, Harriet S., d. Edward W., mariner, ae 31, & Jane M., ae 27, b. Feb. 13, 1851	98
Henry M., s. Richard, mariner, ae 28, & Caroline, ae 24, b. Dec. 13, 1850	100
Jane G. L., res. Boston, d. Aug. 1, 1848, ae 5	144

COIT, (cont.),
 Maria, d. Feb. 17, 1848, ae 23 y.   145
 Robert Gardiner, s. William E., mariner, ae 30, & Jane M., ae 26, b. Feb. 24, 1849   66
 Sarah B., d. Aug. 28, 1848, ae 10 m.   155
 Sarah E., ae 23, m. Thomas **BARROWS**, merchant, ae 24, b. N.Y., res. N.Y.,
  Aug. 10, 1849, by Rev. Cha[rle]s P. Bush   18
COLE, Charles Otis, s. Otis F., blacksmith, ae 22, & Caroline M., ae 20, b. Jan. 13,
 1848   57
 Elizabeth, ae 26, b. East Windsor, res. Norwich, m. Beverly A. **DOW**, shoemaker,
  ae 37, b. Coventry, res. Norwich, Apr. 19, 1849, by Rev. J. P. Gulliver   9
 Emily E., d. Otis, ae 24, & Caroline, ae 23, b. Sept. 25, 1850   104
COLEMAN, John, s. Michael, paper maker, ae 33, & Bridget, ae 27, b. Nov. 20, 1848   72
COLEY, Achsah, b. Conway, Mass., res. Norwich, d. Apr. 10, 1850, ae 38   157
 Josephine, d. May 12, 1850, ae 8 m.   157
COLLIER, Patrick, s. Michael, laborer, ae 38, & Mary Ann, ae 31, b. Mar. 16, 1851   107
COLLINS, Ann, m. Frances **REILLEY**, Aug. 31, 1850, by Catholic Priest   25
 Annis E., m. William F. **PORTER**, of Norwich, Mar. 23, 1851, by Rev.
  Benj[amin] M. Walker   23
 Elizabeth, m. Frank **SMITH**, seaman, b. New London, res. New London, June 13,
  1851, by Rev. Geo[rge] M. Carpenter   28
 Ellen, d. Simeon, laborer, ae 49, & Ann, ae 41, b. May 16, 1850   90
 Harriet, ae 18, b. Norwich, m. Joel **EWEN**, mariner, ae 27, of Norwich, Oct. 1,
  1848, by Rev. D. N. Bentley   11
 Henry A., res. Rhode Island, m. Abby A. **HAMILTON**, Dec. 23, 1849, by Rev.
  Cha[rle]s P. Bush   18
 Mary, b. Ireland, m. William **CORMICH**, carpenter, b. Ireland, res. Norwich,
  May 15, 1850, by Priest Logan   19
 William G., mason, of Norwich, m Martha **WOOD**, May 28, 1851, by Rev.
  Geo[rge] M. Carpenter   28
 -----, d. William, farmer, ae 51, & Sarah, ae 32, b. May 11, 1851   108
COMSTOCK, Harriet E., d. Thomas, fisherman, ae 41, & Mary, ae 23, b. Oct. 13,
 1849   84
 Mary A., b. New London, res. Norwich, d. Mar. 10, 1848, ae 38   145
 Mary E., d. Alexander, laborer, ae 29, & Eliza A., ae 32, b. Feb. 2, 1848   54
 Thomas, s. Thomas, mariner, ae 38, & Mary Ann, ae 38, b. Oct. 10, 1847   54
 Thomas, mariner, ae 39, of Norwich, m. 2d w. Mary Jane **STONE**, ae 22, b.
  Richmond, Va., Feb. 7, 1849, by Rev. D. N. Bentley   11
 -----, s. Thomas, pilot, ae 41, & Mary, ae 44, b. July 13, 1851   97
CONGDON, Arabella, m. William **RICHMOND**, of Norwich, July 8, 1851, by Rev.
 E. T. Hiscox   22
 Daniel, colored, b. Griswold, res. Norwich, d. Sept. [ ], 1847, ae 30   145
 Harriet N., ae 22, b. Salem, m. Charles H. **BUSHNELL**, mariner, ae 22, b.
  Norwich, res. Norwich, July 9, 1848, by Rev. Martin H. Rising   4
 Harriet N., ae 21, of Norwich, m. Charles H. **BUSHNELL**, mariner, ae 22, of
  Norwich, July 9, 1848, by Rev. Martin H. Rising   3
 Henrietta T., d. July 31, 1848, ae 18 m.   148
 Henriette, d. July 31, 1849, ae 2   154
 Louisa, ae 28, m. William H. **PRATT**, sexton, ae 21, b. Manchester, res. Norwich,
  Aug. [ ], 1850, by Rev. Alvan Bond   28
 Mary A., ae 19, b. Ireland, m. Morace **DALEY**, carpenter, ae 21, b. Ireland, res.
  Norwich, May 7, 1849, by Rev. W[illia]m Logan   13
 William, d. Dec. 26, 1848, ae 7 m.   154
 William s. David, mechanic, & Mary, b. Jan. 1, 1851   106

NORWICH VITAL RECORDS 173

	Page
CONKEY, Charles, s. Ithamer, merchant, ae 34, & Elizabeth, ae 37, b. Feb. 24, 1849	66
Harriet A., d. Aug. 29, 1848, ae 1 1/4	151
CONKLIN, Dennis, s. Jeremiah, laborer, ae 30, & Bridget, ae 29, b. Apr. 1, 1849	75
Joanna, ae 18, b. Ireland, m. Jeremiah **O'DONAVAN**, laborer, ae 24, b. Ireland, res. Norwich, Sept. 22, 1850, by Rev. Blinkin	24
Joanna, d. Jan. 10, 1851, ae [ ] d.	162
Mary, d. Jeremiah, laborer, ae 32, & Bridget, ae 30, b. July [ ], 1851	102
CONNELL, Elizabeth, d. Daniel, weaver, ae 23, & Betsey, ae 23, b. May 9, 1848	57
John, s. Morris, laborer, ae 32, & Mary, ae 32, b. Mar. 20, 1848	55
John, s. Thomas, machinist, & Ellen O., b. Oct. 16, 1848	68
Joseph, s. Daniel, carpet weaver, ae 24, & Elizabeth, ae 25, b. Feb. 28, 1850	88
Margaret, d. Daniel, laborer, ae 25, & Elizabeth, ae 25, b. Feb. 16, 1848	49
CONNOLLY, Mary, d. Daniel, laborer, ae 43, & Mary, ae 35, b. June [ ], 1851	102
CONNOR, CONNER, Mary, m. Daniel **SHEA**, Sept. 21, 1850, by a Catholic Priest	25
Patrick, m. Margaret **McGUINNESS**, Feb. 16, 1851, by a Catholic Priest	27
CONTOIS, -----, twins, male & female, of Claude, laborer, ae 38, & Isabella, ae 30, b. May [ ], 1851	106
CONVERSE, Edward Augustus, s. Charles A., merchant, ae 33, & Caroline F., ae 24, b. Sept. 1, 1847	49
Isreal J., merchant, res. Cleveland, Ohio, m. 3d w. Mrs. Martha **BARSTOW**, b. Norwich, July 31, 1848, by Rev. Alvan Bond	1
COOK, Althea, d. Sept. 21, 1848, ae 8	52
Ellen, d. Nov. 24, 1847, ae 2 1/2 y.	148
Ervine, s. Henry S., tailor, ae 30, & Mary, ae 21, b. Oct. [ ], 1847	49
Lucy L., b. Norwich, m. William **CLEMISHIRE**, b. Albany, Nov. 27, 1850, by Rev. E. T. Hiscox	28
Mary C., d. Nehemiah, carpenter, ae 25, & Almeda, ae 24, b. Jan. 19, 1848	52
Mary R., b. Norwich, m. Julius **YOUNG**, organ builder, of Norwich, Sept. 10, 1849, by Rev. William F. Morgan	15
-----, s. Nehemiah C., joiner, ae 28, & Almieda, ae 27, b. Apr. 28, 1851	99
COOLEY, Abby M., ae 19, m. George F. **EDGERTON**, carpenter, ae 24, of Norwich, Mar. 30, 1851, by Rev. Hiram P. Arms	23
Abby M., m. George F. **EDGERTON**, carpenter, of Norwich, Mar. 30, 1851, by Rev. Hiram P. Arms	29
Alfred N., d. Oct. [ ], 1849, ae 2 1/2	156
Alfred Newton, s. John G., printer, ae 30, & Harriet Y., ae 32, b. May 25, 1848	49
Charles J., merchant, d. Aug. 16, 1849, ae 47	156
Frances H., ae 25, m. A. Martin **NEFF**, shoemaker, ae 24, of Norwich, May 6, 1851, by Rev. Hiram P. Arms	23
George E., printer, ae 24, of Norwich, m. Cynthia A. **CHIPMAN**, ae 24, b. Newport, July 29, 1849, by Mr. Watson, of Newport	9
Lucy E., ae 18, b. Tolland, res. Norwich, m. Alfred B. **ELY**, attorney, res. Newton, Mass., June 18, 1849, by Rev. Ely, of Monson, Mass.	9
COOPER, Mary, ae 20, b. Ireland, m. Thomas **NEAL**, laborer, ae 22, b. Ireland, res. Norwich, July 1, 1849, by Rev. W. Logan	13
CORBETT, Margaret, housekeeper, had illeg. s. John **SULLIVAN**, b. Mar. 12, 1849	68
CORCORAN, [see also **COCHRAN**], Patrick, m. Johan[n]a **HINES**, July 5, 1851, by a Catholic Priest	27
COREY, Charles, d. Sept. 13, 1849, ae 2	158
CORKIN, Jeremiah, d. Aug. 13, 1848, ae 10 m.	154
CORLIN, Sarah, m. Patrick **KAVANA[U]GH**, May 4, 1851, by a Catholic Priest	27
CORMACH, CORMICH, Mary, d. John, laborer, ae 23, & Mary, ae 23, b. Feb. 15, 1850	90

	Page
CORMACH, CORMICH, (cont.), William, carpenter, b. Ireland, res. Norwich, m. Mary **COLLINS**, b. Ireland, May 15, 1850, by Priest Logan	19
CORNELL, James, tanner, b. Scituate, res. Norwich, d. Sept. 20, 1850, ae 59	161
CORNLEY, Edward, s. Andrew, ae 25, & Sophia, ae 25, b. July 10, 1851	104
CORWAN(?), Cornelius, m. Eliza **O'BRIEN,** Feb. 15, 1850, by a Catholic Priest	26
COSTELLO, Ann E., d. Matthew, ae 25, & Mary, ae 23, b. July 1, 1851	104
Morris, b. Ireland, d. June 21, 1851, ae 21	163
COTTRELL, Ann F., b. Westerly, R.I., res. Norwich, d. Sept. 30, 1848, ae 17	154
Mary W., d. Wheaton, Innkeeper, ae 37, & Rebecca, ae 29, b. Feb. 5, 1850	80
COWDEN, Levi F., of Brighton, Mass., m. Angeline **BIXBY,** of Newton, Mass., Sept. 11, 1848, by L. H. Young, Esq.	9
COX, Herbert L., s. John Q., carriage maker, ae 41, & Mary, ae 42, b. July 14, 1850	90
Mary E., ae 17, m. George C. **CHAPMAN,** joiner, ae 21, of Norwich, July 2, 1851, by Rev. Geo[rge] M. Carpenter	27
CRAIG, Williamson, b. Andover, res. Norwich, d. July 9, 1848, ae 5 y.	146
CRANDALL, Melora L., ae 21, b. Norwich, m. Charles T. **DRINKWATER,** farmer, ae 25, b. Norwich, res. Hebron, Sept. 24, 1849, by Rev. William Palmer	16
CRANE, Emeline, m. Samuel **DRAKE,** of Norwich, Aug. 18, 1850, by Rev. Benj[amin] M. Walker	23
CRANSTON, Charles, engineer, b. Mystic, res. Norwich, d. Nov. 7, 1848, ae 41	151
Rosella, d. Charles A., engineer, ae 40, & Emeline, ae 26, b. May 22, 1848	60
Rosilla, d. Oct. 29, 1849, ae 2 1/2	159
CRARY, Mary, d. Edwin J., ae 29, & Elizabeth, ae 28, b. July 31, 1849	77
——, d. John W., school teacher, ae 40, & Sally, ae 39, b. Feb. 8, 1849	71
CRASSEN, CRASSON, Eliza Ann, d. Philip, laborer, & Maria, b. Mar. 5, 1849	78
Thomas, s. Barney, laborer, ae 28, & Rose, ae 26, b. Aug. 25, 1849	93
CRAWFORD, George, ae 23, of Norwich, m. Eliza E. **REYNOLDS,** ae 22, b. Norwich, Nov. [ ], 1848, by Rev. W[illia]m Palmer	11
George H., carpenter, ae 25, of Norwich, m. Miranda E. **REYNOLDS,** ae 20, b. Norwich, Nov. 29, 1849, by Rev. W[illia]m Palmer	16
Mary G., d. William, carpet weaver, ae 45, & Margaret, ae 45, b. Nov. 24, 1848	73
William, laborer, ae 23, b. Scotland, m. Jane **GUIANT,** ae 23, b. Groton, Feb. 9, 1851, by Mr. Loveland	24
CRAWLEY, Maria, ae 42, m. E. **ANDREWS,** mason, ae 39, b. Conn., res., Norwich, Apr. 27, 1851, by Rev. Geo[rge] M. Carpenter	28
——, s. Charles, mill wright, ae 38, & Emeline, ae 36, b. May 6, 1849	72
CRETON, Ellen, d. William, laborer, & Bridget M., ae 25, b. June 22, 1849	66
CROCKER, Frederick Orlando, s. John, axe maker, ae 30, & Lydia, ae 30, b. Aug. 13, 1849	83
H. N., s. J., engineer, ae 39, & S., ae 34, b. Mar. 2, 1849	68
Robert O., s. Thomas, machinist, ae 32, & Eunice, ae 27, b. Feb. [ ], 1848	57
Thomas P., b. Westerly, R.I., res. Norwich, d. May [ ], 1848, ae 5 y.	146
CROSPAY, Maria, d. Philip, operative in w. mill, Irish, & Maria, b. Oct. 22, 1847	64
CROWELL, Samuel O., d. Oct. 13, 1849	156
——, Mrs., b. Andover, res. Norwich, d. Feb. 20, 1850, ae 88	157
——, d. Zadock, carpenter, ae 33, & Mary M., ae 34, b. July 13, 1850	80
CROWLEY, Henry, farmer, res. Colchester, d. Jan. 6, 1848, ae about 40	144
CRUMB, Charles, s. Luther, ae 21, & Mary A., ae 19, b. Sept. 3, 1848	77
Charles E., s. Luther E., laborer, ae 31, & Mary Ann, ae 21, b. Sept. 3, 1848	78
Frances, ae 17, b. New London, m. John **MITCHELL,** ax maker, ae 23, b. Canada, res. Norwich, July 4, 1850, by Rev. John Lovejoy	15
Luther, woolen worker, ae 19, m. Mary A. **REYNOLDS,** ae 18, Nov. 21, 1847,	

NORWICH VITAL RECORDS 175

	Page
CRUMB, (cont.), by Rev. Sidney Dean	4
CRYER, John, b. Rochdale, Eng., res. Norwich, d. Oct. 25, 1850, ae 71	165
Josphine, d. John, factory worker, ae 31, & Anna, ae 31, b. Feb. 27, 1851	110
Sarah E., d. John, manufacturer, ae 29, & Hannah, ae 29, b. May 15, 1848	65
CUDDY, Bridget, m. Michael **FAHEY**, May 18, 1851, by a Catholic Priest	27
CULLUM, Robert A., s. William, blacksmith, & Jane, b. Sept. 29, 1848	68
CULVER, Edwin Irvin, s. Chauncey, farmer, ae 50, & Philena, ae 48, b. Sept. 30, 1848	68
George, mason, b. New London, res. Norwich, d. Apr. 18, 1849, ae 69	153
George, s. William, mason, ae 33, & Rosella, ae 25, b. July 19, 1850	90
Lydia, d. Mar. 17, 1848, ae 75	148
William, 2d, mason, ae 31, b. New London, res. Norwich, m. Rosell **BEAUVEL**, ae 24, b. East Hartford, June 5, 1849	12
CUMMINGS, Robert F., s. William, carpet weaver, ae 32, & Margaret, ae 26, b. Dec. 28, 1848	74
Susan, d. William, laborer, ae 35, & Margaret, ae 29, b. Feb. 29, 1851	103
CURBAN, Mary, d. [, 1849?], ae 3 m.	152
CURRIER, -----, s. A. J., clothes merchant, ae 30, & Hannah, ae 26, b. Mar. [ ], 1851	96
-----, s. Alvan C., joiner, ae 39, & Maria, ae 40, b. Apr. 16, 1851	96
CURTIS, Charles, s. Thomas, mason, ae 25, & Phebe, ae 20, b. Mar. 30, 1850	83
CUSHMAN, Susan E., m. Danforth R. **BOYD**, res. Spencer, Mass., Aug. 15, 1847, by Rev. William F. Morgan	1
CUSICK, J., laborer, b. Ireland, m. Mary **DUGAN**, b. Ireland, Feb. 28, 1849, by Rev. D. N. Bentley	11
CUTLER, Albertus L., s. Leonard, ae 26, & Demaries, ae 23, b. May 27, 1848	61
Phebe A., m. Joseph R. **CHAPMAN**, res. Illinois, Sept. 11, 1849, by Rev. Cha[rle]s P. Bush	18
DAGGETT, Emma A., d. Levi, clergyman, ae 29, & Sela E., ae 26, b. June 27, 1849	72
DAILEY, DALEY, DALY, Alice E., d. Dec. 13, 1848, ae 17 m.	153
Ann, d. William, papermaker, & Honora, ae 28, b. Apr. 11, 1848	57
Ann, d. May 20, 1848, ae 6 wks	147
Catharine, d. Patrick, brakeman, ae 28, & Joanna, ae 25, b. Jan. 13, 1850	90
Forest W., s. Isaac, painter, & Helen, b. Nov. [ ], 1850	105
Horace H., painter, d. Jan. 11, 1849, ae 25	153
John, d. Nov. 23, 1848, ae 7 m.	153
John Bailey (?), s. Michael, foreman, ae 28, & Mary, ae 26, b. June 4, 1848	57
Margaret, d. John, fireman, ae 28, & Bridget, ae 28, b. Dec. 15, 1847	57
Margaret, d. William, paper maker, ae 34, & Honoria D., ae 30, b. July 15, 1849	72
Margaret, d. William, laborer, ae 31, & Hannah, ae 29, b. July 15, 1851	103
Mary, d. Thomas, laborer, ae 30, & Mahaney, ae 32, b. July 20, 1850	85
Michael, paper maker, b. Ireland, res. Norwich, d. Nov. 1, 1849, ae 28 y.	158
Michael, s. John, paper maker, ae 30, & Bridget, ae 28, b. Dec. 12, 1849	87
Morace, carpenter, ae 21, b. Ireland, res. Norwich, m. Mary A. **CONGDON**, ae 19, b. Ireland, May 7, 1849, by Rev. W[illia]m Logan	13
Morris, b. Ireland, d. Mar. 7, 1851	163
Patrick, carpenter, b. Ireland, res. Norwich, d. Mar. 10, 1849, ae 32	152
Patrick, s. Maurice, carpenter, ae 25, & Mary Ann, ae 21, b. Sept. 4, 1850	106
Prussia, ae 27, b. Thompson, m. Ezekiel **BARTLETT**, carpenter, ae 33, b. New Hampshire, Feb. 13, 1850, by Rev. L. Muzzey	18
Samuel, of Springfield, Mass., m. Elizabeth **ARMSTRONG**, Sept. 5, 1850, by Rev. John Lovejoy	28
William, laborer, ae 25, b. Ireland, res. Norwich, m. Catharine **MAHOMNEA**(?), ae 20, Dec. 3, 1850, by Rev. Blinkinson	22

176   BARBOUR COLLECTION

	Page
DANE, Rebecca, of Brookfield, Mass., m. Theodore **LINDSEY**, Clerk, of Brookfield, Mass., Jan. 21, 1849, by Rev. E. T. Hiscox	9
DANIEL, DANIELS, Cheraner G., d. David, car maker, ae 25, & Mary, ae 23, b. June 15, 1849	76
Margaret, d. Timothy O., laborer, ae 25, & Margaret, ae 21, b. June 20, 1851 (Perhaps "**O'DANIEL**")	102
DANNAFELS, William, s. William, laborer, ae 30, & Catharine, ae 30, b. July 26, 1849	73
DARLING, Nelson, of Norwich, m. 2d w. Mary Ann **REYNOLDS**, May 7, 1850, by Rev. E. T. Hiscox	14
DARROW, Turner S., butcher, ae 25, b. Montville, res. Norwich, m. Mary **WHALLEY**, ae 23, b. Montville, res. Norwich, Nov. 12, 1847, by Rev. Jabez S. Swan	3
-----, child of Turner, butcher, ae 25, & Mary, ae 23, b. June 10, 1848 (Correction, "Addie" handwritten above the dashed lines in the original manuscript)	55
DAUGHTON, Michael, pauper, b. Ireland, res. Norwich, d. Jan. 23, 1849, ae unknown	151
DAVIS, Alfred, of Preston, m. Sophronia S. **CAREY**, of Norwich, Jan. 30, 1851, by Rev. E. T. Hiscox	22
Alonzo B., of Norwich, m. Calista **HERRICK**, Aug. 5, 1850, by Rev. E. T. Hiscox	21
Amos Breed, s. Samuel A., carpenter, ae 30, & Calista K., ae 29, b. Jan. 9, 1848	60
Charles, laborer, black, ae 23, b. Mohegan, res. Norwich, m. Mary M. **KIMON**, black, ae 20, b. Mohegan, Dec. 9, 1849, by Rev. D. N. Bentley	17
Charles, laborer, black, b. Colchester, res. Norwich, d. Jan. [ ], 1851, ae 46	165
George, basket maker, b. Montville, res. Norwich, d. Apr. 25, 1849, ae 46	152
Helen M., d. Samuel A., carpenter, ae 33, & Calista, ae 32, b. Oct. 7, 1850	107
Jonathan P., m. Sarah **SAFFORD**, res. Rhode Island, m. July 10, 1850, by Rev. Cha[rle]s P. Bush	18
Mary, d. Sept. 22, 1850, ae 86	162
William, of Norwich, m. Lucy P. **FANNING**, Oct. 7, 1850, by Rev. E. T. Hiscox	22
DAVISON, Charles, mariner, d. Aug. 7, 1848, ae 54	151
L. Augusta, d. William, shoemaker, ae 46, & Rosina, ae 36, b. Dec. 25, 1848	68
William, laborer, b. New London, res. Norwich, m. Elizabeth **BREWSTER**, b. Norwich, Mar. 28, 1851, by Rev. J. M. Coley	24
William, ironfounder, ae 23, of Norwich, m. Elizabeth H. **BREWSTER**, ae 20, of Norwich, Mar. 30, 1851, by Rev. William Palmer	22
DAWLEY, Ellen, d. George, farmer, ae 27, & Roxa S., ae 25, b. June 3, 1850	94
Hannah, d. Perry P., farmer, ae 32, & Dorcas G., ae 31, b. Mar. 26, 1850	94
Mary, d. June 3, 1849, ae 2	153
DAWSON, Lucinda, b. Franklin, d. Dec. 12, 1847, ae 24	149
DAY, Edward, s. John, laborer, ae 34, & Jane, ae 29, b. Mar. 29, 1850	90
Frances, d. John, laborer, ae 23, & Margaret, ae 24, b. Feb. 21, 1849	76
John A., operative, of Norwich, m. Margaret **MIDDLETON**, Apr. 23, 1848, by Rev. William F. Morgan	1
DEAN, Mary L., d. Nathan, mill wright, ae 33, & Emily, ae 33, b. Feb. 13, 1848	57
Sarah T., b. Colchester, res. Norwich, d. Oct. 29, 1847, ae 27	147
DECKER, Valler, b. Germany, res. Norwich, m. Maria **KATH**, b. Germany, Oct. 6, 1850, by Rev. Morgan	21
DELANEY, DELANAY, Frederick W., s. William N., ae 22, & Eunice, ae 22, b. June 16, 1849	75
Harriet J., d. J., tailor, ae 28, & Mary, ae 28, b. Oct. [ ], 1848	68
James, b. New York, res. Norwich, d. July 20, 1849, ae 7	157
William N., sailor, b. New York, res. New London, ae 21, m. Eunice L. **GALE**,	

	Page
DELANEY, DELANAY, (cont.),	
ae 21, b. Norwich, Jan. 24, 1848, by Rev. Edward T. Hiscox	5
DENISON, Abby, factory, ae 18, of Norwich, m. William B. **CARPENTER,** ae 24, b. Groton, res. Lower Mystic, Sept. 4, 1848, by Rev. Denison	12
George, sailor, of Norwich, m. Fanny **BROWN,** May 12, 1850, by Rev. B. M. Walker	17
James P., laborer, m. Ellen W. **CHENEY,** Nov. 6, 1850, by Mr. Bush	25
Leonard B., s. William, brewer, ae 47, & Rosella, ae 38, b. Oct. 10, 1850	98
Silas B., mariner, d. Aug. 27, 1848, ae 17, y.	152
DERBY, Charlotte A., d. Rufus, carpenter, ae 40, & Mary, ae 40, b. Apr. 1, 1849	69
W. H., painter, d. June 30, 1849, ae 16	152
DERINGER, Mary, d. George, manufacturer, ae 23, & Susan, ae 22, b. Feb. 5, 1851	109
DEVERY, Ellen, ae 18, b. Ireland, m. Daniel **SWEENEY,** laborer, ae 30, b. Ireland, res. Norwich, Oct. 18, 1848, by Rev. Bish Tyler	12
D[e]WITT, John, clerk of courts, d. Apr. 2, 1848, ae 68	144
-----, w. John, b. New London, res. Norwich, d. Sept. 6, 1849, ae 65	156
DEWSETT, James, machinist, ae 24, b. New London, m. Lydia C. **BROWN,** ae 22, b. Preston, Oct. 20, 1848, by Rev. Jabez L. Swan	11
DICKENS, Mary Ann, b. Stonington, m. Russell **HINCKLEY,** res. Preston, Oct. 7, 1849, by Rev. John Lovejoy	19
DICKINSON, DICKASON, Eva D., d. Sept. 26, 1849, ae 4 m.	157
Evedelia, d. A., ax maker, & E., b. May 12, 1849	70
DILLABY, DILABY, Adolphe Alberto, s. Asa, carpenter, ae 23, & Auselia, ae 25, b. Dec. 27, 1849	87
Ann, factory, ae 19, of Norwich, m. David **JOHNSON,** farmer, ae 25, b. Lisbon, res. Lisbon, Oct. 10, 1848, by Rev. Peckham	12
Maria, m. Nehemiah **SMITH,** cabinet maker, b. Conn., res. Norwich, Nov. 22, 1850, by Rev. Loveland	28
Maria, ae 19, m. Nehemiah **SMITH,** cabinet maker, ae 30, b. East Haddam, Nov. 25, 1850, by Mr. Loveland	24
Mary, ae 21, b. Norwich, m. Charles **TRACY,** clerk, ae 30, b. Norwich, Sept. 11, 1850, by Rev. Leffingwell	24
Mary L., m. Charles **TRACY,** clerk, of Norwich, Sept. 11, 1850, by Rev. E. W. Reynolds	28
Sarah M., ae 26, b. Norwich, m. Dudley A. **MASON,** ae 41, of Norwich, Mar. 26, 1849, by Rev. E. W. Reynolds	13
Sarah M., factory, ae 26, of Norwich, m. Dudley A. **SUMMERS,** mason, ae 35, b. New London, res. Lower Mystic, Mar. 27, 1849, by Rev. Reynolds	12
DIMMER, Adeline, b. Canada, res. Norwich, d. Aug. 1, 1848, ae 21	154
DISLEY, Henry, s. John, engineer, ae 26, & Margaret, ae 23, b. Mar. 16, 1848	52
DISMAN, Johannah, d. Timothy, laborer, ae 49, & Julia, ae 37, b. Sept. 22, 1849	90
DIVINE, Daniel, s. Patrick, laborer, ae 30, & Nancy, ae 30, b. June 14, 1850	84
Mary A., d. Timothy, laborer, ae 28, & Mary, ae 28, b. Mar. 17, 1851	98
DOBBS, W. H., d. Thomas, pedler, & Sarah, b. Feb. 25, 1849	70
DOBSON, Alice, d. Henry, paper maker, ae 36, & Sarah, ae 36, b. Aug. 1, 1849	74
Alice, d. Henry, paper maker, ae 35, & Sarah, ae 36, b. Aug. 1, 1849	88
DOHERTY, Margaret, m. Luke **FLYNN,** Dec. 24, 1850, by a Catholic Priest	26
DOLAN, Allas, d. July 4, 1848, ae 1 y.	147
Ellen, d. John, laborer, ae 40, & Catharine, ae 36, b. June 15, 1849	73
DONLEY, DONLY, Catharine, ae 30, b. Ireland, res. Norwich, m. Peter **DONLY,** farmer, ae 27, b. Ireland, res. Norwich, Nov. 28, 1847, by Rev. Brady	6
Elizabeth, d. Henry, factory, ae 23, & Ann, ae 20, b. Apr. 26, 1851	101
Henry, carder, b. Ireland, res. Norwich, m. Ann **TISDELL,** Dec. 7, 1849	17

DONLEY, DONLY, (cont.),
James, of Stonington, m. Mary BABCOCK, Sept. 9, 1849, by Rev. William F.
  Morgan — 16
John, s.Thomas, laborer, ae 24, & Ann, ae 25, b. Jan. 3, 1849 — 73
Peter, farmer, ae 27, b. Ireland, res. Norwich, m. Catharine DONLY, ae 30, b.
  Ireland, res. Norwich, Nov. 28, 1847, by Rev. Brady — 6
William, s. John, blacksmith, ae 26, & Martha, ae 25, b. Dec. [ ], 1850 — 105
DONNELLY, DONOLLY, David, laborer, b. Ireland, res. Norwich, m. Margaret
  EMPSEY, ae 20, Aug. 20, 1850, by [ ] — 24
Mary, m. Patrick O'NEIL, Nov. 2, 1850, by a Catholic Priest — 26
Thomas, s. Thomas, ae 27, & Ann, ae 28, b. Apr. 1, 1851 — 103
DONOHUE, Bernard, s. Peter, laborer, ae 27, & Ellen, ae 26, b. Jan. 18, 1848 — 53
Margaret, b. Ireland, res. Norwich, d. Oct. 27, 1848, ae 18 — 151
Timothy, m. Margaret ROACH, Oct. 20, 1850, by a Catholic Priest — 26
DORCHESTER, Sarah H., ae 18, m. George A. MEECH, attorney, ae 26, of
  Norwich, Apr. 22, 1850, by Rev. D. Dorchester — 15
DORRANCE, Elizabeth, m. John M. LITTLEFIELD, of Willimantic, Sept. 2, 1849,
  by Rev. E. T. Hiscox — 15
Emeline, housework, b. Canterbury, res. Norwich, d. Nov. 9, 1849, ae 38 — 158
O. M., teamster, ae 38, b. Plainfield, m. Lucy F. FANNING, ae 36, b. Preston,
  Mar. 17, 1850, by Rev. L. Muzzey — 18
DOUGAL, ----, male, b. Scotland, d. Sept. 13, 1850, ae 15 y. — 163
DOUGLASS, Edward, s. Leland, laborer, b. June 20, 1848 — 64
Mary, b. Ireland, m. W. FRANKLIN, laborer, b. Ireland, Sept. 24, 1848, by Rev.
  D. N. Bentley — 10
Mary, weaver, ae 20, b. Ireland, m. Uriah FRANKLIN, painter, ae 22, b.
  Providence, res. Norwich, Aug. 25, 1848, by Rev. Lewis C. Browne — 12
Nelson H., s. Nelson P., clothing store, ae 35, & Eunice, ae 30, b. Jan. [ ], 1851 — 95
Nelson Hyde, s. Nelson P., tavern keeper, ae 34, & Eunice, ae 28, b. Jan. 1, 1850 — 80
Polly, d. Feb. [ ], 1848, ae 77 — 145
DOW, Beverly A., shoemaker, ae 37, b. Coventry, res. Norwich, m. Elizabeth COLE,
  ae 26, b. East Windsor, res. Norwich, Apr. 19, 1849, by Rev. J. P. Gulliver — 9
Cornelia, b. Manchester, m. M. P. LEWIS, carpenter, b. R.I., Dec. 10, 1848, by
  Rev. Dean — 11
Cornelia J., paper mill, ae 24, b. Manchester, res. Norwich, m. Maxson P. LEWIS,
  carpenter, ae 29, of Norwich, Dec. 10, 1848, by Rev. Sidney Dean — 13
Hannah, ae 23, b. East Haddam, m. William STORY, mariner, ae 35, of Norwich,
  Apr. 20, 1850, by Rev. William Palmer — 16
DOWD, Rebecca A., d. Augustus, mechanic, ae 28, & Sarah, ae 20, b. Sept. 21, 1850 — 106
DOWDELL, Eliza, d. Dec. 22, 1848, ae 36 — 154
William H., d. Sept. 25, 1848, ae 1 y. — 154
DOWDLE, William Henry, s. Daniel, morocco dresser, ae 42, & Eliza H., ae 36, b.
  Aug. 31, 1847 — 57
DOWLING, James, m. Bridget MURPHY, Feb. 16, 1850, by a Catholic Priest — 26
DOWNER, Caroline, d. S. A., ae 30, & Mary, ae 28, b. Nov. 8, 1850 — 97
Co[r]nelia, black, d. [1848?], ae 6 m. — 148
Cornelia, d. George, laborer, black, ae 36, & Ellen, black, ae 37, b. May 12, 1851 — 108
Henry, marketman, b. Preston, res. Norwich, d. Feb. 1, 1850, ae 62, colored — 159
Mary, d. Mar. 8, 1851, ae 1 1/2 m. — 161
Mary M., d. Samuel A., merchant tailor, ae 30, & Mary, ae 28, b. Sept. 1, 1849 — 80
Mary N., ae 24, m. George L. WILLIAMS, cabinet maker, colored, ae 24, of
  Norwich, Nov. 8, 1849, by Rev. Flagg — 20
Samuel A., merchant, tailor, ae 29, b. Preston, res. Norwich, m. Mary

	Page
DOWNER, (cont.), **VANDERVEER,** ae 27, b. Montgomery, N.Y., Dec. 25, 1848, by Rev. Gardiner	9
Sarah, black, b. New York, res. Norwich, d. Dec. [ ], 1850, ae 43	164
Sylvanus, aqueduct maker, ae 26, b. Hartford, Vt., res. Norwich, m. Emma E. **DRUMMOND,** ae 20, b. Bath, Me., Mar. 26, 1847, by Lemuel Porter	5
William, s. George, black, laborer, b. May 29, 1848	62
William H., s. Sylvanus, ae 27, & Emma, ae 21, b. Apr. 2, 1849	75
DOYLE, Catharine, d. July 30, 1849, ae 1	153
Mary, d. William, laborer, ae 40, & Ellen, ae 40, b. Nov. 24, 1848	72
Patrick, s. Patrick, boarding-house, ae 28, & Hannah, ae 25, b. Apr. 30, 1851	96
DRAKE, Hannah, m. Benjamin W. **BALMFORTH,** Mar. 26, 1848, by George Carpenter	7
Mary S., d. Samuel, laborer, ae 22, & Ellen, ae 19, b. July 5, 1851	110
Samuel, of Norwich, m. Emeline **CRANE,** Aug. 18, 1850, by Rev. Benj[amin] M. Walker	23
DRAPER, Anner, ae 23, b. Stafford, Ct., res. Norwich, m. Alvah **FRANCIS,** merchant, ae 26, b. Saco, Me., res. Norwich, Nov. 7, 1847, by Rev. Sanford Benton	2
Orin, tinworker, ae 24, res. Milford, Mass., m. Mary **MARSHALL,** ae 21, b. Norwich, Mar. 28, 1850, by Rev. E. T. Hiscox	16
DRINKWATER, Charles T., farmer, ae 25, b. Norwich, res. Hebron, m. Melora L. **CRANDALL,** ae 21, b. Norwich, Sept. 24, 1849, by Rev. William Palmer	16
DRISCOLL, Daniel E., machinist, ae 52, of Norwich, m. 2d w. Nancy **WHITING,** ae 52, b. New London, Nov. 4, 1849, by Rev. Bill	14
Mary, d. John, laborer, ae 30, & Mary, ae 31, b. May 3, 1848	55
-----, child, d. Nov. 23, 1850	163
DRODA, -----, s. William, mariner, ae 29, res. Lower Canada, & Rosanna, ae 25, b. July 18, 1851	100
DRUMMOND, Emma E., ae 20, b. Bath, Me., m. Sylvanus **DOWNER,** aqueduct maker, ae 26, b. Hartford, Vt., res. Norwich, Mar. 26, 1847, by Lemuel Porter	5
DUGAN, Mary, b. Ireland, m. J. **CUSICK,** laborer, b. Ireland, Feb. 28, 1849, by Rev. D. N. Bentley	11
Mary Ann, d. Patrick, foundry, ae 46, & Bridget, ae 38, b. Feb. 20, 1850	80
Michael, d. Apr. 27, 1849, ae 4 m.	151
DUNHAM, Amey Rosetta, d. Henry, rolling mill, ae 29, & Amey, ae 20, b. Nov. 9, 1849	84
Ephraim, of Mansfield, m. Sarah E. **LITTLEFIELD,** of Norwich, Dec. 2, 1850, by Rev. J. M. Coley	23
Estella M., d. Henry, ironmaker, ae 27, & Amey, ae 18, b. Dec. 28, 1847	54
DUNLAP, Ann, b. Ireland, res. Norwich, d. May 19, 1851, ae 19	161
William, of Norwich, m. Anne **McCABE,** Aug. 12, 1850, by Rev. Alvan Bond	21
DUNN, Mary, m. John **HOYLE,** Feb. 20, 1850, by a Catholic Priest	26
William F., s. John, laborer, ae 28, & Catharine, ae 29, b. Apr. 6, 1848	55
DUNNING, Ruth, b. Plainfield, res. Norwich, d. Nov. 13, 1848, ae 26	151
DURFEY, Frank B., s. Benjamin, contractor, ae 48, & Harmony, ae 36, b. Feb. 13, 1849	71
DYER, Martha E., d. George W., paper maker, ae 32, & Martha E., ae 28, b. Oct. 29, 1849	94
Mary L., d. Elijah, physician, ae 43, & Abigail, ae 36, b. Feb. 2, 1848	55
DYSE, Elizabeth, d. Jacob, gardener, ae 27, & Sarah, ae 22, b. Sept. 28, 1848	77
EAMES, Lydia, b. Lisbon, res. Norwich, d. June 29, 1851, ae 70	165
EATON, Mary, colored, ae 33, b. Ireland, res. Hartford, m. 2d h. Leonard **SIMONS,**	

EATON, (cont.),
    gardener, colored, ae 35, b. Monson, Mass., res. Hartford, May 7, 1848, by
        Rev. M. Clark   3
EBERLE, Christine, m. Philip **BREHM**, b. Germany, res. Norwich, Mar. 24, 1849, by
        H. P. Arms   13
EDDY, Nelson H., farmer, ae 32, b. Mass., res. Dickson, Ill, m. Diantha **BARBER**, ae
    28, b. Griswold, Apr. 29, 1848   4
EDGERTON, George F., carpenter, of Norwich, m. Abby M. **COOLEY**, Mar. 30,
    1851, by Rev. Hiram P. Arms   29
    George F., carpenter, ae 24, of Norwich, m. Abby M. **COOLEY**, ae 19, Mar. 30,
        1851, by Rev. Hiram P. Arms   23
    Gurdon, wagon maker, d. Mar. 15, 1849, ae 77 y.   155
EDWARDS, Elisha Jay, s. Elisha, merchant, ae 34, & Loretta, ae 30, b. Nov. 10, 1847   49
    George Nelson, s. Perry, laborer, ae 24, & Maria, ae 24, b. July 5, 1851   102
    Hannah E., ae 21, b. Norwich, m. Benjamin M. **HILL**, carpenter, ae 26, of
        Norwich, July 10, 1850, by Rev. Ja[me]s M. Coley   17
    Nathan, W., s. Mark, painter, ae 47, & Sarah, ae 33, b. Mar. 16, 1850   83
    Pierpoint, of Norwich, m. Hannah **MAYNARD**, Nov. 28, 1850, by Rev.
        Benj[amin] M. Walker   23
    William, laborer, d. July 23, 1849, ae 45   155
    -----, s. William H., clerk, ae 26, & Elizabeth, ae 23, b. July 19, 1851   106
EELLS, Cushing, d. Aug. 27, 1850, ae 80   161
EGAN, James, stonemason, b. Ireland, res. Norwich, d. Apr. 20, 1850, ae 35   159
    John Francis, s. Patrick, stonemason, ae 30, & Bridget, ae 29, b. Apr. 1, 1850   90
    Mary Ann, d. Patrick, mason, ae 30, & Bridget, ae 28, b. Nov. 21, 1847   60
EISANHART, Ardelia, d. Henry, railroad contractor, & Ardelia, ae 32, b. Oct. 9, 1847   58
    Ardelia, Mrs., b. Preston, res. Norwich, d. Apr. 5, 1848, ae 32   147
ELINGER, -----, st. b. d. Frederick, manufacturer, ae 38, & Catharine, ae 29, b. May
    23, 1851   109
ELLIOTT, George Euclid, s. William S., sea captain, ae 25, & Mary Josephine, ae 24,
    b. Oct. 22, 1849   80
ELLIS, Elizabeth, ae 23, b. New London, m. Horace **WARREN**, merchant, ae 22, res.
    Norwich, Mar. 20, 1848, by Rev. E. T. Hiscox   1
    James W., of Norwich, m. Joanna L. **THOMPSON**, Sept. 23, 1850, by Rev. E. T.
        Hiscox   21
    L. M., colored, b. Norwich, m. E. **FIELDING**, mariner, colored, b. Montville, res.
        Norwich, Jan. 17, 1849, by Rev. D. N. Bentley   11
    Lydia M., ae 18, m. Eliphalet **FIELDING**, farmer, colored, ae 25, b. Mohegan,
        res. Mohegan, Jan. 17, 1849   9
    Walter, black, d. Aug. 30, 1849, ae 5 m.   157
ELLSWORTH, Lucius F., res. East Windsor, Ct., m. Susan F. **BAILEY**, res. Vermont,
    Dec. 9, 1849, by Rev. Lawson Muzzey   19
ELY, Alfred B., attorney, res. Newton, Mass., m. Lucy E. **COOLEY**, ae 18, b. Tolland,
    res. Norwich, June 18, 1849, by Rev. Ely, of Monson, Mass.   9
EMMONS, Ozias, s. Ozias, mason, ae 40, & Lucy Ann, ae 35, b. Feb. 22, 1848   49
EMORY, Catharine R., of Hampden, M[as]s., m. Capt. John **EMORY**, Sept. 1, 1848   9
    John, Capt., m. Catharine R. **EMORY**, of Hampden, M[as]s., Sept. 1, 1848   9
EMPSEY, Margaret, ae 20, m. David **DONOLLY**, laborer, b. Ireland, res. Norwich,
    Aug. 20, 1850   24
ENGLISH, Mary E., d. William, laborer, ae 27, & Julia, ae 26, b. Feb. [ ], 1851   108
EWELL, Catharine, d. James, operative in w. mill, German, & Elizabeth, b.
    [1848?]   64
EWEN, Alfaretta, d. David, Jr., mariner, ae 38, & M. E., ae 30, b. June 3, 1849   69

NORWICH VITAL RECORDS 181

	Page
EWEN, (cont.),	
Emma, d. Henry C., mariner, ae 30, & Margaret C., ae 21, b. June 28, 1848	55
Joel, mariner, ae 27, of Norwich, m. Harriet **COLLINS**, ae 18, b. Norwich, Oct. 1, 1848, by Rev. D. N. Bentley	11
FAHEY, Michael, m. Bridget **CUDDY**, May 18, 1851, by a Catholic Priest	27
FAIRCHILD, George, res. unknown, d. July 16, 1851, ae 20	161
FALES, Jane, b. Hopkinton, Mass., res. Norwich, d. July 9, 1848, ae 33 y.	147
Mary A., b. Worcester, Mass., res. Norwich, d. July 7, 1848, ae 11 m.	147
FANNING, Anna W., d. R. L., carpenter, ae 40, & M. L., ae 38, b. Sept. 7, 1848	69
Frances, d. Patrick, laborer, ae 28, & Margaret, ae 26, b. Mar. 9, 1849	77
Francis, s. Patrick, laborer, ae 28, & Margaret, ae 26, b. Mar. 12, 1848	61
Francis, d. Mar. 19, 1848, ae 7 d.	148
Henry, b. Stonington, res. Norwich, d. May 12, 1851, ae 60	164
Lucy F., ae 36, b. Preston, m. O. M. **DORRANCE**, teamster, ae 38, b. Plainfield, Mar. 17, 1850, by Rev. L. Muzzey	18
Lucy P., m. William **DAVIS**, of Norwich, Oct. 7, 1850, by Rev. E. T. Hiscox	22
FARLEY, Dianna M., d. John, papermaker, ae 26, & Elizabeth, ae 20, b. June 17, 1849	73
FARLINS, Phebe, d. Peter, gardener, ae 35, & Mary, ae 26, b. Feb. [ ], 1851	106
FARNUM, Mary, d. Charles N., merchant, ae 34, & Mary, ae 28, b. Feb. 12, 1849	66
Mary, d. Feb. 22, 1849, infant	151
FARRELL, FARRALL, [see also **FERRELL**], Ann, m. Timothy **MURRAY**, Jan. 19, 1850, by a Catholic Priest	26
Edward, s. Owen, laborer, ae 28, & Mary, ae 38, b. Apr. 13, 1851	105
Mary, d. Thomas, gardener, ae 35, & Mary, ae 30, b. May 22, 1848	61
Mary, d. Patrick, laborer, & Mary, ae 26, b. Apr. 19, 1849	66
Mary Ann, d. Thomas, mail carrier, ae 26, & Catharine, ae 28, b. Feb. 10, 1851	95
Patrick, m. Bridget **REILLEY**, Sept. 15, 1850, by a Catholic Priest	25
Thomas, gardener, ae 34, b. Ireland, res. Norwich, m. Mary **McLAUGHLIN**, ae 29, b. Ireland, Aug. 20, 1847, by James Brady	6
Thomas, s. Thomas, gardener, ae 40, & Mary, ae 30, b. Feb. 14, 1850	90
William, s. Patrick, laborer, ae 35, & Mary, ae 25, b. Mar. 3, 1851	95
FARRINGTON, William C., s. William, clerk, ae 29, & Esther, ae 26, b. Nov. 8, , 1849	85
-----, child of William T., merchant, & Esther H., ae 25, b. Oct. 22, 1847	56
FAULKNER, Frances, Mrs., d. Apr. 24, 1848, ae 39	144
Josephine, d. John, factory worker, ae 28, & Anna, ae 26, b. July 22, 1851	110
Mary J., d. John, manufacturer, ae 25, & Amey, ae 23, b. Mar. 22, 1848	65
Sybel, dressmaker, b. Norwich, res. Brooklyn, N.Y., d. Oct. 31, 1847, ae 73 y.	150
FAY*, Alphonzo, s. Edwin, carpenter, ae 24, & Susan C., ae 23, b. July 15, 1850 *(Perhaps "LAY"]	82
Caroline, d. Feb. 17, 1850, ae 15	157
Nahum, wagon maker, b. Ashford, res. Norwich, d. Aug. 15, 1847, ae 61	144
FAYAL, John, m. Mary **McGUIGAN**, Mar. 1, 1851, by a Catholic Priest	27
FENSLEY, FENDSLEY, FENSELEY, [see also **FINSLEY**], Catharine, d. Henry, ae 36, & Margaret, ae 26, b. June 10, 1851	104
Elizabeth, d. Henry, paper maker, ae 29, & Margaret, ae 26, b. Oct. 23, 1849	88
George, b. Ireland, res. Norwich, m. Mary **LEACH**, b. Ireland, Apr. 10, 1850, by Rev. Alvan Bond	14
Henry, papermaker, ae 28, b. England, res. Norwich, m. Margaret A. **LENTON**, ae 25, b. Ireland, Feb. 4, 1849, by Rev. Morgan	12
William H., s. George, ae 21, & Mary, ae 22, b. Mar. 14, 1851	104
FENTON, Charles H., s. Ely, laborer, & Martha, b. Oct. 13, 1849	86
George, laborer, ae 22, m. Susan **SHERMAN**, ae 19, of Norwich, May 20, 1848	3
George B., overseer cotton mill, ae 25, b. Mansfield, res. Norwich, m. Susan	

FENTON, (cont.),
    SHERMAN, ae 21, b. Norwich, May 15, 1848, by Rev. John Howson   4
  Hiram C., res. New Britain, Ct., m. Martha **CHAMPLAIN**, of Franklin, Ct., Jan.
    31, 1850, by Rev. E. T. Hiscox   14
  Susan M., d. George, cotton mill, ae 25, & Susan, ae 22, b. Feb. 27, 1849   71
  Zebina, laborer, b. Mansfield, res. Norwich, d. June 15, 1849, ae 66   152
FERRELL, [see also **FARRELL**], Brady, s. Brady, laborer, ae 26, & Catharine, ae 26,
    b. June 5, 1848   60
  Mary A., d. Owen, laborer, ae 23, & Mary, ae 30, b. June 10, 1848   60
FIELD, John, mason, ae 21, b. Worcester, Mass., m. Frances **REYNOLDS**, ae 18, b.
    Norwich, Apr. [ ], 1849, by Rev. Co[o]ley   11
  Robey A., b. Lisbon, res. Norwich, d. Dec. 2, 1847, ae 3   145
FIELDING, E., mariner, colored, b. Montville, res. Norwich, m. L. M. **ELLIS**, colored,
    b. Norwich, Jan. 17, 1849, by Rev. D. N. Bentley   11
  Eliphalet, farmer, colored, ae 25, b. Mohegan, res. Mohegan, m. Lydia M. **ELLIS**,
    ae 18, Jan. 17, 1849   9
FILLMORE, Harriet, m. John **THOMAS**, weaver, b. Lebanon, res. Norwich, Apr. 21,
    1850, by Rev. B. M. Walker   17
  Jane, b. Scotland, res. Norwich, b. Feb. 18, 1850, ae 24   157
  Laura, ae 19, m. Jos[eph] W. **HERRINGTON**, cotton factory, ae 19, b. Bozrah,
    res. Norwich, July 6, 1851, by Rev. B. M. Walker   23
  Laura Ann, ae 23, m. Joseph **HARRINGTON**, factory, ae 23, July 5, 1851, by
    Rev. Benj[amin] W. Walker   23
  Robert N., d. July 23, 1848, ae 3 m.   144
  Robert Nelson, s. John L., accountant, ae 32, & Mary Ann, ae 32, b. Apr. 24, 1848   49
FINCH, Robert T., of New York, m. Emma L. **CASE**, of Norwich, May 25, 1851, by
    Rev. E. T. Hiscox   22
FINDLAY, FINDLEY, George, s. John, gardener, ae 44, & Margaret, ae 43, b. Oct. 19,
    1849   90
  -----, s. Patrick., Irish laborer, b. Jan. 12, 1850   85
FINLEY, Henry, factory, of Norwich, m. Margaret **LINTON**, Feb. 3, 1849, by Rev.
    W[illia]m F. Morgan   9
FINN, Elizabeth, m. John **SMYTH**, Feb. 16, 1851, by a Catholic Priest   27
FINNEY, Mary Jane, m. Edwin S. **BURGESS**, moulder, of Norwich, Jan. 12, 1851, by
    Rev. Alvan Bond   28
FINSLEY, [see also **FENSLEY**], Esther, ae 25, b. Ireland, m. William **WATSON**,
    factory, ae 25, b. Ireland, res. Norwich, Jan. 6, 1849, by Rev. J. P. Gulliver   10
  Esther, ae 25, b. Ireland, m. William **WATSON**, cottonmill, ae 25, b. Ireland, res.
    Norwich, Jan. 6, 1840, by Rev. Gulliver   11
FIRTH, John, of Clappville, Mass., m. Augusta **KINNEY**, Dec. 20, 1849, by Rev.
    William F. Morgan   16
FISH, Codding, of New London, m. Mary E. **YOUNG**, of Lyme, Apr. 21, 1851, by Rev.
    J. M. Coley   23
FISHER, Maria, d. Peter, laborer, & Mary, b. June [ ], 1849   66
FISKE, Betsey, Mrs., b. N. Brookfield, Mass., res. Norwich, d. J[ ], 22, 1848, ae 67   144
FITCH, Edwin, farmer, b. Lisbon, res. Lisbon, m. 2d w. Harriet M. **LEE**, b. Bozrah,
    June 3, 1850, by Rev. Hiram P. Arms   20
  Lucy M., ae 23, m. Henry **WHITING**, ae 26, b. New York, res. New Haven, Apr.
    25, 1850, by Rev. Alvan Bond   20
  Lucy Maria, m. Henry **WHITING**, b. New York, res. New Haven, Apr. 25, 1850,
    by Rev. Alvan Bond   15
FITZGERALD, John, laborer, b. Ireland, res. Norwich, d. June 15, 1849, ae 70   154
  -----, d. Michael, laborer, & Margaret, b. July 19, 1849   78

NORWICH VITAL RECORDS 183

	Page
FITZPATRICK, Mary F., d. P., laborer, & C., b. Dec. 6, 1848	70
Timothy, d. Apr. 15, 1851, ae 4 wk.	161
Timothy, s. Patrick, laborer, ae 45, & Catharine, ae 30, b. May 16, 1851	98
FITZZILLION, Catharine, m. James JEFFERSON, May 18, 1851, by a Catholic Priest	27
FLANNERY, Daniel, s. Patrick, laborer, ae 30, & Mary, ae 30, b. Feb. 14, 1849	66
John, laborer, ae 30, b. Ireland, res. Norwich, m. 2d w. Catharine SMITH, ae 25, b. Ireland, Aug. 1, 1849, by Bishop	19
Margaret, d. Daniel, laborer, ae 25, & Mary G., ae 29, b. Nov. 21, 1848	66
Thomas, s. Patrick, laborer, ae 28, & Mary, ae 28, b. Aug. 20, 1847	49
Thomas, s. Daniel, laborer, ae 28, & Mary, ae 30, b. July 22, 1850	80
FLASHMAN, Philip, paperworker, ae 49, b. Germany, res. Norwich, m. Mary GATES, Oct. 1, 1849, by Rev. L. Muzzey	18
FLERGO, Henry, of Norwich, m. Eliza CLIFFORD, Nov. 8, 1849, by Rev. E. T. Hiscox	14
FLETCHER, Eliza, ae 36, of Norwich, m. 2d h. Asahel A. PARKERSON, cotton worker, ae 24, b. Vernon, res. Norwich, Oct. 16, 1847, by Rev. Winchester	3
FLYNN, Luke, m. Margaret DOHERTY, Dec. 24, 1850, by a Catholic Priest	26
FOLEY, Bridget, d. John, laborer, ae 30, & Margaret, ae 29, b. Oct. 11, 1850	109
James, s. John, laborer, ae 27, & Margaret, ae 25, b. Feb. 22, 1849	78
James, d. Jan. 16, 1850, ae 11 m.	160
John, s. John, laborer, ae 28, & Ellen B., ae 28, b. Aug. 29, 1847	57
John, papermaker, b. Ireland, res. Norwich, d. Oct. 16, 1849, ae 30	158
John, b. Springfield, res. Norwich, d. Dec. 4, 1849, ae 3 1/2	159
Mary, m. Darius LADD, sailor, of Norwich, Feb. 10, 1850, by John P. Waite, Esq.	20
Michael, b. Ireland, res. Norwich, d. May 5, 1850, ae 22	156
FOLIA, Margaret, d. John, paper maker, ae 30, & Ellen, ae 30, b. Nov. 9, 1848	73
Margaret, d. July 2, 1849, ae 7 m.	153
FORD, Caroline M., ae 25, b. Montville, m. David A GARDNER, ae 21, b. Bozrah, res. Norwich, Dec. 24, 1849, by Rev. L. Muzzey	18
Emma G., ae 30, b. Bozrah, m. Oliver H. BENTLEY, laborer, ae 35, b. Stonington, Apr. 20, 1851, by Rev. Muzzey	24
Sarah E., d. William, ae 19, & Dorathea, ae 23, b. Sept. 15, 1850	103
FORREST, Mary, d. John, laborer, ae 40, & Mary, ae 40, b. June 23, 1850	87
FORRESTER, Catharine, d. Michael, laborer, ae 32, & Catharine, ae 31, b. June 26, 1849	74
FORSYTH, FOSYTH, Fanny L., d. James, printer, ae 32, & Fanny, ae 31, b. Nov. 22, 1850	106
Fanny L., d. July 24, 1851, ae 8 m.	164
Fanny W., b. North Stonington, res. Norwich, d. Dec. 18, 1850, ae 31	164
John, s. James, printer, ae 30, & Fanny W., ae 29, b. June 10, 1848	61
John, d. Aug. 31, 1848, ae 10 m.	148
FOSTER, Wealthy, d. Feb. 11, 1851, ae 88	165
FOWLER, Charles H., s. Charles H., butcher, ae 31, & Eliza, ae 27, b. Aug. 7, 1850	109
Daniel B., farmer, res. Canterbury, m. Mary E. FRY, his 2d w. Nov. 25, 1849, by Rev. John Lovejoy	19
Harriet Maria, b. East Haddam, res. Norwich, d. June 8, 1849, ae 2	155
Isabella, d. Charles H., butcher, ae 30, & Eliza, ae 24, b. Nov. 8, 1848	78
FOX, Anson, laborer, m. Janett McNEIL, b. Scotland, Apr. 6, 1851, by Mr. Bush	25
Samuel H., merchant, ae 56, b. Colchester, res. Cleveland, Ohio, m. 2d w. Jemima A. WATERMAN, ae 40, b. Bozrah, June 17, 1850, by Rev. Thomas T. Waterman	20
FRANCIS, Alvah, merchant, ae 26, b. Saco, Me., res. Norwich, m. Anner DRAPER, ae	

	Page
FRANCIS, (cont.),	
23, b. Stafford, Ct., res. Norwich, Nov. 7, 1847, by Rev. Sanford Benton	2
John, iron-worker, ae 25, b. Hartford, res. Norwich, m. Angeline **BROWN**, ae 25, b. Montville, Sept. 6, 1847, by Rev. E. T. Hiscox	4
John P., s. John, moulder, ae 27, & Angeline, ae 26, b. June 29, 1848	53
FRANKFORT, Michael, s. Henry, shoemaker, & Julia, b. Dec. 28, 1848	77
FRANKLIN, Abby Jane, d. Uriel, ae 22, & Mary, ae 23, b. Aug. 1, 1849	86
Amy A., d. Henry A., ae 29, & Lucy A., ae 27, b. Mar. 24, 1851	103
Henry A., b. Providence, res. Norwich, d. Feb. 15, 1850, ae 1 1/3	158
Mary A., d. Uriah, ae 24, & Mary, ae 25, b. Jan. 30, 1851	104
Uriah, painter, ae 22, b. Providence, res. Norwich, m. Mary **DOUGLASS**, weaver, ae 20, b. Ireland, Aug. 25, 1848, by Rev. Lewis C. Browne	12
W., laborer, b. Ireland, m. Mary **DOUGLASS**, b. Ireland, Sept. 24, 1848, by Rev. D. N. Bentley	10
----, d. Uriah, painter, ae 22, & Mary, ae 20, b. Aug. 1, 1849	72
FRAZIER, Albert, s. Thomas M., butcher, ae 29, & Louisa, ae 25, b. Jan. 10, 1848	63
Mary E., d. Edmund J., butcher, ae 34, & Maria H., ae 37, b. Apr. 29, 1848	63
William E., s. Edmund, butcher, ae 47, & Maria, ae 49, b. Feb. 26, 1850	93
FREEMAN, Augustus, s. Israel, farmer, coloed, ae 35, & Caroline, ae 35, b. Feb. 11, 1850; triplet with Sylvester and a stillborn male	91
George, s. George, carpenter, ae 27, & Eliza, ae 24, b. July 25, 1848	57
Jerome, s. Jason, sailor, colored, ae 46, & Nancy, colored, ae 40, b. May 10, 1849	77
Sylvester, triplet with Augustus and a stillborn male, s. Israel, farmer, colored, ae 35, & Caroline, ae 35, b. Feb. 11, 1850	91
Theodore, s. Israel, laborer, colored, ae 30, & Caroline, colored, ae 34, b. Jan. 21, 1848	49
Theodore, s. Israel, laborer, colored, ae 30, & Caroline, colored, ae 34, b. Jan. 21, 1848	61
----, st. b. male, triplet with Sylvester & Augustus, s. Israel, farmer, colored, ae 35, & Caroline, ae 35, b. Feb. 11, 1850	91
----, male, d. July [ ], 1851, ae 3	163
FRELAND, Alvan Bond, s. James, boiler maker, ae 31, & Jane, ae 29, b. Aug. 15, 1847	51
FRINK, ----, d. Robert, farmer, ae 50, & Mary, ae 35, b. July 18, 1850	93
FROLAN, Mary H., d. William, machinist, ae 30, & Sarah, ae 28, b. Feb. 29, 1848	53
FRY, Alphonso N., d. Apr. 24, 1849, ae 17 m.	152
Mary E., m. 2d h. Daniel B. **FOWLER**, farmer, res. Canterbury, Nov. 25, 1849, by Rev. John Lovejoy	19
FULLER, Amelia, b. Norwich, m. William H. **MABREY**, blacksmith, ae 23, b. Norwich, res. Willimantic, Dec. 12, 1847, by Hiram P. Arms	6
Anna H., d. George D., merchant, & Hannah, b. Mar. 15, 1848	62
Cornelia M., ae 18, b. N. Coventry, m. Nathaniel R. **GILBERT**, machinist, ae 24, res. Norwich, Apr. 17, 1848, by Rev. Edward T. Hiscox	5
Eunice, b. Lebanon, res. Lebanon, d. Oct. 14, 1849, ae 5	160
George A., s. George D., confectioner, ae 22, & Josephine, ae 18, b. May 27, 1850	85
Jesse, cooper, d. July 27, 1851, ae 56	161
Martha Evans, d. Ebenezer, merchant, ae 37, & Harriet L., ae 33, b. Feb. [ ], 1850	80
Sarah A., ae 23, b. Norwich, m. William P. **SMITH**, merchant, ae 25, of New London, June 5, 1849, by Rev. W[illia]m F. Morgan	10
Walter, s. George D., merchant, ae 47, & Hannah M., ae 34, b. Nov. 12, 1850	108
FURY, Edgar, twin with Erin, s. Leonard, sash & blind, ae 25, & Sarah Ann, ae 26, b. Feb. 22, 1851	100
Erin, twin with Edgar, s. Leonard, sash & blind, ae 25, & Sarah Ann, ae 26, b. Feb. 22, 1851	100

NORWICH VITAL RECORDS 185

	Page
GADBOY, Isabella, d. Peter, farmer, ae 25 to 30, & Mary, ae 25 to 30, b. Apr. 16, 1849	78
GAGER, Charles E., s. Charles R., merchant, ae 27, & Mary Ann, ae 25, b. Jan. 11, 1851	107
Freelove Eliza, ae 20, b. Norwich, m. Samuel Hyde **JOHNSON**, merchant, b. Franklin, res. Fall River, Mass., Sept. 20, 1847, by Rev. John P. Gulliver	1
GALE, Eunice L., ae 21, b. Norwich, m. William N. **DELANEY**, sailor, ae 21, b. New York, res. New London, Jan. 24, 1848, by Rev. Edward T. Hiscox	5
John H., confectioner, ae 24, of Norwich, m. Phebe A. **PENDLETON**, ae 19, b. Stonington, Nov. 8, 1849, by Rev. John Lovejoy	19
-----, d. David L., carpenter, ae 26, & Lydia M., ae 26, b. July 1, 1849	71
GARDNER, GARDINER, Alflorette Isdora, d. Jonathan, machinist, ae 26, & Lucy A., ae 31, b. May 29, 1850	91
Daniel, pauper, d. Aug. 17, 1848, ae 64 y.	151
Darius, merchant, ae 31, b. Bozrah, res. Norwich, m. Lucretia **BUTTS**, ae 30, b. Plainfield, Apr. 30, 1849, by Rev. John Lovejoy	12
David A., ae 21, b. Bozrah, res. Norwich, m. Caroline M. **FORD**, ae 25, b. Montville, Dec. 24, 1849, by Rev. L. Muzzey	18
Edwin B., carpenter, ae 38, b. Bozrah, res. Norwich, m. 2d w. Emily **STARK**, ae 25, b. Penn., Apr. 16, 1848, by Rev. Brockett	4
Ella W., d. Adolphus M., traveling merchant, ae 32, & Emeline, ae 26, b. Oct. 1, 1850	94
Emma J., d. May [ ], 1851, ae 4	164
Eunice, d. Jonathan, machinist, ae 25, & Lucy A. D., ae 27, b. Feb. 14, 1849	73
George, merchant, of Lowell, Mass., m. Elizabeth D. **CHAPMAN**, Feb. 14, 1849, by Rev. W[illia]m F. Morgan	9
Iduella T., ae 34, b. Newburgh, N.Y., res. Norwich, m. Caleb B. **ROGERS**, builder, ae 42, b. Montville, res. Norwich, May 2, 1848, by Rev. John P. Gulliver	3
Nicholas, b. Preston, res. Norwich, d. Dec. 26, 1848, ae 61	153
Sarah M., m. Daniel **PRICE**, engineer, of Norwich, May 23, 1849, by Rev. E. T. Hiscox	10
William A. B., s. Rowland, woolen manufacturer, ae 34, & Mary, ae 29, b. Nov. 26, 1849	89
-----, d. David & Caroline, b. July 1, 1851	96
GARRATY, GARATY, GARRATTY, Dennis, s. James, laborer, ae 27, & Bridget, ae 32, b. Aug. 10, 1850	95
Harriet A., d. John, laborer, & Margaret, b. May 2, 1849	68
James, laborer, ae 25, b. Ireland, res. Norwich, m. Bridget **KAINAN**, ae 28, b. Ireland, Nov. 27, 1847, by a Catholic Priest	1
Maria, d. John, moulder, ae 40, & Mary, ae 22, b. June 4, 1851	99
Rosanna, d. James, laborer, ae 27, & Bridget, ae 30, b. Jan. 15, 1850	82
GASKILL, Phebe, d. Aug. 26, 1849, ae 45	158
GATES, Mary, m. Philip **FLASHMAN**, paperworker, ae 49, b. Germany, res. Norwich, Oct. 1, 1849, by Rev. L. Muzzey	18
GAVITT, Harriet A., d. Edwin, merchant, ae 41, & Abby, ae 32, b. Feb. [ ], 1850	80
Sarah Emma, d. Edwin, merchant, ae 39, & Abby, ae 32, b. Sept. [ ], 1847	50
GEER, Aaron, farmer, b. N. Stonington, res. Norwich, d. Apr. 19, 1850, ae 38	160
Amanda E., d. June 26, 1848, ae 1 y.	146
Clarissa, d. Mar. 8, 1850, ae 61	159
Eliza, d. May 26, 1848, ae 32	146
George, d. Nov. 20, 1847, ae 14 m.	144
George W., Jr., mariner, ae 21, of Norwich, m. Elizabeth W. **MITCHELL**, ae 21, b. New York, May 3, 1849, by Rev. Lovejoy	11

BARBOUR COLLECTION

	Page
GEER, (cont.),	
Halibutt W., teamster, ae 39, b. Preston, res. Norwich, m. 2d w. Sally A.	
JILLSON, ae 38, b. Dorchester, res. Willimantic, Nov. 22, 1848, by Rev. Andrew Robinson	12
Harriet E., d. June 11, 1848, ae 1 1/2 y.	145
Lavinia, d. Jeremiah, sea captain, ae 34, & Eliza, ae 24, b. Aug. 26, 1849	84
Robert C., s. G. W., mariner, & Elizabeth, b. Dec. 17, 1848	70
Sally, b. Preston, res. Norwich, d. Oct. 8, 1850, ae 76	161
Tindel, s. Samuel, mariner, ae 21, & Eliza, ae 19, b. Oct. 26, 1850	98
Virginia Emma, d. Jeremiah C., mariner, ae 36, & Eliza, ae 26, b. Apr. 20, 1851	97
Wheeler, boat builder, ae 77, b. Newport, R.I., res. Norwich, m. Sally **WILLIAMS**, his 2d w., ae 67, of Norwich, Nov. 17, 1850, by Rev. Eastwood	22
-----, st. b. John, laborer, ae 29, & Lucy, ae 27, b. Aug. 16, 1850	109
GEISELL, Maria, m. Jacob **WILL**, Mar. 4, 1851, by Rev. John Lovejoy	28
GERAGHTY, Mary, m. William **SHANLEY**, Feb. 16, 1851, by a Catholic Priest	27
GERMAN, [see also **GUMAN**], -----, b. Germany, d. Nov. 1, 1850	163
GETCHER, Jeremiah, farmer, ae 60, b. Montville, res. Montville, m. 2d w. Sarah **THOMAS**, ae 58, b. Norwich, res. Norwich, June 16, 1850, by Rev. D. N. Bentley	17
GIBBS, William, d. Nov. 19, 1847, ae 11 m.	147
GIFFORD, Gurdon, farmer, b. Bozrah, res. Bozrah, d. Nov. 11, 1850, ae 82	165
Johannah, b. Ireland, res. Norwich, d. Sept. 5, 1848, ae 29 y.	153
-----, s. Stephen, farmer, ae 31, & Amey A., ae 23, b. July 15, 1851	110
GILBERT, Francis E., s. Nathaniel, machinist, ae 25, & Camilla, ae 20, b. Mar. 18, 1850	84
Nathan G., s. Nathan S., cabinet maker, ae 35, & Mary J., ae 34, b. Feb. 24, 1850	80
Nathaniel, merchant, d. Dec. 24, 1849, ae 66	156
Nathaniel R., machinist, ae 24, res. Norwich, m. Cornelia M. **FULLER**, ae 18, b. N. Coventry, Apr. 17, 1848, by Rev. Edward T. Hiscox	5
GILCHRIST, Elizabeth R., d. John, carpet worker, ae 34, & Catharine, ae 28, b. Feb. 16, 1850	86
John, s. John, weaver, ae 31, & Catharine, ae 25, b. Aug. 31, 1847	58
GIMPSON, Catharine, pauper, d. Jan. 20, 1848, ae unknown	151
GLAN, Janet, domestic, b. Scotland, res. Norwich, d. Nov. 10, 1848, ae 33	153
GLEASON, -----, s. Jason, taverner, ae 38, & Harriet, ae 33, b. July 9, 1850	89
GODFREY, Esther, b. New London, res. Norwich, d. Nov. 27, 1849, ae 59	157
GOFF, Catharine, d. Hugh, mason, ae 33, & Tacy, ae 32, b. Apr. 2, 1848	63
GOINTY(?), Bridget, m. Luke **HOGG**, Aug. 31, 1850, by a Catholic Priest	25
GOITNER, Joseph, b. Germany, res. Norwich, m. Albertine **WAKER**, b. Germany, Dec. 26, 1850, by Rev. Morgan	21
GOLD, Alice E., d. William T., painter, ae 32, & Elizabeth W., ae 28, b. Nov. 25, 1851	107
GOODSPEED, Harriet Eliza, d. Isaac, tailor, ae 37, & Emily H., ae 34, b. June 7, 1850	88
-----, Mrs., d. July 6, 1848, ae 63	145
GOODWIN, Ellery C., d. Nov. 22, 1849, ae 3 m.	156
Ellery Channing, s. Richard, shoe dealer, & Hannah, b. Aug. 31, 1849	80
-----, d. Richard, shoe trader, ae 31, & Hannah, ae 30, b. July 16, 1851	99
GORDON, Mary Elizabeth, d. John, carpet weaver, ae 24, & Elizabeth, ae 29, b. May 30, 1850	89
Thomas P., d. Apr. 16, 1849, ae 15	154
GORMAN, George, s. Patrick, ae 40, & Bridget, ae 40, b. May 22, 1851	103
GORMELY, Sarah, m. John **GRADY**, July 6, 1851, by a Catholic Priest	27
GORTON, Frederick H., s. Ira, umbrella maker, ae 45, & Nancy H., ae 40, b. Nov. 15, 1849	80

	Page
GOUDIELOCK, James M., s. James, painter, ae 41, & Margaret, ae 38, b. Aug. 5, 1849	87
James M., b. Scotland, res. Norwich, d. May 28, 1850, ae 6	156
James M., b. Mass., res. Norwich, d. May 29, 1850, ae 6 1/2	158
James N., s. James, laborer, ae 41, & Margaret, ae 39, b. Aug. 5, 1850	102
William W., b. Scotland, res. Norwich, d. May 28, 1850, ae 8	156
William W., b. Scotland, res. Norwich, d. May 29, 1850 ae 8 1/2	158
GOUGH, Tacy Emy, d. Hugh, farmer, ae 37, & Tacy, ae 36, b. Oct. 9, 1849	94
-----, d. Hugh, farmer, ae 38, & Tacy, ae 37, b. Feb. 8, 1851	111
GOULD, -----, d. William, seaman, ae 31, & Elizabeth, ae 26, b. Oct. 5, 1849	84
GOULDING, Laura W., m. John C. BROWN, Mar. 23, 1851, by Rev. John Lovejoy	28
GRACE, Elizabeth, ae 20, of Norwich, m. Porter ROGERS, farmer, ae 22, of Norwich, Nov. 17, 1847, by Rev. William T. Morgan	7
Elizabeth, b. Norwich, m. Porter ROGERS, farmer, of Norwich, Nov. 18, 1847, by Rev. William F. Morgan	2
Henry S., painter, b. Providence, res. Norwich, d. Feb. 11, 1849	151
GRADY, Felix D., b. Natchez, Miss., res. unknown, m. Clarissa BARROWS, b. Norwich, res. unknown, July 8, 1849, by H. P. Arms	14
John, m. Sarah GORMLEY, July 6, 1851, by a Catholic Priest	27
GRAFTON, Mary, m. Patrick NOLAN, Nov. 2, 1850, by a Catholic Priest	26
GRAIG, Mary J., d. John, ae 25, & Mary, ae 30, b. Oct. 10, 1850	104
GRANDYEAR, Leoni, m. James S. CAREW, of Norwich, Aug. 20, 1850, by Rev. Morgan	21
GRARVELE, Ebles, d. John, Jr., carpenter, ae 22, & Amelia, b. Aug. 26, 1850	101
Virginia, d. John, carpenter, ae 40, & Emily, b. Apr. 17, 1851	101
GRAY, Abigail, b. Stonington, res. Norwich, d. Mar. 22, 1849, ae 77	152
GREELEY, Mary, ae 25, m. William SANDLEY, ae 30, Feb. 16, 1851, by a Catholic Priest	27
GREENE, GREEN, GRENE, Anna L., of Norwich, m. John JEFFRIES, Jr., of Boston, May 8, 1851, by Rev. Morgan	21
Augusta, s. Henry, carpet weaver, ae 40, & Emeline, ae 32, b. Feb. 8, 1850	88
Caleb, cotton manufacturer, b. R.I., d. Sept. 9, 1849, ae 60	158
David M., of Burrillville, R.I., m. Mary A. SOUTHWICH, of Norwich, Oct. 31, 1850, by Rev. E. T. Hiscox	22
Gardiner, ae 28, b. Boston, res. Norwich, m. Mary R. ADAMS, ae 28, b. Alexandria, D.C., June 26, 1850, by Rev. Samuel Nott	14
Henry, s. Henry, carpet weaver, ae 37, & Emeline, ae 29, b. May 20, 1848	58
Irvin, s. William, ae 31, & Mary J., ae 28, b. Jan. 22, 1851	104
Janet, m. Joseph REYNOLDS, papermaker, of Norwich, Jan. 1, 1850, by Rev. B. M. Walker	18
Janette S., ae 18, b. N.Y., m. Joseph O. REYNOLDS, paper laborer, ae 27, b. S. Kingston, R.I., res. Norwich, Jan. 1, 1850, by Rev. James T. Mather	17
John, b. R.I., m. Nancy BROMLEY, b. Preston, Dec. 15, 1850, by Mr. Muzzey	25
Lucy Alzada Emma, d. Paul B., manufacturer, ae 24, & Lucy A., ae 21, b. May 19, 1848	58
Lutina, ae 19, m. James WALKER, machinist, ae 21, b. Vernon, Ct., res. Norwich, Apr. 30, 1849, by Rev. E. T. Hiscox	13
Lutina S., m. James WALKER, of Norwich, Apr. 30, 1849, by Rev. E. T. Hiscox	10
Lutina S., weaver, ae 19, b. Montville, m. James WALKER, machinist, ae 24, b. Burnham, res. Norwich, Apr. 30, 1849, by Rev. Hiscox	12
Paul B., manufacturer, ae 23, of Norwich, m. Lucy A. CARD, ae 22, b. Sterling, May 19, 1848, by Rev. Hiscox	4
Samuel, silversmith, ae 22, res. Uxbridge, Mass., m. Sylvia BRAMAN, ae 24, b. Uxbridge, Mass., Dec. 23, 1847, by Sidney Dean	3

	Page
GREENE, GREEN, GRENE, (cont.),	
Sophia, d. Charles, manufacturer, ae 31, & Sophia, ae 27, b. Nov. 2, 1848	72
Sophia, d. Dec. 2, 1848, ae 1 m.	153
GREENHALGH, Mary E., d. Robert, engineer, ae 27, & Eliza, ae 22, b. Oct. 5, 1847	60
GREENMAN, Lydia, d. James, clerk, ae 41, & Sarah, ae 37, b. Nov. [ ], 1850	105
Stewart, b. Preston, res. Norwich, d. Oct. 29, 1850, ae 5	162
GREENWOOD, John T., machinist, ae 30, b. Bozrah, res. Norwich, m. Sarah L. **REYNOLDS,** ae 17, b. East Lyme, Feb. 24, 1850, by Rev. James T. Mather	17
Joshua J., of Norwich, m. Sarah L. **REYNOLDS,** Feb. 24, 1850, by Rev. E. T. Hiscox	14
GREGORY, Mary, d. William, manufacturer, ae 36, & Mary, ae 36, b. June 21, 1851	109
GRIFFIN, Sarah A., d. George, mason, ae 44, & Sarah, ae 40, b. Apr. 4, 1848	53
GRIFFITH, Walter S., merchant, ae 40, b. New York City, res. Brooklyn, m. 2d w. Caroline G. **NORTON,** ae 28, b. Charlestown, Mass., Apr. 6, 1848, by Rev. Charles P. Bush	5
GRINOLDS, Lucy A. **PHILLIPS,** illeg. d. Frances, ae 20, almshouse, b. May 26, 1851	100
GRISWOLD, ----, d. Norris, laborer, & Julia, b. Oct. 1, 1848	78
GROSVENOR, Ellen, d. Samuel, merchant, ae 26, & Ursula, ae 22, b. Nov. 3, 1850	96
Sarah Elizabeth, d. Samuel H., merchant, ae 24, & Ursula W., ae 20, b. Feb. 22, 1849	66
GUILE, Lavinia, b. Preston, res. Norwich, d. Feb. 9, 1849, ae 74	154
Solomon, laborer, b. Preston, res. Norwich, d. Feb. 16, 1849, ae 54	154
GULLIVER, William, b. Ireland, res. New York, m. Ceiley **LILLEY,** June 25, 1850, by Rev. John Lovejoy	19
GUMAN, [see also **GERMAN**], Charles C., d. Feb. 14, 1850, ae 4 2/3 m. (Perhaps "**GERMAN**"]	156
GUYANT, GUIANT, Jane, ae 23, b. Groton, m. William **CRAWFORD,** laborer, ae 23, b. Scotland, Feb. 9, 1851, by Mr. Loveland	24
Josephine, weaver, b. Groton, res. Norwich, d. July 21, 1848, ae 16	147
HALE, HAILE, Almarin R., merchant, ae 22, of Norwich, m. Caroline E. **TRACY,** ae 20, b. Norwich, Apr. 25, 1850, by Rev. W[illia]m Palmer	16
Mary G., d. A. B., physician, ae 45, & Mary H., ae 35, b. Sept. 29, 1850	97
HALEY, Margaret, d. Patrick, laborer, ae 22, & Mary, ae 22, b. Feb. 5, 1851	102
HALL, Albert Wallace, s. Henry, laborer, ae 39, & Mary, ae 39, b. May 28, 1850	93
Estes, gunsmith, b. Salem, Mass., res. Norwich, d. Sept. 5, 1848, ae 26	155
Eunice, b. Colchester, res. Norwich, d. Aug. 5, 1848, ae 62	145
John C., farmer, d. Feb. 24, 1848, ae 1	149
Mary, m. Henry **WILLIAMS,** carpenter, of Westerly, R.I., Oct. 23, 1848, by Rev. E. T. Hiscox	10
----, Mrs., d. Aug. 9, 1848, ae 62 y., pauper	151
HALLAM, [see also **HALLUM**], Fordelia, child of Henry, farmer, black, & Fivena, black, b. Nov. 4, 1847	62
HALLIDAY, Eliza Jane, d. John, coachman, ae 29, & Margaret, ae 24, b. Sept. 16, 1849	81
John, laborer, ae 30, b. Ireland, res. Norwich, m. Margaret **SHIELDS,** ae 24, b. Ireland, res. Norwich, June 12, 1848, by Rev. Benton	2
HALLUM, [see also **HALLAM**], H. M., d. Peter, mariner, & F. J., b. Sept. 19, 1848	70
HAMILTON, Abby A., m. Henry A. **COLLINS,** res. Rhode Island, Dec. 23, 1849, by Rev. Cha[rle]s P. Bush	18
HAMMOND, Georgianna, d. Gardiner, ae 31, & Tryphenia, ae 30, b. Mar. 26, 1851	104
HANCOCK, Sarah Eliza, d. William & Catharine, b. Dec. 30, 1847	64
HANNAH, Margaret, ae 28, b. Ireland, m. John **PONDRECE** (?), laborer, ae 35, b. Ireland, Jan. 15, 1851, by Mr. Morgan	24
HANNEGAN, James, ae 22, b. Ireland, m. Mary **HEHEY** (?), ae 26, July 18, 1851, by	

	Page
HANNEGAN, (cont.),	
Mr. Blinkin	25
HANNUL, Ganet, m. John G. **PERDELL**, of Norwich, Feb. 23, 1851, by Rev. Morgan	21
HARDENBURGH, HARDENBURG, Sarah, ae 19, b. New London, m. Thomas G. **BURDICK**, shoemaker, ae 22, b. Preston, res. Norwich, Aug. 29, 1847, by Rev. L. C. Brown	6
Susan, m. Orin **HOXSIE**, of Norwich, Nov. 3, 1850, by Rev. E. T. Hiscox	22
HARKNESS, -----, twin d. George, mariner, & Caroline, b. May 30, 1849	70
HARLAND, Elizabeth M., ae 21, of Norwich, m. Ferdinand C. **STEADMAN**, merchant, ae 21, of Norwich, Nov. 9, 1848, by Rev. Hiram P. Arms	13
HARRINGTON, Catharine, ae 35, b. Ireland, m. William **BRITTLEY**, laborer, ae 36, b. Ireland, Aug. 4, 1847, by Rev. John Brady	2
Harriet N., d. Dec. 11, 1848, ae 18 m.	152
Joseph, factory, ae 23, m. Laura Ann **FILLMORE**, ae 23, July 5, 1851, by Rev. Benj[amin] M. Walker	23
Philip, b. Ireland, res. Norwich, d. Apr. 5, 1848, ae 36 y.	145
HARRIS, Danforth, s. Danforth, pistol maker, ae 30, & Eunice C., ae 21, b. Jan. 12, 1849	71
Danforth, of Worcester, m. Emily E. **PRATT**, Apr. 15, 1850, by Rev. John P. Gulliver	14
Danforth, gunsmith, b. Willimantic, res. Worcester, m. 2d w. Emily **PRATT**, ae 24, b. Norwich, Apr. [ ], 1850, by Rev. J. P. Gulliver	19
Henry D., s. Charles, cook, colored, ae 42, & Maria, colored, ae 38, b. Jan. 10, 1850	80
Ida, d. William, cook, colored, b. Sept. 3, 1849	81
John R., farmer, b. Bozrah, res. Norwich, d. May 11, 1848, ae 60	149
Laura, d. June 23, 1848, ae 59	149
Lucretia S., tailoress, ae 22, b. New London, res. Norwich, m. Ralph G. **ABELL**, butcher, ae 25, b. Exeter, Ct., res. Norwich, Mar. 29, 1848, by Jabez S. Swan	2
Mary, m. Robert J. **SMILEY**, of Norwich, Apr. 28, 1851, by Rev. Alvan Bond	21
Mary E., Mrs., b. Canterbury, res. Norwich, d. Feb. 11, 1849, ae 53	151
Mary Eliza, d. Apr. 13, 1848, ae 5	145
Oliver, s. William, cook on steamboat, colored, ae 29, & Eunice Abby, colored, ae 20, b. Oct. [ ], 1847	50
Oliver, s. Charles, cook, colored, ae 40, & Maria, colored, ae 36, b. Jan. 29, 1848	50
Orin P., colored, d. Sept. 19, 1847, ae 1 y.	144
HARTSHORN, HARTSON, Almira, b. Willimantic, m. James E. **CHAMPLAIN**, b. Norwich, Apr. 9, 1851, by Rev. D. N. Bentley	23
Sarah, m. Benjamin **ROGERS**, Apr. 4, 1850	19
HARTY, Mary, d. Philip, ae 22, & Ellen, ae 21, b. June 4, 1851	103
Philip, ae 21, b. Ireland, m. Ellen **RYON**, ae 20, Sept. 16, 1850, by Mr. Blinkin	25
HARVEY, Emma S., d. Paul, tinman, ae 31, & Lucy, ae 28, b. Nov. 1, 1848	72
George Keney, s. Paul, tinman, ae 34, & Lucy, ae 39, b. Jan. 4, 1850	89
Susan, d. John, cotton worker, ae 39, & Eliza, ae 40, b. Apr. 15, 1850	86
HATHINGTON, Johanna, ae 22, m. Cornelius **COCHRAN**, ae 24, Mar. [ ], 1851, by a Catholic Priest	27
HAVENS, Adelia Elizabeth, d. Robert M., merchant, ae 39, & Adelia, ae 30, b. Sept. 18, 1847	50
Samuel C., s. Stephen P., mariner, ae 22, & Harriet M., ae 17, b. Aug. 26, 1847	55
HAWLEY, William H., s. John, mariner, ae 41, & Catharine, ae 38, b. Oct. 19, 1851	99
HAYFIELD, Frederick, laborer, ae 23, b. Ireland, m. Martha **BLUNDELL**, ae 18, b. Ireland, Sept. 1, 1850, by an Episcopalian	24
Frederick, s. Frederick, ae 23, & Martha, ae 18, b. June 1, 1851	103
Frederick H., of Norwich, m. Martha A. **BLUNDELL**, Sept. 1, 1850, by Rev.	

	Page
HAYFIELD, (cont.),	
Morgan	21
HAZEN, Abigail, b. Groton, res. Norwich, d. July 18, 1850, ae 91	159
Allen, mariner, d. Oct. 1, 1847, ae 48	145
-----, s. Asher, tailor, ae 28, & Lilias, ae 25, b. July 28, 1850	91
HEATH, Eliza, m. Denison **ALLEN**, of Ledyard, Sept. 1, 1850, by Rev. J. M. Coley	23
Levi N., machinist, ae 23, b. Groton, res. Worcester, Mass., m. Mary A.	
PHILLIPS, ae 17, b. Norwich, Oct. 3, 1847, by Sidney Dean	3
HEBARD, Mary Ellen, d. Shubael, gravestone cutter, ae 36, & Martha L., ae 30, b May 14, 1848	50
Samuel C., s. Samuel C., papermaker, ae 37, & Mary P., ae 33, b. Dec. 27, 1847	55
HEDGE, Charles D., gunsmith, ae 23, b. Preston, m. Maria M. **SHERMAN**, ae 20, b. Lebanon, May 14, 1848, by Thomas Whittemore	2
Mary E., d. C. D., engraver, & M. M., b. Dec. 18, 1848	68
William B., mason, m. Ann E. **ALBERTSON**, Dec. 1, 1850, by Rev. Loveland	28
HEHEY(?), Mary, ae 26, m. James **HANNEGAN**, ae 22, b. Ireland, July 18, 1851, by Mr. Blinkin	25
HELPEN, Mary, d. James, laborer, ae 28, & Hannah, ae 25, b. Feb. 16, 1849	74
HEMPSTEAD, Elizabeth H., Mrs., b. New London, res. Norwich, d. May 2, 1849, ae 32	151
Lucy, m. Moses P. **KIMBALL**, merchant, b. Preston, res. Herkimer County, N.Y., June 6, 1848, by Rev. John P. Gulliver	1
HENDERSON, James, s. James, bleacher, ae 28, & Margaret, ae 27, b. Apr. 24, 1848	58
Mary, d. Mar. 12, 1849, ae 3	153
William C., s. James, bleacher, ae 32, & Margaret, ae 27, b. Feb. 27, 1850	88
HENTON, Henry, m. Mary **O'NEIL**, Aug. 31, 1850, by Catholic Priest	25
HERRICK, Calista, m. Alonzo B. **DAVIS**, of Norwich, Aug. 5, 1850, by Rev. E. T. Hiscox	21
HERRINGTON, Jos[eph] W., cotton factory, ae 19, b. Bozrah, res. Norwich, m. Laura **FILLMORE**, ae 19, July 6, 1851, by Rev. B. M. Walker	23
HERVEY, George M., of Oxford, Mass., m. Philadelphia [ ], Dec. 16, 1848, by Rev. W[illia]m F. Morgan	9
HEWITT, HEWETT, Amos, farmer, b. N. Stonington, res. Norwich, d. Apr. 27, 1848, ae 51	145
Nancy, black, of Lebanon, Ct., m. Augustus **MOORE**, black, of Rochester, N.Y., May 11, 1851, by Rev. D. N. Bentley	23
HICKEY, Mary, d. John, shoemaker, ae 24, & Mary, ae 25, b. Apr. 21, 1848	53
Mary A., d. Michael, laborer, ae 26, & Mary, ae 24, b. May [ ], 1851	105
Michael, m. Mary **McNAMARA**, July 6, 1851, by a Catholic Priest	27
HILL, [see also **HILLS**], Benjamin M., carpenter, ae 26, of Norwich, m. Hannah E. **EDWARDS**, ae 21, b. Norwich, July 10, 1850, by Rev. Ja[me]s M. Coley	17
Charles C., mariner, ae 21, of Norwich, m. Abby H. **CLARK**, ae 19, of Norwich, May 29, 1848, by Rev. William F. Morgan	3
Charles C., ae 21, of Norwich, m. Abby H. **CLARK**, ae 19, b. Norwich, May 30, 1848, by Rev. William F. Morgan	1
Harriet A., housekeeper, colored, had illeg. s. Alexander **BASSET**, b. May 15, 1849	68
John F., d. Feb. 10, 1851, ae [ ] d.	162
John Franklin, s. Elisha B., cotton worker, ae 27, & Sarah J., ae 20, b. Nov. 26, 1849	89
Joseph, teamster, ae 23, b. Essex, res. Norwich, m. Mary J. **TOWN**, weaver, ae 20, b. Thompson, res. Norwich, Jan. 2, 1849, by Rev. Lawson Muzzey	12
Sarah, d. George, dyer, ae 40, & Magdalen, ae 42, b. July 21, 1849	74
Wolcott M., s. Henry W., weaver, & Emiline E., b. Apr. 19, 1848	58

	Page
HILL, (cont.)	
-----, illeg. st. b. s. Harriet, almshouse, black, & 21, b. May 7, 1851	100
HILLBOROUGH, Charles, s. Oscar, cabinet maker, ae 27, & Barbara, ae 26, b. Mar. [ ], 1850	107
HILLS, [see also **HILL**], George, farmer, ae 29, b. Colchester, m. Ruth **PERRY,** ae 30, b. Norwich, Mar. 20, 1848, by Rev. E. T. Hiscox	1
Josephine, b. Manchester, Ct., m. Joel E. **LANGDON,** shoemaker, b. Vermont, res. Barry, Vt., Sept. 9, 1849, by Rev. Anson Bond	19
Lorenzo, mechanic, b. Norwich, res. Manchester, m. Mary **LUCAS,** Mar. 12, 1851, by Rev. Hiram P. Arms	29
HILTON, Ann Eliza, res. Albany, d. Sept. 16, 1849, ae 5	156
Charles O., of Norwich, m. Lydia Ann **NORTH[R]UP,** Nov. 10, 1850, by Rev. James M. Coley	22
HINCKLEY, Bertha, d. Jan. 4, 1850, ae 4	159
Charles, s. Amos, painter, ae 27, & Mary B., ae 22, b. Dec. 31, 1849	87
Clarana, b. Preston, res. Norwich, d. Aug. 16, 1849, ae 2	159
Clarence, s. William E., railroad conductor, ae 35, & Joanna, ae 35, b. Feb. 23, 1848	60
Russell, res. Preston, m. Mary Ann **DICKENS,** b. Stonington, Oct. 7, 1849, by Rev. John Lovejoy	19
William H., of Norwich, m. Nancy **PERRY,** Oct. 29, 1850, by Rev. E. T. Hiscox	22
HINES, HINE, HYNDS, Anna, d. Barney, laborer, ae 30, & Catharine, ae 30, b. Jan. 7, 1851	95
Jesse M., machinist, ae 26, b. Mass., res. Norwich, m. Mary **CODLING,** ae 19, b. Mass., Feb. [ ], 1850, by Rev. L. Muzzey	18
Johan[n]a, m. Patrick **CORCORAN,** July 5, 1851, by a Catholic Priest	27
Mary Ann, ae 20, b. Ireland, m. Mivans **WELCH,** laborer, ae 30, b. Ireland, res. Norwich, Aug. 5, 1849, by Rev. O'Brady	10
HIRSCHMANN, Catharine, m. Conrad **NEWFIELD,** of Norwich, Feb. 23, 1851, by Rev. Benj[amin] M. Walker	23
HISCOX, -----, s. E. T., Baptist minister, ae 34, & Caroline O., ae 32, b. July 1, 1849	66
HITCHCOCK, Ella, d. Edwin P., Bennett store, ae 25, & Reba, ae 19, b. Oct. [ ], 1847	50
William N., s. William R., bonnet maker, ae 37, & Martha, ae 28, b. Feb. 2, 1848	59
HOAR, James, s. John, paper maker, ae 40, & Mary, ae 32, b. Aug. 2, 1849	72
Nicholas, merchant, b. Ireland, res. Norwich, d. Mar. 29, 1849, ae 32	154
HOGAN, Ellen, ae 17, b. Ireland, res. Norwich, m. John **LEGG,** laborer, ae 19, b. Ireland, res. Norwich, Nov. 7, 1847, by David N. Bentley	6
HOGG, Luke, m. Bridget **GOINTY**(?), Aug. 31, 1850, by a Catholic Priest	25
Michael, b. Ireland, res. Norwich, d. June 21, 1850, ae 15	158
HOLBROOK, Supply T., organist, ae 28, b. Roxbury, Mass., res. Norwich, m. Sarah E. **SHEPERD,** ae 19, b. Norwich, Apr. 2, 1850, by Rev. Alvan Bond	14
HOLDEN, Samuel, farmer, d. Sept. 4, 1849, ae 47	158
Walter, res. Preston, m. Lydia **MOORE,** res. Norwich, Feb. 17, 1850, by Rev. Lawton Muzzey	19
HOLLAND, John F. O., d. Dec. 7, 1847, ae 6 m.	144
HOLM, Joseph H., mariner, ae 34, b. Denmark, res, Norwich, m. Louisa **LESTER,** ae 34, Sept. 4, 1850, by Rev. Hiram P. Arms	29
HOLMAN, Charles N., s. George W., chair maker, ae 23, & Harriet, b. Oct. 23, 1848	75
George W., chair warehouse, ae 22, b. Sterling, Mass., res. Norwich, m. Harriet E. **NEWCOMB,** ae 20, b. Norwich, Dec. 28, 1847, by Rev. Alvan Bond	1
Lydia W. P., d. Robert, paper maker, ae 34, & Eliza, ae 29, b. Dec. 5, 1847	61
HOLMES, Albert S., liveryman, b. N. Stonington, res. Norwich, d. June 14, 1849, ae 42	154
Hannah, d. Sept. 22, 1850, ae 61	163

	Page
HOLMES, (cont.),	
Nancy E., ae 27, m. William P. **STERRY**, machinist, ae 30, of Norwich, July 17, 1850, by Rev. W[illia]m Palmer	16
Robert, joiner, d. July [ ], 1851, ae 37	163
HOLT, Betsey, m. Robert L. **SMITH**, of Norwich, Sept. 5, 1850, by Rev. Morgan	21
Betsey, ae 23, m. Robert **SMITH**, laborer, ae 22, b. Ireland, Sept. 16, 1850, by Mr. Morgan	24
Charles, cabinet maker, of Norwich, m. 2d w. Lydia **JAMES**, Nov. 28, 1850, by Rev. B. M. Walker	29
Jane, s. Daniel, depot master, ae 49, & Sarah V., ae 36, b. Apr. 30, 1850	91
Washington, s. Charles H., farmer, ae 32, & Sarah G., ae 32, b. Jan. 12, 1849	79
William, farmer, ae 63, b. Voluntown, Ct., res. Norwich, m. 2d w. Ann **CARPENTER**, ae 44, b. Ledyard, Ct., res. Norwich, Nov. 24, 1850, by Rev. Hiram P. Arms	29
-----, child of Daniel, conductor, rr., ae 46, & Sarah, ae 42, b. Mar. 13, 1848	59
HOOKER, John, of Springfield, Mass., m. Eliza E. **WADE**, of Ludlow, Mass., Dec. 10, 1850, by Rev. Morgan	21
HOPKINS, Charles, manufacturer, ae 20, b. Warwick, R.I., res. Norwich, m. Catharine C. **MATHEWSON**, ae 20, b. N. Kingston, R.I., res. Norwich, June 4, 1848, by George M. Carpenter	6
Dianthe, d. Feb. 7, 1850, ae 47	157
HOPPER, James, s. William, laborer, ae 25, & Christiana, ae 24, b. Feb. 5, 1851	103
HORN, Michael, s. Michael, paper maker, ae 30, & Catharine B., ae 26, b. May 31, 1850	87
HORNER, -----, child of John, ax maker, ae 41, & Celestia, ae 36, b. May 4, 1848	54
HORTON, Sarah M., weaver, b. Preston, res. Norwich, d. May 20, 1848, ae 18	146
HORTOR, Sarah M., weaver, b Groton, res. Norwich, d. May 22, 1848, ae 18	147
HOUSTON, James, Jr., s. James, dyer, ae 40, & Mary, ae 37, b. Dec. 25, 1848	72
Susan, d. James, ae 41, & Mary, ae 38, b. Apr. 17, 1851	104
HOWARD, Edmund C., s. Edward, mariner, ae 31, & Ruth, ae 21, b. Nov. 14, 1848	70
Edmond C., d. Sept. 20, 1850, ae 2	162
George, d. Nov. 10, 1850, ae 4	162
Henry E., s. Edward, sailor, ae 27, & Ruth, b. Sept. 30, 1850	100
Louis, of Uxbridge, Mass., m. Fanny **ADAMS**, Jan. 4, 1850, by Geo[rge] A. Meech, Esq.	16
HOWE, Louisa, ae 38, b. Norwich, m. 2d h. Frances W. **BUSHNELL**, tavernkeeper, ae 52, b. Norwich, res. Norwich, [, 1848?], by Mr. Comstock	1
HOWLAND, Robert, laborer, b. Ireland, m. Isabella **NICHOLS**, b. Ireland, Oct. 2, 1848, by Rev. D. N. Bentley	11
HOXSIE, Orin, of Norwich, m. Susan **HARDENBURG**, Nov. 3, 1850, by Rev. E. T. Hiscox	22
HOYLE, John, m. Mary **DUNN**, Feb. 20, 1850, by a Catholic Priest	26
John E., s. John, laborer, ae 35, & Sophia, ae 36, b. Aug. 24, 1851	102
HUBBARD, Eliza, ae 44, of Norwich, m. George F. **BLACKMAN**, railroad depot, ae 37, b. Andover, res. Norwich, Apr. 7, 1851, by Rev. Gulliver	22
Ella, d. Thomas, ae 25, & Sarah C., ae 20, b. Sept. 7, 1850	97
Thomas, ae 22, of Norwich, m. Sarah C. **LANMAN**, ae 18, b. Michigan, res. Norwich, May 15, 1849, by Rev. W[illia]m F. Morgan	9
HUGHES, Mary, d. Edward, ae 26, & Elizabeth, ae 23, b. Mar. 6, 1851	104
HUKIE, John, s. John, shoemaker, ae 35, & Mary, ae 23, b. Nov. 24, 1849	82
HULL, Anna, d. Elisha, teamster, ae 43, & Hannah, ae 43, b. Apr. 28, 1848	58
Benjamin G., carpenter, ae 26, b. Stonington, res. Norwich, m. Martha **BALDWIN**, ae 21, b. Groton, Oct. 16, 1848, by Rev. Hiscox	13

	Page
HULL, (cont.),	
Charles Edwin, s. Benjamin, carpenter, ae 28, & Martha, ae 23, b. Nov. 20, 1850	108
Martha, b. Exeter, R.I., res. Norwich, d. June 14, 1849, ae 49	155
Mary, ae 22, b. Stonington, m. Henry **WILLIAMS**, carpenter, ae 23, b. Montville, res. Norwich, Oct. 23, 1848, by Rev. Hiscox	13
Mary Ann, black, m. John J. **PETERS**, black, of Franklin, July 11, 1851, by Rev. D. N. Bentley	23
HUMES, Caroline, d. Charles, overseer in cotton mill, ae 29, & Caroline, ae 28, b. Oct. 15, 1847	56
Georgianna, d. Charles, cotton mill, ae 29, & Caroline, ae 28, b. Mar. 1, 1849	71
Mary E., b. Petersbury, N.Y., res. Norwich, d. Aug. 17, 1850, ae 19	162
Mary H., d. John, papermaker, ae 24, & Mary E., ae 19, b. Aug. 7, 1850	101
Mary H., d. Aug. 27, 1850, ae 20 d.	162
HUNTER, Ellen Murphy, d. John, blacksmith, ae 25, & Rosina, ae 22, b. Apr. 21, 1850	82
Hugh, accountant, b. Ireland, res. Norwich, d. Aug. 23, 1848, ae 53	152
John, ae 22, b. Ireland, res. Norwich, m. Rosanna **CLEMMONS**, ae 20, b. Ireland, Nov. 1, 1849, by Rev. Ja[me]s M. Coley	17
HUNTINGTON, Abby L., d. Apr. 23, 1851, ae 77	164
Augusta, ae 18, b. Norwich, m. James **BONNER**, pedler, ae 27, b. England, res. Tiverton, R.I., May 8, 1848, by Rev. John Howson	3
Charles, b. Pittsfield, Mass., res. Norwich, d. Sept. [ ], 1847, ae 6	145
Charles P., d. Sept. 18, 1850, ae 71	164
Edward Webster, s. Dan, merchant, ae 42, & Emily, ae 31, b. Jan. 1, 1848	50
Harriet, d. Edward, farmer, ae 39, & Harriet, ae 32, b. June 27, 1851	109
Jabez, Dea., bank officer, d. Aug. 16, 1848, ae 81 y.	151
Jabez W., lawyer, d. Nov. 2, 1847, ae 59	148
John P., merchant, d. Jan. 4, 1849, ae 42	151
Mary Ann, d. July 29, 1848, ae 30	148
William D., hat merchant, b. Bozrah, res. Norwich, ae 27, m. Mary Ann **KINNE**, ae 29, b. Norwich, Nov. 16, 1847, by Rev. Alvan Bond	1
William D., hatter, ae 26, b. Bozrah, res. Norwich, m. Mary Ann **KINNE**, ae 29, b. Norwich, Nov. 16, 1847, by Rev. Alvan Bond	6
William F., s. Erastus, mill wright, ae 29, & Ruth, ae 29, b. Feb. 10, 1848	58
William Tracy, s. William D., hatter, ae 27, & Mary Ann, ae 30, b. July 16, 1848	60
Zachariah, merchant, d. June 19, 1850, ae 86	160
——, w. Joseph, d. Jan. 19, 1848, ae 78	148
——, s. Erastus, millwright, ae 36, & Ruth, ae 28, b. July 21, 1849	71
——, w. Jabez, d. Feb. 19, 1850, ae 85	156
HUNTLEY, Betsey, ae 62, m. 2d h. Azor **SMITH**, farmer, ae 45, of Norwich, Mar. 23, 1851, by Rev. Benj[amin] M. Walker	23
Charles, s. Edmund, laborer, ae 29, & Sarah, ae 22, b. Nov. 2, 1847	54
Charles G., d. Dec. 9, 1847, ae 5 wks.	145
Tabor, laborer, b. Lyme, res. Norwich, d. Nov. 28, 1847, ae 60	146
——, d. Giles M., laborer, ae 25, & Diana, ae 27, b. Nov. 22, 1849	85
HURLBURT, Joseph D., farmer, ae 25, b. Groton, res. Groton, m. Charlotte **LAMB**, ae 22, Mar. 25, 1850, by Rev. Ja[me]s M. Coley	17
HUZZEY, Margaret, d. Michael, laborer, & Catharine, b. Aug. 4, 1849	66
HYDE, Edward P., s. John, paper maker, ae 40, & Adeline, ae 36, b. Aug. 10, 1848	72
James J., hatter, d. Oct. [ ], 1849, ae 67	160
John, lawyer, b. Franklin, res. Norwich, d. Mar. 16, 1848, ae 73	149
Levi W., farmer, b. Franklin, res. Franklin, m. Ann **MURPHY**, Mar. 12, 1850, by Rev. Hiram P. Arms	20
Mary Dunlap, b. Franklin, res. Norwich, d. Nov. 4, 1849, ae 6 m.	160

	Page
HYDE, (cont.),	
Philip, d. May 7, 1850, ae 42	159
Philip R., cabinet maker, d. Nov. 10, 1847, ae 40 y.	148
Sarah E., b. Norwich, m. Nathan **PRATT,** b. Weymouth, Mass., res. Norwich, Nov. 7, 1847, by George Carpenter	7
Sarah E., d. May 14, 1849, ae 18	154
INCHCLIFFE, Aaron*, manufacturer, ae 22, b. England, res. Norwich, m. Betsey **SCHOLFIELD,** ae 17, b. England, Apr. 9, 1848, by Rev. Lawson Muzzey (*Perhaps Aaron **HINCHIFFE)**	5
INGRAHAM, Henry D., carpenter, ae 30, b. Bozrah, res. Vernon, m. Lavina W. **THOMPSON,** ae 21, b. Lisbon, July 7, 1850, by Frank W. Bill	20
INGUS, Henry, s. William, laborer, ae 40, & Caroline, ae 35, b. July 28, 1851	102
IRESON, Mary Lavinia, d. Wesley, merchant, ae 25, & Martha P., ae 23, b. July 28, 1848	50
-----, d. Wesley, shoe merchant, ae 28, & Martha, ae 35, b. May 16, 1851	96
IRONS, Alexander, d. Thomas, potter, & M., b. Oct. 19, 1848	68
Mary, b. Scotland, res. Norwich, d. Apr. [ ], 1849, ae 23	152
Thomas, d. Nov. [ ], 1848, ae 8 m.	152
Thomas, s. Thomas, potter, ae 39, & Mary, ae 23, b. Jan. 10, 1851	99
JAMES, Benjamin A., d. May 6, 1848, ae 8 m.	146
Elizabeth, d. Randall, engineer, ae 39, & Eveline, ae 38, b. Oct. 10, 1849	84
Elizabeth, d. Dec. 5, 1849, ae 2 m.	157
Hannah, m. Robert **ROWELL**(?), gardener, b. England, res. Norwich, Apr. 3, 1850, by Rev. Alvan Bond	15
Lydia, m. Charles **HOLT,** cabinet maker, of Norwich, Nov. 28, 1850 by Rev. B. M. Walker	29
William H., b. New York, res. Norwich, d. Jan. 13, 1851, ae 9 m.	164
JEFFERSON, James, m. Catharine **FITZZILLION,** May 18, 1851, by a Catholic Priest	27
JEFFRIES, John, Jr., of Boston, m. Anna L. **GRE[E]NE,** of Norwich, May 8, 1851, by Rev. Morgan	21
JENKINS, Andrew, weaver, ae 26, b. Ireland, res. Norwich, m. Fanny **WATSON,** ae 29, b. Ireland, June 28, 1848, by Rev. John P. Gullliver	4
JENNINGS, Albert, s. Charles W., manufacturer, ae 31, & Lucinda, ae 29, b. Mar. 3, 1848	58
Mary E., d. William H. teacher, ae 28, & Nancy, ae 25, b. Feb. 13, 1849	73
JILLSON, Ann, ae 18, b. S. Windsor, m. Alvin **BLISS,** machinist, ae 25, b. Glastonbury, res. Norwich, Oct. 16, 1849, by Rev. James T. Mather	17
Debena M., d. Edward C., beamer, ae 34, & Maria C., ae 33, b. Mar. 18, 1848	56
Sally A., ae 38, b. Dorchester, res. Willimantic, m. Halibutt W. **GEER,** teamster, ae 39, b. Preston, res. Norwich, Nov. 22, 1848, by Rev. Andrew Robinson	12
JOHN, Jane, d. Sept. 9, 1849, ae 9	158
Jane, d. Jacob, laborer, & Jane, b. Feb. 19, 1850	86
JOHNSON, Abbie Eliza, d. Samuel H., merchant, ae 27, of Fall River, Mass., & Freelove E., ae 21, b. Feb. 5, 1849	66
Ann Elizabeth, d. David, paper maker, ae 25, & Lydia, ae 20, b. Feb. 17, 1850	88
Calvin, mariner, res. almshouse, d. Mar. 9, 1851, ae 39	162
Caroline A., ae 19, b. S. America, m. Samuel **TOWNSEND,** student, ae 22, b. Miss., res. Cambridge, Sept. 8, 1848, by Rev. W[illia]m F. Morgan	10
Daniel H., d. Aug. 17, 1850, ae 3 w.	161
David, farmer, ae 25, b. Lisbon, res. Lisbon, m. Ann **DILLABY,** factory, ae 19, of Norwich, Oct. 10, 1848, by Rev. Peckham	12
Edward Whiting, s. Frank, cashier in bank, ae 28, & Mary R., ae 22, b. Dec. 28, 1849	66

JOHNSON, (cont.),
Francenia M., d. William, confectioner, colored, ae 35, & Rebecca, colored, ae 32,
   b. Dec. 10, 1848 — 76
Frank, cashier Norwich bank, ae 26, b. Griswold, res. Norwich, m. Mary Rebecca
   MACKIE, ae 20, b. Providence, R.I., Sept. 6, 1847, by Rev. Alvan Bond — 2
Harriet Marilla, d. John, factory worker, ae 48, & Nancy Ann, ae 40, b. Feb. 6, 1851 — 110
Hiram, of East Lyme, m. Mary Jane STEBBINS, June 1, 1851, by Rev. J. M. Coley — 23
Isaac M., s. John B., ae 49, & Nancy M., ae 40, b. Jan. 5, 1850 — 94
Issac M., d. Jan. 9, 1850, ae 4 d. — 160
Jane M., d. Daniel, carpenter, ae 35, & Mary A., ae 35, b. June 5, 1849 — 74
Joseph, butcher, ae 24, b. Lyme, m. Lucy B. CHASE, ae 22, b. R.I., July 1, 1850,
   by Rev. E. T. Hiscox — 16
Joseph L., of Norwich, m. Lucy V. CHASE, Jan. 1, 1850, by Rev. E. T. Hiscox — 14
Margaret J., servant, b. Bozrah, res. Norwich, d. Aug. 30, 1848, ae 14 — 155
Maria E., weaver, ae 22, of Norwich, m. Benjamin SARGENT, carpenter, ae 24, b.
   Amstead, N.H., Apr. 22, 1849, by Rev. Levi Daggett — 12
Richard D., s. John B., laborer, ae 44, & Nancy M., ae 38, b. Oct. 15, 1847 — 65
Richard M., s. Stephen T., farmer, ae 26, & Mary Eliza, ae 22, b. Jan. 21, 1848 — 50
Richard M., s. Stephen T., farmer, ae 26, & Mary E., ae 21, b. Jan. 21, 1848 — 56
Samuel Hyde, merchant, b Franklin, res. Fall River, Mass., m. Freelove Eliza
   GAGER, ae 20, b. Norwich, Sept. 20, 1847, by Rev. John P. Gulliver — 1
Sarah Ann, d. Gilbert, laborer, ae 24, & Mary, ae 28, b. May 17, 1851 — 101
Stephen D., laborer, b. Lisbon, res. Norwich, d. June 12, 1849, ae 28 — 155
-----, s. Isaac, merchant, ae 34, & Sarah, ae 29, b. Mar. 15, 1850 — 81
-----, male, d. Mar. 15, 1850, ae 1 d. — 156
-----, s. Stephen, laborer, ae 29, & Mary E., ae 25, b. Mar. 21, 1850 — 85
-----, male, d. Mar. 23, 1850, ae 2 d. — 157
-----, s. Marques, laborer, ae 24, & Catharine, ae 23, b. July 28, 1850 — 83
JONES, Isaac Story, s. Gurdon E., merchant, ae 46, & Lucy S., ae 35, b. Feb. 11, 1849 — 66
Mary, m. John RENNEY, Sept. 1, 1850, by a Catholic Priest — 25
William Henry, s. Henry, seaman, & Frances, b. Apr. 14, 1850 — 91
JORDAN, Hetty C. B., d. David, barber, black, ae 31, & Mary B., black, ae 30, b. Mar.
   16, 1851 — 106
Mary E., b. Bozrah, res. Norwich, d. Aug. 3, 1848, ae 11 m. — 153
Mary Ellen, d. John, laborer, ae 41, & Ellen, ae 30, b. Sept. 3, 1847 — 58
Sarah J., d. John, laborer, ae 40, & Ellen, ae 37, b. July 25, 1849 — 73
KAINAN, Bridget, ae 28, b. Ireland, m. 2d h. James GARATY, laborer, ae 25, b. Ireland,
   res. Norwich, Nov. 27, 1847, by a Catholic Priest — 1
KALINLY, Andrew, m. Sophia UNGEMACHT, July 7, 1850, by Rev. Anthony Palmer — 18
KANE, Mary, b. Ireland, d. Aug. 24, 1847, ae 1 — 145
Mary, ae 26, b. Ireland, m. Michael O'BRIEN, victualling House, ae 26, b. Ireland,
   res. Norwich, July [1848], by a Priest — 1
Mary Ann, d. Thomas, laborer, ae 32, & Margaret, ae 30, b. July 1, 1848 — 55
KATH(?), Maria, b. Germany, m. Valler DECKER, b. Germany, res. Norwich, Oct. 6,
   1850, by Rev. Morgan — 21
KAUFMANN, Pauline, b. Germany, m. Carl Gottlieb MUNCHINGER, confectioner, b.
   Germany, res. Norwich, Dec. 24, 1849, by Rev. William F. Morgan — 16
KAVANA[U]GH, Patrick, m. Sarah CORLIN, May 4, 1851, by a Catholic Priest — 27
KEABLES, Charles F., s. Nathaniel H., wheelwright, ae 38, & Julia A., ae 38, b. Nov.
   23, 1847 — 65
Eliza P., b. Franklin, res. Norwich, d. July 31, 1848, ae 31 — 150
Ellen Jane, d. Francis, carriage maker, ae 28, & Nancy J., ae 24, b. Mar. 30, 1850 — 94
KEARNEY, Thomas, s. Patrick, laborer, ae 29, & Catharine, ae 29, b. June 1, 1850 — 91

	Page
KEATING, Margaret, m. Patrick O'KEEP, Feb. 20, 1850, by a Catholic Priest	26
KEELER, Sarah, d. John M., shoemaker, ae 38, & Mary W., ae 39, b. July 17, 1848	50
KEHR, [see also KERR], Adam, barber, ae 35, b. Germany, res. Norwich, m. Ellen LOWNEY, ae 21, b. Ireland, July 28, 1850, by Rev. Alvan Bond	14
John, s. John, carpet weaver, ae 37, & Catharine, ae 32, b. Sept. 20, 1848	75
——, child of George B., founder, ae 34, & Eliza, ae 27, b. July 19, 1848	60
——, child of Bernard, machinist, ae 35, & Dorothea, ae 26, b. July 24, 1848	50
——, st. b. d. Jacob, teamster, ae 30, & Margaret, ae 29, b. Nov. 28, 1849	91
KELLEY, E., laborer, b. Ireland, m. E. McJAUPLINE, b. Ireland, June 15, 1849, by Rev. D. N. Bentley	11
Lydia J., d. John, manufacturer, ae 37, & Lydia, ae 37, b. Sept. 13, 1847	65
Martha A., d. John, worker in manufacturing, ae 38, & Lydia, ae 36, b. Sept. 6, 1849	94
Mary, d. M., laborer, & E., b. July 7, 1849	69
Mary, . James LAHEY, Jan. 19, 1850, by a Catholic Priest	26
KENNA, Margaret, m. Michael CLARK, Mar. 1, 1851, by a Catholic Priest	27
KENNEDY, Maria, b. Ireland, res. Norwich, d. Dec. 6, 1848, ae 21	151
William, s. James, ae 25, & Ann, ae 26, b. Oct. 28, 1849	81
KENYON, Aaron P., market, b. Plainfield, res. Providence, m. Eliza KINNE, May 23, 1848, by Rev. Alvan Bond	2
Lewis, manufacturer, ae 22, b. Windham, res. Windham, m. Lucy WEBSTER, ae 18, b. Tolland, July 4, 1848, by Mr. Phillips	5
Thomas, laborer, ae 58, b. R.I., res. Norwich, m. Mary CARD, ae 53, his 2d w., b. R.I., Jan. 19, 1851, by Rev. Shailer	24
KERR, [see also KEHR], James, of Norwich, m. Mary Ann McMANUS, July 18, 1851, by Rev. Alvan Bond	21
KETTLE, John, s. Peter, ae 45, & Phillipine, ae 40, b. July 2, 1851	103
KIERMANA, John, s. Patrick, ae 22, & Catharine, ae 22, b. July 19, 1851	97
KILGOUR, John M., b. Morristown, N.J., res. Norwich, d. Aug. 25, 1847, ae 8	147
KILROY, Michael, s. Thomas, laborer, ae 29, & Mary, ae 25, b. Oct. 4, 1849	87
KIMBALL, Jane Ann, d. W., mariner, & A., b. Mar. 21, 1849	70
Moses P., merchant, b. Preston, res. Herkimer County, N.Y., m. Lucy HEMPSTEAD, June 6, 1848, by Rev. John P. Gulliver	1
William H., res. Lowell, Mass., m. Abby P. BARNES, Oct. 29, 1847, by Rev. William F. Morgan	2
KIMON, KINON, Albert, s. Albert, preacher, black, ae 35, & Julia A., ae 33, b. Oct. [ ], 1849	93
Mary M., black, ae 20, b. Mohegan, m. Charles DAVIS, laborer, black, ae 23, b. Mohegan, res. Norwich, Dec. 9, 1849, by Rev. D. N. Bentley	17
Russell L., black, d. Sept. 7, 1847, ae 6	148
KING, Edward, d. July 15, 1851, ae 4 m.	164
Ella Tracy, d. Jeremiah, physician, ae 26, & Julia A., ae 24, b. Sept. 25, 1849	93
Frank, s. Edward, railroad, ae 34, & Eliza, ae 25, b. Mar. 2, 1851	95
Henry, merchant, res. New York, d. Sept. 14, 1849, ae 64	156
——, st. b. d. Joseph, laborer, ae 30, & Hannah E., ae 24, b. Mar. 17, 1851	96
KINGSLEY, Clara M., ae 19, b. Franklin, m. Gilbert P. BAKER, cabinet maker, ae 21, b. Stafford, Feb. 14, 1848, by Rev. John P. Gulliver	6
Edward T., s. Junius E., steamboat clerk, ae 25, & Arianna, ae 23, b. Sept. 29, 1849	84
George J., s. Joseph K., mason, ae 25, & Mary A., ae 22, b. Dec. 7, 1847	52
George Joseph, s. Joseph, mason, b. Dec. [ ], 1847	50
Junius E., clerk of steamboat, ae 23, b. Bozrah, res. Franklin, m. Arianna B. STEWART, ae 21, b. Griswold, Jan. 23, 1848, by Rev. E. T. Hiscox	8
Junies Edward, clerk for Propeller Co., b. Norwich, res. Franklin, m. Arianna	

NORWICH VITAL RECORDS 197

	Page
KINGSLEY, (cont.),	
Barstow **STEWART**, Jan. 23, 1848, by Rev. E. T. Hiscox	2
Milton, s. John, farmer, b. June 6, 1849	79
Nancy C., ae 21, b. Franklin, Ct., m. Jabez **AMESBURY**, book-keeper, ae 23, b. Newton, Mass., res. Norwich, Aug. 28, 1848, by Rev. E. T. Hiscox	13
Prescott, d. July 14, 1848, ae 1	148
Susannah, d. July 18, 1850, ae 20	156
KINNEFER, Ann, d. John, laborer, ae 36, & Catharine, ae 30, b. Dec. [ ], 1850	105
KINNEFICK, Mary A., d. John, mason, ae 27, & Catharine, ae 26, b. July 16, 1849	76
Patrick, b. Northampton, Mass., res. Norwich, d. May 28, 1849, ae 3	154
KINNEY, KINNE, Abby, of Norwich, m. Andrew J. **BENTLEY**, mariner, ae 22, of Norwich, Dec. [ ], 1848, by Rev. D. N. Bentley	9
Albert W., s. Joel S., butcher, ae 27, & Elsea, ae 24, b. Nov. 22, 1849	86
Angeline, d. Ralph, carpenter, ae 32, & Mary A., ae 28, b. Feb. 15, 1848	63
Ann, b. Ireland, m. Michael **RIGNEY**, porter in store, b. Ireland, res. Norwich, May 11, 1850, by Priest Logan	15
Augusta, m. John **FIRTH**, of Clappville, Mass., Dec. 20, 1849, by Rev. William F. Morgan	16
Charles, merchant, ae 28, b. Norwich, m. Charlotte **ROATH**, ae 22, b. Preston, Nov. 25, 1850, by Mr. Bush	24
Eliza, m. Aaron P. **KENYON**, market, b. Plainfield, res. Providence, May 23, 1848, by Rev. Alvan Bond	2
Francis O., machinist, b. Manchester, res. Norwich, d. May 3, 1848, ae 23	147
John J., d. Feb. 20, 1851, ae 4	163
Mary, d. Daniel, ae 27, & Elvira, ae 30, b. Oct. 25, 1850	103
Mary Ann, ae 29, b. Norwich, m. William D. **HUNTINGTON**, hat merchant, ae 27, b. Bozrah, res. Norwich, Nov. 16, 1847, by Rev. Alvan Bond	1
Mary Ann, ae 29, b. Norwich, m. William D. **HUNTINGTON**, hatter, ae 26, b. Bozrah, res. Norwwich, Nov. 16, 1847, by Rev. Alvan Bond	6
Thomas Clarkson, s. Thomas, watchmaker, ae 39, & Elizabeth M., ae 36, b. Sept. 17, 1847	50
KINON, [see under **KIMON**]	
KIRLEY, Patrick, d. Mar. 10, 1848, stillborn	146
KLOOMPF, John, laborer, b. Germany, res. Norwich, m. Amelia **RICHBACK**, b. Germany, Nov. 29, 1849, by Rev. Alvan Bond	15
KNAPP, Benjamin F., s. Joseph, mason, ae 27, & Matilda, ae 25, b. Aug. 27, 1849	87
KNOWLES, Benjamin S., s. Benjamin C., carpentner, ae 33, & Joanna, ae 33, b. July 6, 1849	71
LADD, Darius, sailor, of Norwich, m. Mary **FOLEY**, Feb. 10, 1850, by John P. Waite, Esq.	20
Lydia Ann, b. Franklin, m. James **CHARLTON**, machinist, of Norwich, June [ ], 1848, by Rev. Hiram P. Arms	1
Mary E., d. Griswold, res. Norwich, d. Dec. 5, 1847, ae 28	146
Rufus M., mason, ae 30, of Norwich, m. 2d w. Emeline M. ST ᴀRR, ae 30, b. Westfield, Mass., Oct. 10, 1848, by Rev. Graves	11
LAHEY, James, m. Mary **KELLY**, Jan. 19, 1850, by a Catholic Pr ꞊st	26
LAIRD, John, carpet weaver, b. Scotland, res. Norwich, d. Sept. 18, 1848, ae 57	153
John, s. Timothy, ae 40, & Julia, ae 30, b. July 20, 1850	87
Robert, b. Scotland, res. Norwich, d. Sept. 11, 1848, ae 9	153
LAMB, Betsey A., ae 22, b. Stonington, m. Elias **OLIN**, manufactu er, ae 26, b. Plainfield, res. Norwich, May 1, 1848, by Rev. Benton	5
Charles, s. Sanford, blacksmith, ae 28, & Julia, ae 25, b. Sept. ꞉), 1847	58
Charlotte, ae 22, m. Joseph D. **HURLBURT**, farmer, ae 25, b. Groton, res. Groton,	

LAMB, (cont.),
 Mar. 25, 1850, by Rev. Ja[me]s Coley   17
 Eliza Ann, ae 18, b. Norwich, m. Alfred VAUGHAN, iron founder, ae 21, b.
  Freetown, Mass., res. Norwich, Dec. 10, 1849, by Rev. J. M. Coley   16
 Ellen, d. James, mason, ae 29, & Ellen, ae 29, b. Aug. 6, 1849   87
 George, s. James, laborer, ae 25, & Ellen, ae 25, b. Apr. 14, 1849   75
 Orlando J., merchant, ae 24, b. Conn., res. Norwich, m. Jane E. MEECH, ae 23,
  Jan. 20, 1851, by Rev. E. T. Hiscox   27
 -----, female, d. June 25, 1849, ae 67   155
LAMBERT, Lydia, d. July 21, 1848, ae 74   149
LAMPHERE, LANPHEAR, LANPHERE, Amos S., s. Daniel, blacksmith, ae 30, &
 Lucretia, ae 35, b. Oct. [ ], 1849   92
 Caroline M., d. Russell, overseer in cotton mill, ae 32, & Hannah, ae 28, b. Sept. 16,
  1847   56
 Daniel E., b. Stonington, res. Norwich, d. Oct. 5, 1848, ae 3 m.   154
 James C., factory, ae 22, m. Cornelia MANNING, ae 23, Sept. 15, 1850, by Rev.
  Benj[amin] M. Walker   23
 Jane Elizabeth, d. Horace, blacksmith, ae 26, & Sybel, ae 30, b. Aug. 8, 1849   91
 Lewis A., s. James C., factory, ae 23, & Cornelia, b. July 30, 1851   101
 Malissa, d. William, cotton spinner, ae 30, & Jane, ae 22, b. Jan. 15, 1850   85
LANGDON, Joel E., shoemaker, b. Vermont, res. Barry, Vt., m. Josephine HILLS, b.
 Manchester, Ct., Sept. 9, 1849, by Rev. Anson Bond   19
LANMAN, Catharine C., d. Peter, Jr., manufacturer, & Catharine, b. Dec. 16, 1847   62
 Charles R., s. Peter, Jr., manufacturer, ae 43, & Catharine, ae 36, b. July 8, 1850   93
 Mary J., b. Barbadoes, res. Norwich, d. Feb. 30, 1848, ae 71   147
 Sarah C., ae 18, b. Michigan, res. Norwich, m. Thomas HUBBARD, ae 22, of
  Norwich, May 15, 1849, by Rev. W[illia]m F. Morgan   9
LaPIERE, LaPIERRE, William L., s. Edwin, joiner, ae 25, & Anna, ae 25, b. Feb. 3,
 1851   98
-----, s. st. b. Edwin, carpenter, & Ann, b. Oct. 10, 1849   85
LARKIN, Florence, d. Phinehas, papermaker, ae 45, & Martha, b. Oct. 29, 1850   101
 Joseph, d. Aug. 21, 1850, ae 15 m.   162
 Michael, s. Edward, laborer, ae 38, & Euestasia, ae 29, b. [1847?]   50
LARY, John, s. Thomas, paper maker, ae 28, & Mary M., ae 26, b. Feb. 20, 1850   88
LASSAINT, Mary, m. Eustace MULLON, Nov. 16, 1850, by a Catholic Priest   26
LATHROP, Abby W., d. Azariah, ae 40, & Lucy, ae 34, b. Feb. 7, 1851   104
 Betsey, d. Oct. 11, 1850, ae 76   164
 Eunice, d. Erastus, farmer, ae 26, & Elizabeth, ae 26, b. Mar. 14, 1851   108
 Henry L., s. Daniel, butcher, ae 36, & Desiah, ae 30, b. Nov. 21, 1849   82
 Louisa A., d. Nov. 9, 1848, ae 46   151
 Lucy Desire, d. Erastus, farmer, ae 23, & Elizabeth H., ae 23, b. July 23, 1848   63
 Mary L., d. May 17, 1850, ae 22   160
 William G., s. Azariah, millwright, ae 38, & Lucy, ae 31, b. Aug. 18, 1847   58
 William G., d. Nov. 30, 1847, ae 3 m.   147
LATIMER, Daniel R., surveyor, ae 30, b. Montville, res. Montville, m. Mary M.
 LEWIS, school-teacher, ae 31, b. New York, Sept. 27, 1849, by Rev. William
 Palmer   16
LAVENDER, Simeon N., seaman, ae 22, b. Nova Scotia, res. Norwich, m. Mary J.
 BIDWELL, ae 22, b. Hartford, Nov. 18, 1849, by Rev. Daggett   18
LAWRENCE, Andrew, d. July [ ], 1848, ae 4 m.   145
LAY, Alphonzo, see under FAY, Alphonzo
LAYDIN, Frederick, s. F., laborer, & E., b. Oct. 22, 1848   68

		Page
LEACH, Mary, b. Ireland, m. George **FENSELEY**, b. Ireland, res. N rwich, Apr. 10, 1850, by Rev. Alvan Bond		14
Mary, d. Edwin, book-binder, ae 28, & Margaret, ae 28, b. Apr. 5, 1848		50
Mary, d. Edwin, book-binder, ae 31, & Margaret, ae 31, b. May 0, 1851		95
LEARNED, Louisa, d. Edw[ar]d H., cashier, ae 34, & Sarah, ae 33, l Oct. 23, 1848		67
LEAS, -----, child of John, gardiner, ae 35, & Ellen, ae 29, b. July 21, 848		60
LEAVENS, LEVEN, Ellen, d. Aug. 16, 1847, ae 3 m.		145
Susan, d. Owen, laborer, ae 38, & Ellen, ae 30, b. Dec. 22, 184ϛ		83
LeBRETT, Abial, railroad foreman, b. N. Woodstock, res. Norwich, Dec. 7, 1849, ae 35		159
LEE, Caroline B., ae 27, b. Lebanon, m. William D. **TINKER**, ae 31 b. N.Y. State, res. Norwich, Oct. 14, 1850, by Rev. Charles P. Bush		24
Dwight W., s. Lyman W., carpenter, ae 34, & Mary, ae 32, b. M y [ ], 1851		108
George W., sea captain, ret[ire]d, b. Lyme, res. Norwich, d. Mar [ ], 1850, ae 70		160
Harriet M., b. Bozrah, m. Edwin **FITCH**, farmer, b. Lisbon, res Lisbon, June 3, 1850, by Rev. Hiram P. Arms		20
John, s. Philip, laborer, & Ellen, b. Jan. 18, 1849		70
John, s. Philip, laborer, ae 32, & Eliza, ae 32, b. Jan. 1, 1851		98
John, s. John, laborer, ae 36, & Ellen, ae 30, b. Apr. 30, 1851		102
Martha T., d. Oct. [ ], 1850, ae 4		164
Mary, d. Apr. 16, 1850, ae 70		160
Mary M., b. Norwich, m. Conrad **AMTHAUER**, res. Webster, Iass., May 18, 1850, by Rev. John Lovejoy		19
Walter C., s. N. P., tin & stove dealer, ae 33, & Martha, ae 32, b Sept. 30, 1850		103
LEFFINGWELL, Alfred Willis, s. George, liveryman, ae 25, & Sar i Francis Standish, ae 25, b. May 24, 1846		111
Charles, s. Henry, truckman, ae 24, & Harriet, ae 24, b. Feb. 5, 850		84
Ella Frances, d. George, livery stable, ae 29, & Sarah, ae 29, b. ec. 31, 1850		96
LEGG, John, laborer, ae 19, b. Ireland, res. Norwich, m. Ellen **HOG** N, ae 17, b. Ireland, res. Norwich, Nov. 7, 1847, by David N. Bentley		6
John T., s. John, weaver, ae 24, & Ellen, ae 19, b. Jan. 2, 1849		73
LENTON, Margaret A., ae 25, b. Ireland, m. Henry **FENSLEY**, pap rmaker, ae 28, b. England, res. Norwich, Feb. 4, 1849, by Rev. Morgan		12
LEONARD, Alfred E., mason, b. W. Springfield, res. Norwich, d. Se t. 7, 1849, ae 38		158
LeROY, Electa, m. Giles **BATTEY**, laborer, July 3, 1851, by Mr. B ɜh		25
LESEAY, Ellen, d. Thomas, dyer, ae 36, & Barbara, ae 23, b. July 2 , 1849		74
LESTER, Abby, b. Groton, res. Norwich, d. Jan. [ ], 1848, ae 52 y.		145
Louisa, ae 34, m. Joseph H. **HOLM**, mariner, ae 34, b. Denmar ., res. Norwich, Sept. 4, 1850, by Rev. Hiram P. Arms		29
Lucy A., ae 22, b. Windham, m. Samuel **CLARKE**, ae 25, b. V indham, res. Windham, Sept. 23, 1849, by Rev. D. N. Bentley		17
Walter, d. Feb. 26, 1851, ae 69		164
-----, Miss, factory, b. Montville, res. Norwich, d. May 6, 1851, e 40		162
LEWIS, Abby J., d. Maxson P., carpenter, ae 31, & Cornelia, ae 27, Mar. 29, 1850		85
Bradford, of Sterling, m. Charlotte E. **ROBINSON**, of Norwicl Oct. 20, 1850, by Rev. Alvan Bond		21
Charles A., s. Joseph, farmer, ae 24, & Abby Ann, ae 23, b. Sep [ ], 1849		93
Georgianna, d. June 27, 1850, ae 4 2/3		160
Georgianna S., d. Ephraim O., farmer, ae 36, & Abby H., ae 31 b. Feb. 6, 1850		94
Ida Lillius, d. Alanson, cloth finisher, ae 40, & Mary Ann, ae 3ϛ b. Aug. 10, 1849		87
Jane E., m. James B. E. **PERRY**, Jan. 12, 1851, by Rev. John l ɔvejoy		28
John, tinsmith, ae 21, of Norwich, m. Sarah M. **AVERY**, ae 17 ɔf Norwich, Feb. 2, 1851, by Rev. J. M. Coley		22

LEWIS, (cont.),
	Page
John A., s. Giles, laborer, ae 38, & Sarah, ae 37, b. Dec. 11, 1849	83
Joseph, iron-worker, ae 22, b. Norwich, res. Norwich, m. Abby **CHURCH**, ae 21, b. Montville, Mar. 28, 1848, by Rev. Bentley	4
Joseph P., laborer, ae 22, of Norwich, m. Abby A. **CHURCH**, dressmaker, ae 21, b. Montville, res. Norwich, Mar. 19, 1848, by Rev. John Howson	3
Lois A., d. Hiram, carder, ae 27, & Olive, ae 24, b. Aug. 18, 1848	72
Loren, spinner, ae 24, b. Plainfield, res. Norwich, m. Sarah A. **BROWN**, ae 24, weaver, b. Montville, res. Norwich, Mar. 12, 1849, by Rev. Salter	12
M. P., carpenter, b. R.I., m. Cornelia **DOW**, b. Manchester, Dec. 10, 1848, by Rev. Dean	11
Mary M., school-teacher, ae 31, b. New York, m. Daniel R. **LATIMER**, surveyor, ae 30, b. Montville, res. Montville, Sept. 27, 1849, by Rev. William Palmer	16
Maxson P., carpenter, ae 29, of Norwich, m. Cornelia J. **DOW**, paper mill, ae 24, b. Manchester, res. Norwich, Dec. 10, 1848, by Rev. Sidney Dean	13
Parker H., s. William, tinmay(?), ae 42, & Rhoda, ae 42, b. Dec. 6, 1847	53
Parker H., d. Mar. 1, 1848, ae 3 m.	145
Prince, colored, of Thompson, m. Eliza **PERKINS**, colored, of Norwich, Oct. 15, 1849, by Rev. Alvan Bond	15
William K., s. Benjamin, stonemason, ae 45, & Amey, ae 34, b. June 12, 1851	99
William W., s. Joseph, farmer, ae 26, & Abby Ann, ae 25, b. Oct. 21, 1850	108
----, b. Mystic, d. Oct. [ ], 1850	163
LICUM, Frederick, s. Frederick, iron founder, ae 53, & Mary, ae 30, b. Mar. 25, 1850	83
LIES, Susan, d. John, gardener, ae 37, & Ellen, ae 30, b. Dec. 10, 1849 (See also **LEAS** and **LEE**)	91
LILLEY, LILLIE, Albert, d. May 10, 1851, ae [ ] d.	163
Ceiley, m. William **GULLIVER**, b. Ireland, res. New York, June 25, 1850, by Rev. John Lovejoy	19
LILLIBRIDGE, Christopher H., s. Green, farmer, & Lucy, b. Sept. 22, 1848	77
LINDSEY, Adam, of Norwich, m. Eliza **ROSE**, Mar. 1, 1851	21
Adam, laborer, ae 35, b. Scotland, res. Norwich, m. 2d w. Eliza **ROSE**, ae 20, b. Norwich, Mar. 1, 1851, by Rev. W[illia]m F. Morgan	24
Allen, s. William, ae 28, & Harriet, ae 23, b. Dec. 4, 1850	103
Elizabeth, d. William A., paper manufacturer, ae 24, & Harriet, ae 20, by Mar. 9, 1848	58
Mary E., d. James, paper maker, ae 42, & Lydia, ae 33, b. Sept. 20, 1848	74
Nancy E., twin with Rose T., d. David, paper maker, ae 34, & Mary E., ae 31, b. Aug. 11, 1848	74
Rose T., twin with Nancy E., d. David, paper maker, ae 34, & Mary E., ae 31, b. Aug. 11, 1848	74
Rose T., d. July 30, 1851, ae 3	162
Theodore, clerk, of Brookfield, Mass., m. Rebecca **DANE**, of Brooklfield, Mass., Jan. 21, 1849, by Rev. E. T. Hiscox	9
Thomas, s. James, paper maker, ae 43, & Lydia, ae 37, b. May 16, 1851	102
William A., d. July 2, 1848, ae 2	147
LINTON, Margaret, m. Henry **FINLEY**, factory, of Norwich, Feb. 3, 1849, by Rev. W[illia]m F. Morgan	9
LITTLEFIELD, John M., of Willimantic, m. Elizabeth **DORRANCE**, Sept. 2, 1849, by Rev. E. T. Hiscox	15
Sarah E., of Norwich, m. Ephraim **DUNHAM**, of Mansfield, Dec. 2, 1850, by Rev. J. M. Coley	23
LIVINGSTONE, Thomas, s. John, laborer, & 32, & Elizabeth, ae 31, b. Feb. 4, 1849	78
LOCKE, Sarah E., d. Benjamin, farmer, ae 59, & Abigail, ae 29, b. June 7, 1851	108

NORWICH VITAL RECORDS 201

	Page
LOCKWOOD, ——, s. William B., brewer, ae 33, & Jennette, ae 27,). Jan. 28, 1850	91
LOGAN, Arthur, s. Charles, manufacturer, ae 42, & Mary, ae 25, b. ept. 18, 1850	109
Charles, manufacturer, ae 38, b. Hampton, res. Norwich, m. 2d ¹. Mary BECKWITH, ae 24, b. Greenport, L.I., res. Norwich, N('. 28, 1847, by Comfort D. Fillmore	6
Mary, d. Charles, manufacturer, ae 38, & Mary, ae 24, b. Aug. 7, 1848	63
LONG, Michael, res. Wisconsin, m. Mary CETERA, Sept. 2, 1849, y Rev. Cha[rle]s P. Bush	18
LOOMER, Eugene, d. July 17, 1851, ae 5	161
LOOMIS, Edgar, s. George, wood dealer, ae 43, & Ann, ae 38, b. O . 24, 1849	83
Elizabeth W., pauper, d. May 12, 1849, ae 7	151
Frank Nelson, s. J. Nelson, butcher, ae 34, & Martha R., ae 30, . July 29, 1851	98
Harriet Rosella, d. Joseph N., butcher, ae 31, & Martha R., ae 2 , b. Apr. 25, 1848	52
Julia H., d. Griswold, butcher, ae 25, & Charlotte, ae 23, b. Au; 29, 1847	52
——, child of Salmon, merchant, ae 43, & Abigail, ae 35, b. Ma 4, 1848	54
LORD, Henry, farmer, b. Franklin, res. LaFayette, Ind., d. Sept. 15, 349, ae 22	160
Hezekiah, merchant, b. Griswold, res. Norwich, d. July 6, 1849 ae 75	155
Lydia A., b. Franklin, m. James D. CHARLTON, blacksmith, f Norwich, May 28, 1848, by Hiram P. Arms	6
Sarah A., ae 25, b. Franklin, Ct., m. Caleb WRIGHT, author, ; : 40, b. Woodstock, Vt., res. Boston, Mass., Sept. 26, 1849, by Rev. Hiram P. \rms	20
LOVELL, Charles A., s. Alfred, captain steamboat, ae 39, & Sarah, e 37, b. Mar. 10, 1850	85
Edward H., s. Joseph H., mariner, ae 30, & Mary A., ae 23, b. (ct. 18, 1847	55
LOVETT, George, s. Thomas, ae 30, & Elizabeth, ae 24, b. Sept. 14 1850	104
LOW, Isabella, ae 23, b. Scotland, m. James BENNETT, laborer, a‹ 23, b. Conn., res. Norwich, June 29, 1851, by Rev. Lawson Muzzey	24
LOWNEY, Ellen, ae 21, b. Ireland, m. Adam KEHR, barber, ae 35). Germany, res. Norwich, July 28, 1850, by Rev. Alvan Bond	14
LOWRY, Thomas, papermaker, ae 28, b. Ireland, res. Norwich, m.] lary McCARTY, ae 25, Nov. 15, 1848, by Rev. Bish Tyler	12
LUCAS, Edward, d. July 12, 1848, ae 1 1/2 y.	146
Mary, m. Lorenzo HILLS, mechanic, b. Norwich, res. Manche er, Mar. 12, 1851, by Rev. Hiram P. Arms	29
——, d. Joseph H., agriculture, ae 49, & Mary A., ae 43, b. Jun‹ 4, 1849	79
LUCE, John C., machinist, ae 24, b. Canterbury, res. Bozrah, m. Eu ce R. BINGHAM, ae 22, b. Norwich, Oct. 5, 1847, by Rev. William Bircha l	8
LUTHER, Ann M., paper mill, b. Mass., res. Norwich, d. Sept. 21,] :50, ae 17	162
Sarah C., d. Linus, ae 27, & Sarah D., ae 22, b. Sept. 29, 1848	76
Sarah V., b. East Lyme, res. Norwich, d. July 11, 1849, ae 22	154
LYMAN, Martha E., d. Thomas Mc., ae 22, & Martha, ae 24, b. Oc 20, 1850	103
LYNCH, Bridget, ae about 20, m. Batt SHEA, laborer, ae 7, b. Ireland, res. Preston, [ ], 1849 (?), by David Young, Esq.	15
Daniel, s. John, laborer, ae 35, & Cathanrine, ae 35, b. May 19 1851	96
Mary, d. John, laborer, & Catharine, b. June 8, 1849	67
Michael, d. John, laborer, ae about 32, & Catharine, ae about 3 , b. Nov. 14, 1847	50
LYONS, Hannah, d. Orlando & Martha, b. Aug. 6, 1849	71
Hannah, d. Orlando, laborer, & Martha, b. Aug. 6, 1849	85
Hannah, d. Dec. 20, 1849, ae 4 1/2 m.	158
Martha A., b. Stonington, res. Norwich, d. Sept. 18, 1849, ae 2	158
MABREY, Amelia, d. May 5, 1850, ae 22	160
James O., s. Elisha L., carpenter, ae 30, & Mary E., ae 25, b. N ıy 25, 1848	62
Stephen J., s. William, blacksmith, ae 27, & Amelia, ae 22, b. ' ov. 2, 1849	93

	Page
MABREY, (cont.),	
Thankful, b. Mansfield, res. Norwich, d. Feb. 24, 1848, ae 82	148
William H., blacksmith, ae 23, b. Norwich, res. Willimantic, m. Amelia **FULLER**, b. Norwich, Dec. 12, 1847, by Hiram P. Arms	6
MACKIE, Mary Rebecca, ae 20, b. Providence, R.I., m. Frank **JOHNSON**, cashier Norwich Bank, ae 26, b. Griswold, res. Norwich, Sept. 6, 1847, by Rev. Alvan Bond	2
MACKWARRING, Michael, s. John, farmer, ae 28, & Catharine, ae 20, b. July 15, 1851	99
MAGRAT, Ann, ae 25, b. Ireland, m. Thomas **SHIELDS**, cotton-worker, ae 21, b. Ireland, res. Norwich, Feb. 27, 1848, by Rev. Brady	4
MAGUIRE, Ann S., d. Michael, laborer, ae 44, & Ann, ae 28, b. Jan. 8, 1851	108
MAHONEY, MAHOMNEA, Catharine, ae 20, m. William **DALY**, laborer, ae 25, b. Ireland, res. Norwich, Dec. 3, 1850, by Rev. Blinkinson	22
Catharine Spelman, d. Dennis & Ellen L., b. May 15, 1850	88
Mary, d. Dec. 18, 1849, ae 9 d.	158
Mary, d. Thomas, laborer, ae 30, & Ellen, ae 30, b. July 9, 1850	87
MALLY, John, carder, b. Ireland, res. Norwich, m. Ann **BRENNAN**, [1850?]	18
MANHERRIN, John, s. Michael, b. July 27, 1848	50
MANNING, Cornelia, ae 23, m. James C. **LANPHEAR**, factory, ae 22, of Norwich, Sept. 15, 1850, by Rev. Benj[amin] M. Walker	23
Cynthia, b. Preston, res. Norwich, d. Oct. 8, 1849, ae 44	157
Mary Ann, b. Norwich, m. Marvin **WATERS**, shoemaker, b. Lisbon, res. Norwich, July 2, 1848, by Hiram P. Arms	6
Mary Ann, ae 38, b. Norwich, m. Marvin **WATROUS**, shoemaker, ae 45, b. Franklin, res. Preston, July 30, 1848, by Rev. Arms	4
MANWARING, Charles W., m. as 1st w. Mary Ann **POTTER, Sept. 5, 1853, m. as 2nd w. Emily **PHILLIPS**, dau. of Eben Phillips. Had Carlton Augustus **MANWARING**, by 1st wife. *(Correction: Two astericks handwritten in margin, marking where to insert this entire entry that is handwritten at the bottom of the page with two asterisks & no page number given, in original manuscript)	
MAPLES, Anna, b. Stonington, res. Norwich, d. June 15, 1849, ae 83	152
Anna, d. Tyler, machinist, ae 36, & Susan, ae 38, b. Sept. 22, 1850	99
Clarissa J., d. John, farmer, ae 45, & Nancy, ae 25, b. Dec. 30, 1848	68
Judson, s. Charles, farmer, ae 30, & Maria, ae 28, b. Aug. 15, 1848	79
Louis, s. Charles, farmer, ae 29, & Sophia M., ae 31, b. Apr. 27, 1851	110
Mary Adalaide, d. James, farmer, ae 35, & Nancy A., ae 28, b. Sept. 24, 1848	68
MARKS, Abby, d. Feb. 11, 1850, ae 6 m.	157
MARKSOON, Ann, b. Ireland, res. Norwich, d. Dec. 19, 1847, ae 25	148
MARSH, Albert H., s. C. H., farmer, ae 23, & Martha, b. Dec. 26, 1850	101
Joseph, farmer, d. Aug. [ ], 1847, ae near 50 y.	144
MARSHALL, Mary, ae 21, b. Norwich, m. Orin **DRAPER**, tinworker, ae 24, res. Milford, Mass., Mar. 28, 1850, by Rev. E. T. Hiscox	16
MARTIN, Ellen R., m. Reuben R. **RATHBUN**, farmer, of Norwich, Nov. 17, 1850, by Rev. Hiram P. Arms	29
George E., s. G. H., engraver, ae 27, & Sarah, b. Jan. 27, 1851	101
James, s. John, ae 30, & Mary, ae 26, b. Feb. 13, 1849	72
James, d. Apr. 15, 1849, ae 2 m.	153
Walter L., s. Walter, machinist, ae 22, of Worcester, Mass., & Elizabeth A., ae 20, b. Oct. 24, 1847	56
William, s. William, laborer, & Catharine, b. Nov. 17, 1847	58
William, d. July 26, 1848, ae 9 m.	147

	Page
MASON, Levi, school-teacher, b. New York, res. Norwich, d. May 1, 1849, ae 22	151
Nancy P., ae 47, b. Mass., m. Levi REED, ae 66, b. Lisbon, Jan 13, 1850, by Rev. L. Muzzey	18
Peter, laborer, b. Ohio, res. Norwich, d. Sept. [ ], 1849, ae 16	158
Susan P., ae 17, b. Westbury, Mass., m. James H. ALEXANDE t, machinist, ae 18, b. Voluntown, res. Norwich, June 11, 1848, by Rev Benajah Cook	4
Thomas, b. Ireland, d. June [ ], 1851, ae 70	163
MATHEWSON, Adelaide, d. Edwin W., machinist, ae 25, & Harriet \., ae 21, b. Feb. 25, 1851	108
Catharine C., ae 20, b. N. Kingstown, R.I., res. Norwich, m. Ch; les HOPKINS, manufacturer, ae 20, b. Warwick, R.I., res. Norwich, June I., 1848, by George M. Carpenter	6
Edwin W., of Norwich, m. Harriet A. WALDEN, Apr. 14, 185(by Rev. E. T. Hiscox	15
MATTHEWS, Joseph, upholsterer, b. England, res. Norwich, d. Feb. 4, 1850, ae 27	156
Thomas, s. John, laborer, & Mary, b. July 12, 1851	105
MAXEN, James, s. John, laborer, ae 21, & Marietta, ae 25, b. July 7, .851	106
MAXON, Mary, b. Ireland, res. Norwich, d. Apr. [ ], 1851, ae 7	164
MAY, Mary L., ae 19, b. Sterling, Mass., m. John PIERSON, varnis :r, ae 25, b. Sterling, Mass., res. Norwich, Nov. 30, 1847, by Rev. O. (unningham	5
MAYNARD, David, spinner, b. Montville, res. Norwich, d. Aug. 18, 847, ae 18	147
Edgar R., s. Roswell, rope maker, ae 32, & Emeline, ae 22, b. F<). 22, 1850	83
Elsey, spinner, b. Montville, res. Norwich, d. May 22, 1849, ae 4	153
Emily, b. Ledyard, res. Norwich, d. Mar. 29, 1850, ae 25	159
Hannah, m. Pierpoint EDWARDS, of Norwich, Nov. 28, 1850,)y Rev. Benj[amin] M. Walker	23
Julia A., d. James, ropemaker, ae 27, & Julia, ae 24, b. Dec. 25, .847	53
Julia A. L., b. Lisbon, res. Norwich, d. July 21, 1848, ae 24	145
Mary, m. John BUSHNELL, farmer, ae 20, b. Norwich, res. Li)on, June 18, 1848, by Rev. Levi Nelson	7
Samuel E., physician, of Montville, m. Sarah L. CHESEBROU ;H, b. Norwich, Apr. 21, 1848, by Hiram P. Arms	6
William H., of Waltham, Mass., m. Martha PARKS, b. Watert(vn, Mass., Jan. 5, 1850, by J. D. Park, Esq.	15
MAYO, Joshua, merchant, ae 28, res. Boston, m. Sarah BOWEN, ae !3, b. Norwich, June 28, 1858, by Rev. W[illia]m F. Morgan	6
McCABE, Anne, m. William DUNLAP, of Norwich, Aug. 12, 1850 by Rev. Alvan Bond	21
Catharine, ae 19, b. Ireland, res. Norwich, m. Patrick McGARF í, ax factory, ae 21, b. Ireland, res. Norwich, Apr. 1, 1849, by a Catholic P est	9
McCAFFREY, McCAFFRAY, Hugh, m. Mary TOOLE, Nov. 17, 850, by a Catholic Priest	26
Mary, b. New York, res. Norwich, d. Feb. 16, 1848, ae 19	144
McCALL, -----, w. Archippus, b. N. Stonington, res. Norwich, d. Sep 19, 1849, ae 43	159
McCANN, Ann, m. Owen McCANN, Sept. 1, 1850, by a Catholic P est	25
Owen, m. Ann McCANN, Sept. 1, 1850, by a Catholic Priest	25
McCARTY, Daniel, s. Patrick, laborer, ae 33, & Mary, ae 33, b. Jan !1, 1849	74
Frances, d. Peter, laborer, ae 35, & Mary, ae 33, b. June 23, 18!	102
John, d. Aug. 13, 1848, ae 17 m.	154
Mary, ae 25, m. Thomas LOWRY, paper maker, ae 28, b. Irela d, res. Norwich, Nov. 15, 1848, by Rev. Bish Tyler	12
McCAULIS, Jane, weaver, b. Scotland, res. Norwich, d. July 26, 18< !, ae 29	147
McCLAFLIN, John W[illia]m, s. Miles, moulder, ae 27, & Elizabetl ae 23, b. June 23,	

	Page
McCLAFLIN, (cont.), 1848	54
McCLAIR, George E., s. John, paper maker, ae 32, & Susan D., ae 28, b. Sept. 18, 1849	89
McCLOUD, Margaret, d. John, sailor, ae 31, & Margaret, ae 25, b. May 17, 1850	83
Mary E., d. William, laborer, ae 25, & Ellen, ae 20, b. Mar. 27, 1850	83
Michael, b. New York, res. Norwich, d. Nov. 8, 1848, ae 9 m.	152
McCLURE, Ann, m. John COIL, laborer, of Norwich, Feb. 17, 1849, by Rev. Alvan Bond	9
McCRACKIN, McCRACKEN, Hannah J., d. John, laborer, ae 24, & Eliza, ae 26, b. Sept. 15, 1848	72
Margaret, m. Jane(?) CHILTON, Apr. 25, 1850, by Rev. Cha[rle]s P. Bush	18
William, cotton worker, b. Ireland, res. Norwich, d. Aug. 8, 1849, ae 17	158
McCULION, Hannah, b. New London, res. Norwich, d. Nov. 25, 1850, ae 57	164
McDAVID, Ellen, m. George BASSETT, of Norwich, Oct. 7, 1850, by Rev. Alvan Bond	21
George H., s. James, spinner, ae 30, & Betsey, ae 28, b. Oct. 31, 1848	73
Margaret, b. Jewett City, res. Norwich, d. Mar. 2, 1851, ae 8	162
Mary A., d. James, ae 36, & Jane, ae 33, b. Nov. 17, 1850	101
McDONALD, Ellen, d. Thomas, laborer, ae 27, & Mary, ae 27, b. June 20, 1848	50
Ellen, b. Preston, res. Norwich, d. Nov. 11, 1849, ae 3m.	156
Elspet, Mrs., b. Scotland, res. Norwich, d. Oct. 11, 1849, ae 31	156
Elspet, b. Ireland, res. Norwich, d. July 7, 1850, ae 7 m.	156
Patrick, paper maker, res. Norwich, m. [ ] NEIL, [ ], 1848	1
McDONNELL, John, m. Jane MORAN, Jan. 4, 1851, by a Catholic Priest	26
McDOUGALL, McDOUGAL, John, s. John, baker, ae 44, & Susan, ae 26, b. Aug. 13, 1849	81
Sophia H., Mrs., b. Providence, res. Norwich, d. Sept. 22, 1847	144
McFARDON, William, s. Richard, laborer, ae 23, & Mary, ae 23, b. Feb. [ ], 1849	66
McFARLIN, Robert, s. Richard, laborer, ae 25, & Mary, ae 25, b. Oct. 20, 1850	95
McGARRY, McGARY, McGERRY, James, s. Richard Patrick, ax maker, ae 22, & Catharine, ae 21, b. May 15, 1851	95
James, d. June 12, 1851, ae 3 w.	161
John E., s. Richard Patrick, ax worker, ae 22, & Katharine, ae 20, b. Aug. 19, 1849	81
Patrick, ax factory, ae 21, b. Ireland, res. Norwich, m. Catharine McCABE, ae 19, b. Ireland, res. Norwich, Apr. 1, 1849, by a Catholic Priest	9
McGINNIS, McGINNISS, McGENNIS, John, m. Margaret STEVENSON, Feb. 9, 1850, by a Catholic Priest	26
Margaret, m. Patrick CONNOR, Feb. 16, 1851, by a Catholic Priest	27
Mary Ann, d. Patrick, laborer, ae 25, & Ann, ae 25, b. Sept. 5, 1850	95
Patrick, gardener, ae 25, b. Ireland, res. Norwich, m. Anna F. STANTON, ae 21, b. Ireland, Jan. 23, 1848, by a Priest	1
Thomas, b. Ireland, res. Norwich, m. Margaret MURPHY, b. Ireland, July 26, 1847, by a Priest	1
McGRAW, Joanna, d. William, r. r. brakeman, ae 23, & Bridget, ae 21, b. Mar. 9, 1848	60
McGUIGAN, Mary, m. John FAYAL, Mar. 1, 1851, by a Catholic Priest	27
McGUIRE, James, s. James & Amanda, b. Apr. 23, 1848	64
McHUGH, Constantine, s. Constantine, merchant, ae 31, & Isabella, ae 28, b. Dec. 22, 1849	81
McJAUPLINE, E., b. Ireland, m. E. KELLEY, laborer, b. Ireland, June 15, 1849, by Rev. D. N. Bentley	11
McKAW, Francis, s. John, fireman steamboat, ae 26, & Rosella, ae 17, b. Jan. 5, 1850	81
McKEEN, John D., of Concord, Mass., m. Louisa STEPHENS, Nov. 29, 1849, by Geo[rge] A. Meech, Esq.	16
McKINES, McKINE, Elizabeth, d. John, laborer, ae 30, & Julia, ae 24, b. May 9, 1851	106

NORWICH VITAL RECORDS 205

	Page
McKINES, McKINE, (cont.),	
William J., s. John, blacksmith, ae 22, & Margaret, ae 20, b. July 16, 1851	107
McKISSOCK, Margaret, m. James McMANUS, Jan. 4, 1850, by a Catholic Priest	26
McLAUGHLIN, Mary, ae 29, b. Ireland, m. Thomas FARRALL, gardener, ae 34, b. Ireland, res. Norwich, Aug. 20, 1847, by James Brady	6
McLYMAN, Martha E., d. Thomas, ae 22, & Martha, ae 24, b. Oct. 2[?], 1850	103
McMANUS, James, m. Margaret McKISSOCK, Jan. 4, 1850, by a Catholic Priest	26
Mary Ann, m. James KERR, of Norwich, July 18, 1851, by Rev. Alvan Bond	21
McNAMARA, McNAMARER, [see also NAMARA], Mary, m. Michael HICKEY, July 6, 1851, by a Catholic Priest	27
Mary Ellen, d. Michael, paper maker, ae 24, & Ellen, ae 20, b. May 15, 1850	88
Michael, s. Michael, paper maker, ae 27, & Ellen, ae 22, b. Oct. , 1848	74
Michael, d. Oct. 24, 1848, ae 19 d.	153
McNAUGHT, Janette, d. James, ae 24, & Janette, ae 28, b. Apr. 27, 1851	104
McNEAL, McNEIL, Janette, b. Scotland, m. Anson FOX, laborer, Apr. 6, 1851, by Mr. Bush	25
John, of Westerly, m. Margaret BASSETT, of Norwich, Sept. 7, 1850, by Rev. Alvan Bond	21
McNELLY, Catharine, b. Ireland, res. Norwich, d. Oct. 24, 1850, ae 0	164
McNICKLE, Mary, of Norwich, m. Oliver TURGEON, of Hartford, Mar. 30, 1851, by Rev. Morgan	21
McNULTY, Mary, d. Patrick, laborer, & Catharine, ae 20, b. June 8, 849	67
Michael, s. Patrick, laborer, ae 40, & Catharine, ae 27, b. July 2[?] 1850	91
McPHERSON, Mary, d. John, potter, ae 23, & Margaret, ae 23, b. Apr. 13, 1851	99
McQUIRK, Michael, joiner, ae 25, b. Ireland, res. Norwich, m. Ann PRINCELEY, ae 23, b. New Jersey, res. Norwich, Nov. 25, 1850, by Rev. E[?] inkinson	22
Michael, m. Ann PRINCLEY, Nov. 25, 1850, by a Catholic Pr st	26
McROATH, -----, s. Edmund, tinsmith, ae 34, & Ann, ae 33, b. June 2, 1851	106
McWHIRR, Ellen Ann, d. Robert, baker, ae 32, & Ellen, ae 24, b. Nov. 11, 1849	81
MEECH, MEACH, George A., attorney, ae 26, of Norwich, m. Sara H. DORCHESTER, ae 18, Apr. 22, 1850, by Rev. D. Dorchester	15
Jane E., ae 23, m. Orlando J. LAMB, merchant, ae 24, b. Conn., res. Norwich, Jan. 20, 1851, by Rev. E. T. Hiscox	27
Sarah M., tailoress, b. Red Hook, N.Y., res. Norwich, d. May 8, 848, ae 19 y.	147
MEADE, Lewis B., d. Feb. 12, 1850, ae 2 m.	159
Lewis Brown, s. Benjamin F., mason, ae 31, & Mary Ann, ae 31, b. Dec. 20, 1849	91
MEIKLE, Helen, ae 20, m. John BAKER, baker, ae 28, b. Germany, res. Norwich, May 25, 1851, by Rev. Loveland	27
MELEGRAR, Mary, d. Sept. 6, 1849, ae 2	158
MERRELL, MERRILL, -----, st. b. child of George, seaman, ae 40, & Catharine, ae 21, b. June 8, 1850	88
-----, male, d. Sept. 20, 1850, ae 8	163
METZGAR, MITZGER, Catherine, d. Casper, carpet weaver, ae 38 & Isabella, ae 33, b. Feb. 19, 1850	89
Frederick H., s. Andrew, weaver, ae 27, & Emily, ae 27, b. June , 1849	74
Mary, d. Sept. 16, 1848, ae 3 m.	153
Ormel, d. Mar. [ ], 1850, ae 3	158
MICKLE, Annah H., d. Thomas, paper maker, ae 45, & Cornelia, ae 0, b. Mar. 17, 1850	86
Elizabeth, d. Apr. 2, 1850, ae 3	158
MIDDLETON, Eliza, ae 24, b. Ireland, res. Norwich, m. Isaac BELL, paper maker, ae 32, b. Ireland, res. Norwich, Oct. 24, 1847, by Rev. Benton	4
Margaret, m. John A. DAY, operative, of Norwich, Apr. 23, 1848, by Rev. William	

BARBOUR COLLECTION

	Page
MIDDLETON, (cont.), F. Morgan	1
MILES, George W., s. William, worker, in Manufacturing, ae 35, & Amey, ae 28, b. May 22, 1850	94
MILLER, Edward, s. Jacob, tinner, ae 38, & Barbara, ae 28, b. Mar. 16, 1847	63
Jacob, gardener, ae 36, of Norwich, m. Maria **STUSEY**, ae 40, b. Bainbridge, N.Y., June 10, 1840, by Rev. W. F. Morgan	13
Jacob, gardener, b. Ireland, res. Norwich, m. Mrs. **STENSEY**, June 13, 1849, by Rev. W[illia]m F. Morgan	10
John H., ship rigger, ae 30, of East Boston, m. Mary **BREED**, ae 37, b. Stonington, res. Norwich, Sept. 30, 1850, by Rev. J. M. Coley	22
Mary, d. Jacob, tinsmith, ae 41, & Barbara, ae 31, b. Aug. 18, 1850	108
William, operative, ae 35, b. England, res. Norwich, m. Amey **WALDEN**, ae 24, b. Salem, Ct., Apr. 3, 1848, by Rev. Charles Thompson	8
-----, s. Jacob, blacksmith, ae 25, & Anne, ae 29, b. July 20, 1850	86
-----, Mrs., d. Aug. 9, 1850, ae 70	163
MINA, John, s. Timothy, laborer, ae 40, & Anna, ae 25, b. May 31, 1848	50
MINCHINER, Charles, confectioner, ae 23, b. Germany, res. Norwich, m. Paulina **ADAM**, ae 22, b. Germany, Dec. 24, 1849, by Rev. William F. Morgan	19
MINER, Cyrus, farmer, b. Stonington, res. Norwich, d. Dec. 17, 1848, ae 54	155
Frederick B., s. Daniel B., shoemaker, ae 37, & Fanny, ae 34, b. Jan. 17, 1849	77
Frederick B., d. May 25, 1849, ae 4 m.	154
Helen E., d. Daniel B., merchant, ae 37, & Fanny, ae 35, b. Oct. 20, 1847	60
Hellen E., d. Aug. 21, 1848, ae 10 m.	148
James, s. James, laborer, & Catharine, ae 28, b. Feb. 5, 1850	81
Lucy Billings, d. Erastus P., merchant, ae 42, & Lucretia K., ae 36, b. May [ ], 1850	91
Nathan, farmer, b. Stonington, res. Norwich, d. May 3, 1848, ae 84	148
Richard B., carpenter, ae 28, b. New York, res. Norwich, m. Sarah C. **SMITH**, tailoress, ae 33, b. Pawtuxet, R.I., May 9, 1849, by Rev. Dow	12
William R., s. Richard, carpenter, ae 30, & Sarah, ae 34, b. Feb. 27, 1850	89
-----, child of Erastus T., merchant, ae 39, & Mary, ae 35, b. Jan. [ ], 1848	62
MITCHELL, MITCHIL, Albert Gibb, d. John, peddler,& Joanna, b. Apr. 7, 1849	70
Elizabeth W., ae 21, b. New York, m. George W. **GEER**, Jr., mariner, ae 21, of Norwich, May 3, 1849, by Rev. Lovejoy	11
George Augustus, s. Thomas, rolling mill, ae 28, & Mary, ae 27, b. Oct. 23, 1849	84
John, axemaker, ae 23, b. Canada, res. Norwich, m. Frances **CRUMB**, ae 17, b. New London, July 4, 1850, by Rev. John Lovejoy	15
Mary, d. Gasper, weaver, ae 37, & Barbara, ae 32, b. June 1, 1848	58
Mary, b. Scotland, res. Norwich, d. Sept. 22, 1850, ae 15	163
MITCHEY, John W., b. Germany, d. Mar. 15, 1851, ae 72	163
MONROE, Agnes, d. John A., laborer, ae 38, & Ann, ae 31, b. May 10, 1851	103
MONTGOMERY, Mary A., d. John, carder, ae 30, & Susan E., ae 23, b. May 10, 1849	73
MOORE, Augustus, black, of Rochester, N.Y., m. Nancy **HEWETT**, black, of Lebanon, Ct., May 11, 1851, by Rev. D. N. Bentley	23
Eva R., d. David, mason, ae 34, & Jane H., ae 35, b. [1851]	106
Lydia, res. Norwich, m. Walter **HOLDEN**, res. Preston, Feb. 17, 1850, by Rev. Lawton Muzzey	19
MORAN, Jane, m. John **McDONNELL**, Jan. 4, 1851, by a Catholic Priest	26
MORGAN, A. R., s. J. A., lumber merchant, & S. B., ae 32, b. Sept. 7, 1848	68
Albert R., d. June 20, 1851, ae 2	161
Elisha, carpenter, ae 23, b. Griswold, res. Piedmont, N.Y., m. Harriet D. **CHAPMAN**, ae 21, b. New London, July 2, 1848, by Martin H. Rising	2
George W., s. Asher, carpenter, ae 25, & Harriet, ae 24, b. Nov. 25, 1850	106

	Page
MORGAN, (cont.),	
Harriet I., d. Elisha, ae 23, & Harriet, ae 19, b. Jan. 5, 1849	77
John, d. Sept. 12, 1849, ae 50	157
Joseph, carpenter, d. Nov. 5, 1849, ae 47	160
Mary P., Mrs., d. Nov. 11, 1848, ae 53	151
Samuel C., bank president, b. Jewett City, res. Norwich, m. 2d w. Frances A. **CLEVELAND**, b. Canterbury, Nov. 26, 1849, by Rev. Alvan Bond	15
Samuel S., s. John A., clerk, ae 34, & Sylvia, ae 36, b. Nov. 20, 1850,	98
Susan, b. Voluntown, res. Norwich, d. Jan. 8, 1849, ae 49	155
MORIARTY, MORARITY, MORRATTY, MORARTY, Edmund A., s. John, shoemaker, ae 48, & Mary, ae 39, b. Sept. 17, 1849	84
Frances, b. Lyme, res. Norwich, d. Oct. 6, 1849, ae 16	157
Frances, d. Oct. 6, 1849, ae 16	158
Jane E., d. Mar. 17, 1851, ae 15	162
John, s. John, blacksmith, ae 30, & Jane, ae 30, b. Mar. 1, 1848	60
John, s. Michael, laborer, ae 22, & Mary, ae 33, b. June 29, 1848	53
-----, twins; one d. Feb. 24, 1848, ae 1 d.; the other d. Feb. 26, 1848, ae 3 d.	147
MORRIS, John, s. Lawrence, laborer, ae 36, & Ellen, ae 33, b. May 29, 1850	82
MORRISSEY, John, m. Mary **RYON,** Nov. 17, 1850, by a Catholic Priest	26
MORRISON, James, ae 26, of Norwich, m. Mary **ROBINSON,** ae 23, Mar. 7, 1850, by Rev. Ja[me]s M. Coley	17
MORSE, Elizabeth, shoemaker, b. Lebanon, res. Norwich, d. Sept. 6, 1847, ae 75	149
George P., b. Worcester, Mass., res. Norwich, d. Mar. 11, 1849, ae 19 m.	152
Lydia E., ae 21, b. Norwich, m. Stephen N. **YERRINGTON,** farmer, ae 23, b. Preston, res. Norwich, Oct. 4, 1848, by Rev. Hiram P. Arms	13
MOTT, Marion, d. Alvah, ae 32, & Susanna, ae 29, b. Sept. 30, 1848	71
MOWRY, David S., lawstudent, b. Bozrah, res. Norwich, d. Nov. 14, 1848, ae 22	153
William C., s. James, ae 29, & Louisa, ae 27, b. July [ ], 1850	88
MULCAHY, Sarah Ann, d. Edward, oyster vender, ae 40, & Mary, ae 28, b. June 1, 1850	81
MULCHI, Thomas, ae 26, m. Elizabeth **O'BRIEN,** ae 21, Apr. 6, 1851, by a Catholic Priest	27
MULKEY, John, s. William B., carpenter, ae 29, & Asenath, ae 30, b. Nov. 16, 1848	67
Louisa, d. Charles, seaman, ae 28, & Elizabeth, ae 22, b. Feb. 9, 1850	84
Mary, b. New London, res. Norwich, d. Oct. 20, 1847, ae 5 y.	147
Phebe S., d. William B., carpenter, ae 41, & Asenath, ae 28, b. May 1, 1850	81
William K., s. Jeremiah C., soap boiler, ae 38, & Mary, ae 31, b. Apr. 2, 1849	76
MULLON, Eustace, m. Mary **LASSAINT,** Nov. 16, 1850, by a Catholic Priest	26
Mary, m. Joseph **RICHARD,** Nov. 16, 1850, by a Catholic Priest	26
MUNCHINGER, Carl Gottlieb, confectioner, b. Germany, res. Norwich, m. Pauline **KAUFMANN,** b. Germany, Dec. 24, 1849, by Rev. William F. Morgan	16
MURPHY, Ann, m. Levi W. **HYDE,** farmer, b. Franklin, res. Franklin, Mar. 12, 1850, by Rev. Hiram P. Arms	20
Bridget, m. James **DOWLING,** Feb. 16, 1850, by a Catholic Priest	26
Catharine R., d. Richard, mason, ae 32, & Mary, ae 32, b. Jan. 11, 1851	107
Cornelius, s. Patrick, mason, ae 36, & Ellen, ae 35, b. May 20, 1849	75
Henry L., s. Jared, laborer, ae 28, & Ellen, ae 25, b. Sept. 25, 1849	82
James, s. Michael, laborer, ae 27, & Ann C., ae 21, b. Aug. 1, 1850	81
Jane, d. John, mason, ae 34, & Catharine, ae 27, b. Apr. 2, 1849	74
Jane, d. Apr. 5, 1849, ae 3 d.	154
Joseph, illeg. s. Catharine **WELCH,** almshouse, ae 22, b. Aug. 6, 1850	100
Joseph, b. Stonington, res. Norwich, d. Oct. [ ], 1850, ae 1	164
Josephine, d. Patrick, mason, ae 40, & Joanna, ae 37, b. June 26, 1849	77

	Page
MURPHY, (cont.),	
Margaret, b. Ireland, m. Thomas McGENNIS, b. Ireland, res. Norwich, July 26, 1847, by a Priest	1
Margaret, d. Michael, laborer, ae 25, & Ann, ae 20, b. Apr. 7, 1848	50
Margaret, d. Valentine, laborer, ae 30, & Mary, ae 25, b. Oct. 20, 1850	102
Timothy, d. July 5, 1849, ae 7	154
William, m. Mary CASEY, Nov. 29, 1850, by a Catholic Priest	26
MURRAY, Jane, d. James, mason tender, ae 27, & Catharine, ae 26, b. Mar. 5, 1848	50
Juliet, ae 25, m. Jabez H. AVERY, farmer, ae 25, res. Windham, Apr. 16, 1849, by Rev. E. T. Hiscox	9
Sarah Jane, d. Stewart, laborer, ae 40, & Jane, ae 30, b. Oct. 18, 1850	102
Timothy, m. Ann FARRELL, Jan. 19, 1850, by a Catholic Priest	26
William, clerk, b. Ireland, res. Norwich, d. Mar. 17, 1849, ae 54	154
MURTAGH, Bridget, m. John CARROLL, Mar. 17, 1851, by a Catholic Priest	27
MUSSELL, Ronold, s. Christian, carpenter, ae 28, & Mary, ae 20, b. Feb. 15, 1848	58
MUZZEY, David L., s. Benjamin, paper maker, ae 40, & Celia A., ae 40, b. Dec. 11, 1847	58
MYERS, Lyman, s. Austin, ae 25, & July F., ae 24, b. Nov. 11, 1847	60
-----, s. Austin, carpenter, ae 27, & Julia G., ae 26, b. Apr. 27, 1850	91
NAMARA, [see also McNAMARA], John, s. Lawrence, ae 25, & Rally, ae 23, b. May 15, 1851	104
NASH, Josephine, d. James, mariner, ae 49, & Mary, ae 39, b. July 17, 1851	98
NAUGHT, Jane M., ae 21, b. Scotland, m. John D. NOYES, farmer, ae 27, b. Conn., Dec. 25, 1849, by Rev. L. Muzzey	18
NAYLOR, Jane, d. William, wool sorter, English, & Anna, b. Aug. 26, 1847	64
NEAL, NEALE, NEIL, Ann E., twin with Ellen L., d. Joseph B., carpenter, ae 34, & Louisa, ae 27, b. Jan. 20, 1850	94
Ann H., d. Jan. 28, 1851, ae 1	165
Ellen L., twin with Ann E., d. Joseph B., carpenter, ae 34, & Louisa, ae 27, b. Jan. 20, 1850	94
Thomas, laborer, ae 22, b. Ireland, res. Norwich, m. Mary COOPER, ae 20, b. Ireland, July 1, 1849, by Rev. W. Logan	13
-----, m. Patrick McDONALD, paper maker, res. Norwich, [ ], 1848	1
NEFF, A. Martin, shoemaker, ae 24, of Norwich, m. Frances H. COOLEY, ae 25, May 6, 1851, by Rev. Hiram P. Arms	23
Caroline E., paper mill, b. Canterbury, res. Norwich, d. Mar. 24, 1848, ae 15	147
Harvey, shoemaker, d. July 7, 1850, ae 55	159
NELSON, Charles S., s. James A., farmer, ae 22, & Margaret A., ae 23, b. July 17, 1851	110
James A., laborer, ae 20, b. Ireland, res. Norwich, m. Trinnier [ ], ae 22, b. Ireland, Sept. 20, 1849, by Rev. J. M. Coley	15
James A., laborer, ae 24, b. Ireland, res. Norwich, m. Margaret TRINNAAR, ae 22, b. Ireland, Sept. 23, 1849, by Rev. Ja[me]s M. Coley	17
John Halliday, s. James A., laborer, ae 20, & Margaret, ae 22, b. July 19, 1850	81
M. A., d. J., stone cutter, ae 23, & A., ae 20, b. Oct. 20, 1848	68
Marietta, d. James M., tailor, ae 31, & Abby, ae 31, b. Dec. 26, 1847	61
Marrietta, d. Mar. 29, 1848, ae 3 m.	148
NEWCOMB, Harriet E., ae 20, b. Norwich, m. George W. HOLMAN, chair warehouse, ae 22, b. Sterling, Mass., res. Norwich, Dec. 28, 1847, by Rev. Alvan Bond	1
NEWFIELD, Ann, m. John BLOWELL, of Norwich, July 13, 1851, by Rev. Hiram P. Arms	29
Conrad, of Norwich, m. Catharine HIRSCHMANN, Feb. 23, 1851, by Rev. Benj[amin] M. Walker	23
NICHOLS, Alexander, shopkeeper, b. Preston, res. Norwich, d. May 15, 1848, ae 59	144

NORWICH VITAL RECORDS 209

	Page
NICHOLS, (cont.),	
Alexander H., d. Feb. 11, 1850, ae 45	158
Isabella, b. Ireland, m. Robert **HOWLAND**, laborer, b. Ireland, Oct. 2, 1848, by Rev. D. N. Bentley	11
Olive, d. May 25, 1850	158
NILES, Agnes, colored, d. May 3, 1849, ae 2	155
George, pauper, black, d. Apr. 16, 1849, ae 2	151
-----, st. b. s. Simeon, laborer, black, & Mary Ann, b. Oct. 29, 1849	93
NOLAN, Patrick, m. Mary **GRAFTON**, Nov. 2, 1850, by a Catholic Priest	26
NORTH, Annie, d. Gideon, manufacturer, ae 30, & Sarah, ae 27, b. Feb. 2, 1851	109
NORTH[R]UP, Lydia Ann, m. Charles O. **HILTON**, of Norwich, Nov. 10, 1850, by Rev. James M. Coley	22
Mary, b. Norwich, m. Amos **THOMAS**, goldsmith, b. Wickford, R.I., res. Norwich, July 13, 1848, by Rev. Carpenter	5
Sarah Ann, m. George W. **CAPRON**, b. of Norwich, Sept. 21, 1847, by Rev. George Carpenter	7
NORTON, A. M., d. Abijah, mariner, colored, ae 28, & Sally, colored, ae 26, b. Jan. 18, 1849	69
Caroline G., ae 28, b. Charlestown, Mass., m. Walter S. **GRIFFITH**, merchant, ae 40, b. New York City, res. Brooklyn, Apr. 6, 1848, by Rev. Charles P. Bush	5
William Abijah, s. Abijah, mariner, black, ae 28, & Mary, ae 25, b. Jan. 20, 1851	99
-----, s. Timothy P., merchant, & Jane, b. June 10, 1850	81
-----, male, d. June 25, 1850, ae 1/2 m.	156
NOYES, Charles E., s. Joseph B., farmer, of Plainfield, & Fanny, b. Dec. 29, 1847	65
Crosby, b. Stonington, res. Norwich, d. Dec. 8, 1848, ae 1	153
John, d. Apr. 18, 1851, ae 5	161
John D., farmer, ae 27, b. Conn., m. Jane M. **NAUGHT**, ae 21, b. Scotland, Dec. 25, 1849, by Rev. L. Muzzey	18
Mary E., d. Mar. 1, 1848, ae 28	146
Robert, machinist, ae 27, b. Voluntown, res. Norwich, m. Harriet **SAUNDERS**, ae 18, b. Westbury, Mass., July 4, 1848, by Rev. B. Cook	5
William B., carpenter, ae 24, b. Groton, res. Lower Mystic, m. Abby **DENISON**, factory, ae 18, of Norwich, Sept. 4, 1848, by Rev. Danielson	12
NUGENT, Margaret, d. William, laborer, ae 35, & Ellen, ae 30, b. July 17, 1848	51
NYE, Arthur V., s. Horatio N., mill wright, ae 40, & Harriet E., ae 33, b. Mar. 30, 1849	73
OAKES, Thomas, m. Mary **O'NEIL**, Nov. 16, 1850, by a Catholic Priest	26
OATLEY, Agnes, ae 21, b. Scotland, m. Thomas **SMITH**, laborer, ae 23, b. England, res. Norwich, Jan. 1, 1851, by Rev. Alvan Bond	24
Agnes, m. Thomas H. **SMITH**, mechanic, of Norwich, Jan. 15, 1851, by Rev. Hiram P. Arms	29
OBENAUER, Albert J., s. Martin, paper maker, ae 31, & Sarah, ae 26, b. Nov. 18, 1849	89
Mary, b. Germany, res. Norwich, d. May 17, 1851, ae 20	162
O'BRIEN, Eliza, m. Cornelius **CORWAN**(?), Feb. 15, 1850, by a Catholic Priest	26
Elizabeth, ae 21, m. Thomas **MULCHI**, ae 26, Apr. 6, 1851, by a Catholic Priest	27
Hannah A., ae 19, b. Ledyard, res. Ledyard, m. William A. **CHURCH**, mariner, ae 23, b. Montville, res. Montville, June 30, 1851, by Rev. D. N. Bentley	23
John, s. Thomas, laborer, ae 25, & Bridget, ae 24, b. Aug. 9, 1848	74
Michael, victualling house, ae 26, b. Ireland, res. Norwich, m. Mary **KANE**, ae 26, b. Ireland, July [1848], by a Priest	1
Patrick, laborer, ae 30, b. Ireland, res. Norwich, m. Bridget **RIORDAN**, ae 30, b. Ireland, Apr. 1, 1850, by Priest Logan	19
OCKS, Mary, d. Christopher, shoemaker, ae 32, German, & Mary, ae 24, b. Jan. 13, 1849	67

	Page
O'CONNELL, John, d. July 19, 1851, ae 2	161
Margaret, d. Morris, laborer, ae 35, & Mary, ae 35, b. Sept. 9, 1850	99
O'DANIEL, [see under **DANIEL**]	
O'DONAVAN, Jeremiah, laborer, ae 24, b. Ireland, res. Norwich, m. Joanna CONKLIN, ae 18, b. Ireland, Sept. 22, 1850, by Rev. Blinkin	24
O'KEEP, Patrick, m. Margaret KEATING, Feb. 20, 1850, by a Catholic Priest	26
OLIN, Elias, manufacturer, ae 26, b. Plainfield, res. Norwich, m. Betsey A. LAMB, ae 22, b. Stonington, May 1, 1848, by Rev. Benton	5
OLINE, Joanna, m. Thomas CLIFFORD, paper maker, b. Ireland, res. Norwich, Oct. 27, 1847, by Rev. Brady	5
OLIVER, Emeline, d. Nelson, hatter, ae 36, & Mary, ae 34, b. Oct. 10, 1848	77
OLMSTEAD, William E., s. Jonathan, carriage maker, ae 41, & Elizabeth, ae 41, b. Dec. 14, 1847	52
OLNEY, —, d. Frederick, propeller cook, colored, & Olive, colored, b. July 19, 1850	91
O'NEIL, O'NIEL, Bridget, d. Felix, laborer, ae 40, & Mary, ae 38, b. May 4, 1850	83
Ellen, d. Felix, laborer, ae 32, & Ellen, ae 30, b. Nov. 15, 1847	52
James, s. John, carpet worker, ae 30, & Catharine, ae 25, b. Sept. 7, 1848	72
James, s. John, laborer, ae 20, & Catharine, b. Sept. 10, 1848	78
John, d. Aug. 20, 1847, ae 2	145
John, s. Patrick, laborer, & Anna, b. July 12, 1850	81
John, d. Aug. 13, 1850, ae 3	161
Mary, d. Patrick, laborer, & Hannah, b. Oct. 11, 1848	67
Mary, m. Henry HENTON, Aug. 31, 1850, by Catholic Priest	25
Mary, m. Thomas OAKES, Nov. 16, 1850, by a Catholic Priest	26
Patrick, m. Mary DONNELLY, Nov. 2, 1850, by a Catholic Priest	26
O'ROOK, Mary Ann, d. Thomas, laborer, & Catharine, ae 31, b. Dec. 1, 1847	58
OSBORN, OSBORNE, Ellen, d. William, laborer, ae 43, & Cornelia, ae 37, b. Dec. 21, 1850	99
James Allen, s. James, paper maker, ae 30, & Jannett, ae 29, b. Jan. 3, 1850	87
Lydia A., ae 28, res. Norwich, m. John G. BUSWELL, farmer, ae 30, b. Norwich, res. Lisbon, July 7, 1850, by Rev. D. N. Bentley	17
Lydia A., ae 38, b. Lebanon, res. Norwich, 2d h. John G. BOSWELL, painter & glazier, ae 40, b. England, res. Norwich, Sept. 22, 1850, by John T. Waite, Esq.	29
Lydia Ann, of Mystic, m. 2d h. John G. BOSWELL, painter, of Mystic, Sept. 22, 1850, by John T. Waite, Esq.	29
Sally B., d. David, farmer, ae 38, & Abby, ae 38, b. Dec. 2, 1850	108
OSGOOD, Frederic L., s. Dr. Charles, druggist, & Sarah, manufacturer, b. May 31, 1849	67
William, s. William C., butcher, ae 34, & Sarah M., ae 30, b. Oct. 18, 1849	91
William C., butcher, ae 32, b. Lebanon, res. Norwich, 3d w. Sarah ADAMS, ae 28, b. Canterbury, Oct. 5, 1847, by Rev. Leonard	5
OX, Rachel, d. Peter, ae 32, & Rachel, ae 33, b. Aug. 15, 1848	75
PAGE, John B., carpenter, ae 35, of Norwich, m. Elizabeth SMITH, ae 21, b. Lebanon, May 20, 1850, by Rev. Potter	16
Lewis Eugene, s. Lewis, machinist, ae 29, & Eliza Ann, ae 19, b. Jan. 12, 1850	91
—, s. John, joiner, ae 36, & Elizabeth, ae 22, b. Mar. 22, 1851	100
—, male, d. Mar. 22, 1851, ae few hr.	161
PAINE, Sophia A., m. Edward W. PRENTICE, Sept. 13, 1849, by Rev. Lawson Muzzey	19
PALMER, Abby J., d. Nov. 24, 1850, ae 4	162
Albert J., s. John, butcher, ae 31, & Mary, ae 33, b. Mar. 22, 1851	99
Alphonzo, s. Lewis, cabinet maker, ae 23, & Ann Maria, ae 18, b. Sept. 15, 1849	91
Alphonzo, d. Oct. 25, 1849, ae 1 1/3 m.	159

NORWICH VITAL RECORDS 211

	Page
PALMER, (cont.),	
Charles, s. Lewis, mechanic, ae 23, & Maria, ae 20, b. Nov. 20, 1850	106
Emily A., d. Marvin, mariner, ae 44, & Hannah, ae 40, b. Apr. 3, 1848	54
Hannah M., d. Pardon B., farmer, ae 38, & Elizabeth, ae 33, b. Mar. 9, 1851	111
Jabez W., s. Amos A., carpenter, ae 39, & Mary, ae 39, b. Aug. 9, 1848	73
John W., U. S. Officer, b. Stonington Point, res. Norwich, d. Jan. 23, 1851, ae 54	164
Leland, manufacturer, ae 25, b. Voluntown, res. Norwich, m. Eunice L. POTTER, ae 21, b. Griswold, Aug. 8, 1847, by Rev. L. C. Browne	5
M. E., d. J. J., butcher, ae 29, & Mary, ae 32, b. Apr. 22, 1849	68
Mary A., d. Cyrus P., shoemaker, ae 22, & [ ], ae 19, b. Oct. 20, 1847	61
Warren, d. Aug. 8, 1849, ae 5	158
PARK, PARKS, Anna Jane, d. Cyrus, carman, ae 32, & Jane, ae 28, b. Sept. 24, 1849	91
Edwin, carpenter, b. Conn. res. Norwich, d. May 24, 1850, ae 45	158
George Henry, s. Thomas, carpenter, ae 31, & Frances Ann, ae 25, b. Mar. 13, 1850	92
Martha, b. Watertown, Mass., m. William H. MAYNARD, of Waltham, Mass., Jan. 5, 1850, by J. D. Park, Esq.	15
PARKER, Sarah, Mrs., d. Oct. 14, 1847, ae 76	144
PARKERSON, Asahel A., cotton-worker, ae 24, b. Vernon, res. Norwich, m. Eliza FLETCHER, ae 36, of Norwich, Oct. 16, 1847 by Rev. Winchester	3
Charles A., s. Asa A., laborer, ae 24, & Eliza, ae 26, b. Feb. 24, 1848	56
Henry, s. Josiah, factory, ae 22, & M., b. Dec. 8, 1850	100
PARKHURST, Fidelia E., d. Nov. 4, 1848, ae 1 2/3	151
Geo[rge] W., m. Hannah BUSHNELL, June 29, 1851, by Rev. Muzzey	24
George W., farmer, ae 30, b. Plainfield, res. Mansfield, m. Hannah BUSHNELL, ae 27, b. Norwich, res. Norwich, June 29, 1851, by Rev. Lawson Muzzey	29
PARKINSON, Josiah, cotton mill, ae 19, b. Vernon, res. Norwich, m. Maria RUSH, ae 23, b. East Lyme, Dec. 17, 1848, by Rev. Dean	11
Josiah, factory, ae 20, b. Vernon, res. Norwich, m. Maria BUSH, ae 24, b. Lyme, Feb. 12, 1849, by Rev. Sidney Dean	11
PARMELEE, Mary E., d. Timothy, carpenter, ae 37, & Caroline, ae 24, b. Mar. 25, 1848	55
PARO, Josephine, d. Joseph, machinist, ae 18, & Josephine, ae 17, b. June 22, 1849	75
PARRISH, PARISH, Abram, b. Mansfield, res. Norwich, d. Oct. 1, 1848, ae 71	154
Frances E., d. A. S., ae 40, & Susan C., ae 37, b. Mar. 6, 1850	87
PARSONS, Benjamin F., engineer, of Norwich, m. Caroline SCHOONMAKER, Apr. [ ], 1851, by Rev. Geo[rge] M. Carpenter	28
PA[R]TRIDGE, PATRIDE, Eli B., merchant, b. Mass., m. Mary E. SEARS, b. Norwich, Oct. 23, 1850, by Mr. Bush	25
Lucinda, ae 22, b. Lisbon, m. John WATSON, machinist, ae 19, b. Ireland, res. Norwich, Jan. 22, 1849, by Rev. Miner	11
PEACH, Michael, pauper, b. Ireland, res. Norwich, d. Feb. 8, 1849, ae unknown	151
PEALE, Anna F., d. Henry, carpenter, ae 24, & Maria, ae 24, b. June 10, 1848	53
Charles Henry, s. Charles, carpenter, ae 22, & Eliza J., ae 20, b. Aug. 2, 1847	52
Henry, s. Henry, joiner, ae 27, & Mary, ae 25, b. Oct. 19, 1850	100
PECK, Bela, d. Dec. 15, 1850, ae 92	165
Raymond B., s. J. Henry, laborer, ae 26, & Mary Ann, ae 19, b. Mar. 18, 1848	61
Samuel N., s. John H., draper & tailor, ae 37, & Abby Ann, ae 37, b. Feb. 12, 1848	65
PECKHAM, Charles Clark, s. Peleg, merchant, ae 30, & Miranda, ae 22, b. Mar. 14, 1848	51
Christiana, d. Luther, laborer, black, ae 38, & Eliza, ae 33, b. June [ ], 1851	105
Helen, d. William, mason, ae 27, & Fanny, ae 25, b. Dec. 25, 1849	84
Mary F., ae 21, b. Groton, res. Montville, m. Lyman CHURCH, mariner, ae 23, b. Montville, res. Montville, June 15, 1848, by Rev. John Howson	4

	Page
PECKHAM, (cont.),	
Susan M., black, d. Apr. [ ], 1851, ae 2	163
William, stonemason, ae 27, b. N. Stonington, res. Norwich, m. Fanny M.	
WOODWORTH, tailoress, ae 23, b. Montville, res. Norwich, Jan. 3, 1848, by Rev. Jabez Swan	3
-----, d. Luther, laborer, colored, ae 29, & Eliza, colored, ae 25, b. May 21, 1849	76
PELHAM, Henry B., colored, d. May 3, 1848, ae 15 m.	144
Mary B., d. Thomas A. & Mary Ann, b. May 19, 1849	67
P. D., colored, d. Aug. [ ], 1847, ae 9 m.	144
President Jacob A., s. Uriah, colored, ae 34, & Mary A., colored, ae 35, b. Mar. 4, 1849	67
PELLETT, PELLET, Abby E., b. Voluntown, res. Norwich, d. July 12, 1848, ae 27	148
Charles W., s. Elijah M., carpenter, ae 32, & Abby E., ae 27, b. June 12, 1848	61
PENDLETON, Charles A., s. Charles M., farmer, ae 31, of Bozrah, & Susan, ae 28, b. Mar. 15, 1849	79
Claudius V., s. Charles M., farmer, ae 35, res. Bozrah, & Susan E., ae 30, b. Sept. 12, 1850	110
Phebe A., ae 19, b. Stonington, m. John H. **GALE**, confectioner, ae 24, of Norwich, Nov. 8, 1849, by Rev. John Lovejoy	19
-----, d. Soloman, farmer, ae 38, & Marcia, ae 31, b. May 2, 1851	95
PENNIMAN, -----, illeg. d. Ann, ae about 25, in jail in Norwich, res. New London, b. Apr. [ ], 1850	81
PEPPER, Almira, b. Enfield, res. Norwich, d. Feb. 19, 1849, ae 25	152
Gilbert, of Brewster, Mass., m. Lucy Ann **CHASE**, of Brewster, Mass., Nov. 6, 1848, by Geo[rge] A. Meech, Esq.	10
PERDELL, John G., of Norwich, m. Ganet HANNUL, Feb. 23, 1851, by Rev. Morgan	21
PERKINS, Catherine, d. Jan. 11, 1849, ae 13 m.	155
Catharine L., d. George & Mary, b. Nov. 25, 1847	64
Charles H., d. June 10, 1848, ae 17 m.	149
Eliza, colored, of Norwich, m. 2d h. Prince **LEWIS**, colored, of Thompson, Oct. 15, 1849, by Rev. Alvan Bond	15
Elizabeth, d. George, attorney, ae 43, & Maria H., ae 37, b. May 7, 1848	51
Esther E., ae 20, b. Norwich, m. Edwin R. **WATERMAN**, mariner, ae 23, of Norwich, Apr. 27, 1850, by Rev. W[illia]m Palmer	16
Frederic, s. Walter, confectioner, & Clara, ae 35, b. Feb. 16, 1850	81
Frederick, d. July 21, 1850, ae 4 1/2	156
George P., d. Aug. 10, 1849, ae 26	156
Harriet S., d. D. G., wheelwright, ae 30, & H. L., b. Aug. 11, 1850	100
John Gale, s. Walter, candymaker, ae 28, & Clara, ae 35, b. Oct. 29, 1847	62
Mary, d. Edmund, attorney, ae 30, & Elizabeth, ae 30, b. Feb. [ ], 1848	51
Mary Frances, d. D. W., carpenter, ae 34, & Mary, ae 30, b. Sept. 7, 1848	69
Mary H., d. Feb. 15, 1849, ae 4 1/2	155
Sarah J., d. Daniel W., joiner, ae 35, & Mary, ae 32, b. Feb. 15, 1851	97
PERRY, Fidelia, dressmaker, b. Windham, res. Norwich, d. Sept. 18, 1848, ae 20	153
James B. E., m. Jane E. **LEWIS**, Jan. 12, 1851, by Rev. John Lovejoy	28
Nancy, m. William H. **HINCKLEY**, of Norwich, Oct. 29, 1850, by Rev. E. T. Hiscox	22
Ruth, ae 30, b. Norwich, m. George **HILLS**, farmer, ae 29, b. Colchester, Mar. 20, 1848, by Rev. E. T. Hiscox	1
PETERS, John J., black, of Franklin, m. Mary Ann **HULL**, black, July 11, 1851, by Rev. D. N. Bentley	23
PETTES, Joseph, farmer, b. Charleston, R.I., res. Norwich, d. Oct. 6, 1850, ae 90	165
PETTIT, James, varnisher, b. New York City, res. Norwich, d. May 20, 1848	148

	Page
PETTIT, (cont.),	
Nancy M., d. Mar. [ ], 1851, ae 18	163
PHELPS, Elizabeth, d. May 3, 1850, ae 15	157
Elizabeth, factory, d. May 4, 1851, ae 16	162
PHILLIPS, Lucy A., illeg. d. Frances **GRINOLDS,** ae 20, almshouse, b. May 26, 1851	100
Mary A., ae 17, b. Norwich, m. Levi N. **HEATH,** machinist, ae 23, b. Groton, res. Worcester, Mass., Oct. 3, 1847, by Sidney Dean	3
Matthew, m. Mary **RIELLY,** Aug. 31, 1850, by Catholic Priest	25
-----, Mrs., b. Griswold, res. Norwich, d. Aug. 29, 1849, ae 84	159
-----, male child, d. Dec. 17, 1850	163
PHILSON, John, s. John, laborer, ae 35, & Margaret, ae 30, b. Apr. 15, 1851	102
PIERCE, Ellen M., ae 22, b. Boston, Mass., res. Norwich, m. Alexander **BARBER,** manufacturer, ae 23, b. Scotland, res. Norwich, Jan. 1, 1848, by Rev. Benton	4
Emily G., d. Moses, bleacher, ae 40, & Harriet, ae 35, b. Dec. 3, 1847	60
Emily G., d. Dec. 3, 1847, ae 9 m.	148
George Frances, b. Greenville, Norwich, res. Norwich, d. June 2, 1848, ae 3 y.	147
Hannah, d. June 2, 1851, ae 80	161
John E., s. John H., laborer, ae 48, & Merebah, ae 32, b. Oct. 18, 1847	53
William B., s. George, brass founder, ae 38, & Harriet A., ae 29, b. Jan. 30, 1848	58
PIERSON, Hannah, d. W., mariner, ae 40, & Eliza, ae 27, b. May 23, 1849	69
John, varnisher, ae 26, b. Sterling, Mass., res. Norwich, m. Mary L. **MAY,** ae 19, b. Sterling, Mass., Nov. 30, 1847, by Rev. O. Cunningham	5
Mary F., d. John, varnisher, ae 27, & Mary F., ae 20, b. Oct. 15, 1848	75
William, mariner, ae 43, b. New York, res. Norwich, m. Eliza **BEMUS,** tailoress, ae 27, b. Groton, res. Norwich, Nov. 15, 1847, by Rev. John Howson	2
PITCHER, Clarissa, d. Aug. 25, 1847, ae 52	148
Lewis W., s. F. H., laborer, ae 35, & Julia, ae 31, b. Oct. 30, 1850	102
Mary E., d. Francis A., farmer, ae 36, & Charlotte M., ae 38, b. Apr. 6, 1851	110
-----, s. st. b. Francis A., agriculture, ae 33, & Charlotte M., ae 36, Oct. 21, 1848	79
PLACE, Eugene F., s. Alonzo T., iron founder, ae 39, & Sarah N., ae 40, b. Feb. 9, 1851	97
PLATT, Allen Ely, s. Charles B., coffe roaster, ae 23, & Joanna, ae 23, b. May 21, 1850	92
PLUMER, Sarah E. C., m. Willard **SAYLES,** of Providence, Sept. 23, 1849, by Rev. Cha[rle]s P. Bush	18
PLUNKET, PLUNKETT, Julia, d. Bartholomew, laborer, ae 40, & Margaret, ae 33, b. June 18, 1848	61
Julia, d. Aug. 7, 1849, ae 1 1/4	159
Thomas, s. Bartholomew, gardener, & Margaret, ae 38, b. Apr. 29, 1850	92
POLAND, -----, d. Thomas H., blacksmith, ae 33, & Elizabeth, ae 33, b. July 3, 1851	106
POLLARD, Albert, carpenter, of Norwich, m. Jane **WILLIAMS,** May 24, 1851, by Rev. Loveland	28
Ezekiel, laborer, ae 28, b. Maine, res. Norwich, m. Rosanna **RAIKES,** ae 24, b. Maine, Feb. 17, 1850, by Rev. D. N. Bentley	17
-----, s. J. B., gunsmith, ae 31, & S. A., ae 22, b. May 6, 1849	70
POLLY, John, s. Lydia J., ae 22, b. June 26, 1848	52
PONDRECE(?), John, laborer, ae 35, b. Ireland, m. Margaret **HANNAH,** ae 28, b. Ireland, Jan. 15, 1851, by Mr. Morgan	24
POPE, -----, w. Jonathan A., b. Charlestown, Mass., res. Norwich, d. July 30, 1850, ae 55	156
PORTER, Lucretia, d. Nov. 12, 1850, ae 67	164
William F., of Norwich, m. Annis E. **COLLINS,** Mar. 23, 1851, by Rev. Benj[amin] M. Walker	23
POTTER, Abby M., b. Preston, res. Norwich, d. Sept. 21, 1847, ae 20	148
Eunice L., ae 21, b. Griswold, m. Leland **PALMER,** manufacturer, ae 25, b. Voluntown, res. Norwich, Aug. 8, 1847, by Rev. L. C. Browne	5

214   BARBOUR COLLECTION

	Page
POTTER, (cont.),	
Mary E., d. Whitman, shoemaker, ae 34, & Emeline, ae 30, b. Oct. 20, 1849	83
Nathaniel, machinist, b. Greenville, N.Y., res. Norwich, d. Aug. 14, 1847, ae 17	148
W. P. M., s. William P., bleacher, ae 39, & Sarah D., ae 37, b. July 1, 1850	86
William, s. William R., merchant, ae 36, of New Bedford, Mass., & Cynthia A., ae 22, of Norwich, Apr. 12, 1848	62
----, child of Sidney, machinist, ae 29, & Abby M., ae 20, b. Sept. 10, 1847	62
----, child of Sidney, d. Sept. 10, 1847	148
POWERS, ----, d. Enoch, ax maker, ae 31, & Caroline, ae 21, b. June 2, 1850	84
PRATT, Emily, ae 24, b. Norwich, m. 2d h. Danforth **HARRIS,** gunsmith, b. Willimantic, res. Worcester, Apr. [ ], 1850, by Rev. J. P. Gulliver	19
Emily E., m. Danforth **HARRIS,** of Worcester, Apr. 15, 1850, by Rev. John P. Gulliver	14
Leslie Willington, s. George A., merchant, ae 36, & Mary Ann, ae 30, b. June 13, 1849	76
Louisa, d. William H., ae 31, & Sarah, ae 33, b. Mar. 20, 1849	76
Louisa, d. Aug. 1, 1849, ae 4 m.	154
Louisa, d. July 7, 1850, ae 3 m.	159
Nathan, b. Weymouth, Mass., res. Norwich, m. Sarah E. **HYDE,** b. Norwich, Nov. 7, 1847, by George Carpenter	7
Nathan Hyde, s. Nathan, shoemaker, ae 30, & Sarah, ae 31, b. Aug. 31, 1848	78
Phineas A., machinist, b. Brookfield, res. Norwich, d. Aug. 24, 1847, ae 24	146
Sarah, d. Sept. 1, 1848, ae 31	155
William H., sexton, ae 31, b. Manchester, res. Norwich, m. 2d w. Louisa **CONGDON,** ae 28, Aug. [ ], 1850, by Rev. Alvan Bond	28
----, w. W[illia]m H., b. Pittsfield, Mass., res. Norwich, d. Aug. 20, 1849, ae 38	159
PRENTICE, Andrew T., s. Samuel, ae 32, & Sophia P., ae 21, b. Apr. 19, 1851	103
Ann Elizabeth, d. Henry L., merchant, ae 22, & Eliza, ae 22, b. June 6, 1850	81
Charles, d. June [ ], 1850, ae 8 m.	156
Charles R., s. William R., merchant, ae 42, & Sarah C., b. Oct. [ ], 1849	81
Edward W., m. Sophia A. **PAINE,** Sept. 13, 1849, by Rev. Lawson Muzzey	19
Ellen J., d. William H., ae 24, & Phebe A., ae 23, b. July 6, 1851	110
Grace Caroline, d. Amos W., merchant, ae 32, & Hannah E., ae 27, Aug. 5, 1847	51
William R., s. Willliam R., merchant, ae 39, & Sarah, b. Feb. 2, 1848	51
William R., Jr., d. Aug. 19, 1849, ae 19 m.	156
----, d. William, merchant, ae 32, & Harriet, ae 32, b. May 15, 1849	67
----, s. Alexander S., ae 25, & Sarah, ae 21, b. June 10, 1849	75
----, child of D. M., merchant, ae 35, & Angeline, ae 31, b. June 12, 1851	96
----, d. Amos W., merchant, ae 34, & Hannah E., ae 28, b. June 15, 1851	96
PREST, Thomas A., m. Harriet A. **RANSOM,** b. East Haddam, May 4, 1851, by Mr. Muzzey	25
PRICE, Daniel, engineer, of Norwich, m. Sarah M. **GARDINER,** May 23, 1849, by Rev. E. T. Hiscox	10
George, s. Zalmon, engineer, ae 33, & Elizabeth, ae 29, b. Jan. 9, 1850	82
PRINCELEY, PRINCLEY, Ann, ae 23, b. New Jersey, res. Norwich, m. Michael **McQUIRK,** joiner, ae 25, b. Ireland, res. Norwich, Nov. 25, 1850, by Rev. Blinkinson	22
Ann, m. Michael **McQUIRK,** Nov. 25, 1850, by a Catholic Priest	26
PURNELL, Mary Ann, d. Jov, weaver, ae 27, & Emma, ae 26, b. May 14, 1848	58
Susan, d. Job, carpenter, ae 29, & Emm[a], ae 28, b. May 27, 1850	89
PUTNEY, Mary Eliza, b. Southbridge, Mass., m. George G. **SMITH,** of Thompson, Ct., May 20, 1850, by Rev. Daniel Dorchester	15
QUINLIN, Ann, b. Ireland, m. Jeremiah **QUINLIN,** laborer, b. Ireland, res. Norwich,	

NORWICH VITAL RECORDS 215

	Page
QUINLIN, (cont.),	
July 5, 1851, by Rev. Blinkin	24
Bridget, d. Patrick, laborer, ae 45, & Bridget, ae 40, b. Jan. [ ], 1851	105
Jeremiah, laborer, b. Ireland, res. Norwich, m. Ann **QUINLIN,** b. Ireland, July 5, 1851, by Rev. Blinkin	24
William, b. Ireland, res. Norwich, d. Jan. 1, 1851, ae 56	162
QUINN, Jeremiah, s. Thomas, laborer, ae 24, & Mary, ae 30, b. Nov. 1, 1850	100
-----, s. Patrick, laborer, b. Jan. 21, 1849	78
-----, female, d. Feb. 10, 1849, ae 75	155
QUINTON, Mary, d. Patrick, laborer, ae 45, & Bridget, ae 40, b. July 27, 1848	51
RAIKES, Rosanna, ae 24, b. Maine, m. Ezekiel **POLLARD,** laborer, ae 28, b. Maine, res. Norwich, Feb. 17, 1850, by Rev. D. N. Bentley	17
RAMAGE, J. E., d. C. T., mariner, ae 35, & Mary A., ae 33, b. June 20, 1849	68
RANDALL, Joseph C., s. Joseph, carpenter, ae 26*, & Elizabeth, ae 23, b. Aug. 4, 1848, (*Perhaps 36?)	55
-----, s. Joseph, ship carpenter, ae 40, & Elizabeth, ae 34, b. July 9, 1851	98
-----, female, d. July 13, 1851, ae 4 d.	161
RANEY, RAYNEY, Alice, d. William, machinist, ae 36, & Elizabeth, ae 35, b. Apr. 20, 1850	89
Mary Ann, d. Michael, stove clerk, ae 29, & Anna, ae 26, b. July 21, 1851	95
RANSOM, Harriet A., b. East Haddam, m. Thomas A. **PREST,** May 4, 1851, by Mr. Muzzey	25
John, d. Oct. 15, 1850, ae 74	163
RATHBONE, RATHBUN, Ann E., m. George H. **CARROLL,** May 14, 1848, by Rev. Alvan Bond	1
Ann E., ae 18, b. Salem, m. George H. **CARROLL,** painter, ae 23, b. Thompson, res. Norwich, May 14, 1848, by Rev. Alvan Bond	5
Elizabeth B., m. Sidney **BENJAMIN,** of Norwich, Nov. 6, 1848, by Rev. E. T. Hiscox	9
Frances, m. Edwin A. **ROATH,** railroad, of Norwich, Feb. 21, 1849, by Rev. W[illia]m F. Morgan	10
Nathan D., carpenter, b. Exeter, R.I., res. Norwich, d. Oct. 13, 1847, ae 40 y.	144
Reuben B., farmer, of Norwich, m. Ellen R. **MARTIN,** Nov. 17, 1850, by Rev. Hiram P. Arms	29
Sarah Louisa, d. Beriah S., carpenter, ae 31, & Martha D., ae 23, b. Jan. 14, 1850	81
-----, d. Russell, agriculture, ae 30, & Lucy A., ae 26, b. Mar. 4, 1849	79
RATIGAN, RADICAN, RAUGHTIGAN, Ann, d. Michael, laborer, ae 40, & Catharine, ae 35, b. Apr. 20, 1851	107
Bridget, d. John, laborer, & Bridget, b. Jan. [ ], 1851	105
John, s. Michael, laborer, ae 34, & Catharine, ae 34, b. Apr. 7, 1848	61
Mary, d. Michael, laborer, ae 40, & Catharine, ae 30, b. Jan. 1, 1850	92
-----, s. John, laborer, ae 42, & Bridget, ae 39, b. June 28, 1849	77
RAWSON, -----, s. George, ae 22, & Mary A., ae 20, b. Apr. 6, 1851	96
RAY, Adaliza, weaver, b. Griswold, res. Norwich, d. Apr. 26, 1849, ae 25	153
Francis P. B., s. Billings, farmer, ae 31, & Lucinda, ae 26, b. Sept. 11, 1850	111
Hannah, b. Canterbury, res. Norwich, d. Feb. 12, 1849, ae 25	154
Harriet, d. Emory B., seaman, ae 36, & Eliza, ae 32, b. Feb. 1, 1849	85
Henry G., s. Henry C., farmer, & Phebe, b. [ ], 1847	65
Mary Elizabeth, d. July 3, 1850	156
William, book-keeper, ae 23, b. R.I., res. Norwich, m. Elizabeth **ALEXANDER,** teacher, ae 24, b. Voluntown, res. Norwich, Nov. 28, 1848, by Rev. Cha[rle]s P. Bush	12
RAYMOND, Jane E., of Norwich, m. Edward L. **WEBSTER,** res. Poughkeepsie, N.Y.,	

	Page
RAYMOND, (cont.),	
Mar. 8, 1848, by Rev. William F. Morgan	2
REED, Levi, ae 66, b. Lisbon, m. Nancy P. **MASON**, ae 47, b. Mass., Jan. 13, 1850, by Rev. L. Muzzey	18
REESE, REESS, [see also **RIESS**], Amelia, d. James, cabinet maker, ae 32, & Catharine, ae 32, b. Jan. 2, 1851	106
Daniel, m. Elnora **ROACH**, Aug. 4, 1850, by Catholic Priest	25
REGAN, Patrick, m. Mary **CAHILL**, Nov. 16, 1850, by a Catholic Priest	26
REILLEY, RIELLEY, Bridget, m. Patrick **FARRELL**, Sept. 15, 1850, by a Catholic Priest	25
Frances, m. Ann **COLLINS**, Aug. 31, 1850, by Catholic Priest	25
Mary, m. Matthew **PHILLIPS**, Aug. 31, 1850, by Catholic Priest	25
REISS, RIESS, [see also **REESE**], Jeremiah, s. Jeremiah, ae 30, & Christiana, ae 30, b. May 22, 1848	60
Magdelina, b. Germany, m. John **CHRISTMAN**, b. Germany, res. Norwich, Sept. 27, 1849, by Rev. Alvan Bond	14
RENNEY, John, m. Mary **JONES**, Sept. 1, 1850, by a Catholic Priest	25
REYNOLDS, Charles, s. Charles, laborer, ae 35, & Catharine, ae 30, b. Nov. 16, 1850	108
Charles, s. Charles, laborer, ae 47, & Catharine, ae 48, b. Nov. 16, 1850	109
Eliza E., ae 22, b. Norwich, m. George **CRAWFORD**, ae 23, of Norwich, Nov. [ ], 1848, by Rev. W[illia]m Palmer	11
Ella E., d. George, ax maker, ae 44, & Betsey, ae 42, b. Feb. 21, 1848	55
Frances, ae 18, b. Norwich, m. John **FIELD**, mason, ae 21, b. Worcester, Mass., Apr. [ ], 1849, by Rev. Co[o]ley	11
Henry L., merchant, ae 32, b. Ohio, res. Mobile, m. Martha **THOMAS**, ae 24, b. Brooklyn, N.Y., res. Norwich, Sept. 5, 1850, by Rev. Hiram P. Arms	29
Ida Geddis, d. Charles L., mariner, ae 35, & Helen, ae 32, b. Jan. 15, 1851	108
Janette, d. J. O., sailor, ae 25, & Jenette, b. Oct. 8, 1850	101
Joseph, papermaker, of Norwich, m. Janet **GREENE**, Jan. 1, 1850, by Rev. B. M. Walker	18
Joseph O., paper laborer, ae 27, b. S. Kingston, R.I., res. Norwich, m. Janette S. **GREENE**, ae 18, b. N.Y., Jan. 1, 1850, by Rev. James T. Mather	17
Lucy C., b. Lyme, res. Norwich, d. Sept. 8, 1847, ae 16	146
Mary A., d. Thomas, ironworker, ae 35, & Mary A., ae 37, b. Oct. 26, 1847	54
Mary A., ae 18, m. Luther **CRUMB**, woolen worker, ae 19, Nov. 21, 1847, by Rev. Sidney Dean	4
Mary Ann, m. 2d h. Nelson **DARLING**, of Norwich, May 7, 1850, by Rev. E. T. Hiscox	14
Miranda E., ae 20, b. Norwich, m. George H. **CRAWFORD**, carpenter, ae 25, of Norwich, Nov. 29, 1849, by Rev. W[illia]m Palmer	16
Phebe E., m. Eben **SMITH**, Sept. 11, 1850, by Mr. Muzzey	25
Sarah L., m. Joshua J. **GREENWOOD**, of Norwich, Feb. 24, 1850, by Rev. E. T. Hiscox	14
Sarah L., ae 17, b. East Lyme, m. John T. **GREENWOOD**, machinist, ae 30, b. Bozrah, res. Norwich, Feb. 24, 1850, by Rev. James T. Mather	17
RICE, Samuel E., machinist, ae 26, b. Baltimore, Md., res. Baltimore, m. Anna C. **BENTLEY**, ae 30, Dec. 10, 1849, by Rev. D. N. Bentley	17
RICH, Fanny L., ae 22, b. New London, m. Henry A. **CLARK**, laborer, ae 20, b. Voluntown, res. Norwich, Nov. 25, 1848, by Rev. Charles P. Bush	12
William H., s. Charles, forger, ae 27, & Amanda, ae 21, b. Nov. 5, 1848	75
RICHARD, Joseph, m. Mary **MULLON**, Nov. 16, 1850, by a Catholic Priest	26
RICHBACK, Amelia, b. Germany, m. John **KLOOMPF**, laborer, b. Germany, res. Norwich, Nov. 29, 1849, by Rev. Alvan Bond	15

	Page
RICHMOND, William, of Norwich, m. Arabella **CONGDON**, July 8, 1851, by Rev. E. T. Hiscox	22
-----, d. Eamar, factory, ae 25, & Hannah, ae 34, b. July 28, 1849	71
RICKER, Anna Estelle, d. William B., engineer, ae 25, & Philena L. **SPENCER**, ae 20, b. Feb. 6, 1852	111
RIGNEY, Michael, porter in store, b. Ireland, res. Norwich, m. Ann **KINNEY**, b. Ireland, May 11, 1850, by Priest Logan	15
RINE, Winneford, ae 30, b. Ireland, m. David **BERRY**, laborer, ae 34, b. Ireland, res. Norwich, Oct. 27, 1847, by James Brady	5
RING, Eliza, d. David, paper maker, ae 40, & Margaret, ae 35, b. May 19, 1850	87
Ellen, b. Ireland, res. Norwich, d. Jan. 1, 1849, ae 3 m.	153
RIORDAN, Bridget, ae 30, b. Ireland, m. Patrick **O'BRIEN**, laborer, ae 30, b. Ireland, Apr. 1, 1850, by Priest Logan	19
RIPLEY, Julia, b. Windham, res. Windham, d. Mar. [ ], 1850, ae 30	156
RISLEY, Martha, d. Sidney, potter, ae 33, & Mary E., ae 26, b. July 18, 1848	53
Martha, d. Aug. 23, 1849, ae 13 m.	157
Mary E., d. Feb. 6, 1851, ae 29	161
William, s. Sidney, potter, ae 37, & Mary, ae 29, b. June 4, 1851	98
ROACH, Daniel, s. James, laborer, ae 30, & Mary, ae 28, b. Feb. 20, 1848	54
David, s. James, laborer, & Catharine, b. Aug. 5, 1849	67
Elnora, m. Daniel **REESS**, Aug. 4, 1850, by Catholic Priest	25
Margaret, m. Timothy **DONOHUE**, Oct. 20, 1850, by a Catholic Priest	26
Susan, d. Thomas, laborer, ae 37, & Catharine, ae 34, b. Sept. 15, 1847	58
Susannah, d. Sept. 25, 1848, ae 14 m.	153
ROAN, John, s. Patrick, laborer, & Catharine, b. Apr. [ ], 1851	105
ROATH, Charles Edwin, s. James, ae 21, b. Feb. 23, 1848	60
Charlotte, ae 22, b. Preston, m. Charles **KINNE**, merchant, ae 28, b. Norwich, Nov. 25, 1850, by Mr. Bush	24
Edwin A., railroad, of Norwich, m. Frances **RATHBUN**, Feb. 21, 1849, by Rev. W[illia]m F. Morgan	10
Elijah, d. May 22, 1850, ae 72	157
Eunice, Mrs., d. July 9, 1850, ae 71	159
-----, d. William H., laborer, ae 31, & Louisa, ae 28, b. July [ ], 1851	105
ROBBINS, George W., s. George, ae 27, & Sarah J., ae 28, b. Oct. 14, 1849	87
-----, child of Orin C., founder, ae 31, & Julia A., ae 29, b. July 24, 1848	52
ROBERTSON, Alexander, s. Michael, paper maker, ae 26, & Maron, ae 20, b. Aug.31, 1849	88
ROBINSON, Charlotte E., black, m. Randal[l] J. **ABNER**, black, of Norwich, Oct. 17, 1850, by Rev. E. T. Hiscox	22
Charlotte E., of Norwich, m. Bradford **LEWIS**, of Sterling, Oct. 20, 1850, by Rev. Alvan Bond	21
Faith, d. Galen, carpenter, ae 42, & Prudence W., ae 41, b. Apr. 2, 1848	63
Frank A., s. John A., mariner, ae 42, & Mary, ae 36, b. Aug. 3, 1851	96
Harriet, b. Maine, res. Norwich, d. Sept. 15, 1849, ae 38	157
James, s. Leander, carpenter, ae 23, & Catharine, ae 24, b. July 30, 1848	53
Mary, ae 23, m. James **MORRISON**, ae 26, of Norwich, Mar. 7, 1850, by Rev. Ja[me]s M. Coley	17
Sarah C., m. F. J. **CHAMPLAIN**, carpenter, of Norwich, Nov. 22, 1850, by Rev. Loveland	28
ROGERS, Adalaide F., d. Apr. 11, 1851, ae 11 m.	164
Adelia F., d. George W., sea captain, ae 32, & Frances, ae 31, b. May 22, 1850	92
Benjamin, m. Sarah **HARTSHORN**, Apr. 4, 1850	19
Caleb B., builder, ae 42, b. Montville, res. Norwich, m. 2d w. Iduella T.	

218   BARBOUR COLLECTION

Page

ROGERS, (cont.),
    GARDINER, ae 34, b. Newburgh, N.Y., res. Norwich, May 2, 1848, by Rev.
        John P. Gulliver   3
    Delia, d. Andrew, laborer, ae 30, & Ellen, ae 19, b. Jan. 22, 1851   99
    Denison P., s. James D., ae 37, & Eunice G., ae 31, b. Jan. 1, 1849   79
    Eliza Frances, d. Apr. 16, 1851, ae 1   161
    George W., twin with James B., s. James D., farmer, ae 39, & Eunice G., ae 33, b.
        Mar. 18, 1851   110
    Iduilla R., b. Newbury, N.Y., res. Norwich, d. Apr. 2, 1849, ae 35   152
    James, d. Sept. 23, 1850, ae 6   162
    James B., twin with George W., s. James D., farmer, ae 39, & Eunice G., ae 33, b.
        Mar. 18, 1851   110
    Jenny Lind, d. William P., farmer, ae 51, & Lucy C., ae 42, b. Mar. 27, 1851   110
    Lucy, d. Feb. 28, 1851, ae 88   165
    Lydia M., d. Dec. [ ], 1847, ae 16 m.   149
    Mary, d. Michael, laborer, ae 30, & Julia B., ae 25, b. June 28, 1850   86
    Mary A., ae 16, b. Lyme, res. Norwich, m. Otis A. **YORK**, laborer, ae 19, b.
        Vermont, res. Norwich, Nov. 24, 1847, by Christopher Leffingwell   7
    Mary Ann, m. Frank **BROWN**, of Boston, Jan. 20, 1850, by John D. Parke, Esq.   16
    Mary Huntington, d. Porter, farmer, ae 26, & Elizabeth, ae 22, b. Aug. 7, 1848   78
    Mary J., d. Martin, mariner, ae 25, & Sarah, ae 26, b. Mar. 6, 1848   60
    Philetus, s. David G., laborer, ae 32, & Eunice C., ae 29, b. July 30, 1848   54
    Porter, farmer, ae 22, of Norwich, m. Elizabeth **GRACE**, ae 20, of Norwich, Nov.
        17, 1847, by Rev. William T. Morgan   7
    Porter, farmer, of Norwich, m. Elizabeth **GRACE**, b. Norwich, Nov. 18, 1847, by
        Rev. William F. Morgan   2
    Willis T., s. James C., carpenter, ae 42, & Fanny, ae 41, b. June 5, 1849   71
    Willis T., d. Dec. 15, 1847   146
    -----, s. st. b. Michael, laborer, ae 33, & Mary, ae 32, b. Mar. 1, 1849   72
    -----, d. Aug. 28, 1850   163
RONIEN, Mary, b. Ireland, res. Norwich, d. Sept. [ ], 1849, ae 11   159
    Michael, b. Ireland, res. Norwich, d. Oct. [ ], 1849, ae 5   159
RONNAN, Lavina, d. Thomas, blacksmith, ae 24, & Margaret, ae 25, b. Aug. 29, 1849   88
ROOT, William Henry, d. William D., farmer, ae 26, & Abby Jane, ae 24, b. Nov. 10,
    1848   67
ROSE, Amasa L., of Norwich, m. Lucy A. **ARMSTRONG**, Oct. 28, 1849, by Rev. E. T.
    Hiscox   15
    Asa, carpenter, d. Oct. 19, 1847, ae 44   146
    Eliza, m. Adam **LINDSEY**, of Norwich, Mar. 1, 1851   21
    Eliza, ae 20, b. Norwich, m. Adam **LINDSEY**, laborer, ae 35, b. Scotland, res.
        Norwich, Mar. 1, 1851, by Rev. W[illia]m F. Morgan   24
    George H., mason, ae 20, b. Coventry, res. Norwich, m. Ellen S. **BOTTOM**, ae 22,
        b. Griswold, Nov. 25, 1847, by Rev. Christopher Leffingwell   5
    Margaret Jane, d. Peleg, millwright, ae 39, & Maria S., ae 26, b. Oct. 16, 1849   87
    Walter, merchant, d. Dec. 2, 1847, ae 42   144
    -----, w. Walter, d. June 2, 1850, ae 41   156
ROSENBUSH, Catharine, d. John, laborer, ae 34, & Elizabeth, ae 32, b. Apr. 26, 1851   102
ROSENTALL, Jacob, s. Nathan, pedler, ae 34, & Elizabeth, ae 30, b. Sept. 17, 1848   74
ROSS, Ann Janett, d. William M., machinist, ae 29, & Abby Ann, ae 27, b. Sept. 23,
    1847   61
    David M., weaver, b. Scotland, res. Norwich, d. Nov. 18, 1847, ae 34   149
    Elizabeth M., d. David M., mechanic, ae 34, & Allison, ae 30, b. Dec. 12, 1847   63
    Elizabeth M., d. Mrs. David M., b. Dec. 12, 1847   64

	Page
ROURKE, [see also O'ROOK], Thomas, s. Thomas, ae 35, & Catharine, ae 33, b. Mar 9, 1850	89
ROUSE, -----, child of Nelson, laborer, ae 43, & Matilda, ae 31, b. Mar. 16, 1848	56
ROWELL, Caroline, of Salem, m. Daniel B. SKERRY, of Worcester, Nov. 16, 1848, by Geo[rge] A. Meech, Esq.	10
Robert, gardener, b. England, res. Norwich, m. Hannah JAMES, Apr. 3, 1850, by Rev. Alvan Bond	15
ROWLAND, Mary Ann, d. Thomas, laborer, ae 38, & Ann, ae 37, b. Apr. 25, 1859	78
RUGGLES, David James, s. Henry, ae 30, & Mary A., ae 24, b. Apr. 9, 1851	97
RUSH, Maria, ae 23, b. East Lyme, m. Josiah PARKINSON, cotton mill, ae 19, b. Vernon, res. Norwich, Dec. 17, 1848, by Rev. Dean	11
RUSSELL, Benjamin, d. Jan. 16, 1848, ae 2	145
William S. S., railroad, of Brooklyn, N.Y., m. Rebecca R. CAREW, b. Norwich, res. Brooklyn, N.Y., Oct. 19, 1848, by Rev. Alvan Bond	10
RYON, Ellen, ae 20, m. Philip HARTY, ae 21, b. Ireland, Sept. 16, 1850, by Mr. Blinkin	25
Joanna, d. Dec. 29, 1850, ae [ ] d.	163
Mary, m. John MORRISSEY, Nov. 17, 1850, by a Catholic Priest	26
SAFFORD, Mary Ann, b. Lisbon, res. Norwich, d. July 25, 1851, ae 14	164
Sarah, res. Rhode Island, m. Jonathan P. DAVIS, July 10, 1850, by Rev. Cha[rle]s P. Bush	18
ST. JOHN, Bridget, d. Michael, ostler, ae 25, & Ruth, ae 30, b. Nov. 17, 1850	95
SALSBURY, B. C., moulder, b. Warren, R.I., res. Providence, m. Sarah A. BROWN, b. R. Island, Aug. 3, 1847, by Rev. E. T. Hiscox	2
SANDLEY, William, ae 30, m. Mary GREELEY, ae 25, Feb. 16, 1851, by a Catholic Priest	27
SARGENT, Benjamin, carpenter, ae 24, b. Amstead, N.H., res. Norwich, m. Maria E. JOHNSON, weaver, ae 22, of Norwich, Apr. 22, 1849, by Rev. Levi Daggett	12
SAUNDERS, Harriet, ae 18, b. Westbury, Mass., m. Robert NOYES, machinist, ae 27, b. Voluntown, res. Norwich, July 4, 1848, by Rev. B. Cook	5
Sarah E., d. Henry, beamer, ae 28, & Sybel, ae 24, b. Apr. 18, 1849	72
SAVAGE, John, s. Jeremiah, mason tender, ae 30, & Ellen, ae 28, b. Feb. 17, 1848	51
Michael, s. John, rock blower, ae 37, & Mary, ae 29, b. Sept. 11, 1848	67
SAWTELLE, -----, s. W. L., painter, ae 24, & Mary, ae 22, b. Apr. 18, 1849	75
-----, child of William, painter, ae 26, & Mary, ae 28, b. Jan. 30, 1851	106
SAYLES, Willard, of Providence, m. Sarah E. C. PLUMER, Sept. 23, 1849, by Rev. Cha[rle]s P. Bush	18
SCALLEY, [see under SCULLEY]	
SCHERMERHERN, Rhoda Ann, ae 37, m. 3d h. Charles R. BRAYTON, seaman, ae 36, b. Groton, res. Norwich, Apr. 14, 1850, by John T. Waite, Esq.	14
Rhoda Ann, black, m. Charles R. BRAYTON, sailor, black, of Norwich, [1850?], by John P. Waite, Esq.	20
SCHOLFIELD, Betsey, ae 17, b. England, m. Aaron INCHCLIFFE*, ae 22, b. England, res. Norwich, Apr. 9, 1848, by Rev. Lawson Muzzey (*Perhaps Aaron HINCHIFFE)	5
Fanny, laborer, d. July 11, 1851, ae 14	162
Jane, b. Columbia, res. Norwich, d. Feb. 1, 1848, ae 16	147
John, b. Greenville, Norwich, res. Norwich, d. July 24, 1848, ae 14 m.	147
SCHOONMAKER, Caroline, m. Benjamin F. PARSONS, engineer, of Norwich, Apr. [ ], 1851, by Rev. Geo[rge] M. Carpenter	28
SCOTT, Byson, d. Welcome, iron founder, ae 33, & Caroline, ae 29, by Aug. 27, 1849	83
John, s. Patrick, laborer, ae 28, & Marietta, ae 28, b. Feb. 18, 1849	70
William H., d. Aug. 15, 1847, ae 2 wks.	145
William H., s. William S., moulder, ae 25, & Caroline L., ae 20, b. June 6, 1848	53

SCOTT, (cont.),

	Page
Winfield, d. Charles H. & Elizabeth, b. Feb. 29, 1848	64
SCULLEY*, Joseph, s. Thomas, laborer, ae 40, & Eliza, ae 33, b. June 8, 1850 (*Perhaps SCALLEY)	82
SEAMON, SEAMAN, Edward, d. July 24, 1848, ae 3	145
Edward Chappell, s. David, cartman, ae 27, & Louisa, ae 28, b. Mar. 12, 1850	84
Sarah E., ae 22, m. Albert M. TWIST, butcher, ae 28, of Norwich, May 4, 1851, by Rev. Benjamin M. Walker	23
SEARLES, Harriet J., d. July 14, 1848, ae 19	148
SEARS, Alphonso, s. Sanford, factory, ae 40, & Elizabeth, ae 34, b. June 21, 1849	70
Mary E., b. Norwich, m. Eli B. PATRIDE, merchant, b. Mass., Oct. 23, 1850, by Mr. Bush	25
SEDGWICH, John, b. England, d. Aug. 30, 1847, ae 47	149
SERVICE, John, paper maker, b. Glasgow, Scotland, res. Norwich, d. May 23, 1848, ae 50	147
SETCHELL, James, d. Apr. 20, 1850, ae 4	159
-----, s. J. B., shoemaker, ae 40, & Eliza, ae 37, b. Oct. [ ], 1849	92
-----, d. Nov. [ ], 1849, ae 3 w.	159
SETTINE, Ella, d. John, tailor, ae 27, & Alice, ae 26, b. Mar. [ ], 1851	106
SEVRING, James, m. Mary WALSH, Mar. 1, 1851, by a Catholic Priest	27
SHALER, Margaret, d. Timothy, ae 40, & Margaret, ae 40, b. Mar. 20, 1851	103
SHANAHAN, SHANNAHAN, Johannah, d. Michael, laborer, ae 30, & Elizabeth, ae 28, b. Feb. 9, 1850	92
Johanna, d. July 27, 1850, ae 7 m.	159
SHANLEY, William, m. Mary GENAGHTY, Feb. 16, 1851, by a Catholic Priest	27
SHAW, Ferdinand, s. John B., harness maker, ae 30, & Elizabeth, ae 29, b. Apr. 10, 1848	62
William A., physician, res. Wickford, R.I., m. Ann P. CASE, Nov. 2, 1847, by Rev. William F. Morgan	2
SHAY, John, laborer, b. Ireland, res. almshouse Norwich, d. Aug. 7, 1849, ae 25	157
John, s. James, laborer, ae 31, & Catharine, ae 30, b. Mar. 30, 1850	84
Maria, m. Peter CARPENTER, Aug. 31, 1850, by Catholic Priest	25
SHEA, Batt, laborer, ae 17, b. Ireland, res. Preston, m. Bridget LYNCH, ae about 20, [ ], 1849(?), by David Young, Esq.	15
Daniel, m. Mary CONNER, Sept. 21, 1850, by a Catholic Priest	25
Michael, s. Patrick, laborer, ae 34, & Catharine, ae 30, b. Dec. 20, 1849	92
Patrick, m. Honora SULLIVAN, Aug. 4, 1850, by Catholic Priest	25
SHEEHAN, Bridget, m. Patrick SULLIVAN, Apr. 20, 1851, by a Catholic Priest	27
SHEFFIELD, -----, s. Thomas A., cabinet maker, ae 32, & Julia A., ae 27, b. Apr. 24, 1850	92
SHELDON, Frances, b. Montville, res. unknown, m. William BURDICK, b. New London, res. unknown, June 3, 1849, b. H. P. Arms	14
SHENLION, Hannah, d. Michael, laborer, ae 30, & Elizabeth, ae 27, b. May 29, 1851	107
SHEPARD, SHEPERD, Eliza T., d. William, engineer, ae 33, & Rhoda, ae 27, b. Apr. 9, 1850	83
Joshua W., builder, b. Plainfield, res. Norwich, d. July 9, 1849, ae 40	151
Mary Jane, d. Henry R., rope maker, ae 43, & Almira, ae 42, b. June 18, 1851	97
Sarah E., ae 19, b. Norwich, m. Supply T. HOLBROOK, organist, ae 28, b. Roxbury, Mass., res. Norwich, Apr. 2, 1850, by Rev. Alvan Bond	14
SHERBOURNE, Ruth, res. Lowell, m. David M. AYER, merchant, res. Lowell, Aug. 26, 1848, by Rev. E. T. Hiscox	9
SHERIDAN, Elizabeth, d. Thomas & Mary, b. July 14, 1848	64
SHERMAN, Elizabeth, b. Hopkinton, R.I., res. Lebanon, d. Mar. 7, 1848, ae 50	145
Henrietta, d. William L., stone layer, ae 36, & Harriet M., ae 29, b. July 28, 1849	70

	Page
SHERMAN, (cont.),	
John, carpenter, d. Sept. 18, 1847, ae 28	147
Maria M., ae 20, b. Lebanon, m. Charles D. **HEDGE**, gunsmith, ae 23, b. Preston, May 14, 1848, by Thomas Whittemore	2
Mary Denison, d. Thomas, carpenter, ae 47, & Margaret, ae 39, b. Aug. 20, 1848	78
Norton, d. Oct. 17, 1847, ae 72	146
Sarah, d. Feb. 6, 1850, ae 9 m.	165
Sarah C., d. Thomas, carpenter, ae 49, & Margaret, ae 40, b. May 14, 1850	93
Susan, ae 21, b. Norwich, m. George B. **FENTON**, overseer cotton mill, ae 25, b. Mansfield, res. Norwich, May 15, 1848, by Rev. John Howson	4
Susan, ae 19, of Norwich, m. George **FENTON**, laborer, ae 22, May 20, 1848	3
-----, d. Abial, mariner, ae 30, & Clementine, ae 24, b. July 10, 1849	69
SHIELDS, Harriet Jane, d. Thomas, laborer, & Ann, b. June 1, 1850	85
Margaret, ae 24, b. Ireland, res. Norwich, m. John **HALLIDAY**, laborer, ae 30, b. Ireland, res. Norwich, June 12, 1848, by Rev. Benton	2
Mary, d. June 6, 1850	156
Thomas, cotton-worker, ae 21, b. Ireland, res. Norwich, m. Ann **MAGRAT**, ae 25, b. Ireland, Feb. 27, 1848, by Rev. Brady	4
SHIPMAN, Lydia L., d. Jan. 18, 1851, ae 55	164
SHOLES, -----, st. b. child of Sanford, ae 30, & Louisa, ae 33, b. Jan. 13, 1851	96
SHUGROA, SUGRA, SHUGARE, Catharine, d. Michael, laborer, ae 30, & Bridget, ae 22, b. Nov. 18, 1849	92
James, s. Michael, laborer, ae 30, & Bridget, ae 25, b. July 17, 1848	53
James, d. Aug. 7, 1848, ae 3 wks.	145
Mary, d. Michael, laborer, ae 33, & Bridget, ae 22, b. July 27, 1851	107
SHUMADA, W[illia]m B. C., b. Mobile, Ala., res. Norwich, d. Feb. 28, 1851, ae 4	162
SHYER, Michael, s. Edmund, ae 25, & Margaret, ae 25, b. May 31, 1851	104
SIBLEY, Lucy Ann, d. Rufus, machinist, ae 31, & Lucy, ae 34, b. Sept. 9, 1849	82
SIMMONS, Ellen M., ae 17, b. New London, res. Norwich, m. John H. **ALLEN**, carpenter, ae 22, b. Preston, Ct., res. Norwich, Apr. 26, 1848, by Rev. Martin H. Rising	3
Harriet M., d. Apr. 29, 1850, ae 24	158
SIMONS, Bridget, colored, b. South, res. Norwich, d. Dec. 2, 1847, ae 36	145
Leonard, gardener, colored, ae 35, b. Monson, Mass., res. Hartford, m. 2d w. Mary **EATON**, colored, ae 33, b. Ireland, res. Hartford, May 7, 1848, by Rev. M. Clark	3
SIMPSON, William, b. Ireland, res. Norwich, d. July 4, 1849, ae 85	153
SISSON, Eugene Dwight, s. William, laborer, ae 32, & Hannah, ae 31, b. Jan. 24, 1848	52
SKELLEY, Jane, d. Thomas, stone layer, ae 40, & Elizabeth, ae 30, b. Mar. 13, 1848	51
SKERRY, Daniel B., of Worcester, m. Caroline **ROWELL**, of Salem, Nov. 16, 1848, by Geo[rge] A. Meech, Esq.	10
SKINNER, Christopher J., d. Nov. 29, 1850, ae 7	165
Eliza, d. June 15, 1849, ae 77	155
Joshua, d. Oct. 4, 1849, ae 11 m.	160
SLANE(?), Catharine, ae 35, b. Ireland, m. Bernard **VALLEY**, laborer, ae 40, b. Ireland, July 22, 1851, by Mr. Blinkin	24
SLATER, Josephine, d. John F., ae 36, & Mary Ann, ae 22, b. Dec. 15, 1848	76
-----, s. John F., cotton manufacturer, & Marianna, b. July [ ], 1851	105
SMEDICK, Edmund, s. William, laborer, ae 27, & Mary, ae 26, b. Dec. 11, 1848	74
William, laborer, b. Ireland, res. Almshouse Norwich, d. Jan. 30, 1851, ae 23	162
SMILEY, Robert J., of Norwich, m. Mary **HARRIS**, Apr. 28, 1851, by Rev. Alvan Bond	21
SMITH, SMYTH, Albert, d. Mar. 19, 1848, ae 8 m.	144
Ann, d. William, weaver, ae 27, & Mary, ae 22, b. Apr. 14, 1848	59

SMITH, SMYTH, (cont.),

	Page
Ann A., ae 28, m. David O. WHITING, pistol maker, ae 24, b. Norwich, res. Worcester, Oct. 28, 1849, by Rev. John Lovejoy	19
Anna, b. Plainfield, res. Norwich, d. Nov. 10, 1847, ae 71	145
Avery, merchant, ae 29, res. Norwich, m. Phila Amelia WINSHIP, ae 19, Aug. 16, 1847, by Rev. E. T. Hiscox	1
Azor, farmer, ae 45, of Norwich, m. 2d w. Betsey HUNTLEY, ae 62, Mar. 23, 1851, by Rev. Benj[amin] M. Walker	23
Betsey, d. July 13, 1850	158
Catharine, ae 25, b. Ireland, m. John FLANNERY, laborer, ae 30, b. Ireland, res. Norwich, Aug. 1, 1849, by Bishop	19
Charles F., mariner, ae 24, b. Preston, res. Norwich, m. Lydia C. STORY, ae 18, of Norwich, May 19, 1851, by Rev. J. M. Coley	22
Charles P., s. John M., blacksmith, ae 43, & Eliza, ae 26, b. Jan. 1, 1849	76
Chatfield, s. Benjamin C., mariner, ae 37, & Jane E., ae 35, b. July 22, 1851	100
Clarence T., s. William P., merchant, ae 26, & S. A., ae 24, b. Mar. 25, 1850	82
Desire, b. Lebanon, res. Westfield, d. Feb. 17, 1848, ae 85	147
Eben, m. Phebe E. REYNOLDS, Sept. 11, 1850, by Mr. Muzzey	25
Elizabeth, ae 21, b. Lebanon, m. John B. PAGE, carpenter, ae 35, of Norwich, May 20, 1850, by Rev. Potter	16
Esther M., d. Henry, cigarmaker, ae 22, & Hannah, ae 22, b. Dec. 1, 1847	63
Esther Matilda, d. William H., clerk, ae 23, & Hannah, ae 22, b. Dec. [ ], 1847	51
Frances E., child of Charles G., founder, ae 45, & Eliza, ae 43, b. Aug. 1, 1848	53
Frances E., d. July 13, 1850, ae 27	157
Frank, seaman, b. New London, res. New London, m. Elizabeth COLLINS, June 13, 1851, by Rev. Geo[rge] M. Carpenter	28
George G., of Thompson, Ct., m. Maria Eliza PUTNEY, b. Southbridge, Mass., May 20, 1850, by Rev. Daniel Dorchester	15
Harriet, d. Oct. 6, 1848, ae 20	154
Henrietta, d. John, machinist, ae 25, & Mary A., ae 21, b. Sept. 3, 1848	70
Henry W., m. Ruth YEOMANS, b. of Norwich, Oct. 3, 1847, by George Carpenter	7
James, twin with John, s. James, operative in w. mill, Scotch, & Jane, b. Oct. 6, 1847	64
James Henry, s. James L., shoemaker, ae 30, & Emeline M., ae 29, b. Dec. [ ], 1848	67
Janet, d. John R., factory, ae 28, & Mary A., ae 20, b. Dec. 23, 1848	74
John, twin with James, s. James, operative in w. mill, Scotch, & Jane, b. Oct. 6, 1847	64
John, gardener, b. Europe, res. Norwich, d. June 25, 1850, ae 43	159
John, m. Elizabeth FINN, Feb. 16, 1851, by a Catholic Priest	27
Lucy, b. Saybrook, res. Norwich, d. June 26, 1851, ae 73	163
Mary E., d. John M., blacksmith, ae 44, & Elizabeth, ae 28, b. Apr. 3, 1851	106
Mehetable, b. Lyme, res. Norwich, d. Dec. 13, 1848, ae 53	152
Mehitable, housekeeping, b. Lyme, res. Norwich, d. Jan. 20, 1849, ae 52	155
Moses, carriage maker, b. England, res. Norwich, d. Jan. 2, 1850, ae 50	157
Nehemiah, cabinet maker, b. Conn., res. Norwich, m. Maria DILLABY, his 2d w., Nov. 22, 1850, by Rev. Loveland	28
Nehemiah, cabinet maker, ae 30, b. East Haddam, m. Maria DILLABY, ae 19, Nov. 25, 1850, by Mr. Loveland	24
Robert, laborer, ae 22, b. Ireland, m. Betsey HOLT, ae 23, Sept. 16, 1850, by Mr. Morgan	24
Robert L., of Norwich, m. Betsey HOLT, Sept. 5, 1850, by Rev. Morgan	21
Samuel, machinist, b. Canterbury, res. Norwich, d. May 11, 1851	164
Sarah B., book sewer, ae 20, b. Preston, m. George S. WEBB, carpenter, ae 23, b. Hudson, N.Y., res. Norwich, Feb. 16, 1849, by Rev. J. Howson	10
Sarah C., tailoress, ae 33, b. Pawtuxet, R.I., m. Richard B. MINER, carpenter, ae	

NORWICH VITAL RECORDS 223

	Page
SMITH, SMYTH, (cont.),	
28, b. New York, res. Norwich, May 9, 1849, by Rev. Dow	12
Seth, b. Montville, res. almshouse Norwich, d. Dec. 31, 1850, ae 48	162
Susan, d. Apr. 27, 1851, ae 37	164
Thomas, laborer, ae 23, b. England, res. Norwich, m. Agnes CATLEY, ae 21, b. Scotland, Jan. 1, 1851, by Rev. Alvan Bond	24
Thomas, s. Thomas, laborer, ae 23, & Agnes, ae 21, b. July 24, 1851	102
Thomas H., mechanic, of Norwich, m. Agnes OATLEY, Jan. 15, 1851, by Rev. Hiram P. Arms	29
William P., merchant, ae 25, of New London, m. Sarah A. FULLER, ae 23, b. Norwich, June 5, 1849, by Rev. W[illia]m F. Morgan	10
SNELL, Eunis, s. Ennis B., mariner, ae 32, & Mary E., ae 32, b. Jan. 17, 1848	54
Eunice, d. Sept. 8, 1849, ae 19 m.	157
Susan, d. Aug. 17, 1847, ae 2	145
Susan A., d. Ennes B., pilot, ae 35, & Mary E., ae 35, b. Aug. 24, 1850	100
SNOW, Charles, pauper, d. Jan. 8, 1849, ae unknown	151
Edwin, s. Amos W., carpenter, ae 34, & Abby, ae 27, b. May 3, 1848	52
Jane C., m. Nelson BEAUMONT, Nov. 28, 1850, by Rev. John Lovejoy	28
SOUTHWICH, Mary A., of Norwich, m. David M. GREENE, of Burrillville, R.I., Oct. 31, 1850, by Rev. E. T. Hiscox	22
William, laborer, ae 23, b. Ireland, res. Norwich, m. Mary TWOMEY, ae 22, b. Ireland, Feb. 27, 1848, by Rev. Brady	5
SPAFFORD, Ida, d. Marvin, paper manufacturer, & E. Jane, b. Aug. [ ], 1847	51
SPALDING, SPAULDING, Russell H., s. Charles, maufacturer, & Julia, b. Mar. 27, 1850	93
Russell H., d. June 2, 1850, ae 3 m.	160
-----, child of Jedediah, ae 44, & Almira, ae 39, b. July 26, 1848	61
SPARKS, Edwin King, b. Killingly, res. Norwich, d. July 15, 1849, ae 8	152
Helen, ae 18, b. Killingly, m. George STANTON, laborer, ae 20, of Norwich, July 7, 1850	16
SPEAR, John, s. John, papermaker, ae 26, & Janet, ae 25, b. May 5, 1849	73
SPELMAN, SPELLMAN, Edward, s. Jeremiah, bleacher, ae 33, & Mary Y., ae 22, b. Sept. 21, 1848	72
Ellen, d. Daniel, baker, ae 25, & Bridget, ae 27, b. July 4, 1848	51
Ellen, d. Nicholas, blacksmith, ae 23, & Mary D., b. Feb. 20, 1849	67
Hannah, d. Nicholas, laborer, ae 35, & Hannah, ae 35, b. Dec. 26, 1850	97
John A., colored, d. July 9, 1849, ae 1 1/2	151
John Alfred, s. William, barber, colored, ae 36, & Lucinda, colored, ae 27, b. May [ ], 1848	51
Mary, d. Jeremiah, bleacher, ae 33, & Mary, ae 22, b. Aug. 22, 1847	59
Mary, d. Sept. 8, 1847, ae 2 wk.	147
Nicholas, s. Dennis, baker, & Bridget, b. July 4, 1850	82
Nicholas, d. July 11, 1850, ae 14 d.	156
SPENCER, Abigail, b. Manchester, res. Norwich, d. Sept. 1, 1849, ae 21	158
Albert, b. Manchester, res. Norwich, d. Aug. 16, 1847, ae 16 m.	147
Chauncey A., s. Chauncey, teamster, ae 47, & Mary, ae 43, b. Apr. 28, 1848	59
Job, cloth finisher, b. Providence, R.I., res. Norwich, d. July 1, 1848, ae 24	147
Martha C., m. Sanford J. BLISS, Dec. 19, 1847, by George Carpenter	7
Philena L., see under Anna Estelle RICKER	111
Richard P., res. Groton, m. Mary BABCOCK, July 3, 1850, by Rev. Cha[rle]s P. Bush	18
-----, child of Rouse, cloth finisher, ae 33, & Caroline, ae 24, b. May 29, 1848	59
SPINK, Mary, b. Cork, Ireland, res. Norwich, d. Aug. 17, 1850, ae 80	165

	Page
SQUARES, Maryann Porter, d. Asa P., carpenter, ae 24, & Mary J., ae 23, b. Oct. 26, 1849	87
STAFFORD, Albert E., d. Jan. 21, 1848, ae 9 m.	150
Martha E., d. Albert, factory worker, ae 30, & Martha, ae 27, b. May 14, 1851	110
STANDISH, John H., s. John G., harness maker, ae 40, & Fanny A., ae 37, b. Aug. 9, 1847	51
Sarah Francis, see under Alfred Willis **LEFFINGWELL**	111
-----, w. Geo[rge] W., d. Sept. 18, 1847	144
STANTON, Anna F., ae 21, b. Ireland, m. Patrick **McGENNIS**, gardener, ae 25, b. Ireland, res. Norwich, Jan. 23, 1848, by a Priest	1
Anson, s. Albertus, farmer, ae 29, & Happy, ae 29, b. Mar. 15, 1849	70
Anson B., d. Apr. 1, 1851, ae 2	161
Charles E., s. John, carpenter, ae 37, & Lydia A., ae 34, b. Sept. 4, 1847	55
Emeline, d. John, carpenter, ae 38, & Lydia, ae 37, b. June 29, 1850	84
Emily, ae 25, b. Preston, res. Norwich, m. William K. **CHAPMAN**, ae 30, b. Preston, res. Norwich, June [ ], 1848, by Rev. Miner	6
Eugene, s. John L., carpenter, ae 27, & Rhoda A., ae 24, b. July 19, 1848	52
Eugene A., s. John, joiner, ae 32, & Rhoda A., ae 33, b. Oct. 8, 1850	99
Eugene A., d. Mar. 2, 1851, ae 5 m.	161
George, laborer, ae 20, of Norwich, m. Helen **SPARKS**, ae 18, b. Killingly, July 7, 1850	16
Happy E., d. Oct. 8, 1847, ae 11 m.	150
Prudence M., d. Robert, carpenter, ae 38, & Jemima, ae 34, b. Sept. 21, 1848	53
-----, s. Albertus, machinist, ae 29, & Happy E., ae 29, b. Mar. 20, 1849	79
-----, child of Albertus, plaining mill, ae 31, & Happy, ae 31, b. Apr. 8, 1851	99
-----, twin, females, of Turner, farmer, ae 37, & Asenath, ae 38, b. May 17, 1851	111
STAPLES, Albert M., s. Elias W., cartman, ae 38, & Abby E., ae 37, b. Mar. 22, 1848	61
Henry, blacksmith, b. Mendon, Mass., res. Norwich, d. Dec. 10, 1848, ae 41	154
Mary E., d. Leonard T., carpenter, ae 36, & Eliza, ae 27, b. Sept. 25, 1847	52
STARK, Emily, ae 25, b. Penn., m. Edwin B. **GARDINER**, carpenter, ae 38, b. Bozrah, res. Norwich, Apr. 16, 1848, by Rev. Brockett	4
STARR, Emeline M., ae 30, b. Westfield, Mass., m. Rufus M. **LADD**, mason, ae 30, of Norwich, Oct. 10, 1848, by Rev. Graves	11
STEAD, Esther Maria, d. Angel, laborer, ae 40 & Rhoda A., ae 35, b. June 10, 1848	63
George O., s. Owen, cloth finisher, ae 43, & Adaline, ae 38, b. Sept. 13, 1847	59
STEARNES, Henry, s. Charles, painter, ae 28, & Mary, ae 28, b. Feb. 12, 1850	92
STEBBINS, Mary Jane, m. Hiram **JOHNSON**, of East Lyme, June 1, 1851, by Rev. J. M. Coley	23
STEDMAN, STEADMAN, Ferdinand C., merchant, ae 21, of Norwich, m. Elizabeth M. **HARLAND**, ae 21, of Norwich, Nov. 9, 1848, by Rev. Hiram P. Arms	13
Jerusha L., ae 34, of Norwich, m. Robert **AIKMAN**, ae 35, Congl. clergyman, ae 35, b. New York, res. Washington, R.I., Jan. 27, 1848, by Hiram P. Arms	7
Joseph R., shoemaker, ae 30, b. R.Island, res. Norwich, m. Laura **BROWN**, ae 30, b. R. Island, Aug. 3, 1847, by Rev. E. T. Hiscox	2
STEELE, Edward, farmer, ae 36, b. Manchester, res. Manchester, m. Betsey **BREWSTER**, dressmaker, ae 29, b. Preston, res. Norwich, Dec. 25, 1848, by Levi Daggett	12
STENSEY, -----, Mrs., m. 2d h. Jacob **MILLER**, gardener, b. Ireland, res. Norwich, June 13, 1849, by Rev. W[illia]m F. Morgan	10
STEPHENS, [see also **STEVENS**], Edward, s. Aaron, stonemason, b. July 5, 1849	79
Louisa, m. John D. **McKEEN**, of Concord, Mass., Nov. 29, 1849, by Geo[rge] A. Meech, Esq.	16
-----, s. John, shoemaker, ae 36, & Ellen, ae 31, b. July 9, 1849	78

	Page
STEPLETON, Cattarine, m. Thomas **BRIHANNY**, Oct. 6, 1850, by a Catholic Priest	25
STERLING, Sarah, d. Dec. 17, 1848, ae 3 1/2	151
STERRY, Caroline, twin with Catharine, d. Edwin, blacksmith, & Catharine, b. Nov. 5, 1847	62
Catharine, twin with Caroline, d. Edwin, blacksmith, & Catharine, b. Nov. 5, 1847	62
Robert, s. Robert, farmer, ae 46, & Sarah Maria, ae 42, b. Mar. 23, 1849	67
William P., machinist, ae 30, of Norwich, m. Nancy E. **HOLMES**, ae 27, July 17, 1850, by Rev. W[illia]m Palmer	16
STEVENS, [see also **STEPHENS**], Charles, d. May 6, 1848, ae 3 m.	148
Charles, s. Aaron, mason, & Adeline, b. July 21, 1848	62
STEVENSON, Genet, d. George & Genet, b. Nov. 12, 1850	97
Margaret, m. John **McGINNIS**, Feb. 9, 1850, by a Catholic Priest	26
Mary Ann, m. Patrick **CLANEY**, Feb. 17, 1850, by Rev. John Lovejoy	14
STEWART, Arianna B., ae 21, b. Griswold, m. Junius E. **KINGSLEY**, clerk, of steamboart, ae 23, b. Bozrah, res. Franklin, Jan. 23, 1848, by Rev. E. T. Hiscox	8
Arianna Barstow, m. Junies Edward **KINGSLEY**, clerk for Propeller Co., b. Norwich, res. Franklin, Jan. 23, 1848, by Rev. E. T. Hiscox	2
-----, illeg. s., Clarrissa, colored, ae 20, b. Dec. [ ], 1849	92
STOCKBRIDGE, Lydia Bushley, d. James, farmer, ae 34, & Elizabeth, ae 28, b. July 5, 1850	94
STOCKING, Arthur Milton, s. S. S., wool worker, ae 45, & Julian, ae 40, b. Apr. 7, 1850	88
Edwin R., maufacturer, b. Franklin, res. Norwich, d. July 14, 1848, ae 15 y.	147
Florence A., d. July 29, 1848, ae 19 m.	147
STODDARD, Albert, confectioner, b. Lisbon, res. Norwich, d. June 11, 1848, ae 19	147
STONE, Mary Jane, ae 22, b. Richmond, Va., m. Thomas **COMSTOCK**, ae 39, mariner, of Norwich, Feb. 7, 1849, by Rev. D. N. Bentley	11
STORY, Alice G., d. Hezekiah, mariner, ae 32, & Caroline, ae 25, b. Aug. 9, 1850	100
Ella F., d. Hezekiah, mariner, ae 28, & Caroline, ae 26, b. Oct. 5, 1847	53
Ella F., d. July 5, 1848, ae 9 m.	145
George E., printer, d. July 4, 1848, ae 23	144
Harriet N., ae 22, m. Jerome F. **WILLIAMS**, mariner, ae 22, of Norwich, Aug. 19, 1850, by Rev. J. M. Coley	22
James, pauper, d. Oct. 13, 1848, ae 88	151
Laura, d. Sept. 7, 1848, ae 31	152
Laura, d. Sept. 17, 1848, ae 31	151
Lydia C., ae 18, of Norwich, m. Charles F. **SMITH**, mariner, ae 24, b. Preston, res. Norwich, May 19, 1851, by Rev. J. M. Coley	22
Nathan B., s. Nathaniel, tailor, ae 32, & Ruth, ae 26, b. Nov. 6, 1849	83
William, mariner, ae 35, of Norwich, m. 2d w. Hannah **DOW**, ae 23, b. East Haddam, Apr. 20, 1850, by Rev. William Palmer	16
STOWELL, Caroline, d. June 17, 1848, ae 24	146
Emma, d. Oct. 2, 1848, ae 1 3/4	154
STRICKLAND, Nathan, s. James, engineer, ae 35, & Sarah, ae 33, b. Aug. 27, 1847	54
STUSEY, Maria, ae 40, b. Bainbridge, N.Y., m. 2d h. Jacob **MILLER**, gardener, ae 36, of Norwich, June 10, 1849, by Rev. W. F. Morgan	13
SUEBERT, Martin, s. Sylvester, teamster, ae 31, & Celia, ae 23, b. July 2, 1851	101
SUGDEN, William, merchant, ae 24, b. Middletown, res. Hartford, m. Nancy E. **BACKUS**, ae 19, b. Norwich, Aug. 23, 1849, by Rev. William F. Morgan	15
SULLIVAN, Hannah, d. Masty, laborer, ae 30, & Julia, ae 29, b. Sept. 20, 1849	84
Honora, m. Patrick **SHEA**, Aug. 4, 1850, by a Catholic Priest	25
Jeremiah, laborer, b. Ireland, res. Norwich, d. June 1, 1849, ae 30	154
John, illeg. s. Margaret **CORBETT**, housekeeper, b. Mar. 12, 1849	68

BARBOUR COLLECTION

	Page
SULLIVAN, (cont.),	
John, s. Patrick, ax maker, ae 36, & Mary, ae 25, b. Dec. 15, 1849	82
John, s. Daniel, laborer, ae 35, & Bridget, ae 30, b. June 20, 1850	82
Mary, d. P., laborer, & E., b. July 25, 1849	69
Michael, s. Patrick, laborer, ae 27, & Mary, ae 25, b. June 23, 1848	53
Michael, s. Michael, laborer, ae 40, & Margaret, ae 29, b. May 6, 1849	73
Patrick, m. Bridget **SHEEHAN,** Apr. 20, 1851, by a Catholic Priest	27
SUMMERS, Dudley A., mason, ae 35, b. New London, res. Lower Mystic, m. Sarah M. **DILLABY,** factory, ae 26, of Norwich, Mar. 27, 1849, by Rev. Reynolds ae 26	12
Dudley A., mason, ae 41, of Norwich, m. 2d w. Sarah M. **DILABY,** b. Norwich, Mar. 26, 1849, by Rev. E. W. Reynolds	13
SWACY, John, of Norwich, m. Jannet **WILSON,** May 1, 1851, by Rev. Loveland	28
SWADDLES, Betsey, d. May 30, 1849, ae 79 y., pauper	151
SWAN, George W., s. Sanford B., agriculture, ae 38, & Persis, ae 38, b. Oct. 2, 1848	79
Lucy, black, b. Stonington, res. Norwich, d. Apr. 1, 1850, ae 70	160
-----, d. James, paper maker, ae 45, & Henrietta, ae 44, b. Mar. [ ], 1849	71
SWANEY, Catharine, b. Ireland, d. June 4, 1851, ae 26	163
James, s. Daniel, laborer, ae 30, & Ellen, ae 21, b. July 9, 1851	102
Lawrence, s. Patrick, decd., b. Jan. 28, 1851	104
SWANTON, Agnes, d. Benjamin, laborer, ae 50, & Ellen, ae 40, b. Sept. 20, 1849	88
SWEENEY, Daniel, laborer, ae 30, b. Ireland, res. Norwich, m. Ellen **DEVERY,** ae 18, b. Ireland, Oct. 18, 1848, by Rev. Bish Tyler	12
John, s. Patrick, laborer, ae 28, & Catharine, ae 27, b. June 14, 1850	88
SWEET, Benjamin R., b. Franklin, res. Franklin, m. Elizabeth **ABELL,** b. Franklin, Apr. 15, 1849, by H. P. Arms	14
SWIFT, John, b. Ireland, res. Norwich, d. Oct. 7, 1849, ae 25	157
TAMMANY, Michael, s. Patrick, farmer, ae 35, & Mary A., ae 25, b. Mar. 29, 1848	63
TANNER, Ann A., d. John F., mariner, ae 22, & Abby S., ae 20, b. Dec. 24, 1850	98
Asahel, merchant tailor, ae 26, b. Voluntown, res. Norwich, m. Sarah M. **WARD,** ae 25, b. Lebanon, Oct. 12, 1848, by Rev. Geo[rge] M. Carpenter	10
Harriet S., d. Gilbert H., factory worker, ae 37, & Hannah, ae 37, b. Sept. 25, 1851	110
-----, d. Asahel, clothes seller, ae 28, & Sarah, ae 27, b. June 27, 1851	96
TAYLOR, Caroline A., ae 27, b. Stonington, m. Matthew T. **BURDICK,** farmer, ae 28, b. N.Y., res. N.Y., Mar. 3, 1850, by Rev. Ja[me]s M. Coley	17
Emma H., d. Zebra, mill hand, ae 23, & Mary A., ae 20, b. Dec. 11, 1848	73
Esther, ae 19, b. Norwich, m. William W. **TURNER,** ae 25, b. Bozrah (?), res. Norwich, Nov. 25, 1847, by Rev. Muzzey	6
Eungene, s. David, laborer, ae 28, & Rosetta, ae 25, b. Jan. 4, 1851	103
Francis W., Jr., operative, b. Stonington, res. Norwich, d. Oct. 28, 1849, ae 17	160
Helena, d. David, Jr., carder, ae 27, & Rosetta, ae 24, b. Feb. 14, 1848	59
Helena, d. July 9, 1849, ae 16 m.	153
Niles, s. Niles, ae 40, & Eliza, ae 39, b. Sept. 5, 1847	52
Niles, d. Sept. 5, 1847, ae 3 d.	145
Ralph, s. George, ae 31, & Ellen, ae 30, b. Mar. 6, 1851	104
William, wall layer, colored, b. Providence, res. Norwich, d. Mar. 15, 1850, ae 51	156
THATCHER, Eliza G., dressmaker, ae 29, of Norwich, m. David **TWOMEY,** mechanic, ae 33, b. Ireland, res. Plainfield, July 20, 1849, by Rev. James Mather	13
THOMAS, Amos, goldsmith, b. Wickford, R.I., res. Norwich, m. Mary **NORTH[R]UP,** b. Norwich, July 13, 1848, by Rev. Carpenter	5
Elizabeth, school teacher, d. June 30, 1851, ae 63	164
Guilford Y., s. Edward Y., deputy sheriff, ae 43, & Jane G., ae 37, b. June 4, 1849	67

NORWICH VITAL RECORDS 227

Page

THOMAS, (cont.),
Guilford Y., d. July 10, 1849, ae 6 d. 151
Harriet E., d. John, ae 21, & Harriet, ae 20, b. Apr. 17, 1851 101
John, weaver, b. Lebanon, res. Norwich, m. Harriet **FILLMORE**, Apr. 21, 1850,
   by Rev. B. M. Walker 17
Martha, ae 24, b. Brooklyn, N.Y., res. Norwich, m. Henry L. **REYNOLDS,**
   merchant, ae 32, b. Ohio, res. Mobile, Sept. 5, 1850, by Rev. Hiram P. Arms 29
Sarah, ae 58, b. Norwich, res. Norwich, m. 2d h. Jeremiah **GETCHER,** farmer, ae
   60, b. Montville, res. Montville, June 16, 1850, by Rev. D. N. Bentley 17
William, s. William, factory, ae 27, & Lucretia, ae 26, b. Feb. 2, 1851 101
THOMPSON, Almira B., ae 22, b. Mansfield, m. William E. **WHITING,** machinist, ae
   21, of Norwich, Sept. 11, 1858, by Rev. Gulliver 12
Amelia B., m. William E. **WHITING,** of Norwich, Sept. 11, 1848, by Rev. J. P.
   Gulliver 10
Anna, d. Alba C., merchant, ae 32, & Nancy L. T., ae 34, b. Aug. 16, 1849 82
Catharine, b. Scotland, res. Norwich, d. June 27, 1849, ae 73 153
Christopher A., s. Christopher C., silversmith, ae 27, of New London, & Harriet A.,
   ae 25, b. Jan. 9, 1848 56
Frank H., s. Alba C., merchant, ae 33, & Nancy L., ae 33, b. July 23, 1848 55
Joanna L., m. James W. **ELLIS,** of Norwich, Sept. 23, 1850, by Rev. E. T. Hiscox 21
John W., of Thompson, m. Jane **TRACY,** of Norwich, Oct. 27, 1849, by George A.
   Meech, Esq. 15
Lavina W., ae 21, b. Lisbon, m. Henry D. **INGRAHAM,** carpenter, ae 30, b.
   Bozrah, res. Vernon, July 7, 1850, by Frank W. Bill 20
Lydia, b. R.I., res. Norwich, d. Jan. 24, 1848, ae 71 150
Urana, ae 20, b. Maine, m. Franklin **WETHERBY,** carpenter, ae 27, of Norwich,
   July 10, 1848, by Rev. Howson 5
THORP, Jane, d. George, laborer, ae 28, & Mary, ae 21, b. Apr. 27, 1848 60
THROOP, George, merchant, b. Ireland, res. Norwich, d. Nov. [ ], 1850, ae 50 163
John, d. Jan. 26, 1851, ae 3 163
THURSTON, Eveline, d. R., physician, ae 36, & Louisa, ae 28, b. Dec. 13, 1850 96
Harriet K., b. Preston, m. Francis G. **BROWN,** merchant, of Norwich, Nov. 22,
   1847, by Rev. John P. Gulliver 1
Harriet W., school-teacher, ae 27, b. Preston, m. Francis G. **BROWN,** merchant, ae
   35, b. Colchester, res. Norwich, Nov. 22, 1847, by Rev. John P. Gulliver 8
John, sailor, res. Sag Harbor, d. June [ ], 1848, ae about 50 144
Lucy C., school-teacher, ae 23, b. Preston, m. Leonard H. **CHESTER,** merchant, ae
   24, b. Norwich, res. Norwich, Nov. 5, 1849, by Rev. John P. Gulliver 20
TIFT, Augustus, s. Augustus, machinist, ae 35, & Nancy, ae 35, b. Feb. 21, 1848 55
TINKER, William D., ae 31, b. New York State, res. Norwich, m. 2d h. Caroline B.
   LEE, ae 27, b. Lebanon, Oct. 14, 1850, by Rev. Charles P. Bush 24
TISDALE, TISDELL, Ann, m. Henry **DONLY,** carder, b. Ireland, res. Norwich, Dec. 7,
   1849 17
Eliza, b. Ireland, res. Norwich, d. Sept. 8, 1849, ae 52 158
TOOLE, Mary, m. Hugh **McCAFFREY,** Nov. 17, 1850, by a Catholic Priest 26
TORY, Lucy, domestic, black, b. Franklin, res. Norwich, d. June [ ], 1851, ae 36 164
TOSSETT, Elizabeth Rudd, d. Ira, laborer, mulatto, ae 63, & Angeline, ae 38, b. Feb. 10,
   1848 63
TOURTELLOT, Charles P., storekeeper, of Norwich, m. Frances F. **WARD,** May 15,
   1849, by Rev. E. T. Hiscox 10
Elizabeth, ae 26, b. N. Stonington, m. Dr. Edwin **BENTLEY,** physician, ae 26, b. N.
   Stonington, res. Norwich, Dec. 10, 1849, by Rev. D. N. Bentley 17
Frances E., d. Charles, ax maker, ae 25, & Adela, ae 21, b. Dec. 23, 1849 84

	Page
TOURTELLOT, (cont.),	
Mary E., d. Oct. 12, 1850, ae 15	161
TOWN, Henry Augustus, s. Henry b. Oct. 21, 1847	64
Mary J., weaver, ae 20, b. Thompson, res. Norwich, m. Joseph **HILL,** teamster, ae 23, b. Essex, res. Norwich, Jan. 2, 1849, by Rev. Lawson Muzzey	12
Zoar Ann, m. Benjamin **BATES,** Jr., of Norwich, May 16, 1850, by Rev. E. T. Hiscox	14
TOWNSEND, Samuel, student, b. Miss., res. Cambridge, ae 22, m. Caroline A. **JOHNSON,** ae 19, b. S. America, Sept. 8, 1848, by Rev. W[illia]m F. Morgan	10
TRACY, Anne H., b. New York, res. New York, d. Aug. 25, 1850, ae 25	165
Caroline E., ae 20, b. Norwich, m. Almarin R. **HALE,** merchant, ae 22, of Norwich, Apr. 25, 1850, by Rev. W[illia]m Palmer	16
Charles, clerk, ae 30, b. Norwich, m. Mary **DILLABY,** ae 21, b. Norwich, Sept. 11, 1850, by Rev. Leffingwell	24
Charles, clerk, of Norwich, m. 2d w. Mary L. **DILLABY,** Sept. 11, 1850, by Rev. E. W. Reynolds	28
Charles, b. Windham, res. Norwich, d. Sept. [ ], 1850, ae 6	164
Edwin, d. Sept. 20, 1849	159
Edwin A., s. Charles, book-keeper, ae 34, & Sarah, ae 28, b. July 6, 1849	77
Edwin B., s. Uriah, carpenter, ae 40, & Freelove, ae 30, b. Aug. 23, 1848	75
Ida, d. Uriah, carpenter, ae 41, & Freelove, b. Jan. [ ], 1851 (Ira?)	107
Ira, d. Mar. [ ], 1851, ae 9 w.	164
Jane, of Norwich, m. John W. **THOMPSON,** of Thompson, Oct. 27, 1849, by George A. Meech, Esq.	15
Mary, d. Andrew, laborer, & Hannah, b. May [ ], 1851	105
Sarah, d. July 13, 1849, ae 28 y.	154
Wealthy, d. July 14, 1849, ae 69	155
TREADWAY, Charles F., carpenter, ae 24, b. Salem, Ct., res. Norwich, m. Elizabeth P. **WEBB,** ae 20, b. Norwich, Nov. 7, 1848, by Rev. M. H. Rising	10
Maria, d. Fred[eric]k W., merchant, ae 31, & Sarah C., ae 31, b. Jan. 17, 1850	82
TREAT, David, s. David, carpenter, ae 34, & Lydia, ae 30, b. Sept. 21, 1848	75
TREE, Stephen D., s. Daniel, gardener, ae 39, & Betsey, ae 26, b. June 24, 1849	77
TRENN, B. Fordyce Haile, s. Benjamin, mechanic, ae 39, & Amey W., ae 40, b. Sept. 19, 1847	54
John P., s. Benjamin F., iron founder, ae 44, & A. W., ae 42, b. Sept. 13, 1850	99
John P., d. Oct. 14, 1850, ae 1 m.	161
TRINNAAR, Margaret, ae 22, b. Ireland, m. James A. **NELSON,** laborer, ae 24, b. Ireland, res. Norwich, Sept. 23, 1849, by Rev. Ja[me]s M. Coley	17
TROLAND, TROLAN, Abbie Jane, d. James, boilermaker, ae 39, & Jane, ae 29, b. Jan. [ ], 1849	67
Alvan Bond, d. Nov. 25, 1847, ae 4 m.	144
Anna G., d. James, boiler maker, ae 35, & Jane, ae 30, b. Mar. 17, 1851	95
Elizabeth, d. Samuel, boiler maker, ae 30, & Ann, ae 27, b. Aug. 23, 1850	95
Mary, d. Robert, boiler maker, & Isabella, b. Dec. 27, 1848	69
Richard Wilson, s. Samuel, blacksmith, ae 37, & Ann, ae 26, b. July 13, 1849	67
Robert, s. Robert, boiler maker, ae 25, & Isabella, ae 23, b. May 2, 1850	82
----, d. Ja[me]s, d. May 30, 1845, ae 5 wks.	144
----, s. William, boiler maker, ae 40, & Sarah, ae 30, b. June 20, 1851	97
TUBBS, Daniel, tinner, b. Lisbon, res. Norwich, d. Mar. 30, 1850, ae 22	156
Darwin, s. Charles W. L., weaver, ae 31, & Esther, ae 30, b. Sept. 8, 1847	59
Darwin J., d. Sept. 17, 1848, ae 11 m.	153
Elizabeth, d. Henry, mariner, ae 20, & Elizabeth, ae 21, b. Aug. 12, 1847	59

NORWICH VITAL RECORDS 229

	Page
TUBBS, (cont.),	
William Henry, s. Henry, seaman, ae 24, & Elizabeth, ae 24, b. Dec. 13, 1849	92
TUCKER, -----, child of Denison B., manufacturer, ae 46, & Abiah, ae 40, b. July 3, 1848	55
TUFTS, George F., s. William F., shoemaker, ae 40, & Mercy B., ae 28, b. Mar. 30, 1848	62
Mary, d. William F., shoemaker, ae 40, & Mercy, ae 30, b. Jan. [ ], 1851	108
TURGEON, Oliver, of Hartford, m. Mary **McNICKLE,** of Norwich, Mar. 30, 1851, by Rev. Morgan	21
TURNER, Aaron, m. Bina **VOGH,** Nov. 9, 1850, by Rev. John Lovejoy	28
Charles R., s. William, baker, ae 28, & Esther, ae 23, b. Oct. 27, 1848	73
William W., ae 25, b. Bozrah (?), res. Norwich, m. Esther **TAYLOR,** ae 19, b. Norwich, Nov. 25, 1847, by Rev. Mr. Muzzey	6
TWIST, Albert M., butcher, ae 28, of Norwich, m. Sarah E. **SEAMAN,** ae 22, May 4, 1851, by Rev. Benjamin M. Walker	23
-----, female, b. Bozrah, res. Norwich, d. Oct. 22, 1850, ae 50	164
TWOMEY, David, mechanic, ae 33, b. Ireland, res. Plainfield, m. Eliza G. **THATCHER,** dressmaker, ae 29, of Norwich, July 20, 1849, by Rev. James Mather	13
Mary, ae 22, b. Ireland, m. William **SOUTHWICH,** laborer, ae 23, b. Ireland, res. Norwich, Feb. 27, 1848, by Rev. Brady	5
TYLER, Joseph C., s. Aaron, ae 31, & Abby, ae 28, b. Feb. 8, 1851	103
UNGEMACHT, Sophia, m. Andrew **KALINLY,** July 7, 1850, by Rev. Anthony Palmer	18
UTLEY, Albert T., s. John C., grocer, ae 35, & Mary P., ae 33, b. Oct. 27, 1850	95
Frank, s. John C., merchant, ae 32, & Mary P. ae 29, b. Oct. 25, 1847	52
VALLEY, Bernard, laborer, ae 40, b. Ireland, m. Catharine **SLANE** (?), ae 35, b. Ireland, July 22, 1851, by Mr. Blinkin	24
VAN COTT, Henrietta, d. Isaac H., painter, ae 29, & Sarah P., ae 29, b. June 8, 1850	92
VANDERVEER, Mary, ae 27, b. Montgomery, N.Y., m. Samuel A. **DOWNER,** merchant tailor, ae 29, b. Preston, res. Norwich, Dec. 25, 1848, by Rev. Gardiner	9
VAUGHAN, Alfred, s. Alfred, iron founder, ae 22, & Eliza, ae 20, b. Nov. 21, 1850	98
Alfred, iron founder, ae 21, b. Freetown, Mass., res. Norwich, m. Eliza Ann **LAMB,** ae 18, b. Norwich, Dec. 10, 1849, by Rev. J. M. Coley	16
VERGASON, Daniel, illeg. s. Mary, ae 21, b. July 3, 1851	99
Elizabeth, b. Bozrah, res. Norwich, d. Jan. 5, 1850, ae 27	160
Elizabeth, ae 28, b. Hopkinton, R.I., m. 2d Nelson H. **VERGASON,** farmer, ae 29, of Norwich, June 17, 1850, by Rev. J. M. Coley	16
Isaac, farmer, d. Mar. 29, 1848, ae 49	149
Maria, ae 50, b. New London, m. 2d h. Leonard **ARMSTRONG,** farmer, ae 63, of Norwich, Nov. 4, 1849, by Christopher Leffingwell	20
Mary, family servant, b. Bozrah, res. Norwich, d. Jan. 3, 1850, ae 21	160
Monroe Nelson, s. Nelson, farmer, ae 28, & Elizabeth, ae 28, b. Mar. 16, 1849	78
Nelson H., farmer, ae 29, of Norwich, m. 2d w. Elizabeth **VERGASON,** ae 28, b. Hopkinton, R.I., June 17, 1850, by Rev. J. M. Coley	16
Susan, b. Bozrah, res. Norwich, d. Feb. 28, 1851, ae 27	161
VOGEL, Charles C., b. Germany, res. Norwich, m. Eleanor **ALTINGER,** b. Germany, Dec. 26, 1850, by Rev. Morgan	21
VOGH, Bina, m. Aaron **TURNER,** Nov. 9, 1850, by Rev. John Lovejoy	28
WADE, Eliza E., of Ludlow, Mass., m. John **HOOKER,** of Springfield, Mass., Dec. 10, 1850, by Rev. Morgan	21
WADHAMS, Dorothea, d. Apr. 5, 1851, ae 69	165
WAIT, WAITE, Nancy, d. Apr. 11, 1851, ae 77	165

BARBOUR COLLECTION

Page

WAIT, WAITE, (cont.),
Sarah D., ae 18, b. Sterling, m. Albert A. **WALKER,** mason, ae 22, b. Plainfield, res. Springfield, May 6, 1850, by Rev. L. Muzzey — 18
WAKER, Albertine, b. Germany, m. Joseph **GOITNER,** b. Germany, res. Norwich, Dec. 26, 1850, by Rev. Morgan — 21
WALDEN, Amey, ae 24, b. Salem, Ct., m. William **MILLER,** operative, ae 35, b. England, res. Norwich, Apr. 3, 1848, by Rev. Charles Thompson — 8
Eliza A., ae 21, b. Montville, res. Norwich, m. William **WEBB,** machinist, ae 24, b. Hudson, N.Y., res. Norwich, Dec. 5, 1847, by Rev. Martin H. Rising — 3
Eliza A., ae 21, b. Montville, m. William H. **WELCH,** shoemaker, ae 23, of Norwich, Dec. 5, 1847, by Rev. Martin H. Rising — 4
George, manufacturer, b. Coventry, res. Norwich, d. Oct. [ ], 1848 — 155
Harriet A., m. Edwin W. **MATHEWSON,** of Norwich, Apr. 14, 1850, by Rev. E. T. Hiscox — 15
WALKER, Albert A., mason, ae 22, b. Plainfield, res. Springfield, m. Sarah D. **WAITE,** ae 18, b. Sterling, May 6, 1850, by Rev. L. Muzzey — 18
Catharine, pauper, b. Ireland, res. Norwich, d. Mar. 18, 1849, ae 35 y. — 151
Eleanor F., colored, b. Providence, res. Norwich, d. Sept. 24, 1848, ae 30 — 152
Henry, s. Henry, laborer, ae 37, & Mary, ae 31, b. June 24, 1849 — 77
James, of Norwich, m. Lutina S. **GREEN,** Arp. 30, 1849, by Rev. E. T. Hiscox — 10
James, machinist, ae 24, b. Burnham, res. Norwich, m. Lutina S. **GREENE,** weaver, ae 19, b. Montville, Apr. 30, 1849, by Rev. Hiscox — 12
James, machinist, ae 21, b. Vernon, Ct., res. Norwich, m. Lutina **GREENE,** ae 19, Apr. 30, 1849, by Rev. E. T. Hiscox — 13
John Henry, illeg. s. Albertina, ae 30, b. May 20, 1850 — 92
John W., s. Francis, cabinet maker, ae 34, & Mary, ae 33, b. Sept. 30, 1847 — 61
Maria S., d. Horace, machinist, ae 35, & Asenath, ae 32, b. July 29, 1849 — 75
William H., d. July 23, 1849, ae 3 — 154
WALLACE, Hugh, farmer, b. West Chester, N.Y., res. Norwich, d. June 4, 1848, ae 44 — 149
WALLS, Sally, d. Dec. 22, 1849, ae 75 — 157
WALMESLEY, John Lewis, s. Richard, carpet weaver, ae 30, & Jane, ae 26, b. Aug. 16, 1849 — 86
WALSH, Mary, m. James **SEVRING,** Mar. 1, 1851, by a Catholic Priest — 27
WARD, Frances F., m. Charles P. **TOURTELLOT,** storekeeper, of Norwich, May 15, 1849, by Rev. E. T. Hiscox — 10
Joy, colored, d. June 26, 1848, ae 57 — 144
Mary J., d. Patrick, ae 26, & Ann, ae 25, b. July 14, 1848 — 61
Sarah M., ae 25, b. Lebanon, m. Asahel **TANNER,** merchant, tailor, ae 26, b. Voluntown, res. Norwich, Oct. 12, 1848, by Rev. Geo[rge] M. Carpenter — 10
WARREN, Eunice C., b. Bozrah, res. Norwich, d. Jan. 26, 1849, ae 21 — 152
Horace, merchant, of Norwich, ae 22, m. Elizabeth **ELLIS,** ae 23, Mar. 20, 1848, by Rev. E. T. Hiscox — 1
Joseph, farmer, d. Feb. 29, 1848, ae 72 — 144
Sarah Allen, d. Walter & Cyrena, b. June 16, 1848 — 64
WASHINGTON, John, mariner, ae 33, of Groton, m. Caroline **BREED,** ae 27, b. Stonington, res. Norwich, Aug. 4, 1850, by Rev. J. M. Coley — 22
WATERMAN, Edwin R., mariner, ae 23, of Norwich, m. Esther E. **PERKINS,** ae 20, b. Norwich, Apr. 27, 1850, by Rev. W[illia]m Palmer — 16
Erastus, farmer, d. Mar. 16, 1850, ae 76 — 160
Jemima A., ae 40, b. Bozrah, m. Samuel H. **FOX,** merchant, ae 56, b. Colchester, res. Cleveland, Ohio, June 17, 1850, by Rev. Thomas T. Waterman — 20
Mary Eliza, d. Francis F., carpenter, ae 32, & Maria, ae 27, b. Oct. 15, 1847 — 59
Nehemiah, farmer, b. Bozrah, res. Bozrah, d. Apr. 9, 1848, ae 80 — 150

NORWICH VITAL RECORDS 231

	Page
WATERMAN, (cont.),	
Sarah, farmer, b. Bozrah, res. Bozrah, d. Apr. 19, 1848, ae 75	150
Susan, dressmaker, b. Montville, res. Norwich, d. June 15, 1848, ae 24	145
WATERS, Erastus, laborer, d. June 2, 1848, ae 51	149
Marvin, shoemaker, b. Lisbon, res. Norwich, m. 2d w. Mary Ann **MANNING,** b. Norwich, July 2, 1848, by Hiram P. Arms	6
Sarah, b. Canterbury, res. Norwich, d. Oct. 16, 1850, ae 21	165
WATROUS, Marvin, shoemaker, ae 45, b. Franklin, res. Preston, m. 2d w. Mary Ann **MANNING,** ae 38, b. Norwich, July 30, 1848, by Rev. Arms	4
WATSON, Fanny, ae 29, b. Ireland, m. Andrew **JENKINS,** weaver, ae 26, b. Ireland, res. Norwich, June 28, 1848, by Rev. John P. Gulliver	4
John, machinist, ae 19, b. Ireland, res. Norwich, m. Lucinda **PA[R]TRIDGE,** ae 22, b. Lisbon, Jan. 22, 1849, by Rev. Miner	11
Joseph, s. John, machinist, & Lucinda, b. Sept. 1, 1849	85
William, factory, ae 25, b. Ireland, res. Norwich, m. Esther **FINSLEY,** ae 25, b. Ireland, Jan. 6, 1849, by Rev. J. P. Gulliver	10
William, cottonmill, ae 25, b. Ireland, res. Norwich, m. Esther **FINSLEY,** ae 25, b. Ireland, Jan. 6, 1849, by Rev. Gulliver	11
-----, s.William & Esther, b. July 25, 1849	71
WATTLES, Benjamin, machinist, ae 24, of Norwich, m. Mary S. **CASE,** ae 23, b. Salem, Nov. 5, 1848, by Rev. Dean	11
Marcia A., d. Dec. 8, 1849, ae 8	160
WAYLAND, Thomas, s. Dennis, laborer, ae about 35, & Mary, ae about 35, b. Mar. [ ], 1847	51
WEBB, Curtis M., s. John C., mason, ae 21, & Mary C., ae 18, b. July 3, 1848	59
Elizabeth Lester, d. W[illia]m H., moulder, ae 25, & E. A., ae 22, b. Jan. 31, 1849	69
Elizabeth P., ae 20, b. Norwich, m. Charles F. **TREADWAY,** carpenter, ae 24, b. Salem, Ct., res. Norwich, Nov. 7, 1848, by Rev. M. H. Rising	10
George S., carpenter, ae 23, b. Hudson, N.Y., res. Norwich, m. Sarah B. **SMITH,** book sewer, ae 20, b. Preston, Feb. 16, 1849, by Rev. J. Howson	10
Horace, s. George H., teamster, ae 28, & Sarah M., ae 25, b. May 15, 1850	89
Horace, d. June 28, 1850, ae 1 m.	158
Horace, d. June 28, 1851, ae [ ] d.	163
Julius Theodore, s. Julius, merchant, ae 26, & Martha A., ae 22, b. Feb. [ ], 1848	51
William, machinist, ae 24, b. Hudson, N.Y., res. Norwich, m. Eliza A. **WALDEN,** ae 21, b. Montville, res. Norwich, Dec. 5, 1847, by Rev. Martin H. Rising	3
William H., s. George H., teamster, ae 26, & Sarah M., ae 23, b. Aug. 15, 1847	59
-----, d. Julius, grocer, ae 27, & Martha A., ae 25, b. July 1,1851	97
WEBSTER, Edward L., res. Poughkeepsie, N.Y., m. Jane E. **RAYMOND,** of Norwich, Mar. 8, 1848, by Rev. William F. Morgan	2
Lucy, ae 18, b. Tolland, m. Lewis **KENYON,** manufacturer, ae 22, b. Windham, res. Windham, July 4, 1848, by Mr. Phillips	5
Revillo, s. Edward, deguerrotypist, ae 25, & Jane, ae 23, b. Apr. 16, 1850	92
WEEDEN, Joshua, laborer, black, b. Griswold, res. Norwich, d. Apr. 5, 1851	165
WELCH, Hannah, d. William, laborer, ae 28, & Margaret, ae 20, b. May 9, 1849	74
Joseph Murphy, illeg, s. Catharine, almshouse, ae 22, b. Aug. 6, 1850	100
Margaret, d. William, laborer, ae 28, & Margaret, ae 30, b. Apr. 5, 1851	102
Mary, d. William, blacksmith, ae 27, & Margaret, ae 30, b. Sept. 28, 1847	59
Mivans, laborer, ae 30, b. Ireland, res. Norwich, m. Mary Ann **HINES,** ae 20, b. Ireland, Aug. 5, 1849, by Rev. O'Brady	10
Nicholas, d. Apr. 17, 1851, ae [ ] d.	163
Thomas, s. Thomas, laborer, ae 29, & M. ae 31, b. Dec. [ ], 1848	69
William H., shoemaker, ae 23, of Norwich, m. Eliza A. **WALDEN,** ae 21, b.	

WELCH, (cont.),
    Montville, Dec. 5, 1847, by Rev. Martin H. Rising — 4
    William S., d. Aug. 6, 1848, ae 1 y. — 146
    -----, d. Henry, miller, ae 59, & Eunice, ae 45, b. July 30, 1850 — 85
    -----, female, d. July 30, 1850 — 157
WESTCOTT, Emeline G., m. Samuel L. **BARKER**, June 25, 1850, by Rev. John Lovejoy — 19
WESTPHAL, Henrietta, d. Charles, manufacturer, ae 30, & Ann, ae 24, b. Dec. 10, 1850 — 109
WETHERBY, Franklin, carpenter, ae 27, of Norwich, m. Urana **THOMPSON**, ae 20, b. Maine, July 10, 1848, by Rev. Howson — 5
WHALLEY, Mary, ae 23, b. Montville, res. Norwich, m. Turner S. **DARROW**, butcher, ae 25, b. Montville, res. Norwich, Nov. 12, 1847, by Rev. Jabez S. Swan — 3
WHEELER, Betsey, b. Waterford, res. Norwich, d. May 6, 1849, ae 67 y. — 154
    George W., carpenter, of Norwich, m. 2d w. Lucy A. D. **ARMSTRONG**, Apr. 28, 1850, by Rev. E. T. Hiscox — 15
    John F., d. Aug. 20, 1848, ae 6 m. — 151
    John Ford, s. George, carpenter, ae 35, & Rebecca, ae 32, b. Feb. 23, 1848 — 51
    -----, w. George W., d. Oct. 20, 1849, ae 34 — 156
WHIPPLE, Donna Maria, d. Samuel W., merchant, & Ann M. **CHAPMAN**, b. Dec. 4, 1851 — 109
    John Adams, s. Robert, farmer, ae 34, & Emily, ae 32, b. Feb. 18, 1849 — 75
    Tamor M., b. R.I., res. Norwich, d. Feb. 11, 1850, ae 2 1/2 — 158
WHITE, Horace, s. Peleg, stonemason, ae 30, & Zilpha, ae 27, b. Sept. 20, 1847 (twin with Peleg) — 59
    Horace, b. Stonington, res. Norwich, d. Sept. 20, 1848, ae 1 — 153
    Jenny Lind, d. F. W., shoemaker, ae 29, & Belinda, ae 24, b. Mar. 8, 1851 — 106
    Peleg, twin with Horace, s. Peleg, stonemason, ae 30, & Zilpha, ae 27, b. Sept. 20, 1847 — 59
    Viola F., d. Frances W., shoemaker, & Belinda, b. Mar. 8, 1849 — 77
    -----, w. Joel W., b. Windham, res. Norwich, d. Aug. 24, 1849, ae 64 — 159
WHITEHEAD, John, s. Joseph, ae 28, & Margaret, ae 26, b. May 23, 1851 — 103
WHITELEY, -----, s. Abel P., laborer, ae 44, & Martha, ae 28, b. June 16, 1850 — 94
WHITING, David O., pistol maker, ae 24, b. Norwich, res. Worcester, m. Ann A. **SMITH**, ae 28, Oct. 28, 1849, by Rev. John Lovejoy — 19
    Edward, d. July 14, 1851 — 161
    Henry, b. New York, res. New Haven, m. 2d w. Lucy Maria **FITCH**, Apr. 25, 1850, by Rev. Alvan Bond — 15
    Henry, ae 36, b. New York, res. New Haven, m. 2d w. Lucy M. **FITCH**, ae 23, Apr. 25, 1850, by Rev. Alvan Bond — 20
    Nancy, ae 52, b. New London, m. 2d h. Daniel E. **DRISCOLL**, machinist, ae 52, of Norwich, Nov. 4, 1849, by Rev. Bill — 14
    William E., of Norwich, m Amelia B. **THOMPSON**, Sept. 11, 1848, by Rev. J. P. Gulliver — 10
    William E., machinist, ae 21, of Norwich, m. Almira B. **THOMPSON**, ae 22, b. Mansfield, Sept.11, 1848, by Rev. Gulliver — 12
WHITMARSH, Edwin D., farmer, ae 21, of Norwich, m. Harriet B. **WILLETT**, ae 25, June 9, 1850, by Rev. Hiram P. Arms — 20
WHITON, Sarah, d. John B., ae 41, & Gertrude, ae 32, b. Aug. 1, 1850 — 95
    Walter U., s. J.B., coffee grinder, & Gertrude, b. July 28, 1849 — 77
WHITRIDGE, Louisa S., d. William, merchant, ae 31, & Louisa S., ae 30, b. Oct. 18, 1847 — 56
WICKES, Martha A., d. William, worker in manufacturing, ae 35, & Elizabeth, ae 24, b.

NORWICH VITAL RECORDS 233

	Page
WICKES, (cont.),	
Jan. 9, 1850	94
WICKHAM, Richard, b. Newport, R.I., res. Norwich, d. Apr. 27, 1849, ae 83	155
WILBUR, Elizabeth, b. R.I., res. Norwich, d. Dec. 11, 1849, ae 77	157
Lilla Eliza, d. A. J., laborer, & A. M., b. Apr. 8, 1849	69
Mary E., d. Almira, ae 20, b. Dec. 1, 1849	83
-----, s. st. b. Samuel, machinist, ae 35, & Asenath, ae 38, b. Dec. 1, 1849	88
WILCOX, Amey E., d. June 8, 1848, ae 11 y.	149
Jane A., d. William, mariner, ae 37, & Nancy, ae 31, b. Oct. 7, 1850	100
William, s. Willliam, mariner, ae 32, & Nancy, ae 28, b. Aug. 6, 1847	54
WILL, Jacob, m. Maria **GEISELL**, Mar. 4, 1851, by Rev. John Lovejoy	28
WILLETT, Harriet B., ae 25, m. Edwin D. **WHITMARSH**, farmer, ae 21, of Norwich June 9, 1850, by Rev. Hiram P. Arms	20
WILLIAMS, Anson A., s. Erastus, carpenter, ae 35, & Lydia A., ae 27, b. Nov. 27, 1847	63
Armenia Maria, d. George L., upholsterer, black, ae 26, & Mary A., ae 26, b. Aug. 24, 1850	95
Caroline A., d. J. H., mariner, & Emeline, b. Oct. 25, 1848	70
Charles E., s. Elisha, sexton, colored, ae 39, & Sophia, colored, ae 36, b. June 19, 1848	51
Daniel W., b. Charlestown, Mass., res. Norwich, d. July 9, 1849, ae 15 m.	153
Eliza Ann, d. Eri, blacksmith, ae 34, & Sarah, ae 35, b. July 23, 1850	83
Eunice, d. Mar. 20, 1848, ae 58	148
George L., cabinet maker, colored, ae 24, of Norwich, m. Mary N. **DOWNER**, ae 24, Nov. 8, 1849, by Rev. Flagg	20
Henry, carpenter, of Westerly, R.I., m. Mary **HALL**, Oct. 23, 1848, by Rev. E. T. Hiscox	10
Henry, carpenter, ae 23, b. Montville, res. Norwich, m. Mary **HULL**, ae 22, b. Stonington, Oct. 23, 1848, by Rev. Hiscox	13
Jane, m. Albert **POLLARD**, carpenter, of Norwich, May 24, 1851, by Rev. Loveland	28
Jason, black, b. Africa, res. almshouse Norwich, d. [ ], 1849, ae 79	157
Jerome F., mariner, ae 22, of Norwich, m. Harriet N. **STORY**, ae 22, Aug. 19, 1850, by Rev. J. M. Coley	22
Julia T., d. July 24, 1851, ae 14 m.	164
Lauretta W., d. William, mariner, ae 25, & Harriet, ae 19, b. June 3, 1848	53
Mary A., d. P. M., whiting master, ae 43, & Mary H., ae 30, b. Aug. 7, 1848	67
Sally, ae 67, of Norwich, m. 2d h. Wheeler **GEER**, boat builder, ae 77, b. Newport, R.I., res. Norwich, Nov. 17, 1850, by Rev. Eastwood	22
Vashti, b. New London, res. Norwich, d. July 19, 1850, ae 75	165
-----, d. John, carpenter, ae 23, of Willimantic, & Harriet, ae 20, b. May 1, 1850	82
WILLIS, Cornelia S., d. Jan. 20, 1849, ae 44	155
WILSON, Georgiana, d. James, machinist, ae 26, & Elizabeth, ae 25, b. Dec. [ ], 1850	107
Janet, factory, b. Scotland, res. Norwich, d. May 22, 1849, ae 22	153
Jannet, m. John **SWACY**, of Norwich, May 1, 1851, by Rev. Loveland	28
Mary F., d. John L., ae 28, & Mary, ae 21, b. Oct. 30, 1850	103
-----, child of Leonard, laborer, ae 40, & Lydia Ann, ae 31, b. May 29, 1851	96
WINSHIP, WINDSHIP, Phila Amelia, ae 19, m. Avery **SMITH**, merchant, ae 29, res. Norwich, Aug. 16, 1847, by Rev. E. T. Hiscox	1
Theophilus T., of Norwich, m. Jerusha A. **AVERY**, Dec. 23, 1850, by Rev. Edw[ar]d O. Flagg	21
WISE, Betsey, b. Newport, R.I., res. Almshouse Norwich, d. June 28, 1851, ae 75	162
WITTER, Charles, s. Charles & Martha, b. May 27, 1849	71
Charles, d. Mar. 18, 1850, ae 19 m.	157

	Page
WOOD, Ann, pauper, d. June 9, 1849, ae unknown	151
Ebenezer, m. Ann **BANKS,** b. of Norwich, Oct. 3, 1847, by George Carpenter	7
Ichabod, farmer, b. Middletown, res. Norwich, d. May 26, 1848, ae 88	145
Martha, m. William G. **COLLINS,** mason, of Norwich, May 28, 1851, by Rev. Geo[rge] M. Carpenter	28
-----, d. Ebenezer & Ann, b. June 4, 1849	68
WOODWARD, -----, s. D. J., d. Aug. 27, 1848, ae 6 hr.	152
WOODWORTH, Charles, farmer, ae 24, b. Montville, res. Norwich, m. Mary A. **ARMSTRONG,** mantua maker, ae 22, of Norwich, Feb. 9, 1848, by Jabez Swan	2
Charles, farmer, b. Montville, res. Norwich, d. June 21, 1851, ae 66	161
Charles L., s. David C., paper maker, ae 31, & Lucretia L., ae 29, b. Mar. 12, 1848	59
Fanny M., tailoress, ae 23, b. Montville, res. Norwich, m. William **PECKHAM,** stonemason, ae 27, b. N. Stonington, res. Norwich, Jan. 3, 1848, by Rev. Jabez Swan	3
Joshua E., farmer, b. Montville, res. Norwich, d. July 1, 1850, ae 67	157
M. M., d. E., rolling mill, & M. E., b. Feb. 25, 1849	70
Mary J., d. Charles L., manufacturer, ae 26, & Mary A., spinner, ae 26, Sept. 16, 1847	65
S., d. July 17, 1851, ae 4 m.	161
Samuel, s. Charles S., farmer, ae 28, & Mary, ae 25, b. Feb. 25, 1851	98
-----, w. David, b. unknown, res. Norwich, d. Nov. 24, 1848, ae 30	154
WORTHINGTON, Amos E., s. Edward, merchant tailor, ae 37, & Jane M., ae 27, b. Sept. 10, 1848	67
Charles W., s. Charles, mechanic, ae 43, & Eliza, ae 41, b. Jan. 16, 1851	107
W[illia]m F., s. Edward, ae 39, & Jane N., ae 29, b. Oct. 20, 1850	97
WRIGHT, Caleb, author, ae 40, b. Woodstock, Vt., res. Boston, Mass., m. 2d w. Sarah A. **LORD,** ae 25, b. Franklin, Ct., Sept. 26, 1849, by Rev. Hiram P. Arms	20
Ellen, d. Merrick, mason, ae 37, & Emily, ae 37, b. Sept. [ ], 1849	92
George, s. Samuel, laborer, black, ae 25, & Maria, black, ae 23, b. Nov. 26, 1850	108
George, black, d. Mar. 25, 1851, ae 4 m.	165
Mary A., of Norwich, m. C. A. R. **AUSTIN,** of Springfield, Sept. 10, 1848, by Rev. J. P. Gulliver	9
YALE, Lydia, b. Bozrah, res. Norwich, d. June 18, 1849, ae 90	151
YEOMANS, Ruth, m. Henry W. **SMITH,** b. of Norwich, Oct. 3, 1847, by George Carpenter	7
YERRINGTON, Henry, s. Abraham, watchman, ae 35, & Margaret, ae 31, b. Dec. 25, 1847	59
Henry, laborer, ae 21, of Norwich, m. Jerusha **BOGUE,** ae 28, b. Salem, May 13, 1851, by Rev. Goff	24
Marietta T., d. Ezra W., farmer, ae 22, & Mary H., ae 24, b. Nov. 23, 1849	94
Stephen N., farmer, ae 23, b. Preston, res. Norwich, m. Lydia E. **MORSE,** ae 21, b. Norwich, Oct. 4, 1848, by Rev. Hiram P. Arms	13
-----, child of Luther S., farmer, ae 32, & Lydia E., ae 21, b. June 1, 1848	65
-----, s. Eber, manufacturer, ae 23, & Julia, ae 30, b. Mar. 1, 1851	109
YORK, Benjamin F., s. Ashley, sailor, ae 23, & Mary, ae 20, b. Nov. 27, 1850	110
John P., s. Otis A., farmer, ae 20, & Mary A. H., ae 18, b. Dec. 11, 1848	79
John P., d. Aug. 13, 1850, ae 20 m.	165
Martha E., d. James, cottonworker, ae 40, & Martha, ae 23, b. Apr. 20, 1848	56
Martha E., d. July 15, 1848, ae 11 wks.	146
Otis A., laborer, ae 19, b. Vermont, res. Norwich, m. Mary A. **ROGERS,** ae 16, b. Lyme, res. Norwich, Nov. 24, 1847, by Christopher Leffingwell	7
YOUNG, George Murdock, s. William H., machinist, ae 29, & Lucy T., ae 25, b. Aug.	

	Page
YOUNG, (cont.),	
30, 1849	82
Julius, organ builder, of Norwich, m. Mary R. **COOK**, b. Norwich, Sept. 10, 1849, by Rev. William F. Morgan	15
Lewis J., organ builder, of Hartford, m. Mary Jane **CARROLL**, b. New London, Oct. 8, 1849, by Rev. William F. Morgan	15
Margaret, d. James, laborer, & Margaret, b. Oct. [ ], 1849	92
Mary, d. Caius Cassius, accountant, & Mary, b. Oct. 26, 1847	51
Mary E., of Lyme, m.Codding **FISH**, of New London, Apr. 21, 1851, by Rev. J. M. Coley	23
Mary Harris, d. David, attorney, & Mary E., ae about 33, b. Oct. 25, 1847	51
William P., s. William H., machinist, ae 26, & Lucy T., ae 23, b. Oct. 23, 1847	62
NO SURNAME,	
Catharine, Irish, b. Ireland, res. Norwich, d. Mar. [ ], 1848, ae 22	145
Charles W., s. George, mariner, ae 23, & Elizabeth, ae 22, b. Dec. 12, 1850	98
Eliza, d. William, laborer, ae 28, & Eliza, ae 30, b. Sept. 2, 1850	107
Josephine, d. [ ], joiner, ae 22, & [ ], ae 20, b. May 18, 1851	97
Philadelphia, m. George M. **HERVEY**, of Oxford, Mass., Dec. 16, 1848, by Rev. W[illlia]m F. Morgan	9
Rolena, d. Henry H., laborer, ae 30, & Betsey, ae 25, b. Apr. 22, 1851	99
Trinnier, ae 22, b. Ireland, m. James A. **NELSON**, laborer, ae 20, b. Ireland, res. Norwich, Sept. 20, 1849, by Rev. J. M. Coley	15